商务部十三五规划教材
全国高等院校财经类专业统编教材

税　　法

（2016 版）

主　编　杨　良　秦玉霞

中国商务出版社

图书在版编目（CIP）数据

税法：2016 版／杨良，秦玉霞主编. —2 版. —
北京：中国商务出版社，2016.7
　　商务部十三五规划教材　全国高等院校财经类专业统
编教材
　　ISBN 978 - 7 - 5103 - 1586 - 2

　　Ⅰ . ①税…　Ⅱ . ①杨…②秦…　Ⅲ . ①税法—中国—
高等学校—教材　Ⅳ . ①D922. 22

　　中国版本图书馆 CIP 数据核字（2016）第 169940 号

商务部十三五规划教材
全国高等院校财经类专业统编教材

税法（2016 版）
SHUIFA

主　编　杨　良　秦玉霞

出　　　版：中国商务出版社
地　　　址：北京市东城区安外东后巷 28 号　　　邮　　编：100710
责任部门：财经事业部（010 - 64515163）
责任编辑：汪　沁
总 发 行：中国商务出版社发行部（010-64266193　64515150）
网购零售：中国商务出版社淘宝店（010-64286917）
网　　　址：http://www. cctpress. com
网　　　店：http://cctpress. taobao. com
邮　　　箱：cctp@ cctpress. com
排　　　版：北京科事洁技术开发有限责任公司
印　　　刷：北京玥实印刷有限公司
开　　　本：787 毫米×1024 毫米　　1/16
印　　　张：25. 5　　　　　　　字　　数：574 千字
版　　　次：2016 年 7 月第 2 版　　印　　次：2016 年 7 月第 1 次印刷
书　　　号：ISBN 978 - 7 - 5103 - 1586 - 2
定　　　价：49. 00 元

本书编委会

主　　编　杨　良　秦玉霞

副 主 编　刘宏伟　崔红斌　王春芳

参编人员　（按汉语拼音排序）

程　鹏　韩　怡　郝亚楠　贺　晨
惠显杰　冀雪琴　李文悦　李子留
刘思彤　谈汝坤　王丹红　吴俊岭
张秉恒　赵厚才　赵　慧

前　言

税法是我国法律体系的重要组成部分，是税务机关征收税款和纳税人缴纳税款的法律依据。随着社会经济发展的新形势与要求，以及我国税法税制的不断完善、健全和税收国际协调的加强，税法对经济生活的影响越来越大。我国继续实施积极的财政政策，进行结构性减税改革，完善地方税收体系。如2012年1月试行营业税改征增值税（试点在上海市），现已推广至全国试行，同时消费税、关税、所得税和资源税等相关税种以及发票管理和税务行政复议等法律制度也有一些新的调整与改革，因此，本书是根据最新的税收法规编写的。

根据税法课程的特点，本书采用理论与实践结合的方法，阐述了我国现行税收体系的基本内容。既重视对基本理论的分析与概括，又注重对实务的应用操作，能同时满足课堂教学和自学的需要。作为财经类专业的学生，如果不系统学习和掌握税法知识，将很难适应未来社会的需要。目前，税法课程是管理类各专业的必修课程，当然也是会计学专业、财务管理专业的必修课程。考虑到上述方面，本书具有以下五个特点：

（1）内容全面、新颖，严格按照最新的税收法规编写。密切跟踪新的税收法规的变化，使本书的内容及时适应新的税收法规的要求，为会计、财务、税务工作的实践提供了重要的参考依据。根据国内外税法理论和实务的最新研究成果进行归纳和总结，介绍了一些新的研究内容，反映了税收国际协调的加强，使学生能接触税法的最前沿内容，跟踪该课程的最新进展，拓展学生的知识面。

（2）理论与实践相结合。简明实用，突出应用，有较强的适用性和实用性。在理论分析基础上，通过大量案例分析，提高学生的实务操作能力。

（3）结构清晰，重点突出。力求深入浅出，讲解详细，简明易懂，便于学生自学，税法作为经济管理类学科，其教材既要讲清理论，又要注重应用。教材编写既要从理论高度进行概括和解释，又要运用基本原理去解决实际问题，提高学生分析、解决问题的能力。

（4）教学与职业资格考试的内容对接。教材建设要吸取相关领域的最新科研成果，使教材内容反映本课程的最新研究状况。税法课程是注册会计师必考科目，在本书的典型例题、案例与分析、课后练习题中结合了考试的重点内容，可以为学生应试取得相应职业资格证书奠定坚实的基础。通过教学与职业资格考试的内容互动，完善教材内容，提高教材质量。

（5）不但有理论阐述，同时还在每章后附有思考题、练习题、案例。

本书由杨良、秦玉霞任主编，刘宏伟、崔红斌、王春芳任副主编。杨良编写第一、二、六、七、八、十一章，秦玉霞编写第三、四章，刘宏伟编写第五、十二章，崔红斌编写第九章，王春芳编写第十章。由杨良负责拟定全书编写大纲、组织编写以及对全书的初稿修改、补充和总纂后定稿。

本书是在借鉴了许多税法理论与实践、教学科研成果以及在尊重、参考前人劳动成果的基础上编写的。在此，向那些为本书提供参考的一系列国内外优秀教材的编者表示深深的敬意。本书在编写、出版过程中得到了中国商务出版社的大力支持，在此表示感谢。

由于时间紧迫及编者水平有限，书中难免存在不足和疏漏之处，敬请各位专家、学者和广大读者批评指正，以便再版时及时修订。

杨　良

2016 年 6 月

目录

第一章 税法总论

📝 **学习目标**

➡ 1. 理解和掌握税收的含义、特征与职能
➡ 2. 熟悉税收产生与发展的历史过程
➡ 3. 掌握税法的含义,理解税法的分类
➡ 4. 理解和掌握税收法律关系,熟悉税法构成要素
➡ 5. 明确税收执法的原则、程序与实施
➡ 6. 了解我国税制建立与发展的过程及现行税法体系

第一节 税收的产生与发展

税收是一个古老的经济范畴,是人类经济和社会发展到一定阶段的产物,随着人类经济和社会的发展而不断发展。税收历史悠久,名称繁多,使用范围较广的主要有贡、赋、租、税、捐等几种。贡和赋是税收最早的名称,它们是同征税目的、用途相联系的。贡是向王室进献的珍贵物品或农产品,赋则是为军事需要而征收的军用物品。税这个名称始于"初税亩",是指对耕种土地征收的农产品,即所谓"税以足食,赋以足兵"。

一、税收产生的条件

任何经济范畴的产生都取决于一定的客观条件,税收是以国家为主体的产品分配,它并不是人类社会一开始就存在的,而是人类社会发展到一定阶段的产物。税收的产生一般认为有两个相互制约的条件:一是国家的产生和存在;二是社会剩余产品的出现产生了私有制。

（一）税收产生的前提条件——国家的产生和存在

国家的出现同税收产生有着本质的联系。因为税收是国家实现其职能的物质基础，只有出现了国家之后，才有为满足国家政权行使职能而征税的客观需要。税收是以国家为主体，以国家政治权力为依据的特定分配，只有产生了国家才有课征税收的主体，也才有课征税收的依据，从而使税收的产生成为可能。

（二）税收产生的经济条件——私有财产制的存在和发展

私有财产制度的出现同税收的产生有着直接的必然联系。税收是凭借国家政治权力而不是财产权力的分配形式，只有社会上存在着私有财产制度，而国家又需要将一部分不属于自己所有或不直接支配使用的收入转变为国家所有的情况下，才有必要采取税收这种强制性方式。可以说，税收是国家对私有财产行使支配权的表现，也是对私有财产的一种"侵犯"。因此，只有社会上存在着私有财产制度这样的经济条件，税收才会产生。

二、税收产生的过程

税收是一个国家的立国之本，税收之于国家，犹如血液之于人体，乃是须臾不可或缺的生命之源。我国税收的产生经历了较为漫长的过程。中国自夏代开始进入奴隶制社会以后，在夏、商、周三代，土地均归王室所有，所以古语道"普天之下，莫非王土；率土之滨，莫非王臣"。当时的国王不仅是全国的最高统治者，也是全国土地的所有者。国王对其所拥有的土地，除了一小部分由王室直接管理外，大部分分封给诸侯和臣属，只有一小部分授给平民耕种。在这样的土地所有制制度之下，中国与西方国家有所不同，其税收的产生经历了一个演变过程。

（1）早在夏代，中国就已经出现了国家凭借其政权力量进行强制课征的形式——贡。关于贡的具体内容，一般认为贡分为两种。一是夏代王室对其所属部落及用武力征服的部落所强制征收的土贡，贡品一般为当地的土特产品；商代、周代的土贡分为九类，称为"九贡"，贡品包括牲畜、丝织品、用器用具、珠宝和珍品等。二是与耕种土地相联系的贡，即平民耕种土地向国王纳贡。一般是根据土地若干年的收获量定出一个平均数，并按其抽取一定的比例。到了商代，贡法逐渐演变为助法。助法是借助平民公田的力役课征，即在井田制度下，八家平民在各自私田的基础上来共同耕种公田，公田上的收获全部归王室所有。因此，助法是属于力役形式的纳税。再到周代，助法又演变为彻法。彻法是按亩征收实物的课税制度，即每户平民耕种的土地要把一定的产量缴纳给王室。

彻法按土地数量进行课征，比贡法和助法有了很大的进步。夏、商、周三代的贡、助、彻，都是对土地原始的强制课征形式，在当时的土地所有制下，地租和赋税还难以严格划分，贡、助、彻既包含有地租的因素，也具有赋税的某些特征，从税收起源的角度看，它们是税收的原始形式，是税收发展的雏形阶段。此外，对商业和手工业征收"关市之赋"、"山泽之赋"，即对经过关卡或上市交易的物品，以及伐木、采矿、狩猎、捕鱼、煮盐等进行征税，这是我国最早出现的工商税收。

（2）春秋时期鲁国的以"初税亩"为标志，春秋时期是我国奴隶社会向封建社会的转变时期，为适应这一历史转变，税收制度也发生了巨大的变革，尤以鲁国的改革最为突出。为了增加财政收入和抑制开垦私田，鲁国鲁宣公十五年（公元前594年）开始对井口以外的私田征税，宣布不论公田和私田一律按亩征税，史称"初税亩"。征收的比例基本上为1/10，又称"什一税"。实行初税亩以后，土地所有者只要纳税，全部收获可以归自己支配。

初税亩顺应了土地私有制这一必然发展趋势，这是历史上一项重大的经济改革，也是我国农业税制从雏形阶段进入成熟时期的标志。

第二节 税 收 概 述

一、税收的概念

税收是国家依据法律，为满足社会公共需求和公共商品的需要，行使国家权力对私有经济财物进行的一种强制、无偿的征收。

（一）西方国家税收的定义

税收作为国家取得财政收入的一种方式产生并发展起来，是国家政治权力与私有财产制度斗争的产物，是国家以征税的方式取得财政收入的主要途径和主要方式。税收的概念是西方财政税收学界开创理论体系的奠基石，因此学者们很早就对之进行研究并形成了各种不同的表述方式和思想内容。

1. 西方经济学权威人物、曾获诺贝尔经济学奖的美国经济学家萨缪尔森在《经济学》中指出："国家需要钱来偿付它的账单，而偿付它的支出的主要来源是税收。"

2. 英国的《新大英百科全书》给税收的定义是："在现代经济中，税收是国家财政收入最重要的来源。税收是强制的和固定的征收；它通常被认为是对政府的收入的捐献，用以满足政府开支的需要，而并不表明是为了某一特定的目的。税收是无偿的，它不是通过交换来取得。这一点与政府的其他收入大不相同，如出售公共财产或发行公债等。税收总是为了全体纳税人的福利而征收，每个纳税人在不受任何利益支配的情况下承担了纳税义务。"

3. 德国社会政策学派财政学的集大成者和资产阶级近代财政学的创造者阿道夫·瓦格纳在其著作《财政学》中给税收的定义是："所谓租税，从财政意义上讲，就是公共团体为满足其财政上的需要，凭借其主权，作为对公共团体的事务性设施的一般报偿，依据一般原则和准则，以公共团体单方面所决定的方法及数额，强制地征自个人的赋课物；从社会政策的意义上说，赋税就是满足财政上的必要的同时，或不论财政上有无必要，纠正国民收入的分配及国民财富的分配，借以矫正个人所得与个人财产的消费为目的所征收的赋课物。"

4. 美国《现代经济学词典》给税收的定义是："税收的作用在于应付政府开支的需要而筹集稳定的财政资金。税收具有强制性，它可以直接向居民或公司征收。税收是居民个人、公共机构和团体向政府强制转让的货币（偶尔也采取实物或劳务的形式）。它征收的对象是财产、收入或资本收益，也可以来自附加价格或大宗的畅销货。"

（二）我国税收的定义

我国税收的定义是在随着时代变化而不断发展的。曾几何时在中国人民心中，赋税就是剥削的代名词，是剥削阶级强加给人民的负担。但随着新中国的成立，特别是1994年税制改革以来，建设中国特色社会主义商品经济背景下，社会对于财税的认识也在逐步发生变化，理论界学者们对于税收的研究也在逐渐深化，综合起来，可以归纳为三类比较有代表性的观点。

第一类观点认为：税收是国家凭借政治权力，按照预定标准，无偿地集中一部分社会产品形成的特定分配关系。

第二类观点认为：税收是国家为满足社会公共需要，依据其社会职能，按照法律规定，参与国民收入中剩余产品分配的一种规范形式。

第三类观点认为：税收是国家为实现其社会经济目标，按预定的标准对私人部门进行的非惩罚性和强制性的征收；是将资源的一部分从私人部门转移到公共部门。

上述三类观点中，第一类观点突出了国家分配，第二类观点突出了满足社会公共需要，第三类观点把税收的范围限定在对私人部门的征收，均具有鲜明的时代特征。

二、税收的特征

税收的基本特征包括强制性、无偿性和固定性，习惯上称为税收的"三性"。它是税收区别于其他财政收入的形式特征，只有同时具备这三个特征才是税收，否则就不是税收。

（一）强制性

强制性是指税收凭借国家政治权力，通过法律形式对国民收入进行的强制征收。负有纳税义务的单位和个人必须依法定的标准和期限来履行纳税义务，否则属于违法行为，应受到法律相应的处罚与制裁。

（二）无偿性

无偿性是指国家向纳税人进行无须偿还的征收，即国家征税以后，税款成为国家所有而不再归还给纳税人，也不需支付任何报酬。但在总体上，税收又具有间接的返还性。我国社会主义税收体现了"取之于民、用之于民"的基本特点。

（三）固定性

固定性是指国家征税通过法律形式预先规定了征税范围、计税标准及征收比例或数额进行征收，且在一定时期内具有相对的稳定性。但税收的固定性也不是一成不变的，而是随着经济发展或国家特定的需要，依法实施调整与修改。

税收的三个基本特征是统一的整体，它们相辅相成、缺一不可。其中，强制性是实现税收无偿征收的强有力保证，无偿性是税收本质的体现，固定性是强制性和无偿性的必然要求。

三、税收的依据

国家征税的依据是政治权利，又别于按要素进行的分配。国家通过征税，将一部分社会产品由纳税人所有转变为国家所有，因此征税的过程实际上是国家参与社会产品的分配过程。国家与纳税人之间形成的这种分配关系与社会再生产中的一般分配关系不同。分配问题涉及两个基本问题：一是分配的主体；二是分配的依据。税收分配是以国家为主体进行的分配，而一般分配则是以各生产要素的所有者为主体进行的分配；税收分配是国家凭借政治权力进行的分配，而一般分配则是基于生产要素进行的分配。

税收是凭政治权力进行的分配，是马克思主义经典作家的基本观点，也是我国税收理论界长期以来的主流认识。正如马克思指出的"赋税是政府机器的经济基础，而不是其他任何东西"。恩格斯在《家庭、私有制和国家起源》中也指出："为了维持这种公共权力，就需要公民缴纳费用——捐税。"关于国家征税的依据即国家为什么可以对公民征税这个问题，从税收思想史来看有多种观，如公需说、保险说、交换说、社会政策说等。随着市场经济的发展，我国税收理论界也有一些学者认为用交换说更能说明政府和纳税人之间的关系，即国家依据符合宪法的税收法律对公民和法人行使一种请求权，体现的关系即为类似公法上的债权债务关系，即政府依据税法拥有公民和法人某些财产或收入的债权，公民或法人则对政府承担了债务，这种债务即是税收。公民或法人缴纳税收即偿还了债务以后即拥有了享受政府提供的公共产品的权利，此时税收相当于一种价格，公民和法人与政府应该具有某种等价交换的关系，国家行使请求权的同时，负有向纳税人提供高质有效的公共产品的义务；从纳税人这方面来讲，在享受政府提供的公共产品的同时，也依法负有纳税的义务。在这种等价交换中，税收体现了一种平等性，即国家和纳税人之间的对等和平等。

如上述的国家权力，归结起来可概括为财产权力和政治权力。国家取得各种财政收入所凭借的也是这两种权力，但税收凭借的只是唯一的政治权力而不是财产权力，因此国家政治权力就是税收的依据，也是税收强制性、权威性的体现。

四、税收的范畴

税收在社会再生产过程中属于分配范畴。社会再生产中的分配环节是将社会产品和国民收入分为不同的份额，并决定各份额归谁占有的一个环节，而税收就是该环节的一种形式。国家征税的过程，就是把一部分国民收入从纳税单位或个人手中转变为国家所有的分配过程。同时，由于税收分配凭借的是国家政治权力，因而税收分配所体现的分配关系是一种特定的分配关系。

五、税收的形态

从历史演变来看，税收的形态有力役、实物和货币，其中力役是税收的特殊形态，实物和货币尤其是货币是税收的主要形态。在奴隶社会和封建社会，税收以实物和力役形态为主；封建社会末期尤其是资本主义社会，税收形态从实物过渡到以货币为主，甚至全部采用货币形态。在我国，现行各税种均以货币形式征收。

六、税收的职能

税收职能主要包括财政职能、经济职能和管理职能。税收的职能一般是指税收分配在一定社会制度下所固有的功能和职责，是税收的一种长期固定的属性。

（一）税收的财政职能

税收的财政职能是指税收为国家组织财政收入的功能。税收是国家凭借政治权力，通过法律形式把企业和个人的收入通过征税方式变为国家财政收入，以满足国家财政支出的需要。古今中外各国，税收在财政收入中所占比重都很大，是国家财政的重要支柱，成为国家机器运转的经济基础。一般认为，如果没有税收，国家的职能就无法实现，那么国家就无法存在。

税收的财政职能不但在于税收取得财政收入的量上，而且在于税收取得财政收入的质的规定性。由于税收具有三个形式的特征，决定了税收取得财政收入具有广泛、可靠、及时、均衡、无偿的功能，能够满足国家实现其职能对财政收入的质的要求，而这些功能是其他财政收入形式所不具备或不完全具备的。

一般而言，当代世界各国的税收收入占财政收入90%以上。通常我国的财政收入有95%以上来自税收收入。

（二）税收的经济职能

税收的经济职能是指国家运用税收来调控经济运行的功能。国家向企业和个人征税将一部分国民收入转为国家所有，必然要改变原有的分配关系，对生产结构、消费结构和生产关系结构等产生一定的影响。这种影响可能是积极的，也可能是消极的；可能是促进经济发展的，也可能是导致经济停滞或倒退的；可能是有意识的，也可能是无意识的。但无论如何，税收对经济的影响始终是客观存在的。

税收的经济职能与国家运用的其他经济调节手段相比，具有自身的质的规定性。由于税收是国家以法律形式规定征收的，因此决定了国家可以自觉地运用税收来贯彻其既定的经济政策，达到调节经济预期的目的，体现了税收调节经济的权威性；由于税收的征收不受所有制的限制，可以延伸到国民经济各个部门及行业和再生产的各环节，体现了税收调节经济的广泛性；由于税收的调节对象和调节要求可在税制中予以规定，在实际执行中还可以根据客观的经济需要加以调整，体现了税收调节经济的灵活性。税收调节经济的权威性、广泛性和灵活性，构成了税收调节经济的特殊功能。

（三）税收的管理职能

税收的管理职能是指国家通过税收征管法令来约束纳税人社会经济行为的功能。国家通过税收分配将一部分国民收入征为国有，要做到应收尽收就必须进行税收的监督、检查、纠正、统计、预测和调查等一系列工作。它一方面能够反映有关的经济动态，为国家经济管理提供依据；另一方面，能够对企业和个人的经济活动进行有效的监督。税收是一种无偿性的分配，分配的结果是直接减少纳税人的既得利益，它本身就要求必须具有管理功能，以使这种无偿性的分配得以顺利实现。

税收管理贯穿于税收活动的全过程，从税收法律制度的制定到税收收入的入库，都必须体现税收管理的职责和功能，否则国家的财政收入就得不到保障，税收调节经济的目的也就难以实现。税收的管理所涉及的范围十分广泛，就当前我国的经济性质来看，涉及国有、集体、个体、外资、合资、乡镇、街道、经济联合体及个人；就再生产过程而言，涉及生产、交换、分配、消费各环节；就企业内部而言，涉及生产、供销、成本和利润分配等生产经营活动。

七、税收的分类

税收制度的主体是税种，当今世界各国普遍实行由多个税种组成的税收体系。在这一体系中各种税既有各自的特点，又存在着多方面的共同点。因此，有可能从各个不同的角度对各种税进行分类。按某一种标志，把性质相同的或近似的税种归为一类，而与其他税种相区别，这就是税种分类。按照不同的分类标志，税种的分类方法一般有以下几种：

（一）按税收缴纳形式分类

按照税收缴纳形式的不同，税收可以分为力役税、实物税和货币税。

力役税是指纳税人以直接提供无偿劳动的形式缴纳的税种；实物税是指纳税人以实物形式缴纳的税种；货币税是指纳税人以货币形式缴纳的税种。力役税和实物税主要存在于商品经济不发达的时代和国家；货币税则是市场经济国家最普遍、最基本的税收形式。

（二）按税收与价格的关系分类

按照税收与价格的关系，税收可以分为价内税和价外税。价内税一般是指征税对象的价格中包含着税金，如我国现行的消费税和营业税。价外税一般是指税款独立于征税对象之外的税收，如我国现行的增值税。

（三）按税收负担能否转嫁分类

按照税收负担能否转嫁，税收可以分为直接税和间接税。

直接税是指对财产所有和所得收入课征的税种的统称，这类税种由于课税对象是纳税人的所得，税收负担一般不能转嫁，体现出直接征收、直接负担的性质，因而称之为直接税。目前，在世界各国税法理论中，多以各种所得税、房产税、遗产税、社会保险税等税种为直接税。间接税是对商品或劳务的销售收入或非销售收入课征的税种的统称，这类税种的税收通常能够转嫁给他人，销售者成为税收从征收到归宿的中介，体现出间接征收、间接负担的性质，因而称之为间接税。目前，世界各国多以消费税、销售税、货物税、营业税、增值税等税种为间接税。

（四）按税收计征标准分类

按照税收计征标准的不同，税收可以分为从价税和从量税。

从价税一般是以征税对象的价格为标准从价计征的税种。从价税的优点是：有利于保证财政收入，税负相对较为公平。我国现行的增值税、营业税、房产税等大部分税收都属于从价税。从量税则一般是以征税对象的数量、重量、容量等为标准从量计征的税种。从量税的优点是：税收负担相对稳定，计算征收较为简便。我国现行的车船税、城镇土地使用税等属于从量税。

（五）按照课税对象是否具有依附性分类

按照课税对象是否具有依附性，税收可以分为独立税和附加税。独立税是不需依附于其他税种独立课征的税。我国现行的税种大多都属于独立税。附加税是指追随于正税按照一定比例征收的税，其纳税人与独立税相同，但是税率另有规定。附加税以正税的存在和征收为前提和依据。我国现行的附加税有城市维护建设税，没有独立的征税对象，必须在增值税、消费税、营业税的基础上课税。

除上述主要分类外，还有一些其他分类方法。例如在我国按征收机关划分，税收可分为工商税系、关税税系和农业税系三大类。工商税收由各级国家税务机关和地方税务机关征收管理；关税由海关负责征收管理；农业税系原来由各级财政部门负责征收管理，现正逐步移交给税务机关。

第三节　税法概述

一、税法的概念

税法是国家制定的用以调整国家与纳税人之间征纳活动的权利与义务关系的法律规范的总称。它是国家依法征税、纳税人依法纳税的行为规范。其目的是保障国家经济利益和纳税人的合法权益，维护税收秩序，保证国家的财政收入。

税法有广义与狭义之分，广义的税法是指国家立法机关、政府及其有关部门制定的有关税收方面的法律、规章和规定等；而狭义的税法仅指国家立法机关或其授权制定的税收法律，也是严格意义上的税法。本书中的税法指广义上的税法，即通常所言的税制，所谓税制是指国家及其有关部门制定的各种税收法令和征管办法的总称。对于税法与税收、税制的关系具体解释如下：

税法与税收、税制的关系从三者的概念上讲：税法是指国家制定的用以调整国家与纳税人之间征纳活动的权利与义务关系的法律规范的总称；税收是指国家凭借其政治权力，强制、无偿地参与国民收入分配取得财政收入的一种手段；税制是指国家及其有关部门制定的各种税收法令和征管办法的总称。

从三者的联系上讲：从总体上说，三者是辩证统一、互为因果的关系。具体地说，税收、税制与税法都是以国家为前提，与财政收入密切相关；国家对税收的需要决定了税制与税法的存在，而税制与税法的存在决定了税收的分配关系；税制与税法是税收内容的具体规范和权力保证（法律强制征收）；税收是税制与税法的执行结果，同时税收又是衡量税制与税法科学性、合理性的重要标准；严格意义上所言的税法是税制的核心内容，而税制又是税法的必要解释和补充。

从三者的区别上讲：一是在范畴上，税收属于经济基础范畴，税制与税法则属于上层建筑范畴；二是在立法上，税法的制定权属于国家立法机关或其授权的国家行政机关，而税制的制定权除属于税法的制定部门外，还属于财政机关、税务机关、海关等；三是在效力上，税法具有法律强制的约束力，而税制具有行政约束力和一定的法律效力，在实际执行过程中，当税制与税法有抵触时，应以税法的规定为准。

二、税法与其他法律的关系

税法在我国的法律体系中，除自身规定的内容外，在某种情况下也需要援引一些其他法律，它与其他法律或多或少地有着相关性。这里主要阐述税法与宪法、民法、刑法等最为密切相关的法律之间的关系。

（一）税法与宪法的关系

宪法是我国的根本大法，它是制定所有法律、法规的依据和章程，因而也是税法制定的根本依据。《中华人民共和国宪法》（以下简称《宪法》）中规定，中华人民共和国公民有依照法律纳税的义务，从而明确了国家可以向公民征税，并要有法律依据的基本要求。因此，我国《宪法》的这一规定是立法机关制定税法并据以向公民征税、公民必须依照税法纳税的最根本的法律依据。

《宪法》中规定：国家要保护公民的合法收入、财产所有权，保护公民的人身自由不受侵犯等，因此在税法制定时要规定公民纳税人享有的各项权利以及国家税务机关行使征税权的约束条件，同时还要求税务机关在行使征税权时不能侵犯公民纳税人的合法权益等。《宪法》中还规定：中国公民在法律面前人人平等，因此在税法制定时也应遵循这一原则，即对所有的纳税人要平等对待，不能因为纳税人的种族、性别、出身、年龄等不同而在税收上给予不平等的待遇。

（二）税法与民法的关系

税法与民法有着本质的区别。民法是调整平等主体之间，即公民之间、法人之间、公民与法人之间财产关系和人身关系的法律规范，其调整方法的主要特点是平等、等价和有偿；而税法的本质是国家依据政治权力进行征税，是调整国家与纳税人征纳关系的法律规范，这种税收征纳关系不是商品的关系，而是国家意志和强制的关系，其调整方法的主要特点是命令和服从。

税法与民法两者之间又具有联系，当税法的某些规范同民法的规范基本相同时，税法一般援引民法条款。在征税过程中，经常涉及大量的民事权利和义务问题，如印花税中有关经济合同关系的成立、房产税中有关房屋产权的认定等，这些在民法中已有规定，所以税法就不再另行规定。

当涉及税收征纳关系时，一般应以税法规定为准。如两个关联企业之间，一方先以高进低出的价格与对方进行商业交易，再以其他方式从对方取得利益补偿避税时，虽然符合民法中规定的"民事活动应遵循自愿、公平、等价有偿、诚实信用"的原则，但从税收公平、保证收入角度出发，税法规定必须对这种交易做出相应的税收调整。

（三）税法与刑法的关系

税法与刑法有本质区别，主要表现为调整的范围不同。刑法是关于犯罪、刑事责任与刑罚的法律规范；税法则是调整税收征纳关系的法律规范。

税法与刑法有着密切的联系，主要表现在：两者对违反税法的行为都规定了处罚条款。但应当指出的是，违法与犯罪是两个概念，违反了税法并不一定就是税收犯罪。如我国现行《中华人民共和国税收征收管理法》（以下简称《征管法》）第63条规定：纳税人偷税的，由税务机关追缴其不缴或少缴的税款、滞纳金，并处不缴或少缴的税款的0.5倍以上5倍以下的罚款。而《中华人民共和国刑法》（以下简称《刑法》）第201条规定：纳税人偷税数额占应纳税额的10%以上不满30%，并且偷税数额在1万元以上不满10万元的，或因偷税被税务机关给予两次行政处罚又偷税的，处3年以下有期徒刑或拘役，并处偷税数额1倍以上5倍以下罚金等。从上面可以看出，两者之间的区别就在于情节是否严重，轻者给予行政处罚，重者则要给予刑事处罚。

三、税法的分类

税法分类是按一定标准把性质、内容、特点相同或相似的税法归为一类的方法。在税法体系中，按不同的标准可分成不同类型的税法。

（一）按税法内容和功效标准的分类

按照税法的基本内容和功能效用的不同，税法可分为税收基本法、税收实体法和税收程序法。

1. 税收基本法

税收基本法是制定税收性质、立法、种类、体制和税务机构，以及征纳双方权利与义务等内容的法律规范。它是税法体系的主体和核心，起着税收母法的作用。目前我国还没有制定统一的税收基本法，但随着我国社会主义市场经济的发展和税收法制的不断完善，研究与实施税收基本法已为期不远。

2. 税收实体法

税收实体法是指制定的税种及其征税对象、纳税人、税目税率、计税依据和纳税地点等要素内容的法律规范。如《中华人民共和国增值税暂行条例》、《中华人民共和国企业所得税法》、《中华人民共和国个人所得税法》和《中华人民共和国车船税法》等，就属于税收实体法。

3. 税收程序法

税收程序法是指制定税收管理工作的步骤和方法等的法律规范，主要包括税务管理法、账证管理法、纳税申报法、发票管理法、税款征收法、税务检查法和税务处罚法等。如我国的《征管法》、《税务稽查工作规程》和《税务行政复议规则》等法律、法规，就属于税收程序法的范畴。

（二）按征税对象标准的分类

按照税法规定的征税对象的不同，税法可分为流转税法、所得税法、资源税法、财产税法和行为目的税法。

1. 流转税法

流转税法是指有关对货物流转额和劳务收入额征税的法律规范，如增值税、消费税、营业税和关税等税的税法。其特点是与商品生产、流通、消费有着密切的联系，不受成本费用的影响，而且收入具有"刚性"，有利于国家发挥对经济的宏观调控作用。流转税法为世界各国，尤为发展中国家所重视和运用。

2. 所得税法

所得税法是指有关对单位和个人获取各种所得或利润额征税的法律规范，如企业所得税和个人所得税等税的税法。其特点是可直接调节纳税人的收入水平，发挥税收公平税负和调整分配关系的作用。所得税法为世界各国所普遍运用，尤其在市场经济发达和经济管理水平较高的国家更受重视。

3. 资源税法

资源税法是指有关对纳税人利用资源获得收入征税的法律规范，如资源税和土地税（如土地增值税和土地使用税等）等税的税法。其特点是调节因自然资源或客观原因所形成的级差收入，将非经主观努力而形成的级差收入征为国家所有，避免资源浪费，保护和合理使用国家自然资源。资源税法一般针对利用自然资源（如土地、矿藏和森林等）、设备、资金、人才等资源所获收益或级差收入的征税需要而制定。

4. 财产税法

财产税法是指有关对纳税人财产的价值或数量征税的法律规范，如房产税、车船税、遗产税、不动产税和契税等税的税法。其特点是避免利用财产投机取巧和财产的闲置浪费，促进财产的节约和合理利用。因此，财产税法一般以课征财产富有者来平均社会财富，课征财产闲置者来促进合理使用为根本目的，同时为增加国家财政收入的需要而制定。

5. 行为目的税法

行为目的税法是指有关对某些特定行为及为实现国家特定政策目的征税的法律规范，如固定资产投资方向调节税、印花税、屠宰税和城市维护建设税等税的税法。其特点是可选择面较大，设置和废止相对灵活，可以因时因地制宜制定具体征管办法，有利于国家限制和引导某些特定行为而达到预期的目的。行为目的税法一般是国家为实现某些经济政策、限制特定行为，并达到一定目的而制定的。

（三）按税法其他标准的分类

按照税收收入归属和征管权限的不同，税法可分为中央（国家、联邦）税法和地方税法。

1. 中央（国家、联邦）税法是国家制定的税收法律制度；地方税法是各级地方政府制定的税收法律制度。一般而言，中央税是指税收收入和管理权限归属于中央一级政府的税收，一般由中央统一征收管理。地方税是指税收收入和管理权限归属于各级地方政府的税收，一般由各级地方政府负责征收管理。1994 年我国实行分税制的财政管理体制，将税收划分为中央税、地方税、中央与地方共享税三类，如消费税等为中央税，房产税等为地方税，增值税等为中央地方共享税。

2. 按照主权国家行使税收管辖权的不同，税法可分为国内税法、外国税法和国际税法等。国内税法一般是按照属人或属地原则，规定一个国家的内部税收法律制度；外国税法是指国外各个国家制定的税收法律制度；国际税法是指国家间形成的税收法律制度，主要包括双边或多边国家间的税收协定、条约和国际惯例等。

四、税法的地位

税法是我国法律体系的重要组成部分，其地位是由税收在国家经济活动中的重要性决定的。一方面税收收入是政府取得财政收入的主要来源，而财政收入是维持国家机器正常运转的经济基础；另一方面，税收是国家宏观调控的经济杠杆和重要手段。因此，税法是调整国家与企业和公民个人收入分配关系的最基本、最直接的方式，特别是在市场经济条件下，税收收入的上述两项功效表现得非常明显和直接。

税与法密不可分，有税必有法，无法不成税。现代国家大多奉行立宪征税、依法治税的原则，即政府的征税权由宪法授予，税收法律需经立法机关批准，税务机关履行职责必须依法办事，税务争讼要按法定程序解决。简而言之，国家的一切税收活动均以法定形式表现出来，因此税法属于国家法律体系中一个重要的部门法，它是调整国家与各个经济单位及公民个人分配关系的基本法律规范。

五、税法的作用

税法调整的对象涉及社会经济活动的各个方面，与国家整体利益及单位和个人的直接利益有着密切的关系，且在建立和发展我国社会主义市场经济体制中，国家通过税法的制定与实施加强社会经济发展的宏观调控，其地位和作用越来越重要。主要表现在：

（一）税法是国家组织财政收入的法律形式

加速国民经济的发展，实现社会主义经济建设的现代化，国家必须筹集大量的资金用于工农业基础和能源、交通等重点建设。实践证明，单靠私人或某些企业投资，不可能筹集大量资金并投入大规模的基础建设，而税收才是筹集国家建设资金的最主要渠道。为保证税收组织财政收入职能的发挥，必须通过制定税法，以法律形式确定单位和个人履行纳税义务的具体项目、数额和纳税程序，惩治偷逃税款的行为，防止税款流失，保证国家依法征税，及时足额地取得税收收入。

（二）税法是国家调控经济运行的法律手段

我国建立和发展社会主义市场经济体制的目标之上就是从过去国家习惯于用行政手段直接管理经济，向主要运用法律、经济的手段宏观调控经济转变。税收是国家宏观调控的重要手段，通过制定税法，以法律的形式确定国家与纳税人之间的利益分配关系，调节生产与消费及社会成员的收入水平，调整经济结构，促进社会资源的优化配置，使之符合国家的宏观经济政策；同时，根据法律的平等原则，公平税负，鼓励平等竞争，为市场经济的良性运行与发展创造良好的条件。

（三）税法是国家维护经济秩序的法律工具

税法的贯彻执行涉及从事生产经营活动的每个单位和个人，其单位和个人办理税务登记、建账建制、纳税申报等各项经营活动，都将纳入税法的规范制约和管理范围。这样，税法就确定了一个规范有效的经济秩序和纳税秩序，以监督经营单位和个人依法经营、加强经济核算、提高经营管理水平；同时税务机关按照税法规定对纳税人进行税务稽查，严肃查处偷逃税及其他违反税法规定的行为，也将有效地打击各种违法经营活动。

（三）税法是国家保护纳税人合法权益的法律依据

国家征税直接涉及纳税人切身的经济利益，如果税务机关随意征税，就会侵犯纳税人的合法权益，影响纳税人正常的生产经营活动，这是法律所不允许的。因此，税法在确定税务机关征税权利和纳税人履行纳税义务的同时，还相应规定了税务机关承担的义务和纳税人享有的权利。如税务机关执法行为造成纳税人合法权益损失的，要负赔偿责任等；纳税人享有发票购买权、延期纳税权、申请减税免税权、多缴税款退还权、依法申请复议或提起诉讼权等。所以，税法不仅是税务机关征税的法律依据，同时也是纳税人保护自身合法权益的重要法律依据。

（四）税法是国家维护其经济权益的法律保障

在国际经济交往中，任何国家对进出口贸易、技术交流与合作，以及在本国境内从事生产经营的外国企业和个人都拥有税收管辖权，这是国家权益的体现。我国自实行改革开放以来，在平等互利的基础上，不断扩大和发展同各国（地区）的经济贸易往来及交流与合作，利用外资、引进技术的规模、渠道和形式都有很大发展，在建立和完善涉外税法的同时，还与80多个国家签订了避免双重征税的协定，既维护了国家的经济权益，又为鼓励外商投资、保护国外企业和个人在华合法经营，以及发展国家

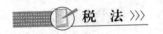

间平等互利的经济技术合作关系，提供了可靠的法律保障。

第四节 税法的构成要素

一、税法要素

税法要素是指税法中应具备的基本内容和因素，是保证税法科学性、合理性和规范性的必要条件，包括税法构成要素和税收法律关系。

（一）税法构成要素

税法构成要素一般是指税收实体法所组成的要素，主要包括总则、纳税人、征税对象、税率、纳税环节、纳税期限、税收优惠、征收方法、纳税地点、罚则和附则等，其中纳税人、征税对象和税率是基本要素。

1. 纳税人

纳税人是"纳税义务人"的简称，在法学上称为纳税主体，主要是指税法中直接规定的负有纳税义务的单位和个人，即由谁来纳税。国家无论征收什么税，总要由一定的单位或个人来缴纳。因此，每种税都要规定其各自的纳税人，如营业税的纳税人是在中国境内提供应税劳务、转让无形资产或销售不动产的单位和个人；房产税的纳税人是房产的所有者等。

与纳税人相关的概念是扣缴人，扣缴人是"扣缴义务人"的简称，是指税法直接规定的负有代收代缴、代扣代缴义务的单位和个人。当纳税人发生应税行为直接缴纳税款有困难时，国家为了防止纳税人偷逃税款，保证税款及时足额入库，税法中须明确扣缴义务人扣缴税款的具体规定。如《个人所得税法》中规定，纳税人取得的各项应税所得，有支付单位的，以支付单位为扣缴人。

2. 征税对象

（1）征税对象的含义

征税对象又称"课税对象"，西方国家称"税基"，在法学上称为"纳税客体"，是指税法中规定征税的标的物，即对什么征税。它是区分不同税种的主要标志。税法规定的征税对象的内容广泛，包括货物、劳务、财产、收入、所得、土地和行为等。每种税都要规定其各自的征税对象，如增值税的征税对象是增值额，所得税的征税对象是所得额等。

（2）征税对象的相关概念，主要有税目、征税范围和计税依据。

① 税目。税目又称"征税品目"，它规定征税对象的具体项目，是征税对象在应税内容上的具体化，体现着征税的广度。如我国现行消费税的征税对象是工业企业生产的消费品，但其税目规定为烟、酒等14种消费品。

② 征税范围。征税范围是指税法规定应税内容的具体区间，是征税对象的进一步补充和具体划分。它可按货物、品种、所得、地区等方面进行划分。征税范围与征税

对象密切相关，如我国现行城镇土地使用税的征税对象为土地，其征税范围为城市、县城、建制镇和工矿区。

③ 计税依据。计税依据又称"征税基础"，是指计算每种税应纳税额的根据，是征税对象在量上的具体化。分从价与从量两种，前者是按征税对象的价格或价值计算；后者是按征税对象的重量、面积、体积等自然计量单位计算。计税依据与征税对象的关系表现为：有的是一致的，如企业所得税的征税对象和计税依据均为所得额；有的是不一致的，如增值税的征税对象为增值额，其计税依据却是货物或劳务的销售额。

3. 税率

税率是指应纳税额占征税对象量的份额，是征税对象（或计税依据）的征收比例或征收额度。它体现着征税的深度，也是衡量税负轻重的主要标志，包括比例税率、定额税率、累进税率和特殊税率，见图 1-1。

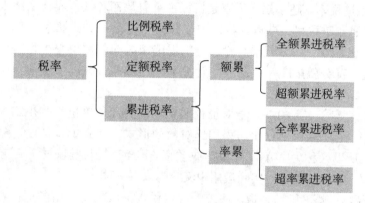

图 1-1　税率

（1）比例税率。比例税率是指对同一征税对象，不论数额大小，均按相同比例征税的税率。采用这种税率，税额随征税对象的量等比增加，但征税比例始终不变。在同一税种中，由于征税对象存在质的差异，比例税率可随税目的多少而有所差异。我国的增值税和企业所得税等采用的是比例税率。在具体运用中，其派生税率有：

① 单一比例税率。单一比例税率又称"统一比例税率"，是指一个税种只规定一个征税比例的税率。如我国现行企业所得税 25% 的税率规定。

② 差别比例税率。差别比例税率是指根据征税对象或纳税人的不同性质规定不同征税比例的税率。例如，根据不同产品、不同部门、不同行业、不同地区和不同纳税人分别规定高低不同的税率，具体又分为产品、行业、地区、等级、分类、分档比例税率。

③ 幅度比例税率。幅度比例税率是指税法统一规定幅度，由各地区在此幅度内具体规定本地区征税比例的税率。如现行营业税对娱乐业的征税，采用 5% ~20% 的幅度比例税率。

（2）累进税率。累进税率是将征税对象按照一定标准划分为若干个等级，每一等级规定逐级上升征税比例的税率。这里的"一定标准"，可以是征税对象的金额；也可以是与征税对象紧密相关的指标，如销售利润率、资金利润率、收入增长率等；还可以是征税对象某一数额的倍数。依此三种标准制定的累进税率，分别称为金额累进税率（简称额累）、比率累进税率（简称率累）、倍数累进税率（简称倍累）。究竟采用哪种累进税率，是由征税对象的性质所决定的。累进税率有两种累进方式，即全数累进和超数累进。依据这两种方式和划分级次的标准，可将累进税率分为全额累进税率和超额累进税率、全率累进税率和超率累进税率、全倍累进税率和超倍累进税率等。我国现行的有超额累进税率和超率累进税率两种：

① 超额累进税率。超额累进税率是指征税对象数额各按所属数额级次适用的征税比例计税的一种累进税率，即把征税对象按数额的大小分成若干等级，每一等级规定一个税率，税率依次提高，但每一纳税人的征税对象都依所属等级同时适用几个税率分别计算，将计算结果相加后得出应纳税额。目前，我国采用这种税率的是个人所得税。

② 超率累进税率。超率累进税率是指征税对象数额各按所属比率级次适用的征税比例计税的一种累进税率，即以征税对象数额的相对率（如销售利润率、增值额占扣除项目金额的比率等）划分若干级距，分别规定相应的差别税率，相对率每超过一个级距，对超过的部分就按高一级的税率计算征税。目前，我国采用这种税率的是土地增值税。

（3）定额税率。定额税率是指对征税对象确定的计税单位直接规定一个固定的征税数额的税率。它不采用百分比而采用绝对数的形式。因其单位征税对象应征税额是固定不变的，所以又称为"单位税额"或"固定税额"。目前我国采用定额税率的有车船税、城镇土地使用税等。实际运用中又分为以下三种。

① 幅度税额。幅度税额是指税法统一规定税额征收幅度，由各地在规定的幅度内具体确定本地区的执行税额。如我国现行的车船税，税法规定商用车客车每辆税额480～1 440元，摩托车每辆36～180元，各省、市、自治区人民政府可在这个幅度内确定本地区的适用税额。

② 地区差别税额。地区差别税额是指不同地区规定高低不同的固定税额。如我国资源税，其他煤炭的税率规定为：北京市、吉林省等9省、市为2.5元/吨，河北省、湖北省等6省、自治区为3元/吨，安徽省为2元/吨等。

③ 分类分级税额。分类分级税额是指按征税对象的类别和等级，分别对单位征税对象规定不同的征收税额。一般来说，等级高的税额高，等级低的税额低。如我国现行的车船税，对机动船舶征税即采用这种税率。

（4）特殊税率。除了上述税率以外，还有一些特殊表现形式，如零税率、加成征收和加倍征收等。它们实际上是税率的收缩或延伸。

① 零税率。零税率即税率为零，它是比例税率的一种特殊形式。其含义是：对应税行为征税，纳税申报所适用的税率为零。零税率既不是不征税，也不是免税，而是征税后负担的税额为零。如我国现行增值税对出口货物规定为零税率。

② 加成征收和加倍征收。加成征收是按应纳税额的一定成数加征税款，一成为10%，加征一成即加征应纳税额的10%，加征十成为100%，也即加倍征收。它们实际上是税率的延伸，是国家为限制某些经济活动，调节某些纳税人的收入或所得而采取

的加重征税的方法和措施。我国现行个人所得税中，就规定了对劳务报酬所得的加成、加倍征税的规定。

4. 纳税环节

（1）纳税环节的含义。纳税环节是指税法规定的对于不断运动的征税对象确定的应该纳税的环节。征税对象在整个社会经济运行中是不断流转运动的，如货物有产制、批发、零售的过程；所得有创造、支付和收受的过程；财产有买卖、租赁、使用、赠予或继承的过程；行为有发生、进行、结束的过程。

在上述过程中，哪些环节纳税，哪些环节不纳税，税法中必须做出明确的规定。如流转税在生产和流通环节纳税，所得税在分配环节纳税等。

（2）课征制度的方式。按纳税环节的多少，可以将税收课征制度分为三种：

① 一次课征制，是指同一种税在其征税对象运动过程中只在一个环节征收的制度。我国曾征收的货物税、商品流通税和现行的资源税，都是采用了这种课征制。

② 两次课征制，是指同一种税在其征税对象运动过程中选择两个环节征收的制度。如我国1973年试行的工商税，对工业产品在生产销售环节征一次税，在商业零售环节再征一次税。

③ 多次课征制，是指同一种税在其征税对象运动过程中选择两个以上环节征收的制度。新中国成立初期征收的营业税、印花税和现行的增值税，均采用这种征税制度。

5. 纳税期限

纳税期限是税法规定纳税人发生纳税义务后缴纳税款的期限。它是税收强制性和固定性在时间上的体现。具体规定有两种：

（1）按期纳税。按期纳税是指以纳税人发生纳税义务的一定期间为纳税期限。如现行营业税的纳税期限，分别规定为5日、10日、15日、1个月或1个季度。如以1个月为纳税期，应在期满后的10日内缴纳税款。纳税人的具体纳税期限，由主管税务机关根据纳税人生产经营情况和应纳税额的大小分别核定。

（2）按次纳税。按次纳税是指以纳税人从事生产经营活动或取得收入的次数为纳税期限。如我国现行对进口商品征收的关税、契税和屠宰税等，都规定在发生纳税义务后按次纳税。

6. 纳税地点

纳税地点是税法中规定的纳税人（包括代征人、扣缴义务人）具体缴纳税款的地点。它是根据各税种的征税对象和纳税环节，本着有利于从源泉控制税款的原则来确定的。

一般而言，在各税种的法律制度中要根据不同情况分别规定不同的纳税地点，既要方便税务机关和纳税人征纳税款，又要有利于各地区、各征收机关的税收利益。

7. 税收优惠

税收优惠是税法规定的对某些纳税人或征税对象给予鼓励和照顾的特殊性规定。主要有减免税、起征点与免征额等。

（1）减免税。减免税是对某些纳税人和征税对象给予减少征税或免予征税的优惠规定。按其性质划分，可分为法定减免、特定减免和临时减免；按其方式划分，可分为征税对象减免、税率减免和税额减免。

（2）起征点。起征点又称"起税点"，是征税对象达到征税数额开始计税的界限。如增值税规定销售货物月销售额为 5 000～20 000 元的，即为起征点。

（3）免征额。免征额是指征税对象全部数额中规定免予计税的数额。如个人所得税规定工资、薪金所得每月扣除 3 500 元，即为免征额。

起征点与免征额的区分在于：前者是达到或超过的就其全部数额征税，未达到的不征税；而后者是达不到的不征税，达到或超过的，均按扣除该数额后的余额计税。

8. 征收方法

征收方法又称征税方法，是指税法规定的组织税款征收和解缴入库的具体办法。一般而言，征收方法的确定，应以税法为准则，以纳税人的生产经营情况、税源的大小、税款的多少和财务管理水平的高低为依据，遵循有利于"组织收入、简化手续、方便纳税、方便管理"的原则，根据客观实际情况具体选定。

我国现行的征收方法主要有"三自"纳税、自报核缴、查账征收、查定征收、查验征收、定期定额、委托代征、代收代扣、代收代缴及按期预征、年终汇算等。每个纳税人采用何种方法，由主管税务机关根据税法和纳税人的具体情况来决定。

9. 总则、罚则和附则

总则规定税收立法的目的、制定依据、适用原则和征收主体等内容。

罚则规定对纳税人和扣缴义务人违反税法行为而采取的处罚措施。规定罚则可以更好地维护税法的尊严，保护合法经营，增强纳税意识和法制观念，保证国家财政收入。

附则一般规定与该法紧密相关的内容，主要有该法的解释权、生效时间、适用范围及其他的相关规定。

第五节　税 收 执 法

税法的实施即税法的执行。它包括税收执法和守法两个方面：一方面要求税务机关和税务人员正确运用税收法律，并对违法者实施制裁；另一方面要求税务机关、税务人员、公民、法人、社会团体及其他组织严格遵守税收法律。

由于税法具有多层次的特点，因此，在税收执法过程中，对其适用性或法律效力的判断，一般按以下原则掌握：一是层次高的法律优于层次低的法律；二是同一层次的法律中，特别法优于普通法；三是国际法优于国内法；四是实体法从旧，程序法从新。所谓遵守税法是指税务机关、税务人员都必须遵守税法的规定，严格依法办事。遵守税法是保证税法得以顺利实施的重要条件。

税收执法权和行政管理权是国家赋予税务机关的基本权力，是税务机关实施税收管理和系统内部行政管理的法律手段。其中税收执法权是指税收机关依法征收税款，依法进行税收管理活动的权力。具体包括税款征收管理权、税务检查权、税务稽查权、税务行政复议裁决权及其他税务管理权。

一、税务机构设置

根据我国经济和社会发展及实行分税制财政管理体制的需要，现行税务机构设置是中央政府设立国家税务总局（正部级），省及省以下税务机构分为国家税务局和地方税务局两个系统。

国家税务总局对国家税务局系统实行机构、编制、干部、经费的垂直管理，协同省级人民政府对省级地方税务局实行双重领导。

1. 国家税务局系统包括省、自治区、直辖市国家税务局，地区、地级市、自治州、盟国家税务局，县、县级市、旗国家税务局，征收分局、税务所。征收分局、税务所是县级国家税务局的派出机构，前者一般按照行政区划、经济区划或者行业设置，后者一般按照经济区划或者行政区划设置。

省级国家税务局是国家税务总局直属的正厅（局）级行政机构，是本地区主管国家税收工作的职能部门，负责贯彻执行国家的有关税收法律、法规和规章，并结合本地实际情况制定具体实施办法。局长、副局长均由国家税务总局任命。

2. 地方税务局系统包括省、自治区、直辖市地方税务局，地区、地级市、自治州、盟地方税务局，县、县级市、旗地方税务局，征收分局税务所。省以下地方税务局实行上级税务机关和同级政府双重领导、以上级税务机关垂直领导为主的管理体制，即地区（市）、县（市）地方税务局的机构设置、干部管理、人员编制和经费开支均由所在省（自治区、直辖市）地方税务局垂直管理。

省级地方税务局是省级人民政府所属的主管本地区地方税收工作的职能部门，一般为正厅（局）级行政机构，实行地方政府和国家税务总局双重领导，以地方政府领导为主的管理体制。

国家税务总局对省级地方税务局的领导，主要体现在税收政策、业务的指导和协调，对国家统一的税收制度、政策的监督，组织经验交流等方面。省级地方税务局的局长人选由地方政府征求国家税务总局意见之后任免。

二、税款征收管理权限划分

我国《税收征收管理法》第二十八条规定，税务机关依照法律、行政法规的规定征收税款。

根据《国务院关于实行财政分税制有关问题的通知》等有关法律、法规的规定，我国现行税制下税收执法管理权限的划分大致如下：

1. 首先根据国务院关于实行分税制财政管理体制的决定，按税种划分中央和地方的收入。将维护国家权益、实施宏观调控所必需的税种划为中央税；将同国民经济发展直接相关的主要税种划为中央与地方共享税；将适合地方征管的税种划为地方税，并充实地方税税种，增加地方税收收入。同时根据按收入归属划分税收管理权限的原则，对中央税，其税收管理权由国务院及其税务主管部门（财政部和国家税务总局）

掌握,由中央税务机构负责征收;对地方税,其管理权由地方人民政府及其税务主管部门掌握,由地方税务机构负责征收;对中央与地方共享税,原则上由中央税务机构负责征收,共享税中地方分享的部分,由中央税务机构直接划入地方金库。在实践中,由于税收制度在不断地完善,因此,税收的征收管理权限也在不断完善之中。

2. 地方自行立法的地区性税种,其管理权由省级人民政府及其税务主管部门掌握。

3. 属于地方税收管理权限,在省级及其以下的地区如何划分,由省级人民代表大会或省级人民政府决定。

4. 除少数民族自治地区和经济特区外,各地均不得擅自停征全国性的地方税种。

5. 经全国人大及其常委会和国务院的批准,民族自治区可以拥有某些特殊的税收管理权,如全国性地方税种某些税目税率的调整权以及一般地方税收管理权以外的其他一些管理权等。

6. 经全国人大及其常委会和国务院的批准,经济特区也可以在享有一般地方税收管理权之外,拥有一些特殊的税收管理权。

7. 上述地方(包括少数民族自治地区和经济特区)的税收管理权的行使,必须以不影响国家宏观调控和中央财政收入为前提。

8. 涉外税收必须执行国家的统一税法,涉外税收政策的调整权集中在全国人大常委会和国务院,各地一律不得自行制定涉外税收的优惠措施。

9. 根据国务院的有关规定,为了更好地体现公平税负、促进竞争的原则,保护社会主义统一市场的正常发育,在税法规定之外,一律不得减税免税,也不得采取先征后返的形式变相减免税。

三、税收征收管理范围划分

目前,我国的税收分别由财政、税务、海关等系统负责征收管理。

1. 国家税务局系统负责征收和管理的税种有:增值税,消费税,车辆购置税,铁道部门、各银行总行、各保险总公司集中缴纳的营业税、所得税、城市维护建设税,中央企业缴纳的所得税,中央与地方所属企业、事业单位组成的联营企业、股份制企业缴纳的所得税,地方银行、非银行金融企业缴纳的所得税,海洋石油企业缴纳的所得税、资源税,部分企业的企业所得税,证券交易税(开征之前为对证券交易征收的印花税),个人所得税中对储蓄存款利息所得征收的部分,中央税的滞纳金、补税、罚款。

2. 地方税务局系统负责征收和管理的税种有:营业税,城市维护建设税(不包括上述由国家税务局系统负责征收管理的部分),地方国有企业、集体企业、私营企业缴纳的所得税,个人所得税(不包括对银行储蓄存款利息所得征收的部分),资源税,城镇土地使用税,耕地占用税,土地增值税,房产税,车船税,车船使用牌照税,印花税,契税,地方税的滞纳金、补税、罚款。

3. 在大部分地区,地方附加税、契税、耕地占用税仍由地方财政部门征收和管理。

4. 海关系统负责征收和管理的项目有关税、行李和邮递物品进口税,同时负责代征进出口环节的增值税和消费税。

四、税收收入划分

根据国务院关于实行分税制财政管理体制的规定，我国的税收收入分为中央政府固定收入、地方政府固定收入和中央政府与地方政府共享收入。

1. 中央政府固定收入包括消费税（含进口环节海关代征的部分）、车辆购置税、关税、海关代征的进口环节增值税等。

2. 地方政府固定收入包括城镇土地使用税、耕地占用税、土地增值税、房产税、车船税、契税。

3. 中央政府与地方政府共享收入主要包括：

（1）增值税（不含进口环节由海关代征的部分）：中央政府分享75%，地方政府分享25%。

（2）营业税：铁道部、各银行总行、各保险总公司集中缴纳的部分归中央政府，其余部分归地方政府。

（3）企业所得税：铁道部、各银行总行及海洋石油企业缴纳的部分归中央政府，其余部分中央与地方政府按60%与40%的比例分享。

（4）个人所得税：除储蓄存款利息所得的个人所得税外，其余部分的分享比例与企业所得税相同。

（5）资源税：海洋石油企业缴纳的部分归中央政府，其余部分归地方政府。

（6）城市维护建设税：铁道部、各银行总行、各保险总公司集中缴纳的部分归中央政府，其余部分归地方政府。

（7）印花税：证券交易印花税收入的97%归中央政府，其余3%和其他印花税收入归地方政府。

（8）营业税改征增值税试点期间保持现行财政体制基本稳定，原归属试点地区的营业税收入，改征增值税后收入仍归属试点地区，税款分别入库。因试点产生的财政减收，按现行财政体制由中央和地方分别负担。

五、税务检查权

税务检查时税务机关依据国家的税收法律、法规对纳税人等管理相对人履行法定义务的情况进行审查、监督的执法活动。有效的税务检查可以抑制不法纳税人的侥幸心理，提高税法的威慑力，减少税收违法犯罪行为，保证国家收入，维护税收公平与合法纳税人的合法利益。税务检查包括两类：

1. 税务机关为取得确定税额所需资料，证实纳税人纳税申报的真实性与准确性而进行的经常性检查，其依据是税法赋予税务机关的强制行政检查权。

2. 为打击税收违法犯罪而进行的特别调查，它可以分为行政性调查和刑事调查两个阶段。行政性调查属于税务检查权范围之内，从原则上讲，纳税人有违反税法的刑事犯罪嫌疑的情况下，即调查的刑事性质确定后，案件应开始适用刑事调查程序。

六、税务稽查权

税务稽查是税务机关依法对纳税人、扣缴义务人履行纳税义务、扣缴义务情况所进行的税务检查和处理工作的总称。税务稽查权是税收执法权的一个重要组成部分，也是整个国家行政监督体系中的一种特殊的监督权行使形式。

根据相关法律规定，税务稽查的基本任务是：依照国家税收法律、法规，查处税收违法行为、保障税收收入、维护税收秩序、促进依法纳税、保证税法的实施。税务稽查必须以事实为根据，以税收法律、法规、规章为准绳，依靠人民群众，加强与司法机关及其他有关部门的联系和配合。各级税务机关设立的税务稽查机构，按照各自的税收管辖范围行使税务稽查职能。

七、税务行政复议裁决权

税务行政复议裁决权的行使是税收执法权的有机组成部分，该权力的实现对保障和监督税务机关依法行使税收执法权，防止和纠正违法或者不当的具体税务行政行为，保护纳税人和其他有关当事人的合法权益发挥着积极作用。根据《中华人民共和国行政复议法》、《税收征收管理法》和其他有关规定，为了防止和纠正税务机关违法或者不当的具体行政行为，保护纳税人及其他当事人的合法权益，保障和监督税务机关依法行使职权，纳税人及其他当事人认为税务机关的具体行政行为侵犯其合法权益，可依法向税务行政复议机关申请行政复议；税务行政复议机关受理行政复议申请，做出行政复议决定。税务行政复议机关，是指依法受理行政复议申请，对具体行政行为进行审查并做出行政复议决定的税务机关。

税务行政复议裁决权的行使过程中，税务行政复议机关中负责税收法制工作的机构具体办理行政复议事项，履行下列职责。

1. 受理行政复议申请；

2. 向有关组织和人员调查取证，查阅文件和资料；

3. 审查申请行政复议的具体行政行为是否合法与适当，拟定行政复议决定；

4. 处理或者转送对本规则第九条所列有关规定的审查申请；

5. 对被申请人违反行政复议法及本规则规定的行为，依照规定的权限和程序提出处理建议；

6. 办理因不服行政复议决定提起行政诉讼的应诉事项；

7. 对下级税务机关的行政复议工作进行检查和监督；

8. 办理行政复议案件的赔偿事项；

9. 办理行政复议、诉讼、赔偿等案件的统计、报告和归档工作。

行政复议活动应当遵循合法、公正、公开、及时、便民的原则。纳税人及其他当事人对行政复议决定不服的，可以依照行政诉讼法的规定向人民法院提起行政诉讼。

八、其他税收执法权

在除上述税收执法权的几个方面之外，根据法律规定，税务机关还享有其他相关税收执法权。其中主要的有税务行政处罚权等。

税务行政处罚权是指税务机关依法对纳税主体违反税法尚未构成犯罪，但应承担相应法律责任的行为实施制裁措施的权力。税务行政处罚是行政处罚的基本组成部分，税务行政处罚权的行使对于保证国家税收利益，督促纳税人依法纳税有重要作用。税务行政处罚权的法律依据是行政处罚法和税收征管法等法律法规。根据《税收征收管理法》相关规定，税务行政处罚的种类应当有警告（责令限期改正）、罚款、停止出口退税权、没收违法所得、收缴发票或者停止发售发票、提请吊销营业执照、通知出境管理机关阻止出境等。

第六节　税收立法与我国现行税法体系

一、税收立法

（一）税收立法的概念

税收立法是国家立法机关或其授权机关根据一定的立法程序，制定税收法律规范的一系列活动。它是国家整个立法工作的重要组成部分，包括制定、修改和废止税收法律等环节。通过税收立法，一方面要确定国家、集体、个人之间的税收分配关系，以及我国与外国政府或外资企业、外籍人员的税收权益分配关系；另一方面要制定正确处理这些关系所必须遵守的程序和准则。

只有对税收立法，才能做到有法可依，避免"以权代法、以言代法"等问题的出现。做好税收立法工作，对于正确处理国家、集体、个人之间及中央与地方政府之间的经济利益关系，促进税务机关依法征税和依法行政，维护纳税人的合法权益，促进经济的良性运行和发展，保证国家财政收入等，都具有积极的现实意义。

（二）税收立法的原则

税收立法原则是指税收立法活动中必须遵循的准则。我国的税收立法原则是根据我国的社会性质和具体国情而建立的，主要有以下几个方面。

1. 公平性与效率性的原则

市场经济体制的特征之一是竞争，参加市场竞争的各主体需要有一个平等的环境，而税收公平是实现平等竞争的重要条件，因此在税收立法中一定要体现公平性的原则。其主要含义：一是征税范围上，应普遍征税，对条件大体相同的应履行同等的纳税义务，即同一行业、同种产品的税负大体一致；二是税负能力上，负担能力大的应多纳税，负担能力小的应少纳税，没有负担能力的不纳税；三是经营环境上，由于客观环境优越而取得超额收入或级差受益者应多纳税，反之少纳税；四是税负平衡上，不同地区、不同行业间及多种经济成分之间的实际税负，应尽可能公平。

与此同时，税收立法中还要体现效率性的原则。其含义包括：一是资源配置上，

征税要有利于资源的有效配置，使社会从经济资源的利用中获得最大利益；二是经济机制上，征税要有利于经济的有效运行，不断提高经济效益；三是税务行政上，税法条款需简便，节省征纳双方费用。

2. 法定性与灵活性的原则

在制定税法时，要求内容规范、明确、具体、严谨、周密。但是，为了保证税法制定后在全国范围内都能贯彻执行，不与现实脱节，又要求在制定税法时不能规定得过细过死，应坚持原则性与灵活性相结合的原则。

具体来说，就是必须遵守法制的统一性与因时因地制宜相结合的原则，表现在税收立法上，就是税收立法权只能由国家最高权力机关来行使，未经法律授权，任何地区和部门都不得擅自变更税法规定，也不能违背税法制定所谓的"土政策"、"土规定"；为了照顾不同地区，特别是少数民族地区不同的情况和特点，充分发挥地方的积极性，在某些情况下，允许地方在遵守国家法律、法规的前提下，制定适合当地的实施办法等。只有贯彻这个原则，才能制定出既符合国家统一性要求，又能适应各地区实际情况的税法。

3. 稳定性与连续性的原则

税法的制定是与一定经济基础相适应的，税法一经制定，在一定阶段内就要保持其稳定性，不能朝令夕改、变化不定。如果税法经常变动，不仅会破坏税法的权威性和严肃性，而且还会给国家政治、经济生活带来不利的影响。但是，这种稳定性不是绝对的，因为社会政治、经济状况是不断变化的，税法也要进行相应的发展变化。这种发展变化具体表现在：有的税法已经过时需要废除；有的税法部分失去效力需要修改、补充；根据新的情况，需要制定新的税法。

此外，还必须注意保持税法的连续性，即税法不能中断，在新的税法未制定前，原有的税法不应终止；在修改、补充或制定新的税法时，应保持与原有税法的承续关系，应在原有税法的基础上，结合新的实践经验，修改、补充原有的税法和制定新税法。只有遵循这个原则，才能适宜制定出符合社会政治、经济发展规律的税法。

4. 民主性与可行性的原则

民主性是一切法律制定的基础，也是法律可行性的保障。税收立法过程中的民主性就是要走群众路线，充分听取社会民众的意见，确保税收法律能体现人民的根本利益。遵循这一原则，要严格按法定程序进行税收立法，坚持民主决策，体现立法机关的主体地位和作用；对税收法案的讨论和审议，应进行充分的辩论，听取不同方面的意见和建议；坚持立法过程的公开化，使社会各个层面及广大公众能够及时、全面了解立法过程，以及争论、达成共识等有关情况。

实践证明：税收立法越民主、越细致、越有群众基础，制定的税收法律就越科学、合理与可行，纳税单位和个人才能真心接受和欢迎，才能保证依法纳税的自觉性和积极性。

（三）税收立法机关

1. 税收立法体制

根据现行有关法律规定，我国的立法体制是：全国人民代表大会及其常务委员会行使立法权，制定法律；国务院及所属各部委，有权根据宪法和法律制定行政法规和规章；地方人民代表大会及其常务委员会，在不违背宪法、法律、行政法规的前提下，有权制定地方性法规，但要报全国人民代表大会常务委员会和国务院备案；民族自治地方的人民代表大会有权依照当地民族政治、经济和文化的特点，制定自治条例和单行条例。根据国家立法体制规定，所制定的一系列税收法律、法规、规章和规范性文件，构成了我国的税收法律体系。

2. 税收立法权限

（1）全国人民代表大会及其常务委员会的税收立法权。我国税收法律立法权，由全国人民代表大会及其常务委员会行使，其他任何机关都没有制定税收法律的权力。在国家税收中，凡是基本的、全局性的问题，如国家税收的性质、税收法律关系中征纳双方权利与义务的确定、税种的设置、税目税率的确定等，都需全国人民代表大会及其常务委员会以税收法律的形式制定实施，并且在全国范围内普遍适用。

在现行税法中，如《企业所得税法》、《个人所得税法》和《征管法》等都是税收法律。除《宪法》外，在税收法律制度体系中，税收法律具有最高的法律效力，其他机关制定的税收法规、规章，都不得与宪法和税收法律相抵触。

（2）全国人民代表大会及其常务委员会的税收授权立法。我国的授权立法是指全国人民代表大会及其常务委员会根据需要，授权国务院制定某些具有法律效力的暂行条例或规定。授权立法与制定行政法规不同，国务院经授权立法所制定的规定或条例等，具有国家法律的性质和地位，其法律效力高于行政法规，但在立法程序上还需报全国人民代表大会常务委员会备案。

1984年全国人民代表大会常务委员会决定授权国务院改革工商税制和发布有关税收条例，1985年全国人民代表大会授权国务院在经济体制改革和对外开放方面可以制定暂行的规定或条例。按照这两次授权立法，国务院从1994年1月起实施工商税制改革，制定实施了增值税、消费税、营业税、资源税、土地增值税和企业所得税等暂行条例，这在一定程度上解决了我国经济体制改革和对外开放工作急需税收法律保障的问题。税收暂行条例的制定和公布施行，为全国人民代表大会及其常务委员会立法工作提供了有益的经验和条件，也为这些条例上升为法律做好了准备。

（3）国务院制定的税收行政法规。国务院作为最高国家权力机关的执行机关是最高的国家行政机关，拥有广泛的行政立法权。我国《宪法》规定：国务院可"根据宪法和法律，规定行政措施，制定行政法规，发布决定和命令"。行政法规作为一种法律形式，其效力低于宪法、法律，但高于地方法规、部门规章和地方规章、行政法规的立法目的在于保证宪法和法律的实施，行政法规不得与宪法、法律相抵触，而地方法规、部门规章或地方规章也不得与行政法规相抵触，否则无效。国务院发布的《个人所得税法实施细则》、《税收征收管理法实施细则》等，都是税收行政法规。

（4）地方人民代表大会及其常务委员会制定的税收地方性法规。根据现行法律规定，省、市、自治区的人民代表大会及省、市、自治区的人民政府所在地的市和经国务院批准的较大的市的人民代表大会有制定地方性法规的权力。由于我国在税收立法方面坚持"统一税法"的原则，因此地方权力机关制定税收地方法规不是无限制的，而是要严格按照税收法律的授权行事。

目前，除了海南省、民族自治地区在遵循宪法、法律和行政法规的原则基础上，可以制定有关税收的地方性法规外，其他省、直辖市等一般无权自定税收地方性法规。随着税收制度和分税制财政体制的进一步改革和完善，地方人民代表大会也将会拥有更多的制定税收地方法规的立法权。

（5）国务院税务主管部门制定的税收部门规章。根据有关法律规定：国务院各部、委员会根据法律和国务院的行政法规、决定、命令，在本部门的权限内，发布命令、指示和规章；各部、各委员会工作中的方针、政策、计划和重大行政措施，应向国务院请示报告，由国务院决定。

有权制定税收规章的机关是财政部和国家税务总局。其范围包括对有关税收法律法规的具体解释和税收征收管理的具体规定、办法等。如财政部颁发的《增值税暂行条例实施细则》、国家税务总局颁发的《税务代理试行办法》和《税务稽查工作规程》等，都属于税收部门规章。税收部门规章在全国范围内具有普遍适用效力，但不得与税收法律、行政法规相抵触。

（6）地方政府制定的税收地方规章。根据有关法律规定，省、市、自治区以及省、自治区的人民政府所在地的市和国务院批准的较大的市的人民政府，可以根据法律和国务院的行政法规制定规章。如国务院发布实施的城市维护建设税、土地使用税、房产税等地方性税种暂行条例，都规定省、市、自治区人民政府可根据条例制定实施细则。

按照"统一税法"的原则，省级地方政府制定税收规章，必须在税收法律、行政法规明确授权的前提下进行，并且不得与税收法律、行政法规相抵触。没有税收法律、行政法规的授权，地方政府无权自定税收规章，越权自定的税收规章没有法律效力。

授权地方人民政府制定有关税法的实施细则、办法等地方规章，主要目的是将一些不影响全国财政收入的小税种，对其开征与否、个别税收减免与否等权力下放给地方，使地方政府结合本地实际因地制宜进行征收管理，以充分调动地方管理经济的积极性。

（四）税收立法程序

税收立法程序是指国家权力机关及其授权机关，在制定、修改、补充和废止等税收立法活动中，必须遵循的法定步骤和方法，主要分为税收立法的一般程序和税收行政立法程序两类。

1. 税收立法的一般程序

（1）提出税法草案，主要包括提出税法的草案和对原有税法的修改或废止的草案或建议，一般由授权机关或人员起草并向立法机关提出。我国的税法草案通常由财政部或国家税务总局草拟后提交国务院审查，国务院法制局将税法草案发给有关部门征求意见或修改后提交国务院审议，国务院审查通过后，提交全国人民代表大会或其常务委员会审查。

（2）审议税法草案。对被列为议事日程的税法草案进行审查和讨论，对税法草案的审议可以进行多次。我国全国人民代表大会或其常务委员会的法制委员会根据委员和代表的讨论意见，并征求国务院各有关单位和各地意见，对税法草案进行修改，最后提交全国人民代表大会或其常务委员会进行审议表决。

（3）通过税法草案。通过税法草案是立法机关和人员对其表示的正式同意，它是整个税收立法程序中最有决定意义的阶段。全国人民代表大会或其常务委员会在开会期间，要听取国务院关于税法草案的说明，并经委员们的讨论或辩论，以少数服从多数的方式通过税法议案，形成正式的税收法律，送交国家主席发布。

（4）公布实施税法。未经公开发布的税法不具备正式法律效力。我国通过的税法均以国家主席令的形式发布，并在《人民日报》等重要报刊全文刊登。税法的公布期限和生效期限通常是一致的，即从公布之日起执行；有时不一致，或是公布之日前的某个时日就开始生效，或是从公布之日以后的某个时日实行，我国税法生效期限大多为后者。

2. 税收行政立法程序

税收行政立法程序是指国家行政机关依照税收法律制定、修改或废止税收行政法规和规章的活动。它与国家立法机关的立法程序相比具有简便、迅速、灵活等特点，在我国税收立法工作中是较多的。

根据国务院批准发布的《行政法规制定程序暂行规定》，制定税收行政法规和规章一般的程序：一是规划和起草需要进行行政立法的税收法规；二是拟定后的税收法规草案，要报经国务院法制局审查，再经国务院常务委员会议通过，由总理签署后正式通过；三是正式通过的税收法规，凡由国务院发布公告的，一律刊登在《国务院公报》上，凡由国家税务总局发布的一律刊登在《中国税务》杂志上；四是地方政府或有关部门通过的税收法规、规章，应向国务院备案，如果某些地方性税收法规或国务院税务主管部门税收法规与国家现行法律、法规相抵触，则必须按国家法律、法规的规定进行修改或予以废止。

（五）税法的实施

颁布的税收法律从生效或实行之日起就必须贯彻执行，主要包括税收执法和守法两个方面：一是要求税务机关和税务人员正确运用税收法律，并对违法者实施制裁；二是要求税务机关、税务人员、公民、法人、社会团体及其他组织严格遵守税收法律。

由于税法具有多层次的特点，因此在税收执法过程中，对其适用性或法律效力的判断上一般按以下原则掌握：一是层次高的法律优于层次低的法律；二是同一层次的法律中，特别法优于普通法；三是国际法优于国内法；四是实体法从旧，程序法从新。

税法实施的核心是严格遵守税法。所谓遵守税法是指税务机关、税务人员都有必须遵守税法的规定，严格依法办事、依率计征。严格遵守税法是保证税法得以顺利实施的重要条件，任何违反税收法律、行政法规的行为都要受到法律制裁。

二、税法体系

我国现行的税收法律体系，大体上经历了新中国税制的建立、税制建设中的简并、新时期的税制建设、1994 年的税制改革和 21 世纪以来的税制改革 5 个阶段，是在税制的建立和改革完善中逐步形成的。

（一）新中国税制的建立与完善

1. 新中国税制的建立

1949 年《中国人民政治协商会议共同纲领》第 40 条规定："国家的税收政策，应以保障革命战争的供给，照顾生产的恢复和发展及国家建设的需要为原则，简化税制，实行合理负担。"据此，我国制定了《全国税政实施要则》和《全国各级税务机关暂行组织规程》，并于 1950 年 1 月由中央人民政府（政务院）颁布施行。

《全国税政实施要则》中规定：除农业税外，在全国统一征收 14 种税，即货物税、工商业税（包括营业税、所得税、摊贩营业牌照税和临时商业税）、盐税、关税、薪给报酬所得税、存款利息所得税、印花税、遗产税、交易税、屠宰税、房产税、地产税、特种消费行为税和车船使用牌照税（后两种缓征），初步创建了适应我国过渡时期经济发展和财政需要的新税制。

新税制的基本特点是实行多税种、多次征的复税制，建立了以流转税为主体、其他税种相配合的税制体系。

2. 税制建设中的简并

（1）1953 年修正税制。1952 年 12 月政务院发布了《关于税制若干修正及实行日期通告》和《商品流通税试行办法》，并于 1953 年 1 月起实施。其主要内容：一是试行商品流通税，从原征收货物税税目中，选择能够控制或收购的烟、酒、原木、钢材、棉纱等 22 种产品，以及原来在生产和销售各个环节缴纳的货物税、营业税及营业税附加和印花税等合并为商品流通税等；二是修订货物税，将应税货物工业环节和商业批发环节原来征收的营业税及其附加并入营业税征收；三是修订工商业税，将工商营业收入应征的营业税及其附加、印花税并入营业税征收，统一调整营业税税率等。

经过 1953 年税制修正，工商税收共有 11 种，企业缴纳的主要税种已被合并简化。总体上看，达到了适应经济发展变化和保证国家财政收入的目的。

（2）1958 年改革工商税制。为适应社会主义经济的新形势，财政部于 1957 年 9 月提出了《关于改革工商税制的报告》，1958 年 9 月全国人大常委会审议原则通过，其改革的基本原则是"基本保持原税负，合并税种，简化税制"。改革的主要内容包括：将商品流通税、货物税、营业税和印花税合并为工商统一税，同时减少纳税环节，简化征税方法等。

1958 年 6 月全国人大常委会第 96 次会议通过并由毛泽东主席公布了《中华人民共和国农业税条例》，从而结束了农业税制不统一的历史。新税制贯彻了"稳定负担和增产不增税"的政策精神，对促进农业生产的发展起到了积极作用。

经过这次税制改革，我国工商税制大为简化，由原来的 11 个税种简并为 8 个，使税制在结构上更突出了以流转税为主体的税制格局。

（3）1973 年试行工商税。1964 年开始研究税制的简并问题，并进行试点。财政部军管会根据试点经验，拟定了《关于扩大改革工商税制试点的报告》和《中华人民共和国工商税条例（草案）》，1972年3月经国务院批准后决定从1973年起试行。其主要内容：将企业原来缴纳的工商统一税及其附加、城市房地产税、车船使用牌照税、盐税和屠宰税合并为工商税；简化税目税率，调整行业税率，并简化了征收办法。

工商税制通过这次简并，总体上只剩7个税种，形成了对国有企业只征收一种工商税，对集体企业只征工商税和工商所得税的税制格局。就城市房地产税、车船使用牌照税、屠宰税、牲畜交易税和集市交易税而言，虽然名义上存在，但只向非企业单位、个人和外侨征收，所征税款不到工商税收总额的1%。因此，税制的过度简化，缩小了税收作用的范围和力度。

3. 新时期的税制建设

党的十一届三中全会以后，我国工作的重点转移到以经济建设为中心的轨道上来，社会主义现代化建设进入了新的发展时期。在总结我国税制建设的经验教训、纠正"左"的思想影响的基础上，积极探索并大胆地进行了一系列的税制改革和建设。

（1）1980—1981年建立涉外税制。主要内容包括如下：

① 建立涉外所得税法。本着维护国家利益、平等互利、促进对外经济技术交流与合作的原则，参照国际惯例，全国人大于1980年9月和1981年12月相继通过了《中华人民共和国中外合资企业所得税法》、《中华人民共和国个人所得税法》和《中华人民共和国外国企业所得税法》，财政部还颁发了相应的实施细则。

② 明确对涉外企业及涉外个人征收的流转税和财产税。对涉外企业和个人的产品销售收入和经营业务收入，征收工商统一税；对其拥有的房产和车船，征收城市房地产税和车船使用牌照税。

（2）1983—1984年国营企业利改税。所谓利改税是对国营企业征收所得税代替利润上缴办法，把国家与国营企业的利润分配关系用税收形式固定下来。分两步进行：

① 1983年第一步利改税。财政部在总结过去几年各地试点经验的基础上，提出了《关于国营企业利改税试行办法（草案）》，经国务院批准并决定，从1983年1月起在全国范围内对国营工业、商业、交通业实行利改税第一步改革。改革的主要内容包括：凡有盈利的国营大中型企业（包括金融保险企业），均按实现利润的55%的税率缴纳所得税；凡有盈利的国营小型企业，根据实现的利润按8级超额累进税率缴纳所得税；营业性的宾馆、饭店、招待所和饮食服务企业，按15%的税率缴纳所得税；县以上供销社，以县公司或县供销社为单位，按8级超额累进税率缴纳所得税。但军工企业、邮电企业、粮食企业、外贸企业、农牧企业和劳改企业，暂不实行利改税办法。

② 1984年第二步利改税。1984年9月国务院批准了财政部的《关于在国营企业推行利改税第二步改革的报告》和《国营企业第二步利改税办法》，其主要内容包括：将第一步利改税设置的国营企业所得税和调节税加以改进；企业当年利润比基期利润的增长部分给予减征优惠，其减征比例规定为70%，增长利润的计算办法由环比改为定比，并规定7年不变；国营小型有盈利企业，按照新8级超额累进税率缴纳国营企业所得税后，不征收调节税；营业性的宾馆、饭店、招待所和饮食服务企业，按新8级超额累进税率缴纳所得税。

（3）1984年工商税制的全面改革。1984年9月18日六届全国人大常委会7次会议决定："授权国务院在实施国营企业利改税和改革工商税制过程中，拟定有关税收条例，以草案形式公布试行，再根据试行的经验加以修订，提请全国人民代表大会常务委员会审议。"

国务院根据全国人大常委会的授权，发布了《中华人民共和国产品税条例（草案）》和《城市维护建设税暂行条例》等11种税的条例。其内容主要包括：将工商税分为产品税、增值税、营业税和盐税4种税；开征国营企业所得税、国营企业调节税、资源税、城市维护建设税、房产税、土地使用税和车船使用税（其中后4种暂缓征收）。

1984年第二步利改税和工商税制的全面改革是一次比较成功的改革，逐步建立起适应经济改革新形势的多税种、多环节、多层次调节的新税制，既有利于为企业创造一个良好的外部环境，又保证了国家财政收入的稳定增长。

（4）1985—1993年的税制调整和改革。为进一步适应经济改革开放要求和经济发展新形势，从1984年至1993年税制作了进一步的修改、调整和补充。其内容主要包括：

① 完善流转税制。主要内容包括：扩大增值税的征收范围，统一计税方法；1985年重新发布进出口关税条例及进出口税则，并于1992年做了修订；1989年设置特别消费税（1992年予以取消）。

② 健全所得税制。主要内容包括：1985年1月开征了集体企业所得税；1986年1月开征个体工商业户所得税；1987年1月开征个人收入调节税；1988年1月开征私营企业所得税；1991年7月合并涉外所得税，即开征外商投资企业和外国企业所得税。

③ 其他税种的调整和改革。主要内容包括：1985年开征了国营企业奖金税、国营企业工资调节税、集体企业奖金税和行政事业单位奖金税；1985年和1986年开征了城市维护建设税和教育费附加；1986年9月修订了《房产税和车船使用税暂行条例》并予以实行；1987年4月开征了耕地占用税；1988年10月恢复征收印花税；1988年9月颁布土地使用税、筵席税暂行条例，前者于同年11月起实行，后者开征时间由各省、市、自治区自行决定；1989年1月开征了国家预算调节基金；1991年1月开征了固定资产投资方向调节税等。

截至1993年12月底，我国税制体系中大体上有5大类35个税种。另有类似税收性质的国家能源交通重点建设基金、国家预算调节基金及教育费附加等。新时期的税制建设和改革作为经济体制改革的重要组成部分取得了巨大的成绩，但也存在着一些问题和不足之处，需在深化改革的过程中逐步加以解决。

4.1994年的税制改革

党的十四大明确提出了建立社会主义市场经济体制的要求，为适应这一要求和分税制财政体制的改革，解决原税制存在的弊端和问题，更好地服务于改革开放及与国际惯例接轨的需要，1993年12月我国发布了一系列税收法律制度，并决定从1994年1月起全面实施。其税制改革的主要内容包括：

（1）流转税制改革。总体上是建立增值税、消费税和营业税三税并立、双层次调节的税制。对货物生产、交易和进口普遍征收增值税，并选择部分消费品交叉征收消费税；对不实行增值税的劳务交易和第三产业征收营业税；原来征收产品税的农、林、牧、水产品并入农业税中征收农业特产税。增值税、消费税和营业税统一适用于内资企业和外资企业，取消对涉外企业和涉外个人征收的工商统一税。

（2）所得税制改革。原所得税制基本土是按经济类型和个人设置的，共有 8 种。改变多税种并立的所得税制，建立内外统一的所得税制已是社会主义市场经济发展的客观要求。其基本步骤是：1994 年 1 月起先统一内资企业所得税，并取消国有企业调节税，待以后时机成熟，再将企业所得税、外商投资企业和外国企业所得税合并为企业所得税；将个人所得税、个人收入调节税和城乡个体工商业户所得税合并统一为个人所得税。

（3）其他各税改革。主要包括：一是修订资源税，将盐税并入资源税中征收；二是开征土地增值税，按超额累进税率计征；三是取消盐税（并入资源税）、特别消费税（并入消费税）、烧油特别税（并入消费税）、奖金税、国有企业工资调节税、集市交易税、牲畜交易税以及涉外单独适用的工商统一税、城市房地产税和车船使用牌照税；四是拟修订房产税、土地使用税、车船使用税和城市维护建设税；五是拟开征遗产税、证券交易税和社会保险税；六是保留印花税、投资方向调节税、农业税、关税、契税、屠宰税、筵席税等税，其中屠宰税和筵席税开征、停征权下放给省、直辖市、自治区人民政府。

按上述改革及设想，新税制体系共分 5 类 20 个税种，基本上实现了建立适应生产力发展水平的符合社会主义市场经济要求的税制体系的总体目标，是中国税制改革规模最大、内容最多、最科学、最成功的一次，是税制建设中的历史性突破。

5. 21 世纪以来的税制改革

（1）流转税的调整与改革。主要包括 2001 年起对烟、酒实行从量定额税率和从价比例税率的复合计征办法；2004 年 7 月起对东北地区装备制造业等 8 个行业实行消费型增值税；2005 年调整增值税、营业税的起征点和娱乐业、金融业等的营业税税率，实施新的《出口货物退（免）税管理办法》；2006 年扩大消费税的征税范围，包括游艇、高档手表、高尔夫球及球具、实木地板和木制一次性筷子，修订《增值税专用发票使用规定》（2007 年起实施）；2007 年发布实施《中华人民共和国海关进出口税则》；2008 年重新修订《增值税暂行条例》、《消费税暂行条例》和《营业税暂行条例》；2011 年制定了《中华人民共和国船舶吨税暂行条例》；2011 年和 2013 年分别制定了《营业税改征增值税试点方案》和《交通运输业和部分现代服务业营业税改征增值税试点实施办法》等。

（2）所得税的调整与改革。主要包括：对下岗失业人员、中西部和东北地区等实施企业所得税、外商投资企业和外国企业所得税减免优惠；2005 年修订《个人所得税法》，提高工资、薪金和承包承租所得的月扣除标准；2006 年实施新企业所得税申报办法；2007 年颁布《中华人民共和国企业所得税法》（2008 年 1 月起实施），同时取消1991 年实施的《外商投资企业和外国企业所得税法》和 1994 年实施的《企业所得税暂行条例》等；2011 年修订《个人所得税法》，调整工资、薪金所得的扣除标准及税率等。

（3）其他各税的调整与改革。主要包括：实施农业税费改革，2006 年在全国范围内彻底取消农业税；2006 年颁布《中华人民共和国烟叶税暂行条例》，按烟叶收购金额的 20% 征收烟叶税；2006 年调增城镇土地使用税税率，如对大城市的定额税率由原来的 0.5～10 元/平方米调增为 1.5～30 元/平方米；2007 年修订颁布《中华人民共和国车船税暂行条例》，主要是改行为目的税性质为财产税性质，调整税目税率等；2011年修订颁布《中华人民共和国资源税暂行条例》，以及《中华人民共和国车船税法》及其实施条例，对其税目税率和计征方法等进行了相应的调整。

（二）我国现行的税收法律体系

1. 税收实体法体系的构成

经过 1994 年税制的全面改革和 21 世纪以来的税制调整与改革，我国现行的税收法律体系包括 19 个税种。按其征税对象的性质，大体可分为以下 5 类。

（1）流转税税法。流转税税法包括增值税、消费税、营业税、关税、船舶吨税和烟叶税等 6 种税的税法，主要是在生产、流通、服务及进出口贸易等方面发挥调节作用。

（2）所得税税法。所得税税法包括企业所得税和个人所得税等两种税的税法。其主要是在国民收入形成以后，对生产经营者的利润和个人的纯收入发挥调节作用。

（3）资源税税法。资源税税法包括资源税、土地增值税、城镇土地使用税和耕地占用税等 4 种税的税法，主要是对因开发和利用自然资源而形成的级差收入发挥调节作用。

（4）财产税税法。财产税税法包括房产税、车船税和契税等 3 种税的税法，主要是对某些特定财产发挥调节作用。

（5）行为目的税税法。行为目的税税法包括固定资产投资方向调节税（暂停）、印花税、城市维护建设税和车辆购置税等 4 种税的税法，以及具有税收性质的教育费附加和社会保险费。其主要是为达到特定的目的，对特定对象和特定行为发挥调节作用。

上述税种中，关税和船舶吨税由海关负责征收管理，并按《海关法》和《进出口关税条例》等有关规定执行；除此外，其余各税（费）原则上由税务机关负责征收管理（1996 年以后耕地占用税和契税原则上改由税务机关征管），并按《征管法》等有关规定执行。

2. 税收程序法体系的构成

（1）核心的税收程序法。主要包括 2001 年 4 月第九届全国人大常委会第 21 次会议通过修订的《中华人民共和国税收征收管理法》（简称《征管法》），以及 2002 年 10月国务院发布的《中华人民共和国税收征收管理法实施细则》和 2003 年 4 月国家税务总局制定的《关于贯彻〈中华人民共和国税收征收管理法〉及其实施细则若干具体问题的通知》等。

（2）辅助的税收程序法。主要包括：一是国务院制定的税收程序法，如 2010 年 12月国务院修改的《中华人民共和国发票管理办法》；二是财政部、国家税务总局制定的税收程序法，如财政部 1993 年 12 月发布的《发票管理办法》（已废止），以及国家税务总局 1994 年 10 月制定的《税务代理试行办法》，2005 年 3 月制定的《纳税评估管理办法（试行）》，2006 年 10 月修订的《增值税专用发票使用规定》，2010 年 3 月修订的《税务行政复议规则》和 2011 年 1 月制定的《中华人民共和国发票管理办法实施细则》等。

（3）参照的税收程序法。相关法律制度规定和税务执法工作中，应当参照执行的税收程序法，主要包括 1989 年 4 月通过的《中华人民共和国行政诉讼法》（第七届全国人民代表大会第 2 次会议）、《中华人民共和国行政处罚法》（2009 年 8 月第十一届全国人民代表大会常务委员会第的次会议修正）和《中华人民共和国国家赔偿法》（2012 年 10 月第十一届全国人民代表大会常务委员会第 29 次会议修正）等。

【本章小结】

本章主要介绍了税收的含义、特征、分类、职能及历史发展过程等。税收法律关系和税法构成要素，税收立法的原则、程序与实施。使学生充分认识了税法在社会主义市场经济中的地位和现实作用，熟悉并掌握了税法各要素的内涵及相互关系，把握了各级税收立法权和执法权及执法、守法的基本要求；从税法的建立与发展过程中，掌握了我国现行的税收法律体系。

【思考题】

1. 正确理解税收的含义，并掌握其职能。
2. 如何理解税法的地位与作用？
3. 税收法律关系的构成有哪些？如何把握其内容？
4. 税法构成要素有哪些？如何理解？
5. 如何理解我国现行的税法体系？

【课后练习题】

一、单项选择题

1. 一般认为，税收的形式特征是（　　）。
   A. 自觉性、无偿性、稳定性　　　　B. 广泛性、灵活性、及时性
   C. 固定性、强制性、无偿性　　　　D. 可靠性、政治性、稳定性
2. 我国对税收法律关系权利主体中的履行纳税义务的人的确定，采用的是（　　）。
   A. 国籍标准原则　　　　　　　　　B. 属地主义原则
   C. 属人主义原则　　　　　　　　　D. 属地属人结合
3. 在税法体系中起着税收母法作用、属于税法体系中的主体和核心的是（　　）。
   A. 税收基本法　　B. 税收普通法　　C. 税收实体法　　D. 税收程序法
4. 在下列各项税收法律法规中，属于部门规章的是（　　）。
   A. 中华人民共和国个人所得税法

B. 中华人民共和国消费税暂行条例

C. 中华人民共和国企业所得税法实施条例

D. 中华人民共和国消费税暂行条例实施细则

5. 如果纳税人通过转让定价或其他方法减少计税依据，税务机关有权重新核定计税依据，以防止纳税人避税与偷税，这样处理体现了税法基本原则中的（　　）。

  A. 税收法律主义原则　　　　　　　B. 税收公平主义原则

  C. 税收合作信赖主义原则　　　　　D. 实质课税原则

6. 税收法律关系中的征税主体，其主要的职能机关是（　　）。

  A. 国家权力机关　　　　　　　　　B. 国家行政机关

  C. 国家财政机关　　　　　　　　　D. 国家税务机关

7. 在税收法律关系中，纳税义务人享有的税收法律权利主要是（　　）。

  A. 办理税务登记　　　　　　　　　B. 进行纳税申报

  C. 申请延期纳税　　　　　　　　　D. 依法缴纳税款

8. 税法上规定的纳税人是指直接（　　）的单位和个人。

  A. 负有纳税义务　　　　　　　　　B. 最终负担税款

  C. 代收代缴税款　　　　　　　　　D. 承担纳税担保

9. 在下列关于税法要素的说法中，表述不正确的是（　　）。

  A. 税目是征纳税双方权利义务共同指向的客体或标的物

  B. 税率是衡量税负轻重的重要标志

  C. 所得税在分配环节进行纳税

  D. 征税对象就是在税收法律关系中征纳双方权利义务共同指向的客体或标的物

10. 为了解决超额累进税率计算复杂的问题，其在税率表中一般规定有（　　）。

  A. 边际税率　　　B. 平均税率　　　C. 速算扣除率　　　D. 速算扣除数

11. 以征税对象的相对率划分为若干个级距，分别规定相应的差别税率，相对率每超过一个级距的，对超过的部分按高一级的税率计税，这种税率称为（　　）。

  A. 差别比例税率　　　　　　　　　B. 超额累进税率

  C. 全率累进税率　　　　　　　　　D. 超率累进税率

12. 下列说法不正确的是（　　）。

  A. 征税对象是区分不同税种的主要标志

  B. 税目是征税对象的具体化

  C. 税率是衡量税负轻重与否的唯一标志

  D. 纳税义务人即纳税主体

13. 在我国现行的税法体系中，采用多次课征的税种是（　　）。

  A. 增值税　　　B. 消费税　　　C. 营业税　　　D. 资源税

14. 税法规定的起征点为 200 元，税率为 10%。某纳税人甲取得的应纳税收入为 500 元，甲应纳税（　　）。

  A. 20 元　　　B. 30 元　　　C. 50 元　　　D. 70 元

15. 税收行政法规由（　　）制定。

A. 全国人民代表大会及常务委员会　　B. 地方人民代表大会及常务委员会

C. 财政部和国家税务总局　　　　　　D. 国务院

16. 在下列各税种中，不能由地方政府制定实施细则的有（　　　）。

A. 城镇土地使用税　　　　　　　　　B. 房产税

C. 车船税　　　　　　　　　　　　　D. 消费税

17. 在我国税收法律关系中征纳双方权利与义务及税目税率的确定，以及税种设置的权限归属于（　　　）。

A. 全国人大及其常委会　　　　　　　B. 国务院

C. 国家税务总局　　　　　　　　　　D. 财政部

18. 下列不属于全国人大及其常委会正式立法的税种是（　　　）。

A. 中央税　　　　　　　　　　　　　B. 中央与地方共享税

C. 全国范围内执行的地方税　　　　　D. 香港特别行政区的税种

19. 在下列税种中，由地方税务局负责征收和管理的是（　　　）。

A. 增值税　　　　　　　　　　　　　B. 消费税

C. 车辆购置税　　　　　　　　　　　D. 城镇土地使用税

20. 有义务借助与纳税人的经济交往而向纳税人收取应纳税款并代为缴纳税款的单位是（　　　）。

A. 负税人　　　　　　　　　　　　　B. 代扣代缴义务人

C. 代收代缴义务人　　　　　　　　　D. 代征代缴义务人

二、多项选择题

1. 在下列关于税法原则的表述中，正确的有（　　　）。

A. 新法优于旧法原则属于税法的适用原则

B. 税法主体的权利义务必须由法律加以规定，这体现了税收法定原则

C. 税法的原则反映税收活动的根本属性，包括税法基本原则和税法适用原则

D. 在税法适用原则中的法律优位原则明确了税收法律的效力高于税收行政法规的效力

2. 税收职能是税收的一种长期固定的属性，我国社会主义税收的职能是（　　　）。

A. 组织财政收入职能　　　　　　　　B. 调控经济运行职能

C. 促进经济发展职能　　　　　　　　D. 监督管理经济职能

3. 以税法的基本内容和功能效用为标准，可以将税法分为（　　　）。

A. 税收基本法　　B. 税收实体法　　　C. 税收征管法　　D. 税收程序法

4. 下列属于特定目的税类的税种是（　　　）。

A. 土地增值税　　　　　　　　　　　B. 城镇土地使用税

C. 城市维护建设税　　　　　　　　　D. 耕地占用税

5. 流转税法是规定对货物流转额和劳务收入额征税的法律规范，主要包括（　　　）。

A. 营业税法　　B. 土地税法　　　C. 增值税法　　D. 消费税法

6. 在税收法律关系中，纳税主体应承担的义务是（　　　）。

A. 办理纳税申报　　　　　　　　　　B. 申请减税免税

    C. 依法缴纳税款   D. 接受税务检查

7. 税收法律关系的内容之一是纳税人所享有的权利，主要包括（   ）。

    A. 生产经营权   B. 延期纳税权   C. 复议申诉权   D. 纳税申报权

8. 下列税种，全部属于中央政府固定收入的有（   ）。

    A. 消费税   B. 增值税   C. 车辆购置税   D. 资源税

9. 下列各项中，表述不正确的是（   ）。

    A. 税目是各个税种所规定的具体征税项目

    B. 税率是衡量税负轻重的重要标志

    C. 纳税人是履行纳税义务的法人和其他组织

    D. 征税对象是在税收法律关系中征纳双方权利义务所指的物品

10. 在同一税种的同一税目中，采用从量定额与从价定率相结合实行税款复合征收办法的税种有（   ）。

    A. 消费税   B. 营业税   C. 关税   D. 印花税

11. 在我国现行税法中采用的累进税率，主要有（   ）。

    A. 全额累进税率   B. 超额累进税率

    C. 超率累进税率   D. 超倍累进税率

12. 零税率是比例税率的一种特殊形式，其含义是（   ）。

    A. 对应税行为可以征税   B. 对应税行为予以免税

    C. 纳税申报的税率为零   D. 征税后负担税额为零

13. 税法规定个人所得税免征额为 3 500 元，纳税人甲、乙取得应税收入分别为 3 700 元和 5 500 的元，甲、乙分别应纳税额为（   ）。

    A. 6 元   B. 95 元   C. 90 元   D. 100 元

14. 在下列税种中，征税对象与计税依据不一致的有（   ）。

    A. 企业所得税   B. 营业税   C. 车船税   D. 增值税

15. 在下列税种中，由全国人大或其常委会立法通过并开征的有（   ）。

    A. 企业所得税   B. 土地增值税   C. 个人所得税   D. 车辆购置税

16. 下列属于财产、行为税类的有（   ）。

    A. 房产税   B. 契税   C. 印花税   D. 车辆购置税

17. 下列税种全部属于中央政府固定收入的有（   ）。

    A. 消费税   B. 增值税   C. 车辆购置税   D. 资源税

18. 在下列选项中，采用定额税率征税的有（   ）。

    A. 房产税   B. 营业税   C. 城镇土地使用税 D. 车船税

19. 下列属于特定目的税类的税种是（   ）。

    A. 车辆购置税   B. 城镇土地使用税

    C. 城市维护建设税   D. 房产税

20. 在下列税种中，属于财产和行为税类的有（   ）。

    A. 房产税   B. 耕地占用税

    C. 城镇土地使用税   D. 契税

三、判断题

1. 国家征税不需要支付任何代价，是对私有财产制度的一种侵犯。　　　（　　）
2. 税收在社会再生产中属于分配范畴，税收分配是以国家为主体的分配。　（　　）
3. 一般认为，我国税收产生于春秋时期鲁国的初税亩。　　　　　　　　（　　）
4. 按照税法规定的征税对象，分为税收基本法、税收实体法和税收程序法。（　　）
5. 税法具有经济分配的性质，经济利益实现纳税人与国家相互转移。　　（　　）
6. 在社会主义条件下，不少企业是自觉纳税的，这意味着税收在一定程度上不带有强制性。　　　　　　　　　　　　　　　　　　　　　　　　　　　　（　　）
7. 税收基本法是规定税种及其征收对象、纳税人和税率等要素内容的法律规范。
　　　　　　　　　　　　　　　　　　　　　　　　　　　　　　　　　（　　）
8. 税法是调整国家与企业、公民个人收入分配关系的最基本、最直接的方式。（　　）
9. 税收是政府取得财政收入的主要来源，而税法是国家调控经济运行的法律手段。
　　　　　　　　　　　　　　　　　　　　　　　　　　　　　　　　　（　　）
10. 税务机关在征税过程中，对纳税人征税多少可根据其困难状况来决定。（　　）
11. 税收法律关系是国家以法律形式规定的，反映了国家与纳税人双方的意志关系。
　　　　　　　　　　　　　　　　　　　　　　　　　　　　　　　　　（　　）
12. 税收法律关系的主体：一方必须是国家；另一方可以是企业、单位和个人。
　　　　　　　　　　　　　　　　　　　　　　　　　　　　　　　　　（　　）
13. 税收法律关系客体的"物"，仅指与税收有关的应税货物，如在房产税法中的房屋等。　　　　　　　　　　　　　　　　　　　　　　　　　　　　　　（　　）
14. 税收法律关系的内容是税法的灵魂。　　　　　　　　　　　　　　　（　　）
15. 税收法律关系的产生、变更或消失是由税收法律事实决定的，税收法律事实又分为税收法律事件和税收法律行为。　　　　　　　　　　　　　　　　　（　　）
16. 税目是征税对象在应税内容上的具体化，它体现了征税的深度。　　（　　）
17. 征税对象即纳税客体，指税法规定对什么征税，是征纳税双方权利义务共同指向的客体或标的物。　　　　　　　　　　　　　　　　　　　　　　　　（　　）
18. 幅度比例税率是将征税对象按照一定标准化分为若干个等级，每一等级规定逐级上升征税比例的税率。　　　　　　　　　　　　　　　　　　　　　　（　　）
19. 超额累进税率从根本上解决了课税对象数额增加时税负的增加超过课税对象数额增加的矛盾。　　　　　　　　　　　　　　　　　　　　　　　　　　（　　）
20. 定额税率的优点是计算简便，同时税额不受商品价格变动的影响。　（　　）
21. 税目体现征税的广度，而税率体现征税的深度。　　　　　　　　　（　　）
22. 纳税期限是税收强制性和固定性在时间上的体现，因此各种税在其税法中都应规定纳税人的纳税期限。　　　　　　　　　　　　　　　　　　　　　　（　　）
23. 国家制定税法旨在取得税收收入，但减税免税的规定直接减少了国家的税收收入，因而减税免税不应该成为税法构成的一个要素。　　　　　　　　　（　　）
24. 纳税人采取何种纳税方法，由主管税务机关根据税法和纳税人的具体情况来决定的。

25. 税法总则一般规定与该法紧密相关的内容，如该法的解释权和适用范围等。 （　　）

26. 税收立法权只能由权力机关来行使，但经法律授权，地方政府也可以因地变税法。 （　　）

27. 国家各级立法机关制定的税收法律、法规、规章和规范性文件，构成了我国税收法律体系。 （　　）

28. 在实施税法时，税收实体法优于税收程序法，税收基本法优于税收普通法。 （　　）

29. 在我国，制定税收法律的机关只能是全国人民代表大会及其常务委员会。 （　　）

30. 国家征税要使经济能力相同或纳税能力相同的人缴纳数额相同的税收，这是指税收的纵向公平原则。 （　　）

31. 对同一事项的两部法律分别订有一般和特殊规定时，特别规定的效力高于一般规定的效力，这体现了"实体法从旧、程序法从新Ⅱ的原则。 （　　）

32. 税务机关及其工作人员对纳税人做出征税或处罚行为，必须以税法规定为依据，没有依法实施的行为是违法行为。 （　　）

33. 全国人民代表大会及其常务委员会制定的《税收征管法》属于实体法。 （　　）

34. 我国现行的个人所得税是由1994年税制改革的个人所得税、个人收入调节税和城乡个体工商业户所得税合并而成的。 （　　）

35. 我国现行的税法体系是由税收实体法构成的。 （　　）

【案例与分析】

税收与经济增长的良性互动

税收分配是经济活功中的重要组成部分，从税收发展史上看，合理的税收分配能够促进经济发展，反之则会抑制经济发展，甚至成为经济崩溃的主要原因之一。从对巴西、喀麦隆、智利、牙买加、日本、韩国、利比里亚、马拉维、毛里求斯、新西兰、巴拉圭、秘鲁、新加坡、西班牙、瑞典、泰国、英国、乌拉圭、刚果（金）和赞比亚（几乎代表了全世界所有收入类型）等20个国家税收与经济增长关系所做的考察说明：低税对储蓄、投资、努力工作和革新具有不断的刺激作用，也会带来较高的经济产值。

低税国家的经济发展成就归因于什么？税收水平显然不是唯一的因素，或许也不足畏主要的因素。发展经济是复杂的，可受许多变量即内部的和外部的影响。在选择调查的20个国家中，有些国家由于政治不稳定和贸易条件恶化，经济增长受到了阻碍；通货膨胀、高利率、石油价格暴涨和贸易壁垒，使得多数国家经济发展困难。但在经济发展中至少说明税制的"质量"是很重要的，税收通过鼓励和抑制国内储蓄、外国投资而影响资本可供量、投资分配；税收通过影响个人对工作与赋闲（或做家务）的选择、对工作的努力强度和雇主对技术的决定，从而影响就业水平、劳动生产率和就业分布状况；税收通过对"投入"成本和经营管理的作用，而影响一家公司扩大经营的能力，也可能影响诸如企业家素质和技术进步等。

我们认为，必须正确处理好税收与经济发展的关系，应以科学发展观为核心，树立税收与经济紧密联系的理念，在大力促进经济发展的基础上，适度增加税收收入，税收促进经济发展，如此循环往复、螺旋式上升，坚持税收政策、法律法规、具体措施彼此配合协调，最终实现税收与经济增长的良性互动。

分析：我国税收改革以来税收与经济增长的辩证关系。

第二章 流转税税法——增值税法

第一节 增值税概述

一、增值税的概念

增值税被称为最优良的税种，其最大的好处是有效地克服了重复征税。该税从创立至今仅有 50 余年历史，但其推广速度之快、运用范围之广是其他任何税种都无法比拟的，目前世界上已有 140 多个国家和地区实行了增值税。从世界各国实行的增值税来看，以法定扣除项目为标准来划分，可分为生产型增值税、收入型增值税、消费型增值税。我国目前采用的是消费型增值税。

（一）增值税税法的含义

增值税税法是国家制定的用以调整国家与增值税纳税人之间征纳活动的权利和义务关系的法律规范。它的基本法律依据是 2008 年 11 月国务院发布的《中华人民共和国增值税暂行条例》、2008 年 12 月财政部制定的《中华人民共和国增值税暂行条例实施细则》，以及 2008 年 12 月财政部、国家税务总局印发的《关于全国实施增值税转型改革若干问题的通知》和《关于调整增值税纳税申报有关事项的通知》等。

（二）增值税的含义

增值税是对纳税人在生产经营过程中实现的增值额征收的一种税。在我国，增值税是指对在我国境内销售货物或提供加工、修理修配劳务及进口货物的单位和个人，以其货物销售或提供劳务的增值额和货物进口金额为计税依据而征收的一种流转税。

（三）增值额的含义

所谓增值额是指从事工业制造、商业经营和提供劳务过程中新创造的那部分价值。

从理论上讲，增值额是在一定时期内劳动者在生产商品和提供劳务时新创造的价值。按照马克思的商品价值构成公式，任何一种商品或劳务的价值均由 C、V、M3 部分构成。其中，C 为生产经营过程中消耗掉的补偿价值，即由上一生产经营环节转移过来的投入物品或劳务的价值，属于不变资本价值。商品的价值或劳务的价值扣除 C 以后的部分，即为该商品或劳务的新增价值 V＋M。其中 V 为劳动力的补偿价值，M 是剩余产品的价值。具体而言，可以从两个方面来理解。其一，从一个企业商品或劳务的生产经营全过程分析，增值额是指该企业商品或劳务的销售额扣除外购商品或劳务金额，即非增值项目金额之后的余额。也就是这个单位创造的没有纳过税的那部分价值额。所以，就全社会而言，全部商品的增值额大体上等于从社会商品总价值中扣除 C 后的余额，在财务上相当于净产值或国民收入部分，包括工资、利润、利息、租金和其他属增值性的因素。

其二，就商品经营的全过程而言，增值额是该商品经历的从生产到流通各个环节的增值额之和，也就是该项商品的最终销售价格。

从实践来讲，主要可从两个方面来理解增值额：第一个方面是对生产经营单位的增值额分析。就一个生产经营单位而言，增值额是这个单位的商品销售或经营收入额扣除非增值性项目后的余额。从理论上讲，非增值性项目主要是转移到商品价值中去的原材料、辅助材料、燃料、动力和固定资产折旧等。但在现实生活中，国家基于特定的社会经济、财政状况及其税收政策考虑，所规定的非增值性项目既可以与理论概念一致，也可以略有差别。从世界各国的实践上看，一般确定为法定的增值额。第二个方面是对商品生产经营全过程的增值额分析。从一种商品经营全过程看，一件商品最终实现消费时的最后销售总值，相当于该商品从生产到流通各个经营环节的增值额之和，如表 2－1 所示。

表 2－1　　　　　　　商品生产经营过程增值额情况表　　　　　　单位：万元

产销阶段	销售金额	购入金额	增值额
采矿	60	0	60
冶炼	100	60	40
机械制造	200	100	100

产销阶段	销售金额	购入金额	增值额
批发	350	200	150
零售	460	350	110
合计	—	—	460

（四）增值税的历史与发展

1. 增值税的产生与发展。增值税从产生到现在只不过 50 余年，但已成为一个世界性的税种，其产生和发展过程可分为以下几个阶段。

（1）萌芽时期。1921 年法国人西蒙斯正式提出增值税的名称，并详细阐述了增值税的要素内容。

（2）创立阶段。为消除重复征税的弊端，法国于 1954 年对原营业税进行了一次全方位的改革，把对全值征税改为对增值额征税，并逐步形成了一套较为完整的增值税征收制度。

（3）发展阶段，增值税在法国实践成功后，陆续被许多国家借鉴采用，至今世界已有 100 多个国家实行了增值税，并逐步发展成为各国税制中的主体、优良税种。

2. 我国增值税法的建立与发展。鉴于国际上广泛实施增值税的成功经验，我国从 1978 年开始对增值税进行研究。大致可分为以下几个阶段：

（1）第一阶段：1979 下半年至 1982 年 12 月为增值税的部分试点阶段。其征税范围仅限于部分城市的机器机械、农业机具两个行业和部分日用机械产品。

（2）第二阶段：1983 年 1 月至 1984 年 9 月为增值税的全国试行阶段。主要是在全国范围内对上述行业和产品统一试行增值税。

（3）第三阶段：1984 年 10 月至 1993 年 12 月为增值税的初步建立阶段。1984 年 10 月 1 日起全面实施增值税，标志着增值税在我国的正式建立，其后增值税在征税范围和征收方法等方面进行了相应的改革和调整。

（4）第四阶段：1994 年 1 月至 2004 年 6 月为增值税的逐步完善阶段。从 1994 年 1 月起在全国范围内统一实施增值税。经过 10 年的调整与完善，逐步使增值税走向规范化、科学化和法制化的轨道。

（5）第五阶段：2004 年 7 月至 2008 年 11 月为增值税的转型试点阶段。2004 年 7 月起在东北 3 省 8 个行业进行增值税由生产型转为消费型的试点；2007 年 7 月 1 日起，在中西部地区 6 省 26 个老工业基地城市进行增值税转型的扩大试点，并酝酿在全国推广消费型增值税。

（6）第六阶段：2008 年 12 月至今为增值税的全面转型阶段。2009 年 1 月起，在全国范围内全行业实施由生产型增值税向消费型增值税转型，即允许企业抵扣其购进设备所含的增值税。增值税的全面转型，对提高我国企业竞争力和抗风险能力，克服国际金融危机对我国经济带来的不利影响具有十分重要的现实意义。

二、增值税的类型

一般来讲，目前凡是实施增值税的国家对于纳税人生产产品所耗费的生产资料中的非固定资产项目，如外购原材料、燃料、零部件、动力、包装物等，都一律允许扣除，但对于购入的固定资产，如厂房、机器、设备等是否允许扣除，如何扣除，则不尽相同。根据对固定资产的处理方式不同，增值税可分为三种类型：分别是消费型增值税、收入型增值税、生产型增值税。

（一）消费型增值税

消费型增值税是指在征收增值税时，允许将购置的用于生产的固定资产的价值或已纳税款一次性全部扣除，即纳税企业用于生产的全部外购生产资料都不在课税之列。

从整个社会来看，这一类型增值税的税基相当于全部消费品的价值，而不包括一切投资品的价值，故称消费型增值税。这种类型的增值税由于允许将外购的所有投入物都一次性扣除，会使法定的增值额小于理论上的增值额，因而会在一定程度上减少国家的财政收入，但由于最适宜采用规范的发票扣税法，也有利于鼓励投资，加速设备更新，所以被认为是最先进的、最能体现增值税优越性的一种增值税。大多数发达国家、发展中国家都采用这种增值税。我国从 2009 年 1 月 1 日起，在全国推开增值税转型改革，即由生产型增值税转向消费型增值税。

（二）收入型增值税

收入型增值税是指在征收增值税时，只允许扣除固定资产的当期折旧部分的价值或已纳税款。

从整个社会来看，这一类型的增值税的税基相当于国民净产值或国民收入类型，故称收入型增值税。这种类型的增值税，其税基与理论增值额的范围正好吻合，属于理论上的标准增值税。但在实务中不具有可操作性。一方面，对折旧额计算的准确性税务机关将要花更多的时间进行审查，固定资产的取得方式不同，它的入账价值计量方法也不相同，而且折旧的不同方法也可供企业选择，税务机关很难准确认定折旧额。另一方面，折旧分期抵扣，不利于扣税法凭票抵扣制度的实行。收入型增值税与消费型增值税类似，也允许对生产用的固定资产进行扣除，只是扣除的时间和方法不同。目前，只有摩洛哥等极少数国家采用这种类型的增值税。

（三）生产型增值税

生产型增值税是指在征收增值税时，只能扣除属于非固定资产的那部分生产资料的税款，不允许扣除固定资产的价值或已纳税款。

从整个社会来看，这一类型的增值税的课税基础与国民生产总值的统计口径一致，故称生产型增值税或 GNP 型增值税。由于这种类型的增值税计算出来的法定增值额在这三种类型中是最大的，所以它可以保证国家的财政收入，但是由于扣除项目不彻底，税基当中包含了外购固定资产的价款，因此存在对固定资产重复征税的问题。在我国

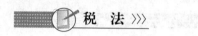

实行了增值税转型后，目前实行生产型增值破的只有印度尼西亚、巴基斯坦等国家。

三、增值税的特点

增值税是刚性的流转税，是对流转额中的增值额征税，这与其他流转税种相比有其不同的特点。我国增值税具有以下 4 个特点。

（一）价外计税

我国传统的增值税制度实行价内计税的模式，即在销售价格中包含增值税的税款，没有明确地体现增值税的税负转嫁性这一特点，即增值税虽由应税商品（及应税劳务）的生产经营者或者销售者缴纳，但实际由购买者或消费者承担。而现行的增值税则将价内税改为价外计税，在增值税专用发票上分别注明价款和税款，使增值税的间接税性质得到了充分的反映。这样，一方面可以明确企业是纳税人而不是负税人，另一方面也可以使企业的成本、利润核算不受增值税税金的影响。但从我国目前的现实情况来看，现行增值税也并不是完全的价外税，商品的价格仅对一般纳税人实行了价税分离，并未在商品流转的各个环节实行完全的价税分离。

（二）统一实行规范化的购进扣税法，即凭发票注明税款进行抵扣的办法

传统的增值税曾采用过"实耗法"和"购进法"两种扣税方法，但计算方法不够规范、科学。我国现行的增值税实行统一的购进扣税法，又称发票扣税法。对于购货企业而言，购进的货物已纳的税额能否得到抵扣，主要取决于能否取得增值税专用发票。这样，购买方在购买货物或应税劳务时，必须向对方索取增值税专用发票，根据发票上注明的增值税税额计算进项税额，否则已纳税额不得扣除，这在很大程度上使纳税人之间互相监督、连锁牵制，形成自动勾稽效应。

（三）规定两类不同的纳税人，实行不同的计税方法

传统的增值税并没有具体规定两类纳税人的划分，我国现行的增值税根据企业经营规模和会计核算的健全程度，将纳税人划分为两大类。一类是一般纳税人，对其实行购进扣税法，即采用间接计算法。首先用销售额乘以税率计算出应税货物的整体税负，然后从整体税负中扣除外购项目已纳的税额。另一类是小规模纳税人，对其实行简易征收法，即用销售额乘以征收率来计算应纳税额。这样的划分不仅有利于配合增值税专用发票管理的需要，也有利于加强税款征收管理，提高征税效率。

（四）设置两档税率，并设立适用于小规模纳税人的征收率

传统的增值税税率档次过多，造成增值税的计算复杂，也给税务机关的征税带来一定的困难。我国现行的增值税分别设计了 17% 和 13% 两档税率，即除了税法规定的少数货物适用低税率 13% 外，其他应税项目的税率一律为 17%。同时，现行增值税还设置了适用于小规模纳税人的 3% 的征收率。简化的税率有利于更好地体现增值税的中性特征，同时也有利于简易征税。

第二节　增值税的征税范围与纳税义务人

一、增值税的征税范围

（一）征税范围的一般规定

增值税的征税范围为在中国境内销售货物、进口货物或提供加工、修理修配劳务及应税服务。所称"在中国境内"是指销售货物的起运地或所在地在境内，提供的应税劳务及应税服务发生在境内。增值税征收范围的具体内容如下：

1. 销售货物

"货物"是指有形动产，包括电力、热力、气体在内。销售货物是指有偿转让货物的所有权。"有偿"不仅仅指从购买方取得货币，还包括取得货物或其他经济利益。

2. 进口货物

指申报进入我国海关境内的有形动产。进口货物包括国外产制和我国已出口又转内销的货物、国外捐赠的货物，以及进口者自行采购的货物、用于贸易行为的货物、自用或用于其他方面的货物。报关进口的货物之所以也属于增值税的征税范围主要是基于平衡货物税收负担的考虑。

3. 提供加工、修理修配劳务

"加工"是指受托加工货物，即委托方提供原料及主要材料，受托方按照委托方的要求，制造货物并收取加工费的业务。"修理修配"是指受托方对损伤和丧失功能的货物进行修复，使其恢复原状和功能的业务。这里的"提供加工、修理修配劳务"是指有偿提供加工、修理修配劳务。但单位或者个体工商户聘用的员工为本单位或者雇主提供加工、修理修配劳务，不包括在内。

4. 提供的应税服务

应税服务，是指陆路运输服务、水路运输服务、航空运输服务、管道运输服务、邮政普遍服务、邮政特殊服务、其他邮政服务、研发和技术服务、信息技术服务、文化创意服务、物流辅助服务、有形动产租赁服务、鉴证咨询服务、广播影视服务、基础电信服务、增值电信服务。

提供应税服务，是指有偿提供应税服务，但不包括非营业活动中提供的应税服务。

有偿，是指取得货币、货物或者其他经济利益。

非营业活动，是指：

（1）非企业性单位按照法律和行政法规的规定，为履行国家行政管理和公共服务职能收取政府性基金或者行政事业性收费的活动；

（2）单位或者个体工商户聘用的员工为本单位或者雇主提供应税服务；

（3）单位或者个体工商户为员工提供应税服务；

（4）财政部和国家税务总局规定的其他情形。

在境内提供应税服务，是指应税服务提供方或者接受方在境内。

（二）征税范围的特殊规定

1. 属于征税范围的特殊项目

属于征税范围的特殊项目是指其他应征收增值税的业务，主要包括：

（1）货物期货（包括商品期货和贵金属期货），应当征收增值税，在期货的实物交割环节纳税；

（2）银行销售金银的业务，应当征收增值税；

（3）典当业的死当物品销售业务和寄售业代委托人销售寄售物品的业务，均应征收增值税；

（4）集邮商品（如邮票、首日封、邮折等）的生产、调拨及邮政部门与其他单位和个人销售的，均征收增值税。

2. 属于征税范围的特殊行为

（1）视同销售行为

纳税人的有些行为从民法上看可能不属于销售货物的行为，但在税法上基于保证税源不流失和平衡货物的税收负担的考虑，仍然将其视为销售货物的行为，应当征收增值税。根据现行税法的规定，单位或者个体工商户的下列行为视同销售货物：

① 将货物交付其他单位或者个人代销；

② 销售代销货物；

③ 设有两个以上机构并实行统一核算的纳税人，将货物从一个机构移送其他机构用于销售，但相关机构设在同一县（市）的除外；

④ 将自产或者委托加工的货物用于非增值税应税项目；

⑤ 将自产、委托加工的货物用于集体福利或者个人消费；

⑥ 将自产、委托加工或者购进的货物作为投资，提供给其他单位或者个体工商户；

⑦ 将自产、委托加工或者购进的货物分配给股东或者投资者；

⑧ 将自产、委托加工或者购进的货物无偿赠送其他单位或者个人。

⑨ 单位和个体工商户向其他单位或者个人无偿提供交通运输业、邮政业和部分现代服务业服务，但以公益活动为目的或者以社会公众为对象的除外。

⑩ 财政部和国家税务总局规定的其他情形。

（2）视同提供应税服务

单位和个体工商户的下列情形，视同提供应税服务：

① 向其他单位或个人无偿提供交通运输业和部分现代服务业服务，但以公益活动为目的或以社会公众为对象的除外。

② 财政部和国家税务总局规定的其他情形

（3）混合销售行为

由于我国对货物和劳务分别征税，而在现实生活中有些销售行为同时涉及货物和非增值税应税劳务（以下简称非应税劳务），对此我国税法将其界定为混合销售行为，对其概念和税务处理做出了明确的规定。

① 混合销售行为的概念

根据《增值税暂行条例实施细则》的规定，一项销售行为如果既涉及货物又涉及非应税劳务为混合销售行为。非应税劳务是指属于应缴营业税的建筑业、金融保险业、文化体育业、娱乐业、服务业税目征收范围的劳务。混合销售行为的特点是：非应税劳务是为了直接销售货物而提供的，二者之间具有紧密的从属关系，因而销售货物的价款和提供非应税劳务的报酬通常是从同一购买方收取的。例如，某生产企业在销售货物的同时还为顾客提供有偿的货物运输劳务；某饮食服务企业在为顾客提供饮食服务的同时还销售食品、饮料的行为等都属于混合销售行为。纳税人的销售行为是否属于混合销售行为，由国家税务总局所属征收机关确定。

② 混合销售行为的税务处理

a. 从事货物的生产、批发或者零售的企业、企业性单位和个体工商户的混合销售行为，视为销售货物，应当缴纳增值税。

应当注意的是，上述从事货物的生产、批发或者零售的企业、企业性单位和个体工商户，包括以从事货物的生产、批发或者零售为主，并兼营非增值税应税劳务的单位和个体工商户在内。具体是指，纳税人的年货物销售额与非增值税应税劳务的营业额合计数中，年货物销售额超过50%。

b. 其他单位和个人的混合销售行为，视为销售非应税劳务，不缴纳增值税。

以上是混合销售行为的一般处理原则，鉴于销售自产货物并同时提供建筑业应税劳务的混合销售行为比较特殊，针对这一情形则采用分别核算、分别征税的原则。为此，修订后的《增值税暂行条例实施细则》做出了以下的规定。

纳税人的下列混合销售行为，应当分别核算货物的销售额和非应税劳务的营业额，并根据其销售货物的销售额计算缴纳增值税，非增值税应税劳务的营业额不缴纳增值税；未分别核算的，由主管税务机关核定其货物的销售额：

① 销售自产货物并同时提供建筑业劳务的行为；

② 财政部、国家税务总局规定的其他情形。

之所以对上述行为另作规定，是因为建筑行业存在比较严重的重复征税问题，企业按照混合销售行为的一般税务处理规定会导致企业的税负比较重，对企业的生产发展很不利。这一问题出现后，国家税务总局早在2002年就发布了《关于纳税人销售自产货物提供增值税劳务并同时提供建筑业劳务征收流转税问题的通知》，文件中规定了在符合限定条件的前提下，对销售自产货物和提供增值税应税劳务取得的收入征收增值税，提供建筑业劳务收入（不包括按规定应征收增值税的自产货物和增值税应税劳务收入）征收营业税。新修订的《增值税暂行条例》对上述问题做出了新的规范。

（4）兼营非增值税应税劳务行为

兼营非增值税应税劳务行为是指纳税人在生产经营活动中，既存在属于增值税征税范围的销售货物或提供应税劳务的行为，又存在不属于增值税征税范围的提供非应税劳务的行为，且两者之间没有直接联系或从属关系。如建材商店既销售建材，又从事装饰、装修业务，两者之间没有直接联系，属于兼营非增值税应税劳务行为。

兼营非增值税应税劳务行为的税务处理。纳税人兼营非增值税应税项目的，应分别核算货物或应税劳务的销售额和非增值税应税项目的营业额；未分别核算的，由主管税务机关核定货物或应税劳务的销售额。

二、增值税纳税义务人

（一）增值税纳税人的基本规定

根据《增值税暂行条例》、《增值税暂行条例实施细则》及"营改增"的规定，增值税的纳税人是指在中国境内销售或者进口货物、提供应税劳务和应税服务的单位和个人。这里的"单位"是指企业、行政单位、事业单位、军事单位、社会团体及其他单位；"个人"是指个体工商户和其他个人。此外，税法还对纳税人和扣缴义务人做出了具体的规定。

1. 单位以承包、承租、挂靠方式经营的，承包人、承租人、挂靠人（以下统称承包人）以发包人、出租人、被挂靠人（以下统称发包人）名义对外经营并由发包人承担相关法律责任的，以该发包人为纳税人。否则，以承包人为纳税人。

2. 中华人民共和国境外的单位或者个人在境内提供应税劳务和应税服务，在境内未设有经营机构的，以其境内代理人为扣缴义务人；在境内没有代理人的，以购买方为扣缴义务人。

（二）增值税纳税人的划分与认定

为了征收的方便，我国采用国际通行办法以纳税人经营规模的大小和会计核算的健全程度为标准，把增值税纳税人分为一般纳税人和小规模纳税人两种。区分一般纳税人和小规模纳税人的主要意义在于，二者在增值税法中的地位不同；一般纳税人可以领购增值税专用发票，采用购进扣税法计算应纳税额；而小规模纳税人不能领用增值税专用发票，采用简易方法计算应纳税额。

1. 小规模纳税人的认定及管理

小规模纳税人是指年应征增值税销售额（以下简称年应税销售额，是指纳税人在连续不超过12个月的经营期内累计应征增值税销售额，包括免税销售额）在规定标准以下，并且会计核算不健全的增值税纳税人。所谓的会计核算不健全是指不能够按照规定设置账簿，根据合法、有效凭证记账进行核算。根据《增值税暂行条例》、《增值税暂行条例实施细则》和"营改增"的规定，小规模纳税人的认定标准具体规定如下。

（1）从事货物生产或者提供应税劳务的纳税人，以及以从事货物生产或者提供应税劳务为主，并兼营货物批发或者零售的纳税人，年应税销售额在50万元以下（含50万元）。以从事货物生产或者提供应税劳务为主，是指纳税人的年货物生产或者提供应税劳务的销售额占年应税销售额的比重在50%以上。

（2）除上述规定以外的纳税人，年应税销售额在80万元以下的。

（3）年应税销售额超过小规模纳税人标准的其他个人按小规模纳税人纳税。

（4）非企业性单位、不经常发生应税行为的企业则可选择按小规模纳税人纳税。

（5）年应税"营改增"规定的应税服务年销售额未超过 500 万元的纳税人。

小规模纳税人销售货物或者提供劳务实行简易办法征收增值税，不得使用增值税专用发票，并不得抵扣进项税额。

未超过规定标准的纳税人会计核算健全，能够提供准确税务资料的，可以向主管税务机关申请一般纳税人资格认定，成为一般纳税人。会计核算健全，是指能够按照国家统一的会计制度规定设置账簿，根据合法、有效凭证核算。

2. 一般纳税人的认定及管理

一般纳税人是指年应征增值税销售额超过财政部、国家税务总局规定的小规模纳税人标准的企业和企业性单位。具体包括：

（1）从事货物生产或者提供应税劳务的纳税人，以及以从事货物生产或者提供应税劳务为主，并兼营货物批发或者零售的纳税人，年应税销售额在 50 万元以上；

（2）除上述规定以外的纳税人，年应税销售额在 80 万元以上的；

（3）应税服务的年销售额超过 500 万元的试点纳税人。

值得注意的是，对于年应税销售额未超过财政部、国家税务总局规定的小规模纳税人标准以及新开业的纳税人，可以向主管税务机关申请一般纳税人资格认定。

对提出申请并且同时符合下列条件的纳税人，主管税务机关应当为其办理一般纳税人资格认定：

① 有固定的生产经营场所；

② 能够按照国家统一的会计制度规定设置账簿，根据合法、有效凭证核算，能够提供准确税务资料。

一般纳税人均应依照《增值税一般纳税人申请认定办法》等规定，向其企业所在地主管税务机关申请办理一般纳税人认定手续，以取得法定资格。对于一般纳税人销售货物或提供应税劳务可以使用增值税专用发票，实行税款抵扣制度计算应纳税额。但是对于会计核算不健全，或者不能够提供准确税务数据的一般纳税人及销售额超过小规模纳税人标准，未申请办理一般纳税人认定手续的纳税人则不得使用增值税专用发票，按销售额依照增值税税率计算应纳税额，不得抵扣进项税额。

除国家税务总局另有规定外，纳税人一经认定为一般纳税人后，不得转为小规模纳税人。

第三节　增值税的税率与征收率

从世界各国增值税的征税实践来看，确定增值税税率的基本原则是尽可能减小税率档次，即不宜采用过多税率，这是由增值税的购进扣税法的计税方法及中性税收的特征决定的。我国 1994 年年初实行的税制改革确定了我国的增值税设置了一档基本税率和一档低税率，此外还对出口的货物实行零税率。

一、增值税的税率

（一）基本税率

纳税人销售或者进口货物，除下述列举的低税率外，税率均为17%；提供加工、修理修配劳务的，提供有形动产租赁服务的，税率也为17%，这一税率就是增值税的基本税率。

（二）低税率

1. 纳税人销售或者进口下列货物，税率为13%。

（1）粮食、食用植物油；

（2）自来水、暖气、冷气、热水、煤气、石油液化气、天然气、沼气、居民用煤炭制品；

（3）图书、报纸、杂志；

（4）饲料、化肥、农药、农机、农膜；

（5）国务院及其他有关部门规定的其他货物，如农产品、音像制品、电子出版物等。

2. 提供交通运输业服务、邮政业服务、基础电信服务，税率为11%。

3. 提供现代服务业、增值电信服务，税率为6%。

（三）零税率

我国为鼓励货物出口，规定纳税人出口货物适用零税率。但是，国务院另有规定的除外。零税率使享受这一待遇的纳税人不负担任何税收，是真正地免除了增值税。这就意味着符合条件的纳税人在出口环节免税且退还以前纳税环节的已缴税款，从而使货物的整体税负为零。

根据"营改增"的规定，应税服务的零税率政策适用以下情形：

1. 境内的单位和个人提供的国际运输服务、向境外单位提供的研发服务和设计服务。

2. 境内的单位和个人提供的往返中国香港、澳门、台湾的交通运输服务以及在中国香港、澳门、台湾提供的交通运输服务。

3. 境内的单位和个人提供期租、程租和湿租服务，如果租赁的交通运输工具用于国际运输服务和港澳台运输服务，不适用增值税零税率，由承租方按规定申请适用零税率。

二、增值税的征收率

（一）增值税的征收率的基本规定

一般纳税人销售的货物（进项税额不易确认和计量）及提供财政部和国家税务总

局规定的特定应税服务，可按简易办法计算缴纳增值税，即按不含增值税的销售额乘以征收率计算缴纳增值税。一般纳税人选择按照简易办法计算缴纳增值税的，36 个月内不得变更。

（二）一般纳税人适用的征收率。主要规定包括：

1. 一般纳税人销售自产特殊货物适用 6% 的征收率。一般纳税人生产下列货物，可按简易办法依照 6% 征收率计算缴纳增值税，并可由其自己开具专用发票。

（1）县以下小型水力发电单位（装机容量为 5 万千瓦以下）生产的电力。

（2）建筑用和生产建筑材料所用的砂、土、石料。

（3）以自己采掘的砂、土、石料或其他矿物连续生产的砖、瓦、石灰。

（4）用微生物、微生物代谢产物、动物毒素、人或动物的血液或组织制成的生物制品。

（5）销售自来水。

（6）商品混凝土（仅限于以水泥为原料生产的水泥混凝土）等。

2. 一般纳税人销售特殊情形的货物适用 4% 的征收率。一般纳税人销售货物属于下列情形之一的，暂按简易办法依照 4% 征收率计算缴纳增值税：寄售商店代销寄售物品（包括居民个人寄售的物品在内）；典当业销售死当物品；经国务院或国务院授权机关批准的免税商店零售的免税品等。

一般纳税人销售货物适用简易办法征税的，可自行开具增值税专用发票（以下简称专用发票）。

3. 小规模纳税人适用的征收率。小规模纳税人增值税征收率为 3%。小规模纳税人销售货物，如果购买方需要专用发票且符合规定要求，可以由税务机关代开。

4. 纳税人销售其使用过的固定资产和销售旧货运用的征收率。主要规定包括：

（1）纳税人销售其使用过的固定资产适用的征收率。一般纳税人销售其使用过的属于规定的固定资产，按 4% 征收率减半征收增值税；小规模纳税人销售其使用过的属于规定的固定资产，按 2% 征收率征收增值税。

（2）纳税人销售旧货适用的征收率。旧货是指进入二次流通的具有部分使用价值的货物（含旧汽车、旧摩托车和旧游艇），但不包括自己已使用过的物品。纳税人销售旧货按 4% 征收率减半征收增值税。

第四节　增值税应纳税额的计算

一、一般纳税人应纳税额的计算

我国现行增值税法规定一般纳税人销售货物、提供应税劳务及应税服务，应纳税额为当期销项税额抵扣当期进项税额后的余额。应纳税额计算公式：

应纳税额 = 当期销项税额 − 当期进项税额

（一）销项税额的确定

1. 销项税额的基本含义

销项税额是指纳税人销售货物、提供应税劳务及应税服务，按照应税销售额和规定税率计算收取的增值税税额。其含义是：

（1）销项税额是计算出来的，销售方在没有依法抵扣其进项税额前，销项税额不是其应纳增值税额，而是销售货物或提供应税劳务及应税服务的整体税负。

（2）销售额是不含销项税的销售额，从购买方收取，体现了价外税性质。其计算公式为：

销项税额 = 应税销售额 × 适用税率

或　　　　 = 组成计税价格 × 适用税率

2. 销售额的一般规定

销售额为纳税人销售货物、提供应税劳务及应税服务收取的全部价款和价外费用，但是不包括收取的销项税额。其中价款是指销售货物、提供应税劳务及应税服务来自于购买方的全部价款。

价外费用是指价外收取的各种性质的价外收费。其主要包括：价外向购买方收取的手续费、补贴、基金、集资费、返还利润、奖励费、违约金、滞纳金、延期付款利息、赔偿金、代收款项、代垫款项、包装费、包装物租金、储备费、优质费、运输装卸费和其他各种性质的价外收费。但下列项目不包括在内：

（1）受托加工应征消费税的消费品所代收代缴的消费税。

（2）销售货物的同时符合以下条件的代垫运输费用：承运部门的运输费用发票开具给购买方的；纳税人将该项发票转交给购买方的。

（3）销售货物的同时代办保险等而向购买方收取的保险费，以及向购买方收取的代购买方缴纳的车辆购置税和车辆牌照费。

（4）同时符合以下条件代为收取的政府性基金或行政事业性收费：由国务院或财政部批准设立的政府性基金，由国务院或省级人民政府及其财政、价格主管部门批准设立的行政事业性收费；收取时开具省级以上财政部门印制的财政票据；所收款项金额上缴财政。

3. 销售额的特殊规定

主要包括以下几个方面。

（1）混合销售的销售额。混合销售行为按规定应当缴纳增值税的，其销售额为货物的销售额与非增值税应税劳务营业额的合计。

（2）兼营非应税劳务的销售额。对兼营应一并征收增值税非应税劳务的，其销售额为货物和非应税劳务销售额的合计数，既包括货物销售额，又包括非应税劳务的销售额。

（3）价款和税款合并定价的销售额。一般纳税人销售货物或提供应税劳务，采用销售额和销项税额合并定价方法，其销售额为含增值税税额的销售额，应将其含税销售额换算成不含税销售额计税，换算公式为：不含税销售额 = 含税销售额 ÷（1 + 适用

税率)

【例2-1】某制药厂为增值税一般纳税人,2014年5月销售抗生素药品117万元(含税)。则本月销项税额为:

销项税额 = 117 ÷ (1 + 17%) × 17% = 17(万元)

(4)折扣方式销售货物的销售额。折扣销售是指销货方在销售货物或应税劳务时,因购货方购货数量较大等原因,而给予购货方的价格优惠。纳税人采取折扣方式销售货物,如果销售额和折扣额同在一张发票上分别注明,可以按折扣后的销售额征收增值税。如果将折扣额另开发票,不论其在财务上如何处理,均不得从销售额中减除折扣额。

【例2-2】纳税人销售货物价款3 000万元,因购买童装数量较多,给予5%的折扣,实收2 850万元。价款与折扣额分别开具专用发票,则其销项税额为:

销项税额 = 3 000 × 17% = 510(万元)

(5)还本方式销售货物的销售额。还本销售是指纳税人在销售货物后,到一定期限时由销售方一次或分次退还给购货方全部或部分价款。纳税人采取还本方式销售货物的,其销售额就是货物的销售价格,不得从销售额中减除还本支出。

【例2-3】海尔冰箱厂为增值税一般纳税人,本月采取“还本销售”方式销售冰箱,开具普通发票20张,共收取货款30万元。扣除还本准备金后按规定将25万元作为销售处理。则应纳增值税销项税额为:

销项税额 = 30 ÷ (1 + 17%) × 17% = 4.36(万元)

(6)以旧换新销售货物的销售额。以旧换新是指纳税人在销售自己的货物时,有偿收回旧货物的行为。纳税人采取以旧换新方式销售货物的,应按新货物的同期销售价格确定销售额。但对金银首饰以旧换新的销售额,可按销售方实际收取的不含增值税的全部价款进行确定。

【例2-4】红星商场(一般纳税人)采取以旧换新方式销售洗衣机,每台零售价3 000元,本月售出洗衣机200台,共收回洗衣机200台,每台旧洗衣机折价200元。则该业务的增值税销项税额为:

销项税额 = 3 000 ÷ (1 + 17%) × 200 × 17% = 87 179.49(元)

(7)以物易物销售货物的销售额。以物易物是一种较为特殊的购销活动,是指购销双方不是以货币结算,而是以同等价款的货物相互结算,实现货物购销的一种方式。以物易物的双方都应作购销处理,以各自发出的货物核算销售额并计算销项税额,以各自收到的货物核算购货额并计算进项税额。

【例2-5】甲企业12月以其生产的A产品与乙企业生产的B产品兑换,双方交易的价值均为46.8万元(含税价),A产品的成本为28万元,B产品的成本为24万元,适用的增值税税率均为17%,双方互开防伪税控的专用发票,当月均未验收入库但通过税务机关认证。则甲企业当期确认的增值税销项税额与进项税额为:

甲企业当期确认的增值税销项税额 = 46.8 ÷ (1 + 17%) × 17% = 6.8(万元)

甲企业当期确认的增值税进项税额 = 46.8 ÷ (1 + 17%) × 17% = 6.8(万元)

(8)出租出借包装物下的销售额。纳税人为销售货物而出租出借包装物的,对收取押金单独记账核算的，不并入销售额征税，但对逾期（以1年为期限）的包装物押金，无论是否退还均并入销售征税。纳税人为销售货物出租出借包装物而收取的押金，无论包装物周转使用期限长短，超过1年（含1年）仍不退还的均并入销售额征税。此外对销售除啤酒、黄酒外的其他酒类产品收取的包装物押金，无论是否返还以及会计上如何核算，均应并入当期销售额征税。需要注意，在将包装物押金并入销售额征税时，需要先将该押金换算为不含税价，再并入销售额征税。

【例2-6】阳光企业2013年9月10日收取出租包装物押金23 400元，收到转账支票一张；2013年9月20日，经清理，将逾期未退的包装物押金23 400元予以没收。其包装物为应税消费品，适用增值税税率为17%。则销项税额为：

2013年9月10日收取押金时不纳税：

2014年9月20日逾期应纳税额：

销项税额 = 23 400 ÷ (1 + 17%) × 17% = 3 400（元）

4. 核定销售额的基本方法

纳税人销售货物、提供应税劳务或应税服务的价格明显偏低或偏高且无正当理由、不具有合理商业目的的，或是纳税人发生了视同销售货物或提供应税服务的行为而无销售额的，由主管税务机关按下列顺序核定其销售额：

（1）按纳税人最近时期同类货物的平均售价或提供同类应税服务、应税劳务的平均价格确定。

（2）按其他纳税人最近时期同类货物的平均销售价格或提供同类应税服务、应税劳务的平均价格确定。

（3）按组成计税价格确定。其组成计税价格的公式为：

组成计税价格 = 成本 × (1 + 成本利润率)

属于应征消费税的货物，其组成计税价格应加计消费税税额。其计算公式为：

组成计税价格 = 成本 × (1 + 成本利润率) ÷ (1 - 消费税税率)

公式中的"成本"：销售自产货物的为实际生产成本，销售外购货物的为实际采购成本，提供应税服务的为实际提供应税服务成本；"成本利润率"为10%（应税服务成本利润率由国家税务总局确定）。但属于应按从价定率征收消费税的货物，其组成计税价格公式中的成本利润率为《消费税若干具体问题的规定》中规定的成本利润率。

【例2-7】阳光企业为增值税一般纳税人，10月生产加工一批新产品500件，每件成本450元（无同类产品市场价格），全部售给本企业职工，取得不含税销售额171 000元。该企业销项税额为：

销项税额 = 500 × 450 × (1 + 10%) × 17% = 42 075（元）

5. 销售额货币单位的确定

纳税人按人民币以外的货币结算销售额的，应当按外汇市场价格折合成人民币计算。其销售额的人民币折合率可选择销售额发生的当天或当月1日的人民币汇率中间价。纳税人应事先确定采用何种折合率，确定后1年内不得变更。

（二）进项税额的确定

1. 进项税额的基本含义。纳税人购进货物或接受应税劳务及应税服务支付或负担的增值税额，为进项税额，包括两种情形：一是进项税额体现支付或负担的增值税性质，直接在增值税票上明确的进项税额不需要计算；二是购进某些特殊货物或非应税劳务时，其进项税额是通过法定的扣除率和支付金额计算出来的。

2. 准予抵扣的进项税额。税法规定，准予从销项税额中抵扣的进项税额包括以下几个方面。

（1）从销售方或提供方取得的增值税专用发票（包括从小规模纳税人处取得的由税务机关代开的专用发票）上注明的增值税额。

【例2－8】阳光企业为增值税一般纳税人，12月购入一批材料，从销售方取得的增值税专用发票上注明的款项为20 000元。则企业购入该批材料准予抵扣的进项税额为：

进项税额 = 20 000 × 17% = 3 400（元）

（2）从海关取得的海关进口增值税专用缴款书上注明的增值税额。

【例2－9】某外贸企业为增值税一般纳税人，购入一批原材料，取得的海关进口增值税专用缴款书上注明的增值税额为2 100元，则准予抵扣的进项税额为2 100元。

（3）购进农产品，除取得增值税专用发票或海关进口增值税专用缴款书及《农产品增值税进项税额核定扣除试点实施办法》抵扣进项税额的除外，按照农产品收购发票或销售发票上注明的农产品买价和13%的扣除率计算进项税额。买价包括纳税人购进农产品在农产品收购发票或销售发票上注明的价款和按规定缴纳的烟叶税。进项税额计算公式为：

进项税额 = 买价 × 扣除率

上述公式中：买价是指纳税人在购进农产品时支付的金额。如果纳税人收购的农产品为烟叶，则烟叶的买价包括烟叶的收购金额和纳税人按规定缴纳的烟叶税（烟叶税税率为20%）。其中：烟叶的收购金额包括纳税人支付给烟叶销售者的烟叶收购价款和价外补贴，价外补贴统一暂按烟叶收购价的10%计算；烟叶税税额按照烟叶收购金额和20%的税率进行计算。其计算公式为：

烟叶收购金额 = 烟叶收购价 × （1 + 10%）

应纳烟叶税额 = 烟叶收购金额 × 20%

购进烟叶准予抵扣的进项税额 = 烟叶收购价 × （1 + 10%）× （1 + 20%）× 13%

【例2－10】红河卷烟厂2014年6月收购烟叶生产卷烟，收购凭证上注明价款1(14)万元，并向烟叶生产者支付了价外补贴。则该卷烟厂6月收购烟叶可抵扣的进项税额为：

烟叶进项税额 = 100 × （1 + 10%）× （1 + 20%）× 13% = 17.16（万元）

【例2－11】小王一般纳税人购入一批原材料，取得的专用发票上注明价款为40 000元，支付运费，取得的货运发票注明运费为2 000元。则该项业务进项税额为：

进项税额 = 40 000 × 17% + 2 000 × 7% = 6 940（元）

（4）购进或销售货物以及在生产经营过程中支付运输费用的，按照运输费用结算单据上注明的运输费用金额和7%的扣除率计算进项税额。运输费用金额是指运输费用结算单据上注明的运输费用（包括铁路临管线及铁路专线运输费用）、建设基金，不包括装卸费、保险费等其他杂费。其进项税额计算公式：

进项税额＝运输费用金额×扣除率

（5）接受境外单位或个人提供的应税服务，从税务机关或境内代理人取得的解缴税款的税收缴款凭证上注明的增值税额。

（6）混合销售行为按规定应当缴纳增值税的，该混合销售行为所涉及的非增值税应税劳务所用购进货物的进项税额，符合税法规定的，准予从销项税额中抵扣。

【例2-12】红红锅炉厂8月锅炉销售收入为5 000万元，其中安装、调试收入为600万元，购入原材料花费2 800万元。则锅炉厂应纳增值税为：

应纳增值税＝5 000×17％－2 800×17％＝374（万元）

（7）以物易物等进项税额的处理。对商业企业采取以物易物、以货抵债、以物投资方式交易的，收货单位可以凭以物易物、以货抵债、以物投资书面合同，以及与之相符的增值税专用发票确定进项税额，报经税务征收机关批准予以抵扣。

3. 不准抵扣的进项税额。税法规定，不准从销项税额中抵扣的进项税额包括以下几个方面。

（1）纳税人购进货物、应税劳务及应税服务的增值税扣税凭证是指增值税专用发票、海关进口增值税专用缴款书、农产品收购发票、农产品销售发票和税收缴款凭证。扣税凭证不符合法律、行政法规或国务院税务主管部门有关规定的，其进项税额不得从销项税额中抵扣。

（2）纳税人凭税收缴款凭证抵扣进项税额的，应当具备书面合同、付款证明和境外单位的对账单或发票。资料不全的，其进项税额不得从销项税额中抵扣。

（3）用于简易计税方法计税项目（营改增试点行业）非增值税应税项目、免征增值税项目、集体福利或个人消费的购进货物、应税劳务或应税服务。所称非增值税应税项目是指提供非增值税应税劳务、转让无形资产（专利技术、非专利技术、商誉、商标、著作权除外）、销售不动产和不动产在建工程；所称不动产是指不能移动或移动后会引起性质、形状改变的财产，包括建筑物、构筑物和其他土地附着物，纳税人新建、改建、扩建、修缮、装饰不动产均属于不动产在建工程；所称购进货物不包括既用于增值税应税项目（不含免征增值税项目），又用于非增值税应税项目、免征增值税（以下简称免税）项目、集体福利或个人消费的固定资产；所称固定资产是指使用期限超过12个月的机器、机械、运输工具以及其他与生产经营有关的设备、工具、器具等有形动产；所称个人消费包括纳税人的交际应酬消费。

【例2-13】汇源生产企业2013年8月购进一批饮料，取得的专用发票上注明价款40 000元，货款已支付，另支付运输企业运输费1 000元（有货运发票）。月末将其中的5％作为福利发放给职工。则当月可以抵扣的进项税额为：

可抵扣的进项税额＝（40 000×17％＋1 000×17％）×95％＝6 526.5（元）

（4）非正常损失的购进货物及相关的加工、修理修配劳务或交通运输业服务。所称非正常损失是指因管理不善造成被盗、丢失、霉烂变质的损失，以及被执法部门依法没收或强令自行销毁的货物。

【例2-14】星星企业月末盘点时发现，上月从农民手中购进的玉米发生霉烂，使账面成本减少 38 140 元（包括运费成本 520 元）。则应转出的进项税额为：

进项税额转出 = (38 140 − 520) ÷ (1 − 13%) × 13% + 520 ÷ (1 − 7%) × 7%

= 5 660.52（元）

（5）非正常损失的在产品、产成品所耗用的购进货物（不包括固定资产）、加工、修理修配劳务或交通运输业服务。

【例 2 − 15】星星企业 2013 年 7 月购入原材料发生价款 20 000 元，当月全部用于生产产成品，月末仓库发生火灾，烧毁产成品 20%。则该企业应转出的进项税额为：

进项税额转出 = 20 000 × 20% × 17% = 680（元）

（6）接受的旅客运输服务。

（7）上述第（3）项至第（6）项规定的货物的运输费用和销售免税货物的运输费用。

（8）一般纳税人兼营免税项目或非增值税应税劳务、简易计税方法计税项目（营改增试点行业）而无法划分不得抵扣的进项税额的，按下列公式计算不得抵扣的进项税额：

当期不得抵扣的进项税额 = 当期无法划分的全部进项税额 × （当期简易计税方法计税项目销售额 + 非增值税应税劳务营业额 + 免征增值税项目销售额） ÷ （当期全部销售额 + 当期营业额）

【例 2 − 16】福祥制药厂为增值税一般纳税人，2013 年 3 月销售抗生素药品取得收入 120 万元（含税收入），销售免税药品 50 万元，当月购入生产用原材料一批，取得增值税专用发票上注明税款 6.8 万元，抗生素药品与免税药品无法划分耗料情况。则该制药厂当月不得抵扣的进项税额为：

不得抵扣的进项税额 = 6.8 × 50 ÷ [120 ÷ (1 + 17%) + 50] = 2.23（万元）

4. 进项税额转出的税务处理。因进货退出或折让、发生服务中止而收回的增值税税额，应从发生进货退出或折让当期的进项税额中扣减。已抵扣进项税额的购进货物、接受加工修理修配劳务及应税服务，发生上述不得抵扣的情形（简易计税方法计税项目、免税项目和非增值税应税劳务除外），应当将该进项税额从当期的进项税额中扣减；无法确定该项进项税额的，按当期实际成本计算应扣减的进项税额。

【例 2 − 17】月光企业 2013 年 6 月购入一批材料价款总计 33 000 元，取得专用发票，由于运输途中发生少量破损，销售方同意给购货方 3 000 元的折让，并开具了销售折让证明单。则企业该项业务的进项税额为：

进项税额 = (33 000 − 3 000) × 17% = 5 100（元）

5. 进项税额不足抵扣的税务处理。增值税实行购进扣税法，有时企业当期购进的货物很多，在计算应纳税额时会出现当期销项税额小于当期进项税额不足抵扣的情况，根据税法规定，当期进项税额不足抵扣的部分可以结转下期继续抵扣，不能采取退税方式。

6. 进项税额抵扣的时间限定。具体规定为：

（1）专用发票的抵扣时间。一般纳税人取得 2013 年 1 月 1 日以后开具的增值税专用发票、公路内河货物运输业统一发票和机动车销售统一发票，应在开具之日起 180

日内到税务机关办理认证，并在认证通过的次月申报期内，向主管税务机关申报抵扣进项税额。

（2）海关缴款书的抵扣时间。实行海关进口增值税专用缴款书（以下简称海关缴款书）"先比对后抵扣"管理办法的增值税一般纳税人取得 2013 年 1 月 1 日以后开具的海关缴款书，应在开具之日起 180 日内向主管税务机关报送"海关完税凭证抵扣清单"（包括纸质资料和电子数据）申请稽核比对。

未实行海关缴款书"先比对后抵扣"管理办法的增值税一般纳税人取得 2013 年 1 月 1 日以后开具的海关缴款书，应在开具之日起 180 日后的第一个纳税申报期结束以前，向主管税务机关申报抵扣进项税额。

【例 2 - 18】一般纳税人应纳增值税额计算举例：

1. 红地毯纺织厂（增值税一般纳税人）主要生产棉纱、棉型涤纶沙、棉坯布、棉型涤纶坯布和印染布，10 月经营业务如下：

（1）外购染料价款 3 万元，发票注明进项税额 5 100 元。

（2）外购低值易耗品价款 1.5 万元，发票注明进项税额 2 550 元。

（3）从供销社棉麻公司购进棉花价格 16 万元，发票注明进项税额 2.72 万元；同时支付货物运费 2 万元、建设基金 5 000 元、装卸费 400 元，取得运费发票。

（4）从农业生产者手中购进棉花价款 4 万元。

（5）从"小规模纳税人"企业购进修理用配件 0.6 万元，发票未注明进项税额。

（6）购进煤炭 100 吨，价款 0.9 万元，发票注明进项税额 1 170 元。

（7）生产用外购电力 3.4 万千瓦时，价款 3.1 万元，发票注明进项税额 5 270 元。

（8）生产用外购水 1.58 万吨，价款 0.55 万元，发票注明进项税额 715 元。

（9）购入气流纺纱机一台，价款 5 万元，发票注明进项税额 0.85 万元。

（10）将购进的布料一批，赠送给客户做礼品共计 1 万元（不含增值税）。

（11）采用托收承付结算方式销售棉坯布 12 万米，价款 24 万元，货已发出，托收已在银行办要，货款尚未收到。

（12）采用分期收款结算方式销售棉型涤纶布 10 万米，价款 31 万元，货已发出，合同规定本月到期货款 20 万元，但实际只收回货款 15 万元。

（13）采用其他结算方式销售印染布 9 万米，其中销售给一般纳税人 8 万米，价款 28 万元；销售给小规模纳税人 1 万米，价税混合收取计 4 万元。货已发出，款已收到。

（14）上月结转待扣进项税额 1.5 万元。

注：上述（1）—（9）购进的货物，均已验收入库，且专用发票已认证。

2. 该厂本月应纳增值税额的计算过程和结果如下：

（1）本月销项税额的计算。该厂本月销售货物，采用托收承付和其他结算方式的，其纳税义务发生时间为货物发出，同时收讫价款或取得索取价款凭证的当天；采用分期收款结算方式销售货物的，为销售合同规定的收款日期当天。在计算销项税额时，除价税混收的之外，其他销售项目用销售收入额直接乘以 17% 的增值税税率即可取得。

① 销售给一般纳税人的棉坯布、棉型涤纶布、印染布的销项税额为：

销项税额 ＝（240 000 ＋ 200 000 ＋ 280 000）× 17% ＝ 122 400（元）

② 销售给小规模纳税人的货物，转要先计算出不含税销售额，然后再计算应纳税额。

其销项税额为：

销项税额 ＝ 40 000 ÷（1 ＋ 17%）× 17% ＝ 5 811.97（元）

③ 赠送给客户的布料应作视同销售处理，由于无同类价格比照，应按照组成计税价格计算销项税额，则：

销项税额 ＝ 10 000 ×（1 ＋ 10%）× 17% ＝ 1 870（元）

④ 该厂本月销项税额合计为：

销项税额合计 ＝ 122 400 ＋ 5 811.97 ＋ 1 870 ＝ 130 081.97（元）

（2）进项税额的计算。分析及计算过程如下：

① 购进货物增值税专用发票上注明进项税额：外购染料 5 100 元、外购低值易耗品 2 550 元、外购棉花 27 200 元、外购煤炭 1 170 元、外购电力 5 270 元、外购水 715 元、外购气流纺纱机 8 500 元，合计 50 505 元。

② 购进农业产品按 13% 的扣除率计算进项税额。该厂计算应抵扣的进项税额为：

进项税额 ＝ 40 000 × 13% ＝ 5 200（元）

③ 购进棉花时支付的货物运费，按发票上注明的运费和建设基金的 7% 计算应抵扣的进项税额为：

进项税额 ＝（20 000 ＋ 5 000）× 7% ＝ 1 750（元）

④ 上月结转待扣进项税额 1.5 万元，应计入本期进项税额，从当期销项税额中扣减。

⑤ 从"小规模纳税人"企业中购进的配件因不能取得增值税专用发票，其进项税额不得抵扣。

⑥ 进项税额合计：

进项税额合计 ＝ 50 505 ＋ 5 200 ＋ 1 750 ＋ 15 000 ＝ 72 455（元）

（3）应纳税额的计算：

应纳税额 ＝ 130 081.97 － 72 455 ＝ 57 626.97（元）

二、小规模纳税人应纳税额的计算

（一）小规模纳税人应纳税额计算的基本规定

按照税法规定，小规模纳税人销售货物或提供加工修理修配劳务及应税服务，实行按照销售额和 3% 的征收率计算应纳税额的简易办法，并且不得抵扣进项税额。应纳税额计算公式：

应纳税额 ＝ 销售额 × 征收率

小规模纳税人的销售额不包括其应纳税额，纳税人采用销售额和应纳税额合并定价方法的，按下列公式计算销售额：

销售额 ＝ 含税销售额 ÷（1 ＋ 征收率）

小规模纳税人因销售货物退回或折让，以及因服务中止或折让而退还给购买方的销售额，应从当期的销售额中扣减。从 2012 年 12 月 1 日起，小规模纳税人购置的税控收款机，依据取得的专用发票或普通发票抵缴当期应纳的增值税额。取得普通发票可抵扣的税款，可按下列公式计算：

可抵扣税款 = 价款 ÷ (1 + 17%) × 17%

【例 2 - 19】 小规模纳税人应纳税额计算举例

富祺商业零售企业为增值税小规模纳税人，2014 年 9 月购进商品取得普通发票，支付货款 10 000 元；经主管税务机关核准购进税控收款机一台，取得普通发票，支付全额 11 700 元；本月销售货物取得零售收入共计 104 000 元。则该企业应纳的增值税为：

应纳税额 = 10 400 ÷ (1 + 3%) × 3% - 11 700 ÷ (1 + 17%) × 17% = 1 329.13（元）

三、进口货物应纳增值税额的计算

（一）进口货物征收增值税的基本规定

凡申报进口我国海关境内的货物，均应缴纳增值税。国家规定进口货物征税的同时，对某些进口货物制定了减免税的特殊规定：属于"来料加工、进料加工"贸易方式进口国外的原材料、零部件等在国内加工后复出口的，对进口的料、件按规定给予减、免税，而对其加工后产品销往国内的，要予以补税。

（二）进口货物应纳增值税的税额计算

纳税人进口货物按照组成计税价格和适用税率计算应纳税额，不得抵扣进项税额。基本计算公式为：

应纳税额 = 组成计税价格 × 税率

组成计税价格 = 关税完税价格 + 关税

或　　　　　　 = 关税完税价格 × (1 + 关税税率)

如果纳税人进口货物为应征收消费税的消费品，则组成计税价格为：

组成计税价格 = 关税完税价格 + 关税 + 消费税

或　　　　　　 = 关税完税价格 × (1 + 关税税率) ÷ (1 - 消费税税率)

值得注意：按照《海关法》和《进出口关税条例》规定，一般贸易下进口货物的关税完税价格，以海关审定的成交价格为基础的到岸价格作为完税价格，其中成交价格指进口货物的买方为购买货物向卖方支付或应当支付的价格。

到岸价格 = 货价 + 我国关境内起卸前的包装费、运费、保险费和其他劳务费

进口货物的增值税由海关代征，并负责向进口人开具进口增值税完税凭证。

【例 2 - 20】 富祺进出口公司进口消费税应税货物一批，其货物到岸价格 56.5 万元。该货物关税税率为 20%，消费税税率为 10%，增值税税率为 17%，计算该企业应纳的增值税为：

应纳税额 = 56.5 × (1 + 20%) ÷ (1 - 10%) × 17% = 12.81（万元）

第五节 增值税出口退税

一、增值税的出口退税政策

增值税出口货物退税是世界各国普遍的做法，其目的是鼓励货物出口、增强其国际竞争力。我国对出口货物规定零税率，并实行出口退（免）税的优惠政策。根据2005年3月国家税务总局制定的《出口货物退（免）税管理办法（试行）》和2012年3月财政部、国家税务总局发布的《关于出口货物劳务增值税和消费税政策的通知》，有关出口货物退（免）税的管理规定包括：

（一）出口免税并退税

1. 基本含义

增值税的出口免税并退税是指出口货物免予征税，且给予退税。增值税的出口免税指对货物在出口环节不征增值税，即将货物出口环节与出口前的销售环节都同样视为一个征税环节；出口退税指对货物在出口前实际承担的增值税税额，按规定的退税率计算后予以退还（对某些出口额小于总销售额50%的企业则按进项税额抵扣）。

2. 基本条件

国家给予出口免税并退税的货物应满足的条件：一是属于增值税、消费税征税的货物；二是报关离境的货物；三是在财务上作销售处理的货物；四是出口收汇并已核销的货物。下述企业出口的货物除另有规定外，满足上述条件的享有该政策优惠：

（1）生产企业自营出口或委托外贸企业代理出口的自产货物。

（2）有出口经营权外贸企业收购后直接出口或委托其他外贸企业代理出口的货物。

（3）国家特准规定特定出口的货物，如对外承包工程公司运出境外用于对外承包项目的货物；对外承接修理修配业务的企业用于对外修理修配的货物等。

（二）出口免税不退税

1. 基本含义

出口免税的含义与上述的内容相同。不退税是指适用免税政策的出口货物，因在前一道生产、销售环节或进口环节是免税的，该货物出口时本身就不含税，也无须退税。

2. 适用范围

出口免税不退税的适用范围主要包括以下几个方面：

（1）属于生产企业的小规模纳税人自营出口或委托外贸企业代理出口的自产货物。

（2）外贸企业从小规模纳税人购进并持普通发票的出口货物免税，但对规定列举的12类出口货物考虑其所占比重较大及其生产、采购的特殊因素，特准给予退税。

（3）外贸企业直接购进国家规定的免税货物（包括免税农产品）出口的，免税但不予退税。

（4）来料加工复出口的货物，原材料进口免税，加工自制货物出口不退税。

（5）避孕药品和用具、古旧图书，内销免税，出口也免税。

（6）有出口烟卷权企业出口国家计划内的烟卷在生产环节免征增值税和消费税，出口环节不办理退税。

（7）军品及军队系统企业出日军需工厂生产或军需部门调拨的货物免税。

（8）国家规定的其他免税货物，如农业生产者销售的自产农产品、饲料、农膜等。

（三）出口不免税也不退税

1. 基本含义

出口不免税是指对国家限制或禁止出口的某些货物的出口环节，视同内销环节照常征税；出口不退税的含义与上述的内容相同。

2. 适用范围

出口不免税也不退税的适用范围主要包括以下几个方面：

（1）国家计划外出口的原油。

（2）对一般物资援助项目下出口的货物，实行出口不退税政策。但对利用中国政府的援外优惠贷款和合作项目基金方式下出口的货物，实行出口退税政策。

（3）税法列举限制或禁止出口货物，如天然牛黄、麝香、铜及铜基合金、白银等。

上述三种政策形式是就国家出口货物总体税收政策而言，并不因国家调低或调高退税率、调整退税范围和退税计算方法而改变。

二、增值税的出口货物退税率

我国增值税出口货物的退税率，几经修订，按 2003 年 10 月财政部和国家税务总局《关于调整出口货物退税率的通知》等的有关精神，现行出口货物退税率规定如下。

（一）适用法定退税率

1. 适用 17% 的退税率

主要包括船舶、汽车、数控机床、起重及工程用机械、采矿用机械、铁道机车、航空航天器、金属冶炼设备、印刷电路等。

2. 适用 13% 的退税率

主要包括：执行上述 17% 以外的法定 17% 税率的其他货物及农产品以外的法定 13% 税率的其他货物；以农产品为原料加工生产的工业品；小麦粉、玉米粉、分割鸭和分割兔等部分农产品。

（二）适用其他退税率

1. 适用 17% 的退税率

主要包括汽油、未锻轧锌等，以及提供交通运输业服务和邮政业服务。

2. 适用8%的退税率

主要包括黄磷及其他磷、未锻轧铝、未锻轧镍、锰铁、硅铁、硅锰铁、铬铁、铁合金、铝矿砂及精矿等，以及提供现代服务业服务（有形动产租赁服务除外）。

3. 适用6%的退税率

出口企业从小规模纳税人购进货物出口准予退税的，凡按上述规定出口退税率高于5%的货物。

4. 适用5%的退税率

主要包括：农产品、农药、焦炭、半焦炭、炼焦煤、轻重烧镁、萤石、滑石、冻石、天然硫酸钡、碳化物、稀土金属、木制碎料板、硫酸二钠、石蜡、汞等；出口企业从小规模纳税人处购进货物出口准予退税的，按上述规定出口退税率为5%的货物。

三、增值税的出口货物退税额计算

（一）免抵退税的计算方法

1. 免抵退税原理

免抵退税的计算方法最初是针对既有出口又有内销的生产企业而制定的一种特殊的出口退税的计算方法，后推广到所有的生产性企业。该方法既能缓解出口退税对国家财政的压力，又能防范企业利用虚假会计核算来骗取出口退税的问题。实行免抵退税管理办法的"免"税，是指生产企业出口的自产货物，免征本企业生产销售环节增值税；"抵"税是指生产企业出口自产货物所耗用的原材料、零部件、燃料、动力等所含应予以退还的进项税额，抵顶内销货物的应纳税额；"退"税是指生产企业出口的自产货物在当月内应抵顶的进项税额大于应纳税额时，对未抵顶完的部分予以退税。

2. 免抵退税计算

假定生产企业外购原材料，其中一部分用于生产内销产品，另一部分用于生产出口产品，企业为生产出口产品而外购免税原材料，这部分免税原材料是不能退税的，计算退税时应予以扣除（如果企业当期没有购进免税原材料价格，公式中的免抵退税额的抵减额，可视为0，不用计算）。免抵退税计算步骤如下：

（1）计算当期免抵退税不得免征和抵扣税额。其计算公式为：

当期免抵退税不得免征和抵扣税额=（出口货物离岸价×外汇人民币牌价－免税购进原材料价格）×（出口货物征收率－出口货物退税率）

（2）计算当期应纳税额。其计算公式为：

当期应纳税额=当期内销货物的销项税额－（当期进项税额－当期免抵退税不得免征和抵扣税额）－上期留抵税额

结果为正数，表明企业应纳税；结果为负数，表明企业可退税（当期期末留抵税额）。

（3）计算当期免抵退税额。其计算公式为：

当期免抵退税额=（出口货物离岸价×外汇人民币牌价－免税购进原材料价格）×出口货物退税率

（4）应退税额：比较上述（2）当期期末留抵税额与（3）当期免抵退税额，当期应退税数额取较小值。

如当期期末留抵税额＜当期免抵退税额，则：

当期应退税额＝当期期末留抵税额

当期免抵税额＝当期免抵退税额－当期应退税额

如当期期末留抵税额＞当期免抵退税额，则：

当期应退税额＝当期免抵退税额

当规免抵税额＝0

期末留抵税额＝当期期末留抵税额－当期免抵退税额，下期继续抵扣。

【例2－21】 某自营进出口公司为增值税一般纳税人，适用增值税税率为17%，退税率为15%。2013税年度11月和12月的生产经营情况如下：

（1）11月：外购原材料、燃料取得专用发票，注明支付价款1 000万元、增值税税额170万元，材料、燃料已验收入库；外购动力取得专用发票，注明支付价款150万元、增值税25.5万元，其中20%用于企业基建工程；外购原材料80万元委托某公司加工货物，支付加工费取得专用发票，注明价款50万元、增值税税额8.5万元，支付加工货物的运输费用10万元并取得运输公司开具的普通发票。内销货物取得不含税销售额300万元，支付销售货物运输费用18万元并取得运输公司开具的普通发票；出口货物取得销售额500万元。

（2）12月：免税进口料件一批，支付国外买价300万元，运抵我国海关前的运输费用、保管费用和装卸费用50万元，该料件进口关税税率20%，料件已验收入库；出口货物取得销售额600万元；内销货物600件，开具普通发票，取得含税销售额300万元；将与内销货物相同的资产货物200件用于本企业基建工程，货物已移送。

要求：采用免抵退税法计算企业11月和12月应纳（或应退）的增值税。

1.11月应纳（或应退）的增值税计算过程和结果如下：

（1）进项税额：外购材料、燃料＝170（万元）；外购动力＝25.5×80%＝20.4（万元）；委托加工业务＝8.5＋10×7%＝9.2（万元）；销售货物运输费＝18×7%＝1.26（万元）；进项税额合计＝170＋20.4＋9.2＋1.26＝200.86（万元）

（2）当期免抵退税不得免征和抵扣税额＝500×（17%－15%）＝10（万元）

（3）当期应纳税额＝300×17%－（200.86－10）＝139.86（万元）

（4）出口货物免抵避税额＝500×15%＝75（万元）

（5）应退税额＝75万元

（6）下月留抵税额＝139.86－75＝64.86（万元）

2.12月应纳（或应退）的增值税计算过程和结果如下：

（1）免税进口料件计税价格＝（300＋50）×（1＋20%）＝420（万元）

（2）当期免抵退税不得免征和抵扣税额＝（600－420）×（17%－15%）＝3.6（万元）

（3）当期应纳税额＝300÷600×800÷（1＋17%）×17%－（0－3.6）－64.86＝－3.14（万元）

（4）出口货物免抵退税额 = (600 - 420) × 15% = 27（万元）

（5）应退税额 = 3.14（万元）

（6）当期免抵税额 = 27 - 3.14 = 23.86（万元）

（二）先征后退的计算方法

1. 外贸企业退税

外贸企业及实行外贸企业财务制度的工贸企业收购货物出口，其出口销售环节免征增值税；其收购货物的成本部分，因外贸企业在支付收购货物货款的同时也支付了生产经营该类商品的企业已缴的增值税税款，所以在货物出口后按收购成本与退税率计算退税给外贸企业，征、退税之差计入企业成本。

外贸企业出口货物增值税退税额的计算，应依据购进出口货物增值税专用发票上所注明的进项金额和退税率计算。其计算公式为：

应退税额 = 收购的不含增值税购进金额 × 退税率

2. 外贸企业收购小规模纳税人出口货物的退税

主要规定包括：

（1）小规模纳税人使用普通发票的出口退税。从小规模纳税人购进持普通发票特准退税的抽纱、工艺品等12类出口货物，实行出口货物免税并退税的办法。其计算公式为：

应退税额 = 普通发票所列金额 ÷ (1 + 征税率) × 6% 或 5%

（2）小规模纳税人使用专用发票的出口退税。从小规模纳税人购进税务机关代开的增值税专用发票的出口货物。应退税额的计算公式为：

应退税额 = 增值税专用发票注明的金额 × 6% 或 5%

3. 外贸企业委托生产企业加工出口货物的退税

外贸企业委托生产企业报关出口的货物，按购进国内原辅材料的增值税专用发票上注明的计税金额，伤的退税率计算原辅材料应退税额。支付的加工费，凭受托方开具货物的退税率，费的应退税额。

（三）特殊货物的计算方法

1. 不退税货物税额的计算

出口企业（包括外贸企业和生产企业）出（免）税的货物，应分别按下列公式计提销项税额：

一般纳税人销项税额 = 出口货物离岸价格 × 外汇人民币牌价 ÷ (1 + 法定增值税税率) × 法定增值税税率

小规模纳税人应纳税额 = 出口货物离岸价格 × 外汇人民币牌价 ÷ (1 + 征收率) × 征收率

出口企业以进料加工贸易方式出口不予退（免）税货物的，须按照复出口货物的离岸价格与所耗用进口料件的差额计提销项税额或计算应纳税额。出口企业以来料加工复出口方式出口不予退（免）税货物的，继续予以免税。

不予退（免）税的货物若为应税消费品，须按现行有关税收政策规定计费税。

2. 转入成本进项税额的计算

免税出口卷烟转入成本的进项税额，按出口卷烟含消费税的金额占全部销售额的比例计算分摊。计算出口卷烟含税金额如下：

出口卷烟含税金额 = 出口数量 × 销售价格 ÷（1 − 消费税税率）× 征收率

上述公式中，当出口卷烟同类产品国内销售价格低于税务机关公示的计税价格时销售价格为税务机关公示的计税价格；高于税务机关公示的计税价格时，其销售价格为实际销售价格。

四、小规模纳税人的出口免税

（一）小规模纳税人出口免税的政策

小规模纳税人出口货物，免征增值税、消费税，但其进项税额不予抵扣或退税。

（二）小规模纳税人出口征税的政策

1. 出口征税的基本规定

小规模纳税人出口下列货物，除另有规定者外，应征收增值税。下列货物为应税消费品的，若小规模纳税人为生产企业，还应征收消费税：国家规定不予退（免）增值税、消费税的货物；未进行免税申报的货物；未在规定期免税核销申报的货物；虽已办理免税核销申报，但未按规定向税务机关提供有关凭证的货物；经主管税务机关审核不批准免税核销的出口货物；未在规定期限内申报开具"代理出口货物证明"的货物。

2. 出口征税的税额计算

上述小规模纳税人出口货物应征税额按以下方法确定：

（1）增值税应征税额的计算。其计算公式为：

增值税应征税额 =（出口货物离岸价 × 外汇人民币牌价）÷（1 + 征收率）× 征收率

（2）消费税应征税额的计算。其计算公式为：

① 实行从量定额征税办法的出口应税消费品。其计算公式为：

消费税应征税额 = 出口应税消费品数量 × 消费税单位税额

② 实行从价定率征税办法的出口应税消费品。其计算公式为：

消费税应征税额 =（出口应税消费品离岸价 × 外汇人民币牌价）÷（1 + 增值税征收率）× 消费税适用税率

③ 实行从量定额与从价定率相结合征税办法的出口应税消费品。其计算公式为：

消费税应征税额 = 出口应税消费品数量 × 消费税单位税额 +（出口应税消费品离岸价 × 外汇人民币牌价）÷（1 + 增值税征收率）× 消费税适用税率

上述出口货物的离岸价及出口数量，以出口发票上的离岸价及出口数量为准（委代理出口的，出口发票可以是委托方开具的或受托方开具的），若出口价格以其他价格件成交的，应扣除按会计制度规定允许冲减出口销售收入的运费、保险费、佣金等。

若出口发票不能真实反映离岸价及出口数量，小规模纳税人应当按照离岸价及真实出口数量申报，税务机关有权按照税法有关规定予以核定。

五、增值税的出口退税管理

1. 出口退税管理范围

出口商自营或委托出口的货物，除另有规定外，可在货物报关出口并在财务上做销售核算后，凭有关凭证报送所在地税务机关批准退免增值税。出口商包括对外贸易经营者、没有出口经营资格委托出口的生产企业、特定退（免）税企业和个人。个人（包括外国人）是指注册登记为个体工商户、个人独资企业或合伙企业。

2. 出口退税认定管理

对外贸易经营者按照《中华人民共和国对外贸易法》和商务部《对外贸易经营者备案登记办法》的规定，直接办理备案登记；没有出口经营资格的生产企业委托出口自产货物，应分别在备案登记、代理出口协议签订之日起 30 日内，持有关资料，到所在地税务机关办理出口货物退（免）税认定手续；对特定退（免）的企业和人员办理出口货物退（免）税的认定手续，按国家有关规定执行。

3. 出口退税申报受理

出口商应在规定期限内，使用国家税务总局认可的出口物退（免）税电子申报系统生成电子申报数据，如实填写出口货物退（免）税申报另按规定期限向税务机关申报办理出口货物退（免）税手续；经税务机关初步审核，对口商报送的申报资料、电子申报数据及纸质凭证齐全的，可受理出口货物退（免）税报；申报材料不齐的，除另有规定者外，可要求出口商补齐；受理合格后，应为出口商具回执。

4. 出口退税审核批准

税务机关受理出口商出口货物退（免）税申报后，应在定时间内对申报凭证、资料的合法性、准确性进行审查核实。在人工审核后，应当使用口货物退（免）税电子化管理系统进行计算机审核，将出口商申报的电子数据、凭询资料与税务等有关部门传递的出口货物报关单、代理出口证明、增值税专用发票等电子息进行核对，经审核符合有关规定的，税务机关应按有关规定办理退库或调库手续。

5. 出口退税日常管理

出口退税日常管理办法主要包括：建立出口货物退（劣税评估机制和监控机制，强化出口货物退（免）税管理，防止骗税案件的发生；做好口货物退（免）税电子数据的接收、使用和管理工作，保证出口货物退（免）税电子管理系统的安全，定期做好电子数据备份及设备维护工作；建立出口货物退（免）税证、资料的档案管理制度，有关凭证和资料一般应当保存 10 年。出口商发生依法应终出口退（免）税事项的，或注销出口货物退（免）税认定的，以及被停止一定期限出退税权的，税务机关应及时结清出口商出口货物的退（免）税款。

6. 出口退税违章处理

对未按规定办理出口货物退（免）税认定、变更或注销认定手续的，未按规定设置、使用和保管有关出口货物退（免）税账簿、凭证、资料的，按照《征管法》第60

条规定予以处罚。出口商拒绝税务机关检查或拒绝提供有关出口货物退（免）税账簿、凭证、资料的，按照《征管法》第70条规定予以处罚；以假报出口或其他欺骗手段骗取国家出口退税款的，按照《征管法》第66条规定处理，同时经省级以上（含本级）国家税务局批准可停止其6个月以上的出口退税权；违反规定需采取税收保全措施和税收强制执行措施的，按照《征管法》的有关规定执行。

增值税的其他征收管理事项，按照《征管法》及其实施细则等相关规定执行。

第六节　增值税的税收优惠

一、增值税的法定免税

（一）农业生产者销售的自产农业产品

具体指直接从事种植业、养殖业、林业、牧业、水产业的单位和个人销售自产的属于税法规定范围的农业产品。免税的农业产品必须符合两个基本条件：一是农业生产者自己生产的初级农业产品；二是农业生产者自己销售的初级农业产品。

（二）避孕药品和用具

（三）古旧图书

古旧图书是指向社会收购的古书和旧书。

（四）直接用于科学研究、科学试验和教学的进口仪器、设备

（五）外国政府、国际组织无偿援助的进口物资和设备

（六）由残疾人组织直接进口的供残疾人专用的物品

（七）销售自己使用过的物品

销售自己使用过的物品是指其他个人（不包括个体工商户）自己使用过的物品，除游艇、摩托车、应征消费税的小汽车以外的货物。

二、增值税的其他减免

（一）增值税的补充减免

增值税的减免税除上述《增值税暂行条例》中的规定外，在税法执行过程中还根据实际情况陆续补充了一些减免税，如鼓励资源综合利用的税收优惠、销售再生资源

的税收优惠、文化产业和动漫产业的税收优惠等。

（二）营改增的免税政策

中国境内的单位和个人提供的下列应税服务免征增值税，但财政部和国家税务总局规定适用增值税零税率除外：

（1）工程、矿产资源在境外的工程勘察勘探服务；

（2）会议展览地点在境外的会议展览服务；

（3）存储地点在境外的仓储服务；

（4）标的物在境外使用的有形动产租赁服务；

（5）为出口货物提供的邮政业服务和收派服务；

（6）在境外提供的广播影视节目（作品）的发行、播映服务；

（7）符合规定条件的国际运输服务；

（8）符合规定条件的港澳台运输服务；

（9）向境外单位提供的下列应税服务：一是技术转让服务、技术咨询服务、合同能源管理服务、软件服务、电路设计及测试服务、信息系统服务、业务流程管理服务、商标著作权转让服务、知识产权服务、物流辅助服务（仓储服务、收派服务除外）、认证服务、鉴证服务、咨询服务、广播影视节目（作品）制作服务、期租服务、程租服务、湿祖服务，但不包括合同标的物在境内的合同能源管理服务，对境内货物或不动产的认证服务、鉴证服务和咨询服务；二是广告投放地在境外的广告服务。

三、起征点的税收优惠

纳税人销售额未达到国务院财政、税务主管部门规定的增值税起征点的免征增值税；达到起征点的，依照本条例规定全额计算缴纳增值税。增值税起征点的适用范围仅限于个人，包括个体工商业户和其他个人，但不包括企业单位。

起征点的幅度规定为：销售货物和提供应税服务的起征点为月销售额 5 000 ~ 20 000 元；销售应税劳务的起征点为月销售额 5 000 ~ 20 000 元；按次纳税的起征点为每次（日）销售额 300 ~ 500 元。

需要注意的是：上述的销售额是指不含税的销售额；省、自治区、直辖市财政厅（局）和国家税务局应在规定的幅度内，根据实际情况确定本地区适用的起征点，并报财政部、国家税务总局备案。

第七节 增值税的征收管理

一、纳税义务发生时间

1. 销售货物或应税劳务及应税服务的纳税义务发生时间

销售货物或应税劳务及应税服务，为收讫销售款项或取得索取销售款项凭据的当天；先开具发票的，为开具发票的当天。

收讫销售款项是指纳税人销售货物或应税劳务及应税服务过程中或完成后收到款项。取得索取销售款项凭据的当天是指书面合同确定的付款日期；未签订书面合同或书面合同未确定付款日期的，为其完成的当天。按销售结算方式的不同，具体为：

（1）采取直接收款方式销售货物，不论货物是否发出，均为收到销售款或取得索取销售款凭据的当天。

（2）采取托收承付和委托银行收款方式销售货物，为发出货物并办妥托收手续的当天。

（3）采取赊销和分期收款方式销售货物，为书面合同约定的收款日期的当天，无书面合同的或书面合同没有约定收款日期的，为货物发出的当天。

（4）采取预收货款方式销售货物，为货物发出的当天，但生产销售生产工期超过12个月的大型机械设备、船舶、飞机等货物，为收到预收款或书面合同约定的收款日期的当天；提供有形动产租赁服务采取预收款方式的，为收到预收款的当天。

（5）委托其他纳税人代销货物，为收到代销单位的代销清单或收到全部或部分货款的当天。未收到代销清单及货款的，为发出代销货物满180天的当天。

（6）销售应税劳务，为提供劳务同时收讫销售款或取得索取销售款的凭据的当天。

（7）纳税人发生视同销售货物的行为，为货物移送的当天。

（8）纳税人提供有形动产租赁服务采取预收款方式的，其纳税义务发生时间为收到预收款的当天。

（9）纳税人发生视同提供应税服务的，其纳税义务发生时间为应税服务完成的当天。

2. 进口货物的纳税义务及扣缴义务发生时间

主要包括：

（1）进口货物的纳税义务发生时间，为报关进口的当天。

（2）扣缴义务的发生时间，为纳税人增值税纳税义务发生的当天。

二、增值税的纳税期限

增值税的纳税期限分别为1日、3日、5日、10日、15日、1个月或1个季度。纳税人的具体纳税期限，由主管税务机关根据纳税人应纳税额的大小分别核定；不能按照固定期限纳税的，可以按次纳税；以1个季度为纳税期限的规定仅适用于小规模纳税人。小规模纳税人的具体纳税期限，由主管税务机关根据其应纳税额的大小分别核定。

纳税人以1个月或1个季度为1个纳税期的，自期满之日起15日内申报纳税；以1日、3日、5日、10日或15日为1个纳税期的，自期满之日起5日内预缴税款，于次月1日起15日内申报纳税并结清上月应纳税款。扣缴义务人解缴税款的期限，依照上述规定执行纳税人进口货物应自海关填发海关进口增值税专用缴款书之日起15日内缴纳税款。

三、增值税的纳税地点

1. 固定业户的纳税地点

具体规定为：

（1）固定业户应当向其机构所在地的主管税务机关申报纳税。总机构和分支机构不在同一县（市）的，应当分别向各自所在地的主管税务机关申报纳税；经国务院财政、税务主管部门或其授权的财政、税务机关批准，可以由总机构汇总向机构所在地的主管税务机关申报纳税。

（2）固定业户到外县（市）销售货物或应税劳务，应当向其机构所在地的主管税务机关申请开具外出经营活动税收管理证明，并向其机构所在地的主管税务机关申报纳税；未开具证明的，应当向销售地或劳务发生地的主管税务机关申报纳税；未向销售地或劳务发生地的主管税务机关申报纳税的，由其机构所在地的主管税务机关补征税款。

2. 非固定业户的纳税地点

非固定业户销售货物或应税劳务及应税服务，应当向销售地或劳务发生地及应税服务发生地的主管税务机关申报纳税；未向销售地或劳务发生地及应税服务发生地的主管税务机关申报纳税的，由其机构所在地或居住地的主管税务机关补征税款。

（1）进口货物的纳税地点。进口货物应当向报关地海关申报纳税。

（2）扣缴义务人的纳税地点。扣缴义务人应当向其机构所在地或居住地的主管税务机关申报缴纳其扣缴的税款。

四、增值税的纳税申报

1. 增值税以表申报

分为一般纳税人和小规模纳税人申报。

（1）一般纳税人的纳税申报。增值税的一般纳税人，应按主管税务机关核定的纳税期限，如实填写并报送"增值税纳税申报表（适用于增值税一般纳税人）"。

（2）小规模纳税人的纳税申报。增值税的小规模纳税人，应按主管税务机关核定的纳税期限，如实填写并及时报送"增值税纳税申报表（适用于小规模纳税人）"。

2. 增值税电子申报

为加强增值税管理、堵塞漏洞、更好地为纳税人服务，国家税务总局于 2003 年7 月推行了增值税一般纳税人申报"一窗式"管理。所谓一窗式管理是指在一个窗口面对纳税人，统一办理防伪税控 IC 卡报税，专用发票抵扣联认证和纳税申报。

"一窗式"管理的核心，是在征收单位办税大厅的纳税申报窗口进行"票表稽核"，以审核增值税纳税申报的真实性。其具体方法：用防伪税控报税系统采集的专用发票联存根销项金额、税额信息，比对纳税人申报的防伪税控系统开具的销项金额、税额数据，二者的逻辑关系必须相等；用防伪税控认证系统采集的专用发票抵扣联的进项金额、税额信息，比对纳税人申报的防伪税控系统开具的进项金额、税额信息，且认证系统采集的进项信息必须大于或等于申报资料所填列的上述进项信息。不符合上述两项逻辑关系的则为申报异常，凡属申报异常的，应查明原因，视不同情况分别按有关规定予以处理。

第八节　增值税专用发票的使用及管理

一、专用发票的含义

增值税专用发票简称专用发票，是指增值税一般纳税人销售货物或提供应税劳务及应税服务开具的发票，是购买方支付增值税并可按照增值税法有关据以抵扣增值税进项税额的凭证。

专用发票由基本联次或基本联次附加其他联次构成，基本联次为发票联，抵扣联和记账联三联。发票联作为购买方核算采购成本和增值税进项税额的记账凭证；抵扣联作为购买方报送主管税务机和留存备查的凭证；记账联作为销售方核算销售收入和增值税销项税额的记账凭证。其他联次用途，由一般纳税人自行确定。

由于增值税实行凭国家印发的专用发票注明的进行抵扣的办法，专用发票对增值税的计算和管理起着决定性作用，因此必须正确使用专用发票，并加强监督管理。为规范增值税专用发票使用，进一步加强增值税征收管理，国家税务总局 2006 年 10 月修订了《增值税专用发票使用规定》，从 2007 年 1 月起实施。

二、专用发票的日常管理

（一）专用发票的使用

一般纳税人应通过增值税防伪税控系统使用专用发票。所称防伪税控系统是指经国务院同意推行的，使用专用设备和通用设备、运用数字密码和电子存储技术管理专用发票的计算机管理系统；所称专用设备是指金税卡、IC 卡、读卡器和其他设备；所称通用设备是指计算机、打印机、扫描器具和其他设备；所称使用包括领购、开具、缴销、认证纸质专用发票及其相应的数据电文。

专用发票实行最高开票限额管理。最高开票限额是指单份专用发票开具的销售额合计数不得达到的上限额度，由一般纳税人申请，税务机关依法审批。最高开票限额为 10 万元及以下的，由区县级税务机关审批；最高开票限额为 100 万元的，由地市级税务机关审批；最高开票限额为 10 000 万元及以上的，由省级税务机关审批。

一般纳税人领购专用设备后，凭"最高开票限额申请表"、"发票领购簿"到主管税务机关办理初始发行。所称初始发行是指主管税务机关将一般纳税人的下列信息载入空白金税卡和 IC 卡的行为：企业名称；税务登记代码；开票限额；购票限量；购票人员姓名、密码；开票机数量；国家税务总局规定的其他信息。

（二）专用发票的领购

一般纳税人凭"发票领购簿"、IC卡和经办人身份证明领购专用发票。一般纳税人有下列情形之一的，不得领购、开具专用发票：

（1）会计核算不健全，不能向税务机关准确提供增值税销项税额、进项税额、应纳税额数据和其他有关增值税税务资料的。上列其他有关增值税税务资料的内容，由省、市、自治区和计划单列市国家税务局确定。

（2）有《征管法》规定的税收违法行为，拒不接受税务机关处理的。

（3）有下列行为之一，经税务机关责令限期改正而仍未改正的：虚开专用发票；私自印制专用发票；向税务机关以外的单位和个人购买专用发票；借用他人专用发票；未按规定要求开具专用发票；未按规定保管专用发票和专用设备；未按规定申请办理防伪税控系统变更发行；未按规定接受税务机关检查。有上列情形如已领购专用发票，主管税务机关应暂扣其结存的专用发票和IC卡。

（三）专用发票的保管

纳税人有下列情形之一，属于未按规定保管专用发票和专用设备的行为：

（1）未设专人保管专用发票和专用设备。

（2）未按税务机关要求存放专用发票和专用设备。

（3）未将与认证相符的专用发票抵扣联、"认证结果通知书"和"认证结果清单"装订成册。

（4）未经税务机关查验，擅自销毁专用发票基本联次。

（四）专用发票的开具

主要规定包括：

1. 专用发票开具的基本规定

一般纳税人销售货物或提供应税劳务，应向购买方开具专用发票；商业企业一般纳税人零售的烟、酒、食品、服装、鞋帽（不包括劳保专用部分）和化妆品等消费品不得开具专用发票；小规模纳税人需要开具专用发票的，可向主管税务机关申请代开；销售免税货物不得开具专用发票，但法律、法规及国家税务总局另有规定的除外。

2. 专用发票开具的基本要求

主要包括：一是项目齐全，与实际交易相符；二是字迹清楚，不得压线、错格；三是发票联和税款抵扣联加盖财务专用章或发票专用章；四是按照增值税纳税义务的发生时间开具；五是一般纳税人销售货物或提供应税劳务可汇总开具专用发票，同时使用防伪税控系统开具"销售货物或提供应税劳务清单"，并加盖财务专用章或发票专用章。对不符合上列要求的专用发票，购买方有权拒收。

3. 专用发票的最高开票限额

最高开票限额是指单份专用发票开具的销售额合计数不得超过的上限额度。专用发票实行最高开票限额管理，最高开票限额由一般纳税人申请，税务机关依法审批。

自 2007 年 9 月 1 日起，一般纳税人专用发票最高开票限额审批权限下放至区县税务机关，地市税务机关进行监督检查。

（五）专用发票的缴销

专用发票缴销是指主管税务机关在纸质专用发票监制章处按"V"字剪角作废，同时作废相应的专用发票数据电文。

一般纳税人注销税务登记或转为小规模纳税人，应将专用设备和结存未用的纸质专用发票送交主管税务机关。主管税务机关应缴销其专用发票，并按有关安全管理的要求处理专用设备，被缴销的纸质专用发票应退还纳税人。

三、专用发票的特定管理

（一）抵扣专用发票的税务处理。主要规定包括：

（1）抵扣联认证相符准予抵扣。用于抵扣增值税进项税额的专用发票应经税务机关认证，税务机关通过防伪税控系统对专用发票所列的数据进行识别、确认，纳税人识别号无误，专用发票所列密文解译后与明文一致为认证相符（国家税务总局另有规定的除外）。认证相符的专用发票应作为购买方的记账凭证、扣税凭证，不得退还销售方。

（2）抵扣联认证不符需重开专用发票的情形。经认证有下列情形之一的，不得作为增值税进项税额的抵扣凭证，税务机关退还原件，购买方可要求销售方重新开具专用发票：一是无法认证，即专用发票所列密文或明文不能辨认，无法产生认证结果；二是纳税人识别号认证不符，即专用发票所列购货方纳税人识别号有误；三是专用发票代码、号码认证不符，即专用发票所列密文解译后与明文的代码或号码不一致。

（3）抵扣联认证不符需查证的情形。经认证有下列情形之一的，暂不得作为增值税进项税额的抵扣凭证，税务机关扣留原件，查明原因，分情况进行处理：一是重复认证，即已经认证相符的同一张专用发票再次认证；二是密文有误，即专用发票所列密文无法解译，或专用发票所列密文解译后与明文不一致；三是列为失控专用发票，即认证时的专用发票已被登记为失控专用发票。

（4）专用发票抵扣联无法认证的办理。专用发票抵扣联无法认证的，可使用专用发票的发票联到主管税务机关认证，发票联复印件留存备查。

（二）丢失专用发票的税务处理

主要规定包括：

（1）丢失发票联。一般纳税人丢失已开具的发票联，可将抵扣联作为记账凭证，抵扣联复印件留存备查。

（2）联复印件留存备查；如丢失前未认证，可使用发票联到主管税务机关认证，发票联复印件留存备查。

（3）丢失发票联和抵扣联。一般纳税人丢失已开具的发票联和抵扣联，如丢失前已认证相符，购买方凭销售方提供的相应专用发票记账联复印件及销售方所在地主管税务机关出具的"证明单"，经购买方主管税务机关审核同意后，可作为增值税进项税额的抵扣凭证；如丢失前未认证，购买方凭销售方提供的相应专用发票记账联复印件到主管税务机关进行认证，认证相符的凭该专用发票记账联复印件及销售方所在地主管税务机关出具的"证明单"，经购买方主管税务机关审核同意后，可作为增值税进项税额的抵扣凭证。

（三）作废专用发票的税务处理

一般纳税人开具专用发票时发现有误的，可即时作废专用发票；一般纳税人在开具专用发票当月，发生销货退回、开票有误等情形，收到退回的发票联、抵扣联同时符合下列作废条件的，应按作废处理。

（1）收到退回的发票联、抵扣联时间未超过销售方开票当月。

（2）销售方未抄税（即报税前用 IC 卡或软盘抄取开票数据电文）并且未记账。

（3）购买方未认证或认证结果为"纳税人识别号认证不符"、"专用发票代码、号码认证不符"。作废专用发票须在防伪税控系统中将相应的数据电文按"作废"处理，在纸质专用发票（含未打印的专用发票）各联次上注明"作废"字样，全联次留存。

（四）红字专用发票的税务处理

一般纳税人取得专用发票后，发生销货退回、开票有误等情形但不符合作废条件的，或因销货部分退回及发生销售折让的，购买方应要求销售方开具红字专用发票，其基本程序规定为"纳税人申请开具红字发票——税务机关审核认证——税务机关开通知单——纳税人开具红字专用发票——购买方账务处理"等，并分别按以下规定办理：

（1）抵扣联、发票联均无法认证的，由购买方填报"开具红字增值税专用发票申请单"（以下简称申请单），并在申请单上填写具体原因和相对应蓝字专用发票的信息，主管税务机关审核后出具"开具红字增值税专用发票通知单"（以下简称通知单）。购买方不作进项税额转出处理。

（2）购买方所购货物不属于增值税扣税项目范围，取得的专用发票未经认证的，由购买方填报申请单，并在申请单上填写具体原因和相对应蓝字专用发票的信息，主管税务机关审核后出具通知单。购买方不作进项税额转出处理。

（3）因开票有误购买方拒收专用发票的，销售方须在专用发票认证期限内向主管税务机关填报申请单，并在申请单上填写具体原因和相对应蓝字专用发票的信息，同时提供由购买方出具的写明拒收理由、具体错误项目和正确内容的书面材料，主管税务机关审核确认后出具通知单。销售方凭通知单开具红字专用发票。

（4）因开票有误等原因尚未将专用发票交付购买方的，销售方须在开具有误专用发票的次月内向主管税务机关填报申请单，并在申请单上填写具体原因和相对应蓝字专用发票的信息，同时提供由销售方出具的写明具体理由、具体错误项目和正确内容的书面材料，主管税务机关审核确认后出具通知单。销售方凭通知单开具红字专用

发票。

(5) 发生销货退回或销售折让的，除按照规定的基本程序进行处理外，销售方还应在开具红字专用发票后将该笔业务的相应记账凭证复印件报送主管税务机关备案。

(6) 税务机关为小规模纳税人代开专用发票需要开具红字专用发票的，比照一般纳税人开具红字专用发票的处理办法，通知单第二联交代开税务机关。

(7) 为实现对通知单的监控管理，国家税务总局正在开发通知单开具和管理系统。在系统推广应用之前，通知单暂由一般纳税人留存备查，税务机关不进行核销 4.红字专用发票暂不报送税务机关认证。

（五）善意取得虚开专用发票的税务处理

纳税人善意取得虚开的增值税专用发票是指购货方与销售方存在真实交易，且购货方不知取得的增值税专用发票是以非法手段获得的，可按下列规定办理：

(1) 纳税人善意取得虚开的增值税专用发票，如能重新取得合法、有效的专用发票准予其抵扣进项税款。

(2) 如不能重新取得合法、有效的专用发票，不准其抵扣进项税额或追缴其已抵扣的进项税额。

(3) 纳税人善意取得虚开的专用发票被依法追缴已抵扣税款的，不属于《征管法》中"纳税人未按照规定期限缴纳税款"的情形，也不适用"税务机关除责令限期缴纳外，从滞纳税款之日起，按日加收滞纳税款5%的滞纳金的规定。

四、专用发票的代开管理

为进一步加强税务机关代开专用发票管理，防范不法分子利用代开专用发票进行偷骗税活动，优化税收服务，2004年12月国家税务总局制定了《税务机关代开增值税专用发票管理办法（试行）》并于2005年1月起实施。其内容主要包括：

（一）代开专用发票的含义

代开专用发票是指主管税务机关为所辖范围内的增值税纳税人代开专用发票，其他单位和个人不得代开。所称增值税纳税人（简称纳税人）是指已办理税务登记的小规模纳税人（包括个体经营者），以及国家税务总局确定的其他可予代开增值税专用发票的纳税人。

（二）代开专用发票的要求

主管税务机关应分别设立代开专用发票岗位和税款征收岗位，并分别确定专人负责代开专用发票和税款征收工作。

代开专用发票统一使用增值税防伪税控代开票系统开具；非防伪税控代开票系统开具的代开专用发票，不得作为增值税进项税额抵扣凭证。其防伪税控代开票系统，由防伪税控企业发行岗位按规定发行。

（三）代开专用发票的申请

纳税人发生增值税应税行为、需要开具专用发票时，可向其主管税务机关申请代开。纳税人申请代开专用发票时，应填写"代开增值税专用发票缴纳税款申报单"（简称"申报单"），连同税务登记证副本，到主管税务机关税款征收岗位按专用发票上注明的税额全额申报缴纳税款，同时缴纳专用发票工本费。

（四）代开专用发票的审核

主管税务机关征收岗位接到"申报单"后，应对以下事项进行审核：是否属于本税务机关管辖的增值税纳税人；申报单"上增值税征收率填写和税额计算是否正确。

征收岗位审核无误后，通过防伪税控代开票征收子系统录入"申报单"的相关信息，按照"申报单"上注明的税额征收税款开具税收完税凭证，并将有关征税电子信息及时传递给代开发票岗位，同时收取专用发票工本费。

（五）代开专用发票的开具

纳税人缴纳税款后，凭"申报单"和税收完税凭证及税务登记证副本，到代开专用发票岗位申请代开专用发票。

代开发票岗位确认税款征收岗位传来的征税电子信息与"申报单"和税收完税凭证上的金额、税额相符后，按照"申报单"、完税凭证和专用发票——对应，即"一单一证一票"原则，为增值税纳税人代开专用发票。纳税人在代开专用发票的备注栏上，加盖本单位的财务专用章或发票专用章。

为纳税人代开的专用发票应统一使用六联专用发票，第五联代开发票岗位留存，以备发票的扫描补录；第六联交税款征收岗位，用于代开发票税额与征收税款的定期核对；其他联次交增值税纳税人。

【本章小结】

本章主要介绍了：1. 增值税是对纳税人在生产经营过程中实现的增值额征收的一种税。我国是指对在中华人民共和国境内销售货物或提供加工、修理修配劳务以及进口货物的单位和个人，以其实现的增值额为征税对象征收的一种税。

2. 增值税税法是国家制定的用以调整国家与增值税纳税人之间征纳活动的权利和义务关系的法律规范。

3. 在中国境内销售货物或提供加工、修理修配劳务以及进口货物的单位和个人为增值税的纳税人，并设计了基本税率（17%）、低税率（13%、11%和6%）和零税率5档税率，以及按简易办法计税的征收率（6%、4%、3%和2%）。

4. 增值税一般纳税人应纳增值税额是销项税额减去进项税额后的余额。销项税额指纳税人销售货物或提供应税劳务，按照应税销售额和规定税率计算并向买方收取的增值税税额；进项税额指纳税人购进或接受应税劳务所支付或负担的增值税税额。

5. 增值税实行出口免税并退税、出口免税不退税、出口不免税也不退税的政策，其中免税指对货物在出口环节不征收增值税；退税指对货物在出口前实际承担的税收负担，按规定的退税税率计算后予以退还。

【思考题】

1. 如何理解增值额和增值税的特点？
2. 增值税的类型有哪些？试比较各类型的差异。
3. 增值税税率是如何规定的？优惠政策包括哪些内容？
4. 如何理解增值税的计税原理及应纳税额的计算？
5. 增值税出口（退）免税政策是什么？

【课后练习题】

一、单项选择题

1. 下列属于兼营增值税不同税率货物或应税劳务的是 （   ）。
    A. 农机制造厂既生产销售农机同时也承担农机修理
    B. 销售软件产品并随同销售一并收取的软件安装费
    C. 零售商店销售家具并实行有偿送货上门
    D. 饭店提供餐饮服务并销售香烟、酒水

2. 甲企业销售给乙企业一批货物，乙企业因资金紧张，无法支付货币资金，经双方友好协商，乙企业用自产的产品抵偿货款，则下列表述正确的是 （   ）。
    A. 甲企业收到抵债货物不得抵扣进项税额
    B. 乙企业发出抵债货物不做销售处理，不计算销项税额
    C. 甲、乙双方应分别按购销处理，但因双方均不涉及增值税问题，所以不得开具增值税专用发票
    D. 甲、乙双方分别做购销处理，乙方可向甲方开具增值税专用发票，甲方可正常抵扣进项税额

3. 在下列项目中不得从销项税额中抵扣进项税额的是 （   ）。
    A. 购进免税农产品的进项税额　　　B. 购进用于在建工程的进项税额
    C. 销售货物运费计算的进项税额　　D. 购进货物支付的进项税额

4. 某企业本月将自产的一批生产成本为 20 万元（耗用上月外购材料 15 万元）的食品发给职工，则下列说法正确的是 （   ）。
    A. 应反映销项税额 3.74 万元　　　B. 应反映销项税额 3.4 万元
    C. 应反映应纳税额 3.4 万元　　　　D. 应转出进项税额 2.55 万元

5. 在下列各项中，属于增值税混合销售行为的是 （   ）。
    A. 滨海市第一百货商场销售冰箱．冰柜并提供送货上门服务
    B. 汽车制造厂在生产销售汽车的同时又为客户提供修理服务
    C. 塑钢门窗厂在销售产品的同时又为其他客户提供安装服务
    D. 电信局为客户提供电话安装服务时又销售所安装的电话机

6. 按照增值税的有关规定，在下列外购项目中不可以作为进项税额从销项税额中抵扣是（　　）。

A. 购进大型设备一台，增值税专用发票注明的增值税税款

B. 用于集体福利或个人消费的购进货物的进项税额

C. 免税农产品收购凭证上注明价款按规定计算的进项税额

D. 混合销售行为按规定应缴纳增值税所涉及的非增值税应税劳务所购进货物的进项税额

7. 以下行业不纳入营改增范围的有（　　）。

A. 设计服务　　　　　　　　　　B. 网吧业务

C. 广告发布　　　　　　　　　　D. 广告代理公司代理业务

8. 某生产企业为增值税一般纳税人，2013 年 12 月外购原材料取得防伪税控机开具的专用发票注明进项税额 137.7 万元，并通过主管税务机关认证。当月内销货物取得不含税销售额 150 万元，外销货物取得收入 920 万元，该企业适用增值税税率 17%，出口退税率为 13%。该企业 12 月应退的增值税为（　　）万元。

A. 75.4　　　　　　B. 100.9　　　　　　C. 119.6　　　　　　D. 137.7

9. 在下列行为中，涉及的进项税额不得从销项税额中抵扣的是（　　）。

A. 专门购进货物一批用于本单位集体福利

B. 上年委托加工收回的材料用于偿还债务

C. 外购的货物用于交换生产所需材料

D. 外购货物用于雪灾灾区捐赠

10. 某烟厂为增值税一般纳税人，12 月收购烟叶支付价款 500 万元，缴纳烟叶税 110 万元，已开具烟叶收购发票，取得符合规定的货物运输业发票上注明运费 6 万元，取得的相关票据均已认证。该烟厂当月抵扣进项税额（　　）万元。

A. 65.42　　　　　　B. 78.42　　　　　　C. 86.22　　　　　　D. 112.62

11. 下列项目适用 17% 税率征税的有（　　）。

A. 商场销售鲜奶

B. 花农销售自种花卉

C. 印刷厂印刷图书报刊（委托方提供纸张）

D. 国营瓜果销售公司批发水果

12. 某汽车配件商店（小规模纳税人）2013 年 10 月购进零配件 15 000 元，支付电费 500 元，当月销售汽车配件取得零售收入 18 000 元，收取包装费 2 000 元，采取以旧换新方式销售新电器取得实收零售价格 20 000 元，旧电器折价 3 400 元，因顾客退货支付货款 1 000 元。则该商店当月应纳增值税（　　）元。

A. 1 220　　　　　　B. 1 234.95　　　　　　C. 1 378.66　　　　　　D. 1 630.77

13. 某制药厂（增值税一般纳税人）3 月销售抗生素药品 117 万元（含税），销售免税药品 50 万元，当月购入生产用原材料一批，取得增值税专用发票上注明税款 6.8 万元，抗生素药品与免税药品无法划分耗料情况，则该制药厂当月应纳增值税为（　　）万元。

A. 14. 73   B. 12. 47   C. 10. 20   D. 17. 86

14. 按照现行增值税暂行条例的规定，下列说法正确的是（   ）。

     A. 对从事热力、自来水等公用事业的纳税人收取的一次性费用一律征收增值税

     B. 一般纳税人购买或销售免税货物所发生的运输费用，可根据运输部门开具的运费结算单据所列运费金额，依照7%的扣除率计算进项税额抵扣

     C. 除邮政部门外的其他单位和个人发行报刊征收增值税

     D. 有出口卷烟权的生产企业出口的卷烟一律免征增值税和消费税

15. 试点纳税人接受境外单位或个人提供的服务，扣缴税款后取得的税款缴纳凭证可以抵扣进项税额的是（   ）。

     A. 接受应税服务扣缴的增值税   B. 增值税普通发票

     C. 接受服务扣缴的营业税   D. 小规模纳税人接受应税服务扣缴的增值税

二、多项选择题

1. 依据出口退（免）税政策，一般情况下应按"免抵退"的方法计算退税的有（   ）。

     A. 生产企业自营出口货物   B. 生产企业委托出口货物

     C. 生产性外商投资企业自营出口货物   D. 外贸企业出口收购货物

2. 下列关于增值税的计税销售额规定，说法正确的有（   ）。

     A. 以物易物方式销售货物由多交付货物的一方以价差计算缴纳增值税

     B. 以旧换新销售货物按新货物不含增值税计征增值税（金银首饰除外）

     C. 还本销售方式销售货物按照实际销售额计算缴纳增值税

     D. 销售折扣方式销售货物不得从计税销售额中扣减折扣额

3. 在下列选项中，属于混合销售行为特征的有（   ）。

     A. 既涉及货物销售又涉及非应税劳务   B. 发生在同一项销售行为中

     C. 从一个购买方取得货款   D. 从不同购买方收取货款

4. 在下列各项中属于视同销售行为应当计算销项税额的有（   ）。

     A. 将自产货物用于非应税项目   B. 将购买货物委托外单位加工

     C. 将购买的货物无偿赠送他人   D. 将购买的货物用于集体福利

5. 在下列各项中免征增值税的有（   ）。

     A. 用于对外投资的自产工业产品   B. 用于单位集体福利的产品

     C. 农业生产者销售的自产农业产品   D. 直接用于教学的进口仪器

6. 在下列各项表述中，符合现行增值税税法有关规定的有（   ）。

     A. 纳税人受托开发软件产品的著作权属委托方或属于双方共同拥有的征收增值税

     B. 对增值税的纳税人收取的会员费收入不征收增值税

     C. 对软件产品交付使用后按期或按次收取的技术服务费、培训费等不征收增值税

     D. 燃油电厂从政府财政专户取得发电补贴不征增值税

7. 按现行增值税的规定，纳税人为固定业户，其总机构和分机构不在同一县（市）的，其纳税地点应为（   ）。

     A. 统一在总机构所在地纳税，分支机构不纳税

     B. 只在各分支机构所在地纳税，总机构不纳税

    C. 由总机构和分支机构分别在各自所在地纳税

    D. 经批准可由总机构汇总在总机构所在地纳税

8. 下列关于增值税纳税人的认定及管理，表述正确的有（　　　）。

    A. 增值税纳税人应向其机构所在地主管税务机关申请一般纳税人资格认定

    B. 除国家税务总局另有规定以外，个体工商户不得认定为增值税一般纳税人

    C. 一般纳税人资格认定权限在县（市、区）国家税务局或同级别的税务分局

    D. 除国家税务总局另有规定外，认定为一般纳税人后不得转为小规模纳税人

9. 按照现行增值税法的规定，下列单位或个人可以认定为增值税一般纳税人的（　　　）。

    A. 某电子配件厂年销售额 80 万元，财务核算健全，其总公司年销售额为 780 万元

    B. 某人批发果品，年销售额为 200 万元

    C. 年销售额为 110 万元，财务核算健全的锅炉修配厂

    D. 只生产并销售避孕药品，年利润额 120 万元的药厂

10. 按照现行增值税法规定，下列行为应"视同销售"征收增值税的有（　　　）。

    A. 将自产的货物作为投资提供给个体经营者

    B. 将购买的货物用于个人消费

    C. 将购买的货物无偿赠送他人

    D. 将自产货物用于非应税项目

11. 某公司（增值税一般纳税人）销售自己 2009 年 11 月购入并作为固定资产使用的设备，原购买发票（增值税专用发票）注明价款 150 000 元，增值税 25 500 元，2013 年 4 月出售，价税合计金额 120 640 元，则该企业转让设备行为应（　　　）。

    A. 计算增值税销项税 17 528.89 元　　　B. 计算缴纳增值税 2 320 元

    C. 计算缴纳增值税 4 640 元　　　　　　D. 免税

12. 某生产企业属增值税小规模纳税人，2013 年 3 月对部分资产盘点后进行处理：销售边角废料，由税务机关代开增值税专用发票，取得含税收入 82 400 元；销售使用过的小汽车 1 辆，取得含税收入 72 100 元（原值为 140 000 元）。该企业上述业务应缴纳增值税（　　　）。

    A. 2 400 元　　　B. 3 773.08 元　　　C. 3 800 元　　　D. 4 500 元

13. 在试点纳税人中，下列哪些项目免征增值税（　　　）。

    A. 个人转让著作权

    B. 残疾人个人提供应税服务

    C. 航空公司提供飞机播撒农药服务

    D. 纳税人提供技术转让、技术开发和与之相关的技术咨询、技术服务

14. 增值税一般纳税人销售下列货物，适用 13% 税率的有（　　　）。

    A. 调制乳　　　　　　　　　　B. 鲜奶

    C. 食用植物油　　　　　　　　D. 图书、报刊

15. 提供应税服务增值税征收率为 3% 的是（　　　）。

    A. 选择简易计税方法的公交客运公司

    B. 一般纳税人销售旧固定资产

  C. 小规模纳税人向国税机关申请代开专用发票

  D. 小规模纳税人提供应税服务

三、判断题

1. 塑钢门窗销售商店在销售产品的同时又为客户提供安装服务，属于增值税混合销售行为。（ ）

2. 对销售除啤酒、黄酒外的其他酒类产品收取的包装物押金，无论是否返还以及会计上如何核算，均不应并入当期销售额计征增值税。（ ）

3. 银行销售金银业务不征收增值税。（ ）

4. 增值税一般纳税人外购的用于管理部门使用的小轿车所支付的费用，允许其计算进项税额进行抵扣。（ ）

5. 增值税一般纳税人兼营不同税率的货物，未分别核算或不能准确核算其销售额的，从高适用税率。（ ）

6. 纳税人在转让土地使用权或销售不动产的同时一并销售的附着于土地或不动产之上的固定资产中凡属于增值税应税货物的征收增值税。（ ）

7. 非固定业户销售货物或提供应税劳务，应当向机构所在地的主管税务机关申报缴纳增值税。（ ）

8. 增值税一般纳税人销售货物从购买方收取的价外费用，在征税时应视同为含税收入，计算税额时应换算为不含税收入。（ ）

9. 增值税一般纳税人必须按规定的时限开具增值税专用发票，不得提前或滞后。对已开具增值税专用发票的销售货物，要及时足额计入当期销项税额。凡开具了增值税专用发票，其销售额未按规定计税的，一律按偷税论处。（ ）

10. 非固定业户销售货物或应税劳务的，向其机构所在地或居住地的主管税务机关申报缴纳税款。（ ）

四、计算题

1. 某洗衣机厂为增值税一般纳税人，2013 年 3 月发生下列经济业务：

（1）3 月 1 日采取直接收款方式销售 A 型洗衣机，开具的专用发票上注明价款为 50 000 元，并收取手续费和包装费共计 2 340 元。

（2）3 月 2 日销售 B 型洗衣机，价款为 68 000 元，购货方当日支付货款 38 000 元，已全额开具专用发票。合同约定余款在 3 月 15 日一次支付（不收利息），如违约超过一天罚款 117 元。由于购货方资金周转不到位，货款一直拖到 3 月 25 日才支付。

（3）3 月 20 日，因 B 型洗衣机质量有问题购货方要求退货，退回销货款 8 000 元，退货手续齐备。

（4）3 月 24 日，材料仓库被盗，丢失材料 50 千克，材料明细账注明该批材料的实际单位采购价格为 140 元/千克。

（5）3 月外购原材料，取得经主管税务机关认证的专用发票上注明税额为 10 200 元，原材料已验收入库。

  要求：请根据上述资料，计算该厂 3 月应纳的增值税。

2. 某农机生产企业为增值税一般纳税人，2013 年 12 月发生下列业务：

(1) 外购原材料，取得的普通发票上注明价税合计金额为 40 000 元，原材料已入库；另支付给运输企业运输费用 3 000 元并取得货物运输发票。

(2) 外购农机零配件，取得的专用发票上注明价款为 100 000 元，本月生产领用其中的 80%。

(3) 从小规模纳税人购入机器专用螺丝 10 000 个，取得税务机关代开的专用发票上注明的价款为 4 000 元；将其中的 1 000 个用来替换本厂生产设备的螺丝钉，将旧的螺丝钉销售，开具普通发票，取得销售款 117 元。

(4) 生产农机领用于 10 月外购的钢材一批，成本为 20 000 元（含运费成本 372 元）；企业的不动产在建工程领用于 11 月外购的钢材一批，成本为 60 000 元（含运费成本 744 元）。其中钢材在购入当月已抵扣进项税额。

(5) 销售农机一批，开具的专用发票上注明价款为 3 000 000 元；另开具普通发票收取代垫运费为 8 000 元；运输公司向农机生产企业开具了运输发票，注明运费 8 000 元。

(6) 用 2 台农机向汽车生产企业换取小汽车一辆，将换入的小汽车提供给管理部门使用，换出的农机不含税销售价格为 150 000 元，换入的小汽车不含税价款为 200 000 元，农机生产企业向汽车生产企业支付了差价，双方互开了专用发票。

(7) 销售一批农机零部件，取得含税销售额为 52 000 元。

(8) 提供农机维修业务，开具的普通发票上注明价税合计金额为 35 100 元。

(9) 转让自己使用了 6 年的一台生产设备，取得含税收入为 20 800 元（该设备购入时未抵扣过进项税）。

(10) 企业取得的上述相关发票，均已通过税务部门认证并在当月抵扣。

要求：请根据上述资料，计算 2013 年 12 月该企业应纳的增值税。

3. 某自营出口的生产企业为增值税一般纳税人，适用的增值税税率为 17%，退税率为 15%，2013 年 11 月和 12 月的生产经营情况如下：

(1) 11 月：外购原材料、燃料取得增值税专用发票，注明支付价款 850 万元、增值税额 144.5 万元，原材料、燃料已验收入库；外购动力取得增值税专用发票，注明支付价款 150 万元、增值税额 25.5 万元，其中 20% 用于企业基建工程；用外购的 80 万元原材料委托某公司加工货物，支付加工费并取得增值税专用发票，注明价款 30 万元、增值税额 5.1 万元，支付加工货物的运输费用 10 万元并取得运输公司开具的普通发票。内销货物取得不含税销售额 300 万元，支付销售货物的运输费用 18 万元并取得运输公司开具的普通发票；出口销售货物取得销售额 500 万元。

(2) 12 月：免税进口料件一批，支付国外买价 300 万元、运抵我国海关前的运输费用、保管费用和装卸费用共计 50 万元，该料件的进口关税税率为 20%，料件已验收入库；出口货物销售取得销售额 600 万元；内销货物 600 件，开具普通发票，取得含税销售额 140.4 万元；将与内销货物相同的自产货物 200 件用于本企业的基建工程，货物已移送。

要求：请根据上述资料，采用"免、抵、退"法计算企业 2013 年 11 月和 12 月应纳（或应退）的增值税。

4. 某增值税一般纳税人生产销售自行车，出厂不含税单价为 280 元/辆。2013 年 11 月留抵税额 3 000 元。12 月该厂购销情况如下：

(1) 向当地百货大楼销售 800 辆，百货大楼当月付清货款后，厂家给予了 8% 的销售折扣，开具红字发票入账。

(2) 向外地特约经销点销售 500 辆，并支付运输单位 8 000 元，收到的运费发票上注明运费 7 000 元，装卸费 1 000 元。

(3) 销售本厂自用 1 年的小轿车一辆，售价 12 000 元。

(4) 当期发出的包装物收取押金 50 000 元，逾期仍未收回的包装物押金 60 000 元。

(5) 购进自行车零部件、原材料，取得的专用发票上注明销售金额 140 000 元，注明税款 23 800 元。

(6) 从小规模纳税人处购进自行车零件支付 90 000 元，取得税务机关代开的专用发票。

(7) 本厂直接组织收购废旧自行车，支出收购金额 60 000 元。

(8) 上述的应当认证的发票，均经过了税务机关的认证。

要求：请根据上述资料，计算该厂应纳的增值税。

五、综合题

1. 某制药厂为增值税一般纳税人，2013 年 1 - 3 月发生如下经济业务：

(1) 1 月 5 日销售药品价款为 10 万元（不含税），货款及税款已收到。

(2) 1 月 7 日凭税务机关开具的收购凭证从红卫农场购进玉米 100 吨，每吨单价 1 000 元，玉米于当月运回企业并验收入库。

(3) 1 月 13 日向农民个人收购玉米 50 吨，每吨单价 1 020 元，开具由税务机关统一监制的"收购农产品专用发票"，玉米验收入库。

(4) 1 月 20 日销售一批药品收入 20 万元（不含税），其中避孕药品 8 万元，收入分别计账，货已发出，已办妥托收手续，但货款尚未收到。

(5) 2 月 8 日从某小规模纳税人处购入玉米 5 吨，每吨单价 1 240 元，取得普通发票。

(6) 2 月 15 日采取分期收款的方式发出药品一批 20 万元（不含税），其成本 15 万元，合同约定分 3 期收款，发货时收到应收货款和税款的 50%，其余货款和税款于 3、4 两月等额收回。

(7) 2 月 18 日销售药品一批，销售额 100 万元，支付运输部门运费 2 000 元，货款存入银行，取得运费发票。

(8) 2 月 21 日购入原材料一批，取得增值税专用发票注明的价款为 20 万元，税款 3.4 万元，款项已付，原材料入库。

(9) 2 月 25 日，于上月发出的货物被退回一部分（药品不符），有关退货证明齐全，价税合计 58 500 元，退回药品已入库。

(10) 3 月 12 日将一批药品销售给某医院，开具普通发票，注明价款 14.04 万元，货已发出，款项已经收到。

(11) 3月20日购进玉米10吨，取得增值税专用发票并注明单价为1 050元，货款已付并验收入库。

(12) 3月20日盘点原材料，1月从农民个人处购入的库存玉米发生霉烂变质20吨。上月赊销的药品，本月未收到货款及税款。

(13) 该药厂所取得的增值税专用发票和运费发票等，已通过主管税务机关认证。

要求：请根据上述资料，计算并回答下列问题：

    (1) 销售避孕药品不得抵扣的进项税额。

    (2) 药厂1、2、3月的应纳增值税税额。

2. 嘉乐电器设备厂为增值税一般纳税人，主要生产某型号电机。该厂于2013年10月发生如下业务：

(1) 销售电机30台，每台批发价0.7万元（不含税），开出增值税专用发票，另外收取包装费和售后服务费3万元，开出普通发票一张。

(2) 以出厂价销售给某专业商店电机20台，每台0.65万元（不含税），因该商店提前付款，嘉乐厂决定给予5%的销售折扣。

(3) 用"以旧换新"的方式销售给某用户电机4台，开出普通发票注明价款2.52万元（已扣除收购旧货的成本0.28万元）。

(4) 以出厂价将电机50台发给外省市的所属机构用于销售，已向所属机构开具专用发票，支付运杂费1.2万元，其中包括建设基金0.05万元，装卸费0.02万元，保险费0.18万元，并取得铁路运输发票。

(5) 该厂用2台电机与某水泥厂兑换250袋水泥，价款为1.3万元（不含税），并于当月将水泥用于房屋维修，双方都开具了增值税专用发票。

(6) 当月购入钢材一批，增值税专用发票上注明税款是6.4万元，已验收入库，在使用时，发现部分钢材规格不符合购货合同的要求，经协商对方同意退货，退货的不含税价为3万元，取得对方开出的红字增值税专用发票（退货程序符合有关规定）。

(7) 当月委托某企业加工电机配件，拨付的原材料实际成本为1.8万元，加工后配件已收回，受托方开来的增值税专用发票上注明的加工费为0.4万元，嘉乐厂以银行存款支付。

(8) 为加工某型号电机，从国外进口特种机床一台，到岸价格为10万元，关税税率为21%，已从海关取得完税凭证，货物已入库。

(9) 嘉乐厂为改善办公条件，自建同一规格和标准的楼房两栋，建筑安装总成本为3 000万元，成本利润率为20%。该公司将其中的一栋留作自用，另一栋对外销售并取得销售收入2 400万元。

(10) 该设备厂所取得的增值税专用发票、普通发票、铁路运输发票以及海关完税凭证等，均已通过主管税务机关认证。

要求：请根据上述资料，计算回答下列问题：

    (1) 嘉乐厂当月准予抵扣的增值税进项税额和销项税额。

    (2) 嘉乐厂当月应纳增值税、营业税的税额。

【案例与分析】

我国三个流转税体现的税收政策

增值税、营业税和消费税构成了我国流转税的核心。从征税范围来看，增值税的主要征税对象是货物，营业税的主要征税对象是劳务，增值税和营业税是互补征收的税种；消费税是特殊调节的税种，即在增值税的征税对象（货物）中，选择了14种消费品在征收了增值税的基础上，再征收一适消费税。

从税率设计来看，增值税采用的是单一的比例税率，即不论征税对象数额大小都适用统一的征税比例，一般纳税人适用的基本税率是17%，在进行税额抵扣后实际税负率约为5.9%左右，因此从税率类型、税收负担来看，增值税体现了普遍征收的中性税收政策；消费税采用的是产品差别比例税率，对不同征税对象设计不同的征税比例，且多数应税消费品的税率在10%以上，体现了消费税引导生产、限制消费的政策；营业税采用的是行业差别比例税率，不同行业设计了不同的征税比例，而且税率较低，除娱乐业外，其他行业税率为3%或5%，从税率上看体现了我国对第三产业的扶持政策。

我国自1984年10月起正式全面实施增值税以来，增值税收入逐年增长，占税收收入的1/3左右，越来越突显在税收中的重要地位，在保证财政收入稳定增长、促进专业化协作生产和生产经营结构的合理化，以及促进对外贸易的发展等方面发挥了重要的积极作用。根据统计资料显示与计算：2001年增值税实现收入5 357.13亿元，占税收总收入的（1 258.51亿元）35.01%；2012年国内增值税（不舍进口环节增值税）实现收入26 415.51亿元，同比增长8.9%，占税收总收入（100 614.28亿元）的26.25%。因此，增值税在现在乃至未来很长一段时间内将是我国的主体税种之一。

分析：增值税在我国税收中的地位及现实意义。

第三章　流转税税法——消费税法

📝 **学习目标**

➡ 1. 理解消费税的含义、历史、特点及作用
➡ 2. 掌握消费税费的基本法律内容、计税原理与征收管理
➡ 3. 理解开征消费税的现实意义及相关的基础知识
➡ 4. 掌握消费税的征税范围、纳税人、税目税率和纳税环节等基本法律内容及征管的基本要求
➡ 5. 掌握消费税应纳税额和出口退税计算的基本方法

第一节　消费税概述

一、消费税的概念

消费税法是流转税法的重要组成部分。消费税为世界各国所普遍征收，据统计，目前有 120 多个国家征收消费税。在各国的财政收入中，尤其是一些发展中国家在财政收入中更占有重要的地位。我国的消费税是对增值税有益的补充，即在增值税对货物征税的基础上，有选择地对一部分特殊消费品征收消费税。2012 年我国国内消费税收入 7 875.58 亿元，同比增长 11.93%，占全国税收收入（100 614.28 亿元）的 7.83%。

（一）消费税的含义

消费税是对消费品或消费行为征收的一种税。我国消费税是指对在中国境内从事生产、委托加工和进口应税消费品的单位和个人，就其销售额或销售数量在特定环节征收的一种税。

消费税法是国家制定的调整消费税征收与缴纳之间权利与义务关系的法律规范。

它的基本法律依据是 2008 年 11 月国务院颁布的《中华人民共和国消费税暂行条例》、2008 年 12 月财政部制定的《中华人民共和国消费税暂行条例实施细则》等。

（二）消费税的历史

消费税是世界各国广泛实行的一个税种，主要是对特殊消费品和消费行为征税，且在各国税收收入中占有较大的比重，特别是发展中国家大多以商品课税为主体，而消费税又是商品课税中的一个主要税种，其地位十分重要。19 世纪以来，由于以所得税为主体的直接税制的发展，消费税占各国税收收入的比重有所下降，但因其具有独特的调节作用，故仍然受到各国的普遍重视与运用。

我国对消费品的课税由来已久，早在周朝征收的"山泽之赋"就具有消费税性质；在西汉时对酒的课征，体现了"寓禁于征"的政策；以后各代征收的酒税、烟税和茶税等均属消费税的范畴。新中国成立后，1950 年 1 月全国统一设置的 14 种税中就有特种消费行为税；1953 年税制改革时取消特种消费行为税，但筵席、舞场等税目并入营业税中；1988 年开征筵席税，属于消费行为征税；1993 年 12 月国务院颁布了《中华人民共和国消费税暂行条例》，并于 1994 年开始实施；为适应经济发展的新要求，2008 年 11 月国务院修订了《中华人民共和国消费税暂行条例》。

二、消费税的特性

消费税是一个具有"刚性"的流转税，但只对特殊消费品的销售额和销售数量进行征税，与其他流转税尤其是增值税相比，有其不同的特点：

（一）征税范围的选择性

我国消费税征税范围虽然是消费品，但并不是对所有的消费品都征收消费税，只是选择了一部分特殊消费品、奢侈品、高能耗消费品和不可再生的稀缺资源消费品等作为征收范围，而非人们生活的必需品。与国外消费税相比，我国的征税范围偏窄，未包括特殊消费行为的征税。

（二）纳税环节的单一性

消费税主要在生产者出厂销售或从国外进口应税消费品时进行征税，一般在其他环节（如流通、消费等环节）不再征税，这就是通常所说的一次课征制。用外购已税消费品继续生产应税消费品销售的，采取扣除已纳（代收）税额办法避免重复课征消费税。

（三）征收方法的灵活性

为适应不同应税消费品的情况和便于核算、计征的要求，消费税采取从价计征、从量计征、复合计征 3 种方法进行征税。对一部分价格变化较大且便于按价格核算的应税消费品实行从价计征；对一部分价格变动较小，品种、规格比较单一的大宗应税消费品实行从量计征；对烟、酒实行从价从量相结合的复合计征办法。

（四）适用税率的差别性

从理论与实践上说，消费税实行差别税率，可以更好地发挥其独特的调节功能。因此，我国消费税根据不同消费品的种类、档次、结构、功能或消费品某一成分的含量，以及市场供求状况和消费品价格水平等情况，制定了高低不同的比例税率和定额税率，以体现国家的特定调节政策。

（五）税收负担的转嫁性

增值税实行价外计税，而消费税是一种价内税，即消费税款含在应税消费品价格之中。因此，消费税无论在哪个环节征收，消费品中所含的消费税款最终都是由购买应税消费品者所负担，生产销售应税消费品的企业和个人虽是纳税人，但其所缴纳的税款最终转嫁到了消费者身上。

三、消费税的作用

消费税的内涵及特点决定了其在税制和社会经济发展中的重要地位，其作用主要表现在以下几个方面：

（一）优化资源配置，体现产业政策

消费税对不可再生和替代的能源产品课税，可保证稀缺资源的有效利用；对有害人类健康、社会秩序和生态环境的特殊消费品及高能耗、高档消费品征税，则可达到"寓禁于征"的目的；对特定消费品征收消费税，体现了国家的产业政策，从而达到引导公众的生产和消费行为，优化产业结构与产品结构，实现资源优化配置的目的。

（二）抑制超前消费，调整消费结构

针对消费膨胀和消费结构不合理等现象，在消费税立法中，对人们日常消费的基本生活用品和企业正常生产的消费物品不征消费税，只对目前属于奢侈品或超前消费的物品以及其他非基本生产用品征收消费税，以达到抑制超前消费和集团消费、引导合理消费、调整消费结构的目的。

（三）调节支付能力，缓解分配不公

个人生活水平或贫富状况，在很大程度上体现其支付能力。通过对某些奢侈品或特殊消费品征收消费税，使高收入者的高消费受到一定程度的抑制，低收入者或消费基本生活用品的消费者不负担消费税。因此，消费税有利于配合个人所得税和其他有关税种进行调节，缓解目前存在的社会分配不公的矛盾。

（四）稳定税收来源，保证财政收入

消费税是价内税，税额的实现不受成本等因素的影响，且消费税应税品目大多属于使用广泛、消费量大、传统征收高税习惯的重点税源行业的商品，其税源稳定、可

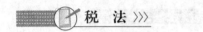

靠；同时按消费品的销售额或销售数量征收消费税，使税收与应税消费品生产的增长趋势相适应，以保证财政收入的稳定增长。

第二节　消费税的征税范围与纳税义务人

一、消费税的征税范围

（一）我国现行消费税的征税范围为在中国境内生产、委托加工和进口的应税消费品。主要包括以下 5 个方面：

1. 特殊消费品

一些特殊消费品如果过度消费，会对人类健康、社会秩序和生态环境等造成危害，如烟、酒、鞭炮及焰火等。对这些消费品征收消费税，可抑制其消费。

2. 非生活必需消费品

如化妆品、贵重首饰、珠宝玉石、高档手表、高尔夫球及球具等。通过对这些非生活必需品或奢侈品征收消费税，可调节消费者的收入水平。

3. 高能耗及高档消费品

如摩托车、小汽车等。这类消费品不仅价格昂贵，且消耗能源较多，属少数人消费的高档消费品，对其征税体现国家对高消费的特殊调节。

4. 不可再生和稀缺资源消费品

如成品油、木制一次性筷子、实木地板等。对这类消费品征税，体现国家对稀缺资源的合理配置，通过征税限制其消费、节约能源。

5. 具有财政意义的消费品

如汽车轮胎等。国家对其征税不影响居民基本生活，且实行规范化的增值税后，产品税负下降，为确保财政收入，故将其纳入征税范围。

（二）国际上消费税征税范围，按其选择征税范围的宽窄，大体可分为 3 种类型

1. 有限型消费税

其课征范围较为狭窄，主要限于一些传统的消费品，如烟草制品、酒精饮料、石油制品、机动车辆、游艇、糖、盐、软饮料、钟表、首饰、珠宝、化妆品、香水及各种形式的娱乐活动等。征税品目一般在 10～15 种之间。

2. 中间型消费税

其课征范围较有限型消费税要宽一些，除了有限型消费税所涉及的征税品目外，一些消费广泛的消费品，诸如纺织品、皮革皮毛制品、鞋、药品、牛奶和谷物制品、咖啡、可可、家用电器、电子产品、摄影器材、打火机等也纳入了课征范围。征税品回一般在 15～30 种之间。

3. 延伸型消费税

其课征范围比前两种更为广泛，除了上述两种类型所涉及的品目外，一些生产资料，诸如水泥、建筑材料、钢材、铝制品、橡胶制品、塑料制品、木材制品、颜料和油漆等，也纳入了征税范围。

二、消费税的纳税义务人

根据《消费税暂行条例》的规定，在中华人民共和国境内生产、委托加工和进口税法规定的应税消费品的单位和个人，以及国务院确定的销售消费税暂行条例规定的应税消费品的其他单位和个人，为消费税的纳税义务人。

在中华人民共和国境内，是指生产、委托加工和进口属于应当缴纳消费税的消费品的起运地或所在地在境内；

单位，是指企业、行政单位、事业单位、军事单位、社会团体和其他单位；

个人，是指个体工商户及其他个人。

第三节　消费税的税目与税率

一、消费税的税目

我国现行消费税设置了 14 个税目，具体名称和内涵如下：

（一）烟

凡是以烟叶为原料加工生产的产品，不论使用何种辅料，均属于该税目的征收范围，具体包括卷烟（进口卷烟、白包卷烟、手工卷烟以及未经国务院批准纳入计划的企业及个人生产的卷烟）、雪茄烟和烟丝。

从 2001 年 12 月起，对既有自产卷烟，又有委托联营企业加工与自产卷烟牌号和规格相同卷烟的工业企业，从联营企业购进后再直接销售的卷烟，对外销售时不论是否加价，凡符合下列国家规定条件的，不再征收消费税；不符合条件的，则征收消费税：

（1）回购企业在委托联营企业加工卷烟时，除提供给联营企业所需加工卷烟牌号以外，还需同时提供税务机关已公示的消费税计税价格。联营企业必须按照已公示的调拨价格申报缴税。

（2）回购企业将联营企业加工卷烟回购后再销售的卷烟，其销售收入应与自产卷烟的销售收入分开核算，以备税务机关检查；如不分开核算，则一并计入自产卷烟销售收入征收消费税。

（二）酒及酒精

酒是酒精度在 1 度以上的各种酒类饮料，包括粮食白酒、薯类白酒、黄酒、啤酒和其他酒。酒精又名乙醇，是指用蒸馏或合成方法生产的酒精度在 95 度以上的无色透明液体，包括各种工业酒精、医用酒精和食用酒精。

此外，对饮食业、商业、娱乐业开办的啤酒屋（啤酒坊）利用啤酒生产设备生产啤酒，应当征收消费税。

（三）化妆品

其征收范围包括各类美容、修饰类化妆品、高档妆品。其中美容、修饰类化妆品是指香水、香水精、香粉、口红、唇笔、蓝眼油、眼睫毛及成套化妆品。

高档护肤类化妆品的征收范围由财政部、国家税务总局另行制定。舞台、戏剧、影视演员化妆用的上妆油、卸妆油、油彩，不属于本税目的征收范围。

（四）贵重首饰及珠宝玉石

贵重首饰及珠宝玉石的征收范围包括以金、银、白金、宝石、珍珠、钻石、翡翠、珊瑚、玛瑙等高贵稀有物质以及其他金属、人造宝石等制作的各种纯金银首饰及镶嵌首饰和经采掘、打磨、加工的各种珠宝玉石，以及出国人员免税商店销售的金银首饰。

（五）鞭炮、焰火

鞭炮、焰火的征收范围包括各种鞭炮、焰火。体育上用的发令纸和鞭炮药引线，不属于本税目征收范围。

（六）成品油

成品油的征收范围包括汽油、柴油、石脑油、溶剂油、航空煤油、润滑油和燃料油 7 个子目：

1. 汽油

汽油是指由天然或人造原油经蒸馏所得的直馏汽油组分，二次加工汽油组分和其他高辛烷值组分按比例调和而成的，或用其他原料、工艺生产的辛烷值不小于 66 的各种汽油，以及以汽油组分为主、辛烷值大于 50 的经调和可用作汽油发动机燃料的非标油。其征收范围包括辛烷值不小于 66 的各种汽油和用其他原料、工艺生产的汽油。列入中国石油天然气集团公司、中国石油化工集团公司统一生产和供应计划的石脑油，以及列入中国石油天然气集团公司、中国石油化工集团公司生产计划的溶剂油，则不属于汽油的征收范围。

2. 柴油

柴油是指由天然或人造原油经常减压蒸馏在一定温度下切割的馏分，或用于二次加工柴油组分调和而成的倾点在 -50 号至 30 号的各种柴油和以柴油组分为主、经调和精制可用作柴油发动机的非标油。

3. 石脑油

石脑油又称轻汽油、化工轻油，是以石油加工生产的或二次加工汽油经加氢精制而得到的用于化工原料的轻质油。其征收范围包括除汽油、柴油、煤油、溶剂油以外的各种轻质油。

4. 溶剂油

溶剂油是以石油加工生产的用于涂料和油漆生产、食用油加工、印刷油墨、皮革、农药、橡胶、化妆品生产的轻质油。其征收范围包括各种溶剂油。

5. 航空煤油

航空煤油也称喷漆燃料，是以石油加工生产的用于喷气发动机和喷气推进系统中作为能源的石油燃料。其征收范围包括各种航空煤油。

6. 润滑油

润滑油是用于内燃机、机械加工过程的润滑产品。润滑油分为矿物性润滑油、植物性润滑油、动物性润滑油和化工原料合成润滑油。其征收范围包括以石油为原料加工的矿物性润滑油和矿物性润滑油基础油，但不包括植物性润滑油、动物性润滑油和化工原料合成润滑油。

7. 燃料油

燃料油也称重油、渣油。其征收范围包括用于电厂发电、船舶锅炉燃料、加热炉燃料、冶金和其他工业炉燃料的各类燃料油。

（七）汽车轮胎

其征收范围包括用于各种汽车、挂车、专用车和其他机动车上的内外轮胎，但不包括农用拖拉机、收割机、手扶拖拉机的专用轮胎、子午线外胎和翻新轮胎等轮胎。自2010年12月起农用拖拉机、收割机和手扶拖拉机专用轮胎，不征收消费税。

（八）摩托车

摩托车的征收范围包括轻便摩托车和摩托车两种。对最大设计车速不超过50千米/时，发动机气缸总工作容量不超过50毫升的三轮摩托车，不征收消费税。

（九）小汽车

小汽车是指由动力驱动，具有4个或4个以上车轮的非轨道承载的车辆。其征收范围包括含驾驶员座位在内最多不超过9个座位（含）的，在设计和技术特性上用于载运乘客和货物的各类乘用车和含驾驶员座位在内的座位数在10~23座（含23座）的，在设计和技术特性上用于载运乘客和货物的各类中轻型商用客车。

用排气量小于1.5升（含）的乘用车底盘（车架）改装、改制的车辆属于乘用车的征税范围。用排气量大于1.5升的乘用车底盘（车架）或用中轻型商用客车底盘（车架）改装、改制的车辆属于中轻型商用客车的征税范围。含驾驶员人数（额定载客）为区间值的（如8~10人、17~26人）小汽车，按其区间值下限人数确定征税范围。电动汽车不属于本税目的征税范围。

此外，税法规定，电动汽车、沙滩车、雪地车、卡丁车、高尔夫车不属于消费税征收范围，不征收消费税。

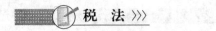

（十）游艇

游艇是指长度大于 8 米小于 90 米，船体由玻璃钢、钢、铝合金、塑料等多种材料制作，可以在水上移动的水土浮载体。按照动力划分，分为无动力艇、帆艇和机动艇。其征收范围包括艇身长度大于 8 米（含）小于 90 米（含），内置发动机，可以在水上移动，一般为私人或团体购置，主要用于水上运动和休闲娱乐等非牟利活动的各类机动艇。

（十一）高档手表

高档手表是指销售价格（不含增值税）每只在 10 000 元（含）以上的各类手表。其征收范围包括符合以上标准的各类手表。

（十二）高尔夫球及球具

高尔夫球及球具是指从事高尔夫球运动所需要的各种专用装备。主要包括高尔夫球、高尔夫球杆及高尔夫球包（袋）等。其征收范围包括高尔夫球、高尔夫球杆、高尔夫球包（袋），以及高尔夫球杆的杆头、杆身和握把。

（十三）实木地板

实木地板是指以木材为原料，经锯割、干燥、刨光、截断、开榫和涂漆等工序加工而成的块状或条状的地面装饰材料。其征收范围包括各种规格的实木地板、实木指接地板、实木复合地板及用于装饰墙壁、天棚的侧端面为榫和槽的实木装饰板，以及未经涂饰的素板。

（十四）木制一次性筷子

木制一次性筷子又称卫生筷子，是指以木材为原料经过锯段、浸泡、旋切、刨切、烘干、筛选、打磨、倒角、包装等环节加工而成的各类一次性使用的筷子。其征收范围包括各种规格的木制一次性筷子。未经打磨、倒角的木制一次性筷子属于本税目征税范围。

二、消费税的税率

（一）税率的一般规定

消费税的税率主要是根据课税对象的具体情况，来确定定额税率和比例税率。前者适用于一些供求基本平衡、价格差异不大、计量单位规范的消费品征税；后者与之相反，选择税价联动的比例税率。

现行消费税设计的比例税率为 12 档，由低到高依次为 1%、3%、5%、9%、10%、12%、20%、25%、30%、36%、40 和 56%；比例税率中最高税率为 56%，最低税率为 1%；定额税率最高为每征税单位 250 元，消费税税目税率如表 3 - 1 所示。

表 3 - 1 　　　　　　　　　消费税税目税率表

税　目			征税项目及税率
一、烟	1. 卷烟	工业	（1）甲类卷烟从价计征 56%；从量计征 0.003 元/支，调拨价 70 元（不合增值税）/条以上（含 70 元）
			（2）乙类卷烟从价计征 36%；从量计征 0.003 元/支，调拨价 70 元（不含增值税）/条以下
		商业	商业批发 5%
	2. 雪茄烟		36%
	3. 烟丝		30%
二、酒及酒精			1. 白酒从价计征 20%，从量计征 0.5 元/500 克（或 500 毫升） 2. 黄酒 240 元/吨 3. 啤酒 （1）甲类啤酒，250 元/吨 （2）乙类啤酒，220 元/吨 4. 其他酒 10% 5. 酒精 5%
三、化妆品			30%
四、贵重首饰及珠宝玉石			1. 金银首饰、铂金首饰和钻石及钻石饰品 5% 2. 其他贵重首饰和珠宝玉石 10%
五、鞭炮、焰火			15%
六、成品油			1. 汽油 （1）含铅汽油 1.40 元/升 （2）无铅汽油 1.00 元/升 2. 柴油 0.80 元/升 3. 航空煤油 0.80 元/升 4. 石脑油 1.00 元/升 5. 溶剂油 1.00 元/升 6. 润滑油 1.00 元/升 7. 燃料油 0.80 元/升
七、汽车轮胎			37%
八、摩托车			1. 气缸容量在 250 毫升（含 250 毫升）以下的 3% 2. 气缸容量在 250 毫升以上的 10%
九、小汽车			1. 乘用车 （1）气缸容量在 1.0 升（含 1.0 升）以下的 1% （2）气缸容量在 1.0 升至 1.5 升（含 1.5 升）的 3% （3）气缸容量在 1.5 升至 2.0 升（含 2.0 升）的 5% （4）气缸容量在 2.0 升至 2.5 升（含 2.5 升）的 9%

税　目	征税项目及税率
	(5) 气缸容量在 2.5 升至 3.0 升（含 3.0 升）的 12% (6) 气缸容量在 3.0 升至 4.0 升（含 4.0 升）的 25% (7) 气缸容量在 4.0 升以上的 40% 2. 中轻型商用客车 5%
十、游艇	10%
十一、高档手表	20%
十二、高尔夫球及球具	10%
十三、实木地板	5%
十四、木制一次性筷子	5%

（二）税率的特殊规定

（1）对卷烟适用税率的规定。卷烟采取定额税率和比例税率相结合的复合计税；进口卷烟，白包卷烟，手工卷烟，自产自用没有同牌号、规格调拨价格的卷烟，委托加工没有同牌号、规格调拨价格的卷烟，未经国务院批准纳入计划的企业和个人生产的卷烟一律适用 56% 的税率。

（2）纳税人兼营不同税率的应税消费品，应当分别核算不同税率应税消费品的销售额、销售数量；未分别核算销售额、销售数量，或者将不同税率的应税消费品组成成套消费品销售的，从高适用税率。

第四节　消费税应纳税额的计算

消费税实行从价定率法、从量定额法，或从价定率和从量定额复合计税法（以下简称复合计税法）计算其应纳税额。对一些供求基本平衡、价格差异不大、计量单位规范的应税消费品（如汽油、柴油等），实行从量定额法；对一些供求矛盾突出、价格差异较大、计量单位不规范的应税消费品（如贵重首饰、化妆品等），采取从价定率法；而对于一些价格和利润差别大、容易采用转让定价方法来规避纳税的应税消费品（如烟、酒等），则采用从量与从价相结合的复合计税方法。

一、从价计征

采用从价定率计税方法的应税消费品，消费税的计税依据是销售额。

（一）实行从价定率法应纳税额的计算

1. 计税销售额的一般规定

（1）销售额的含义

按照《消费税暂行条例》和《消费税暂行条例实施细则》的规定，销售额为纳税人销售应税消费品向购买方收取的全部价款和价外费用。其中的"价外，费用"是指价外收取的基金、集资费、返还利润、补贴、延期付款利息、手续费、包装费、储备费、优质费、运输装卸费、代收款项、代垫款项及其他各种性质的价外收费。但下列款项不包括在内：

① 同时符合以下条件的代垫运费：

a. 承运部门的运费发票开具给购买方的；

b. 纳税人将该项发票转交给购买方的。

② 同时符合以下条件的代为收取的政府性基金或者行政事业性收费：

a. 由国务院或者财政部批准设立的政府性基金，由国务院或者省级人民政府及其财政、价格主管部门批准设立的行政事业性收费；

b. 收取时开具省级以上财政部门印制的财政票据；

c. 所收款项全额上缴财政。

除此之外，其他价外费用，无论是否属于纳税人的收入，均应并入销售额计算征税。

（2）销售额的换算

应税消费品在缴纳消费税的同时，还应缴纳增值税。按照消费税法的规定，应税消费品的销售额不包括应向购买方收取的增值税税款。如果纳税人应税消费品的销售额中未扣除增值税税款或者因不得开具增值税专用发票而发生价款和增值税税款合并收取的，在计算消费税时，应当换算为不含增值税税款的销售额。其换算公式为：

应税消费品的销售额 = 含增值税的销售额 ÷（1 + 增值税税率或征收率）

在使用换算公式时，应根据纳税人的具体情况分别使用增值税税率或征收率。如果消费税的纳税人同时又是增值税一般纳税人，应适用17%的增值税税率；如果消费税的纳税人是小规模纳税人，应适用3%的征收率。

【例3－1】甲客户向乙汽车制造厂（增值税一般纳税人）订购自用汽车一辆，支付货款（含税）125 400元，另付设计、改装费15 000元。则该辆汽车计征消费税的销售额为：

分析：计算消费税的销售额包括向购买方收取的全部价款和价外费用，但不包括收取的增值税销项税额。

应税销售额 = （125 400 + 15 000）÷（1 + 17%）= 120 000（元）

2. 计税销售额的特殊规定

（1）包装物及押金的计税销售额

按税法规定，实行从价定率法计税，应税消费品连同包装销售及包装物押金的计税销售额，做如下处理：

① 应税消费品连同包装物销售的，无论包装物是否单独计价以及在会计上如何核算，均应并入应税消费品的销售额中缴纳消费税。

② 如果包装物不作价随同产品销售，而是收取押金，此项押金则不应并入应税消费品的销售额中征税。但对因逾期收回的包装物不再退还的和已收取一年以上的押金，应并入应税消费品的销售额，按照应税消费品的适用税率征收消费税。

③ 对既作价随同应税消费品销售，又另外收取包装物的押金的，凡纳税人在规定的期限内不予退还的，均应并入应税消费品的销售额，按照应税消费品的适用税率征收消费税。

④ 酒类生产企业销售酒类产品（黄酒、啤酒除外）而收取的包装物押金，无论押金是否返还及在会计上如何核算，均应并入酒类产品销售额中征收消费税。

【例3-2】某酒厂2013年7月销售白酒2 000千克，每千克30元，开具专用发票，另外收取包装物押金300元，当月收回包装物，退回包装物押金。则销售白酒的计税销售额为：

应税销售额 = 2 000 × 30 + 300 ÷ (1 + 17%) = 60 256.41 （元）

（2）含增值税销售额的换算

应税消费品在缴纳消费税的同时，与一般货物一样，还应缴纳增值税。按照《中华人民共和国消费税暂行条例实施细则》的规定，应税消费品的销售额，不包括应向购货方收取的增值税税款。如果纳税人应税消费品的销售额中未扣除增值税税款或因不得开具增值税专用发票而发生价款和增值税税款合并收取的，在计算消费税时，应当换算为不含增值税税款的销售额。其换算公式为：

应税消费品的销售额 = 含增值税的销售额(以及价外费用) ÷ (1 + 增值税税率或征收率)

上述公式中的增值税税率为17%；增值税征收率为3%。

【例3-3】某摩托车生产企业为增值税一般纳税人，2013年3月通过销售门市部以每辆8 190元的零售价，销售某型号摩托车20辆，则该摩托车的计税销售额为：

销售额 = 8 190 ÷ (1 + 17%) × 20 = 140 000 （元）

二、从量计征

（一）应税消费品销售数量的确定

从量定额通常以每单位应税消费品的重量、容积或数量为计税依据，并按每单位应税消费品规定固定税额，这种固定税额即为定额税率。我国现行消费税仅对黄酒、啤酒和成品油实行定额税率，采用从量定额方法计税。其计算公式为：

应纳税额 = 销售数量 × 定额税率

上述公式中的"销售数量"是指应税消费品的数量，具体包括：销售应税消费品的，为应税消费品的销售数量；自产自用应税消费品的，为应税消费品的移送使用数量；委托加工应税消费品的，为纳税人收回的应税消费品数量。

（二）计量单位的换算标准

《消费税暂行条例》规定，黄酒、啤酒是以吨为税额单位，成品油是以升为税额单位。但是，在实际销售过程中，一些纳税人往往将计量单位混用。为了规范不同产品的计量单位，《消费税暂行条例实施细则》中具体规定了吨与升两个计量单位的换算标准，如表3－2所示。

表3－2   吨、升换算表

序号	货物名称	计量单位换算标准
1	啤酒	1吨＝988升
2	黄酒	1吨＝962升
3	石脑油	1吨＝1 385升
4	润滑油	1吨＝1 126升
5	航空煤油	1吨＝1 246升
6	汽油	1吨＝1 388升
7	柴油	1吨＝1 176升
8	溶剂油	1吨＝1 282升
9	燃料油	1吨＝1 015升

【例3－4】某炼油厂2013年6月销售汽油（无铅）500吨，取得销售收入2 000万元；柴油200吨，取得销售收入60万元。另将自产的汽油20吨、柴油30吨用于本企业运输部门。汽油每吨的生产成本为2 800元，柴油每吨的生产成本为1 500的元。

分析：该炼油厂生产的汽油和柴油均为从量定额计征的消费品，生产销售的应按销售数量计税；自产汽油、柴油用于本企业运输部门的应按移送使用数量计税。则该厂当月应纳的消费税为：

应纳消费税＝（500＋20）×1 388×0.2＋（200＋30）×1 176×0.1＝171 400（元）

三、从价从量复合计征

对烟酒征收消费税，实行从量定额与从价定率相结合的复合计税法或全部采用从量定额征收方法是国际上通行的做法，而从价计征的方法较为少见。

由于我国烟、酒的级别差异较大，完全采用从量定额的方法不利于平衡税负，因此我国于2001年开始对卷烟、白酒实行从量定额与从价定率相结合的复合计税方法，即先对卷烟、白酒从量定额计征，然后再从价计征。其计算公式为：

应纳税额＝销售额×比例税率＋销售数量×定额税率

值得注意的是，自2009年5月1日起，对卷烟还要在批发环节加征一道从价税。

即在境内从事卷烟批发业务的单位和个人，批发销售的所有牌号的卷烟，按其销售额（不含税）征收5%的从价税。纳税人应将卷烟销售额与其他商品销售额分开核算，未分开核算的，一并征收消费税。卷烟消费税在生产和批发两个环节征收后，批发企业在计算纳税时不得扣除已含的生产环节的消费税税款。

生产销售卷烟、粮食白酒、薯类白酒从量计征的依据为实际销售数量。自产自用，委托加工或进口卷烟、粮食白酒、薯类白酒从量计税的依据分别为移送使用数量、委托加工收回数量和进口征税数量。

卷烟从价定率计税办法的计税依据为调拨价格或核定价格。调拨价格是卷烟生产企业通过卷烟交易市场与购买方签订的卷烟交易价格。同时，为防止白酒行业利用关联交易实现避税的目的，法律规定了白酒生产企业销售给销售企业的白酒消费税的计税价格不得低于销售单位最终零售价格的70%，如果低于这一比例，税务机关将进行核定征收。

四、消费税应纳税额计算的特殊规定

（一）自产自用的应税消费品的税额计算

在纳税人生产应税消费品中，有一种特殊的形式，即自产自用形式。所谓自产自用，就是纳税人生产应税消费品后，不是直接用于对外销售，而是用于自己连续生产应税消费品，或用于其他方面。这种自产自用形式，在实际经济生活中比较常见，比如有的企业把自己生产的应税消费品用于职工福利、以为不是对外销售，不必计入销售额，不需纳税。这样就出现了漏缴税款的现象。因此，有必要界定这种行为并认真理解税法对自产自用应税消费品的有关规定。

1. 纳税人自产自用的应税消费品，用于连续生产应税消费品的，不纳税。

所谓"纳税人自产自用的应税消费品，用于连续生产应税消费品的"，是指这种消费品作为生产最终应税消费品的直接材料、并构成最终产品实体。也就是说，将自己生产的应税消费品用于连续生产应税消费品的，中间投入的应税消费品不需纳税，只对最终的应税消费品征税。这样的规定体现了税不重征和计税简便的原则，很好地避免了重复征税问题。例如，卷烟厂用自己生产出来的烟丝来连续生产卷烟，那么作为中间投入物的应税消费品烟丝不征税，只对生产的卷烟征收消费税。

2. 纳税人自产自用的应税消费品，用于其他方面的，于移送使用时纳税。

所谓"用于其他方面"，是指纳税人用于生产非应税消费品和在建工程、管理部门、非生产机构、提供劳务，以及用于馈赠、赞助、集资、广告、样品、职工福利、奖励等方面的应税消费品。这种视同销售行为也要依法缴纳消费税，主要是基于平衡外购应税消费品和自产应税消费品之间的税负的考虑，有利于公平税负，并保证财政收入。

3. 根据《消费税暂行条例》的规定，纳税人自产自用的应税消费品，凡用于其他方面的，按以下两种方法确定销售额。

（1）有同类消费品的销售价格。按照纳税人生产的同类消费品销售价格计算纳税。

这里所说的"同类消费品销售价格",是指纳税人或代收代缴义务人当月销售的同类消费品的销售价格,如果当月同类消费品各期销售价格高低不同,应按销售数量的加权平均计算。但销售的应税消费品有下列情况之一的,不得列入加权平均计算:销售价格明显偏低又无正当理由的;无销售价格的。如果当月无销售或者当月末完结,应按照同类消费品上月或最近月份的销售价格计算纳税。

(2)没有同类消费品的销售价格。如果纳税人自产自用的应税消费品,在计算征收时没有同类消费品的销售价格,则按照组成计税价格计算纳税。

4. 应纳税额的计算

纳税人自产自用的应税消费品,按照纳税人生产的同类消费品的销售价格计算纳税;没有同类消费品销售价格的,按照组成计税价格计算纳税。

实行从价定率办法计算纳税的组成计税价格计算公式:

组成计税价格 = (成本 + 利润) ÷ (1 - 比例税率)

应纳税额 = 组成计税价格 × 比例税率

实行复合计税办法计算纳税的组成计税价格计算公式:

组成计税价格 = (成本 + 利润 + 自产自用数量 × 定额税率) ÷ (1 - 比例税率)

应纳税额 = 组成计税价格 × 比例税率 + 自产自用数量 × 定额税率

上述公式中所说的"成本"是指应税消费品的产品生产成本;"利润"是指根据应税消费品的全国平均成本利润率计算的利润。应税消费品全国平均成本利润率由国家税务总局确定。成本利润率如表3-3所示。

表3-3　　　　应税消费品的全国平均成本利润率表

序号	种类	成本利润率	序号	种类	成本利润率
1	甲类卷烟	10%	11	贵重首饰及珠宝玉石	6%
2	乙类卷烟	5%	12	汽车轮胎	5%
3	雪茄烟	5%	13	摩托车	6%
4	烟丝	5%	14	高尔夫球及球具	10%
5	粮食白酒	10%	15	高档手表	20%
6	薯类白酒	5%	16	游艇	10%
7	其他酒	5%	17	木制一次性筷子	5%
8	酒精	5%	18	实木地板	5%
9	化妆品	5%	19	乘用车	8%
10	鞭炮、焰火	5%	20	中轻型商用客车	5%

【例3-5】某化妆品厂将特制一批化妆品用作职工福利,该批化妆品生产成本为80 000元,成本利润率为5%,适用消费税税率为30%。计算该批化妆品应缴纳的消费税税额。

（1）组成计税价格 = 80 000 × (1 + 5%) ÷ (1 - 30%)

　　　　　　　　 = 84 000 ÷ 0.7 = 120 000（元）

（2）应纳税额 = 120 000 × 30% = 36 000（元）

（二）外购已税消费品连续生产应税消费品应纳消费税的计算

1. 税法的基本规定。用外购已税消费品连续生产的应税消费品计算征税时，准予按当期生产领用数量计算扣除外购应税消费品已纳税款。但用外购已税消费品连续生产应税消费品准予抵扣税款的范围，仅限于以下12个方面：

（1）外购已税烟丝生产的卷烟。

（2）外购已税化妆品生产的化妆品。

（3）外购已税珠宝玉石生产的贵重首饰及珠宝玉石。

（4）外购已税鞭炮、焰火生产的鞭炮、焰火。

（5）外购已税汽车轮胎（内胎和外胎）生产的汽车轮胎。

（6）外购已税摩托车生产的摩托车，如用外购两轮摩托车改装三轮摩托车。

（7）外购已税杆头、杆身和握把生产的高尔夫球杆。

（8）外购已税木制一次性筷子生产的木制一次性筷子。

（9）外购已税实木地板生产的实木地板。

（10）外购已税石脑油生产的应税消费品。

（11）外购已税润滑油生产的润滑油。

（12）外购已税汽油、柴油生产的甲醇汽油、生物柴油。

值得注意的是：纳税人用外购已税珠宝玉石生产的改在零售环节征收消费税的金银首饰（镶嵌首饰）、钻石及钻石饰品，在计税时一律不得扣除外购珠宝玉石的已纳税款。

上述当期准予扣除外购应税消费品已纳消费税税款的计算公式为：

当期准予扣除的外购应税消费品已纳税款 = 当期准予扣除的外购应税消费品买价 × 外购应税消费品适用税率

当期准予扣除的外购应税消费品买价 = 期初库存的外购应税消费品的买价 + 当期购进的应税消费品的买价 - 期末库存的外购应税消费品的买价

【例3 - 6】某烟厂2011年6月用外购已税烟丝生产卷烟，当月销售额为180万（每标准条不含增值税调拨价格为180元，共计40标准箱），当月月初库存外购烟丝账面余额为100万元，当月购进烟丝80万元，月末库存外购烟丝账面余额为120万元。计算该厂当月销售卷烟应纳消费税税款（卷烟适用比例税率为56%，定额税率为150元/标准箱，烟丝适用比例税率为30%，上述款项均不含增值税）。

当月应纳消费税税额 = 180 × 56% + 40 × 0.015 = 101.4（万元）

当月准予扣除外购烟丝已纳税款 = (100 + 80 - 120) × 30% = 18（万元）

当月销售卷烟实际应缴纳消费税 = 101.4 - 18 = 83.4（万元）

（三）委托加工应税消费品的税额计算

1. 税法的基本规定

委托加工的应税消费品是指由委托方提供原料和主要材料，受托方只收取加工费和代垫部分辅助材料加工的应税消费品。但下列情况均不属于委托加工：一是对于由受托方提供原材料生产的应税消费品；二是受托方先将原材料卖给委托方，然后再接受加工的应税消费品；三是由受托方以委托方名义购进原材料生产的应税消费品。

2. 应纳税额计算

委托加工的应税消费品，按照受托方的同类消费品的销售价格计算纳税；没有同类消费品销售价格的，按照组成计税价格计算纳税。

实行从价定率办法计算纳税的组成计税价格计算公式：

组成计税价格 =（材料成本 + 加工费）÷（1 - 比例税率）

实行复合计税办法计算纳税的组成计税价格计算公式：

组成计税价格 =（材料成本 + 加工费 + 委托加工数量 × 定额税率）÷（1 - 比例税率）

上述公式中"材料成本"是指委托方所提供的加工材料的实际成本。委托加工应税消费品的纳税人，必须在委托加工合同上如实注明（或以其他方式提供）材料成本，凡未提供材料成本的，受托方主管税务机关有权核定其材料成本。"加工费"是指受托方加工应税消费品向委托方所收取的全部费用（包括代垫辅助材料的实际成本）。

【例 3 - 7】某企业从农业生产者手中收购玉米 50 吨，每吨收购价 3 000 元，共计支付收购价款 150 000 元。企业将收购的玉米从收购地直接运往异地的某酒厂生产加工白酒，酒厂在加工过程中代垫辅助材料款 16 000 元。白酒加工完毕，企业共收回白酒 100 吨，取得酒厂开具的增值税专用发票，注明加工费 30 000 元、增值税额 170 000元。加工的白酒当地无同类产品市场价格。则该项业务中酒厂为白酒消费税的代收代缴义务人，酒厂应代收代缴的消费税为：

组成计税价格 =［150 000 ×（1 - 13%）+ 30 000 + 16 000 + 100 × 2 000 × 0.5］÷
（1 - 20%）
= 345 625（元）

应代收代缴消费税 = 345 625 × 20% + 100 × 2 000 × 0.5 = 169 125（元）

（四）委托加工连续生产应纳消费税的计算

1. 税法的基本规定

委托加工应税消费品收回后，直接销售或视同销售的不纳消费税；但用于连续生产应税消费品的，计算征税时，准予按当期生产领用数量计算扣除委托加工应税消费品已纳的税款。用委托加工收回的应税消费品连续生产应税消费品准予抵扣税款的范围，仅限于以下 12 个方面：

（1）以委托加工收回已税烟丝生产的卷烟；

（2）以委托加工收回已税化妆品生产的化妆品；

（3）以委托加工收回已税珠宝玉石生产的贵重首饰及珠宝玉石；

（4）以委托加工收回已税鞭炮、焰火生产的鞭炮、焰火；

（5）以委托加工收回已税杆头、杆身和握把生产的高尔夫球杆；

（6）以委托加工收回已税木制一次性筷子生产的木制一次性筷子；

（7）以委托加工收回已税实木地板生产的实木地板；

（8）以委托加工收回已税石脑油生产的应税消费品；

（9）以委托加工收回已税润滑油生产的润滑油；

（10）以委托加工收回已税汽车轮胎（内胎和外胎）生产的汽车轮胎；

（11）以委托加工收回已税摩托车生产的摩托车，如用两轮摩托车改装三轮摩托车；

（12）以委托加工收回已税汽油、柴油生产的甲醇汽油、生物柴油。

值得注意的是：纳税人用委托加工已税珠宝玉石生产的改在零售环节征收消费税的金银首饰（镶嵌首饰）、钻石及钻石饰品，在计税时一律不得扣除委托加工已税珠宝玉石的已纳税款。

上述当期准予扣除委托加工收回的应税消费品已纳消费税税款的计算公式为：

当期准予扣除的委托加工应税消费品已纳税款 = 期初库存的委托加工应税消费品已纳税款 + 当期收回的委托加工应税消费品已纳税款 - 期末库存的委托加工应税消费品已纳税款

【例3-8】某卷烟厂委托某烟丝加工厂（小规模纳税人）加工一批烟丝，卷烟厂提供的烟叶在委托加工合同上注明成本8万元。烟丝加工完，卷烟厂提货时，加工厂收取加工费，开具普通发票上注明全额1.272万元，并代收代缴了烟丝的消费税。卷烟厂将这批加工收回的烟丝的50%对外直接销售，收入6.5万元；另外50%当月全部用于生产卷烟。本月销售卷烟40标准箱，取得不含税收入60万元。则该厂销售卷烟应纳的消费税为：

受托方代收代缴的消费税 = [8 + 1.272 ÷ (1 + 17%)] ÷ (1 - 30%) × 30%

= 3.895（万元）

销售卷烟适用税率：600 000 ÷ 40 ÷ (50 000 ÷ 200) = 60（元/箱），该卷烟适用从价消费税率36%则：

销售卷烟应纳消费税 = 60 × 36% + 40 × 150 ÷ 10 000 - 3.895 ÷ 2 = 20.25（万元）

（五）进口应税消费品的应纳税额计算

1. 从价定率法应纳税额的计算

应税消费品报关进口后还没有实现销售的，不能根据实际销售收入征税，如果以关税完税价格为计税依据，就会使进口应税消费品与国内生产的同种应税消费品的计税依据不一致，从而使进口应税消费品的税负低于国内生产的同种应税消费品的税负。因此，税法规定对进口应税消费品按其组成计税价格征收消费税。其组成计税价格的计算公式为：

组成计税价格 = 关税完税价格 × (1 + 关税税率) ÷ (1 - 消费税税率)

应纳税额 = 组成计税价格 × 适用税率

上述公式中的"关税完税价格"又称到岸价格，是指经海关核定的关税计税价格，即货物在采购地的正常批发价格，加上运抵我国输入口岸起卸前的包装费、运费、保险费和手续费等一切费用之和。进口货物在采购地正常批发价格海关未能确定的，则到岸价格由海关估定。

【例3-9】某商贸公司12月从国外进口一批应税消费品，已知关税完税价格为150 000元，按规定应缴纳关税30 000元，假定进口的应税消费品适用的消费税率为10%。计算该批消费品进口环节的计税价格。

组成计税价格 = (150 000 + 30 000) ÷ (1 - 10%) = 200 000（元）

2. 从量定额法应纳税额的计算

对进口应税消费品从量定额计算征收消费税，其计税依据是进口应税消费品数量。基本计算公式为：

应纳税额 = 进口的应税消费品数量 × 单位税额

3. 复合计征法应纳税额的计算

对进口应税消费品从价定率和从量定额复合计算征收消费税，其计税依据是进口应税消费品组成计税价格和进口数量。基本计算公式为：

组成计税价格 = (关税完税价格 + 关税 + 进口数量 × 消费税定额税率) ÷ (1 - 消费税比例税率应纳税额 = 组成计税价格 × 比例税率 + 应税消费品数量 × 单位税额

（六）消费税出口退税的计算

我国借鉴国际惯例，对纳税人出口的应税消费品免征消费税，但国家限制出口的产品除外。出口应税消费品同时涉及退（免）增值税和消费税，且退（免）消费税与出口货物退（免）增值税在退（免）税范围的限定、退（免）税办理程序、退（免）税审核及管理上都有许多一致的地方。下面仅就出口应税消费品退（免）消费税某些不同于出口货物退（免）增值税的特殊规定加以阐述。

1. 出口应税消费品退（免）税政策

出口应税消费品退（免）税政策有以下三种情况。

（1）出口免税并退税

出口企业出口或视同出口适用增值税退（免）税的货物，免征消费税。如果属于购进出口的货物，退还前一环节对其已征的消费税。

（2）出口免税但不退税

出口企业出口或视同出口适用增值税免税政策的货物，免征消费税，但不退还其以前环节已征的消费税，且不允许在内销应税消费品应纳消费税款中抵扣。

（3）出口不免税也不退税

出口企业出口或视同出口适用增值税征税政策的货物，应按规定缴纳消费税，不退还其以前环节已征的消费税，且不允许在内销应税消费品应纳消费税款中抵扣。

2. 出口退税率的规定

计算出口应税消费品应退消费税的税率或单位税额，依据《消费税暂行条例》所附《消费税税目税率（税额）表》执行。这是退（免）消费税与退（免）增值税的一个重要区别。当出口的货物是应税消费品时，其退还增值税要按规定的退税率计算；其退还消费税则按该应税消费品所适用的消费税税率计算。企业应将不同消费税税率的出口应税消费品分开核算和申报，凡划分不清适用税率的，一律从低适用税率计算应退消费税税额。

3. 出口应税消费品的计税依据和应纳税额的计算

出口货物的消费税应退税额的计税依据，按购进出口货物的消费税专用缴款书和海关进口消费税专用缴款书确定。

（1）从价定率计征消费税的应税消费品，计税依据为已征且未在内销应税消费品应纳税额中抵扣的购进出口货物金额：

应退消费税税款 = 购进金额 × 税率

（2）从量定额计征消费税的，计税依据为已征且未在内销应税消费品应纳税额中抵扣的购进出口货物数量：

应退消费税税款 = 购进数量 × 定额税率

属于复合计征消费税的，按从价定率和从量定额的计税依据分别确定：

应退消费税税款 = 购进金额 × 比例税率 + 购进数量 × 定额税率

【例 3 - 10】 甲公司（增值税一般纳税人）是一家具有出口经营权的外贸公司，主要从事各种化妆品的进口和出口。2011 年 8 月，甲公司从乙化妆品厂购进了一批高档化妆品，取得的增值税专用发票上注明的价值为 120 万元，税款 20.4 万元。当月甲公司将该批高档化妆品全部报关出口，报关价格为 20 万欧元（设汇率为 1：10），随后向税务机关申请退税。

已知：化妆品消费税税率为 30%，化妆品增值税税率为 17%，出口退税率为 13%，计算甲公司 2011 年 8 月的增值税、消费税应退税额。

分析：税法规定，对于收购货物出口的外货企业，采用"先征后退"的方法计算应退增值税税额。则：

甲公司化妆品应退增值税税额 = 120 × 13% = 15.6（万元）

甲公司是具有出口经营权的外贸企业，可以享受消费税的退税政策。

甲公司化妆品应退消费税税款 = 120 × 30% = 36（万元）

4. 出口应税消费品办理退（免）税后的管理

出口的应税消费品办理退税后，发生退关，或者国外退货进口时予以免税的，报关出口者必须及时向其所在地主管税务机关申报补缴已退的消费税税款。

纳税人直接出口的应税消费品办理免税后发生退关或国外退货，进口时已予以免税的，经所在地主管税务机关批准，可暂不办理补税，待其转为国内销售时，再向其主管税务机关申报补缴消费税。

（七）消费税应纳税额计算的其他规定

1. 组成套装销售应税消费品的计税规定

纳税人将自产的应税消费品与外购或自产的非应税消费品组成套装销售的，以套装产品的销售额（不含增值税）为计税依据计算征收消费税。

2. 应税消费品用于投资入股等的计税规定

纳税人应税消费品用于投资入股和抵偿债务，以及换取生产资料和消费资料等方面的，应按纳税人同类应税消费品的最高销售价格计算征收消费税。

3. 非独立核算机构销售应税消费品的计税规定

纳税人通过自设非独立核算门市部销售的自产应税消费品，应按照门市部对外销售额或销售数量计算征收消费税。

第五节　消费税的征收管理

一、消费税的纳税环节

我国现行消费税实行的是一次课税制度，其征收并不是像增值税那样在商品流通的每一个环节都进行征税，而是只在某一个环节进行征税。一般而言，消费税在生产环节征收。具体而言，包括以下几种情况：

（1）生产环节。纳税人生产的应税消费品，由生产者于销售时纳税。其中，自产自用的应税消费品用于本企业连续生产的不纳税；用于其他方面的，于移送使用时纳税。

（2）委托加工环节。委托加工的应税消费品，由受托方在向委托方交货时代收代缴税款。委托个人加工的应税消费品，由委托方收回后缴纳消费税。

（3）进口环节。进口的应税消费品，由进口人或者其代理人于报关进口时申报纳税。

（4）零售环节。金银首饰在零售环节征收消费税。

（5）批发环节。卷烟在生产环节和批发环节纳税。

二、消费税的纳税义务发生时间

1. 生产销售应税消费品的纳税义务发生时间

纳税人销售应税消费品的，纳税义务发生时间按不同的销售结算方式分别为：

（1）采取赊销和分期收款结算方式的，为书面合同约定的收款日期的当天，书面合同没有约定收款日期或者无书面合同的，为发出应税消费品的当天；

（2）采取预收货款结算方式的，为发出应税消费品的当天；

（3）采取托收承付和委托银行收款方式的，为发出应税消费品并办妥托收手续的当天；

（4）采取其他结算方式的，为收讫销售款或者取得索取销售款凭据的当天。

2. 其他应税行为的纳税义务发生时间

（1）纳税人自产自用应税消费品的，为移送使用的当天；

（2）纳税人委托加工应税消费品的，为纳税人提货的当天；

（3）纳税人进口应税消费品的，为报关进口的当天。

三、消费税的纳税期限

消费税的纳税期限分别为 1 日、3 日、5 日、10 日、15 日、1 个月或者 1 个季度。纳税人的具体纳税期限，由主管税务机关根据纳税人应纳税额的大小分别核定；不能按照固定期限纳税的，可以按次纳税。

纳税人以 1 个月或者 1 个季度为 1 个纳税期的，自期满之日起 15 日内申报纳税；以 1 日、3 日、5 日、10 日或者 15 日为 1 个纳税期的，自期满之日起 5 日内预缴税款，于次月 1 日起 15 日内申报纳税并结清上月应纳税款。纳税人进口应税消费品，应当自海关填发海关进口消费税专用缴款书之日起 15 日内缴纳税款。

四、消费税的纳税地点

（1）纳税地点的一般规定纳税人销售的应税消费品及自产自用的应税消费品，除国务院财政、税务主管部门另有规定外，应当向纳税人机构所在地或者居住地的主管税务机关申报纳税。

委托加工的应税消费品，除受托方为个人外，由受托方向机构所在地或者居住地的主管税务机关解缴消费税税款。

（2）纳税地点的具体规定

① 纳税人到外县（市）销售或者委托外县（市）代销自产应税消费品的，于应税消费品销售后，向机构所在地或者居住地主管税务机关申报纳税。

② 纳税人的总机构与分支机构不在同一县（市）的，应当分别向各自机构所在地的主管税务机关申报纳税；经财政部、国家税务总局或者其授权的财政、税务机关批准，可以由总机构汇总向总机构所在地的主管税务机关申报纳税。

③ 委托个人加工的应税消费品，由委托方向其机构所在地或者居住地主管税务机关申报纳税。

④ 进口的应税消费品，由进口人或者其代理人向报关地海关申报纳税。

五、消费税的征收机关与申报缴纳

我国现行的消费税属于中央税，由国家税务机关负责征收，进口的应税消费品的消费税由海关代征。个人携带或者邮寄进境的应税消费品的消费税，连同关税一并计征。

纳税人申报缴纳消费税的方法，由所在地主管税务机关视不同情况，从下列方法中确定一种。

（1）纳税人按期向税务机关填报纳税申报表，并填开纳税缴款书，按期向其所在地税务机关填报纳税申报表，并填开纳税缴款书，向其所在地代理金库的银行缴纳税款。

（2）纳税人按期向税务机关填报纳税申报表，由税务机关审核后填发缴款书，纳税人按期缴纳税款。

（3）对会计核算不健全的小型业户，税务机关可根据其产销情况，按季或按年核定其应纳税款，由纳税人分月缴纳。

【本章小结】

本章主要介绍了：1. 消费税是以特定的消费品或消费行为为征税对象，以销售额或销售数量为计税依据征收的一种税。消费税是世界各国普遍征收的一种重要税种。

2. 我国现行的消费税属于特种消费税，选择 14 种特定的消费品作为征税对象。消费税的纳税人是在我国境内生产、委托加工和进口应税消费品的单位和个人。

3. 消费税对不同的税目实行有差别的定额税率和比例税率。消费税实行从价定率、从量定额及复合计税三种征税方法。实行从价定率计税的应税消费品，计税依据为应税消费品的销售额。实行从量定额计税的应税消费品，计税依据为应税消费品的销售数量。实行复合计税时，消费税的计税依据是应税消费品的销售额和销售数量。在实践中，还要注意在自产自用、委托加工及进口应税消费品时，消费税计税依据的一些特殊规定。

4. 消费税的税收优惠比较少，优惠方式主要是针对小汽车的税额减征和出口应税消费品的退（免）税。

5. 消费税的纳税义务发生时间根据销售结算方式的不同而有所不同。消费税的纳税期限与增值税相同，分别为 1 日、3 日、5 日、10 日、15 日、1 个月或者 1 个季度。消费税的纳税地点一般为纳税人机构所在地或者居住地的主管税务机关。

【思考题】

1. 如何理解消费税的特点与作用？
2. 消费税的税目税率是如何规定的？
3. 如何确定消费税的纳税环节？
4. 如何把握消费税的计税原理及税额的计算？
5. 消费税的出口退税政策是什么？

【课后练习题】

一、单项选择题

1. 据消费税的有关规定，下列纳税人自产自用应税消费品不缴纳消费税的是（　　）。

　　A. 炼油厂用于基建部门的自产汽油

　　B. 汽车厂用于管理部门的自产汽车

　　C. 日化厂用于交易会的自产化妆品

　　D. 卷烟厂用于生产卷烟的自制烟丝

2. 某酒厂 2013 年 12 月研发生产一批新型粮食白酒 1 000 公斤，作为礼品赠送。该白酒没有同类售价，成本为 17 万元，已知粮食白酒的成本利润率 10%。则该批白酒应纳的消费税为（　　）万元。

　　A. 4. 775　　　　B. 4. 8　　　　　　C. 7. 91　　　　　D. 8. 2

3. 纳税人采取托收承付和委托银行收款方式销售的应税消费品，其纳税义务的发生时间为（　　）。

　　A. 发出应税消费品并办妥托收手续的当天

　　B. 收到货款的当天

C. 合同约定的时间

D. 发出货物的当天

4. 某企业委托酒厂加工药酒 10 箱，该药酒无同类产品的销售价格，委托方提供的原料成本为 2 万元，受托方垫付的辅料成本为 0.15 万元，另收取的不含增值税加工费 0.4 万元。则该酒厂代收代缴的消费税（消费税率为 10%）为（   ）元。

A. 2 550　　　　　　B. 2 833. 33　　　　　　C. 3 833. 33　　　　D. 2 388. 88

5. 在下列项目中应当按消费税"汽车轮胎"税目征收消费税的是（   ）。

A. 小汽车轮胎　　　　　　　　　　B. 翻新轮胎

C. 农用拖拉机专用轮胎　　　　　　D. 子午线轮胎

6. 在下列有关消费税的表述中，正确的是（   ）。

A. 纳税人将生产的应税消费品用于偿还债务的应当按规定缴纳消费税

B. 无论是否返还随啤酒销售取得的包装物押金都应当征收消费税

C. 纳税人进口应税消费品的纳税义务发生时间为货物到岸的当天

D. 自产应税消费品用于连续生产应税消费品在使用时缴纳消费税

7. 某地板公司生产各种实木地板，于 2013 年 5 月领用上月外购的地板继续加工成豪华实木地板，销售给某外贸企业 500 箱，开具的增值税专用发票上注明的销售额为 400 万元。已知上月外购实木地板 500 箱，取得增值税专用发票上注明的价款为 300 万元，本月生产领用 80%。该地板公司应缴消费税（   ）万元（消费税税率 5%）。

A. 5　　　　　　　　B. 20　　　　　　　　C. 4. 5　　　　　　　　D. 8

8. 在下列关于消费税税率的表述中错误的是（   ）。

A. 消费税采用比例税率和定额税率，以适应不同应税消费品的实际情况

B. 卷烟在批发环节加征一道从价税，税率为 10%

C. 对饮食业等啤酒屋利用啤酒生产设备生产的啤酒按 250 元/吨计征消费税

D. 比例税率中最高的税率为 56%，最低税率为 1%

9. 某酒厂为一般纳税人，2013 年 10 月销售粮食白酒 5 万斤，收取价款 20 万元（不含增值税），收取随同产品出售单独计价的包装价款 2.34 万元，另外又收取包装物押金 1.17 万元。该酒厂当月应纳消费税税额为（   ）万元。

A. 6. 70　　　　　　B. 6. 84　　　　　　C. 7. 10　　　　　　　D. 7. 20

10. 某金店（中国人民银行批准的金银首饰经销单位）为增值税一般纳税人，2013 年 4 月采取"以旧换新"方式销售 24K 纯金项链 10 条，每条新项链对外零售价格 3 000 元，旧项链作价 1 000 元，从消费者手中每条收取新旧项链差价款 2 000 元，该项"以旧换新"业务应纳增值税和消费税合计为（   ）元。

A. 2 905. 98　　　　B. 3 400　　　　　　C. 3 760. 68　　　　　D. 5 100

11. 税务机关在税务检查中发现，张某委托本地的个体户李某加工实木地板。张某已将实木地板收回并销售，但未入账，也不能出示消费税完税证明。下列关于税务机关征管行为的表述中，正确的是（   ）。

A. 要求李某补缴税款

B. 要求张某补缴税款

    C. 应对张某处以未缴纳的消费税额 0.5 倍至 3 倍的罚款

    D. 应对李某处以末代收代缴消费税额 0.5 倍至 3 倍罚款

12. 在下列各项中，属于消费税征收范围的是（   ）。

    A. 电动汽车   B. 卡丁车   C. 高尔夫车   D. 小轿车

13. 某金店采取以旧换新方式销售金银饰品，消费税的计税依据是（   ）。

    A. 同类新金银饰品的销售价格   B. 收取的含增值税的全部价款

    C. 金银饰品所组成的计税价格   D. 收取不含增值税的全部价款

14. 某卷烟厂为一般纳税人，2013 年 10 月 18 日零售卷烟 200 箱，该批卷烟不进人交易中心、没有调拨价，实际每箱零售（含税）价 14 000 元，假如税务机关针对该类卷烟倒算核定的计税价为 11 854 元/箱，核定从价税率为 56%。则该烟厂 18 日销售的卷烟消费税为（   ）元。

    A. 747 900   B. 1 096 860   C. 1 370 170.72   D. 741 240

15. 某酒厂于 2013 年 10 月生产销售散装啤酒 400 吨，每吨售价 3 800 元。另外，该厂生产一种新的粮食白酒，广告样品使用 0.2 吨，已知该种白酒无同类产品出厂价，生产成本为每吨 35 000 元，成本利润率为 10%，该厂当月应纳的消费税为（   ）元。

    A. 88 000   B. 90 566.67   C. 100 000   D. 102 175

16. 某木制品公司于 2013 年 10 月销售给经销商甲实木地板（消费税率 5%）100 箱，销售价为 1 000 元/箱，销售给经销商乙同类实木地板 80 箱，销售价为 1 100 元/箱；当月还将 30 箱同类实木地板发给其原材料供应商以抵偿上月的应付货款。则该公司应缴纳的消费税为（   ）元。

    A. 11 050   B. 12 700   C. 12 667   D. 12 400

17. 下列关于卷烟消费税的政策，说法正确的是（   ）。

    A. 卷烟在批发环节加征一道从量税

    B. 卷烟批发纳税人应将卷烟与其他商品的销售额分开核算，否则一并征收消费税

    C. 卷烟批发企业计算卷烟批发环节应纳消费税准予扣除已合生产环节的消费税

    D. 从事卷烟批发业务的企业销售所有的卷烟应按其销售额（不合增值税）的 3% 征收消费税

二、多项选择题

1. 在下列单位中属于消费税纳税人的有（   ）。

    A. 生产销售应税消费品（金银首饰除外）的单位

    B. 委托加工应税消费品的单位

    C. 进口应税消费品的单位

    D. 受托加工应税消费品的单位

2. 在下列单位中属于消费税纳税人的有（   ）。

    A. 生产销售应税消费品（金银首饰除外）的单位

    B. 委托加工应税消费品的单位

    C. 进口应税消费品的单位

    D. 受托加工应税消费品的单位

3. 下列委托加工行为应纳消费税的有（　　　）。

    A. 汽车制造厂委托加工一批轮胎全部用于客车生产

    B. 某企业将外购汽车底盘及配件委托加工成小货车自用

    C. 某企业委托加工一批护肤品发给职工做福利

    D. 某商场委托加工一批卷烟直接用于销售

4. 在下列各项中，应当征收消费税的有（　　　）。

    A. 化妆品厂作为样品赠送给客户的香水

    B. 用于产品质量检验耗费的高尔夫球杆

    C. 白酒生产企业向百货公司销售的试制药酒

    D. 轮胎厂移送非独立核算门市部待销售的汽车轮胎

5. 在下列各项中应当征收消费税的有（　　　）。

    A. 化妆品厂作为样品赠送给客户的香水

    B. 用于产品质量检验耗费的高尔夫球杆

    C. 某白酒厂向百货商店销售的试制药酒

    D. 轮胎厂移送非独立门市部的汽车轮胎

6. 下列企业出口应税消费品享受出口免税但不退税政策的有（　　　）。

    A. 有出口经营权的外贸企业购进货物直接出口

    B. 有出口经营权的生产性企业自营出口

    C. 生产企业委托外贸企业代理出口自产的应税消费品

    D. 外贸企业委托其他外贸企业代理出口的应税消费品

7. 纳税人自产自用的下列应税消费品中，需缴纳消费税的有（　　　）。

    A. 生产企业将石脑油用于本企业连续生产汽油

    B. 日化厂自产化妆品用于促销赠品

    C. 汽车制造厂自产小汽车用于后勤服务

    D. 木筷厂将自产高档木筷用于本企业职工食堂

8. 在下列各项中符合消费税纳税地点规定的有（　　　）。

    A. 进口应税消费品的，由进口人或其代理人向报关地海关申报纳税

    B. 总机构与分支机构不在同一县（市）的，应分别向各自机构所在地缴纳消费税

    C. 委托加工应税消费品的，一律由委托方向受托方所在地的主管税务机关申报纳税

    D. 纳税人到外县销售自产应税消费品应向机构所在地或居住地的主管税务机关纳税

9. 下列关于消费税纳税义务发生时间的说法正确的有（　　　）。

    A. 某化妆品厂销售化妆品采用赊销方式，合同规定的收款时间为 5 月，实际收到货款为 6 月，则纳税义务发生时间为 6 月

    B. 某汽车厂采用预收货款方式结算，其纳税义务发生时间为预收货款的当天

    C. 某汽车厂采用托收承付结算方式销售汽车，其纳税义务发生时间为发出汽车并办妥托收手续的当天

    D. 某金银珠宝店销售首饰 10 件，收取价款 2.5 万元，其纳税义务发生时间为当天

10. 下列包装物押金应征消费税的有（　　　）。

    A. 盛装盐酸的坛子单独收取包装物押金，6 个月后坛子收回、押金返还

    B. 工业专用的容器单独收取包装物押金，14 个月后容器收回、押金返还

    C. 白酒专用的瓶子单独收取包装物押金，2 个月后瓶子收回、押金返还

    D. 工业酒精专用的容器，单独收取的包装物押金不再退还

11. 在下列各项中，不符合消费税纳税地点规定的有（   ）。

    A. 委托加工的应税消费品由委托方向所在地税务机关申报纳税

    B. 进口应税消费品由进口人或其代理人向报关地的海关申报纳税

    C. 分支机构与总机构不在同一县（市）应当回总机构申报纳税

    D. 酒厂到外县市销售自产白酒应向机构或居住地的税务机关报税

三、判断题

1. 用于换取生产资料的卷烟，应按同类商品的平均售价作为计税依据，计算征收增值税和消费税。（   ）

2. 在零售环节征消费税的金银（含铂金）首饰、钻石、钻石饰品允许抵扣在外购珠宝玉石时已纳消费税税款。（   ）

3. 纳税人兼管不同税率的应税消费品，应当分别核算不同税率应税消费品的销售额、销售数量。未分别核算销售额、销售数量的，或者将不同税率的应税消费品组成成套消费品销售的，从高适用税率。（   ）

4. 以旧换新（含翻新改制）销售金银首饰按实际收取的不含增值税的全部价款确定计税依据征收消费税。（   ）

5. 纳税人自产自用从价定率征税的应税消费品，没有同类消费品销售价格的，按照组成计税价格计算纳税。组成计税价格的计算公式是：（成本＋利润）÷（1＋消费税税率）。（   ）

6. 卷烟消费税在生产和批发两个环节征收后，批发企业在计算纳税时不得扣除已含的生产环节的消费税税款。（   ）

7. 企业应将不同消费税税率的出口应税消费品分开核算并申报退税，凡划分不清适用税率的，一律从高适用税率计算应退消费税税额。（   ）

8. 饮食业、商业、娱乐业举办的啤酒屋（啤酒坊）利用啤酒生产设备生产的啤酒不应当征收消费税。（   ）

9. 外贸企业接受非生产性商贸企业的委托，代理出口应税消费品的，应当退还消费税。（   ）

10. 受托加工的应税消费品，由受托方向所在地主管税务机关代缴消费税。（   ）

11. 进口应税消费品的，由进口人或其代理人向报关地的海关申报纳税。（   ）

12. 企业委托加工应税消费品，如果受托方没有同类消费品的销售价格，受托方可按委托加工合同上注明的材料成本与加工费之和作为组成计税价格，计算代收代缴的消费税。（   ）

四、计算题

1. 某地板生产厂于 2013 年 6 月发生下列业务：

    （1）向某林场购入原木 3 000 立方米，收购凭证上注明的支付款项 300 000 元，请运

输公司将上述原木运送回厂，支付运输费 1 000 元。

（2）外购生产用油漆一批，取得增值税专用发票，注明价款 25 000 元，增值税 4 250 元，将其中 20% 用于本企业的基建工程。

（3）外购生产用粘胶一批，取得增值税专用发票，注明价款 10 000 元，增值税 1 700 元，将其中 10% 赠送给购买本企业木质地板的老客户。

（4）从其他地板厂购入未涂漆的木质地板 50 箱，取得增值税专用发票，价款 180 000 元，增值税 30 600 元，将 70% 投入生产上漆。

（5）数月前购入的一批原木因保管不善造成毁损，账面成本 31 680 元（合运费 1 395 元）。

（6）销售自产实木地板取得不含税收入 560 000 元。

注意：上述需要认证的发票均经过认证；地板生产厂的成本利润率为 10%，实木地板的消费税税率为 5%。

要求：请根据上述资料，计算企业当期应纳的增值税和消费税。

2. 甲酒厂主要生产经营粮食白酒、药酒等，此外还生产冰醋酸等产品。2013 年的月发生以下经济业务：

（1）从农业生产者手中收购玉米 40 吨，每吨收购价 3 000 元，共计支付收购价款 12 万元。企业将收购的玉米从收购地直接运往异地的乙酒厂生产加工成药酒，酒厂在加工过程中代垫辅助材料款 15 000 元。药酒加工完毕，企业收回药酒时取得乙酒厂开具的增值税专用发票上注明加工费 30 000 元（其中包含代垫辅助材料价款）、增值税 5 100 元，乙酒厂无同类药酒的市场价格。本月企业将收回的 60% 药酒批发出售，取得不含税销售额 18 万元。甲企业所在地的国税机关发现，该笔委托加工业务乙酒厂未按规定代收代缴消费税（注：药酒的消费税税率为 10%）。

（2）当月用自产酒精连续生产冰醋酸，领用酒精的成本为 10 万元，生产冰醋酸 20 吨，本月对外销售 12 吨，取得不含税销售收入 16 万元（注：酒精的消费税税率为 5%，成本利润率为 5%）。

（3）当月还将新生产的粮食白酒 1 000 千克用于招待客人，账面单位成本为每千克 10 元，该粮食白酒无同类售价，成本利润率为 10%。

要求：请根据上述资料，计算该酒厂第一笔、第二笔业务应纳的消费税和第三笔业务应纳的消费税及增值税。

五、综合题

1. 某卷烟厂为增值税一般纳税人，主要生产 A 牌卷烟（不含税调拨价为 100 元/标准条）及雪茄烟。2013 年 12 月发生如下业务：

（1）从烟农手中购进烟叶，买价 100 万元并按规定支付了 10% 的价外补贴，将其运往甲企业委托加工烟丝，发生运费 8 万元，取得运费发票；向甲企业支付加工费，取得专用发票注明加工费 12 万元、增值税 2.04 万元，该批烟丝已收回入库，但本月未领用。

（2）从乙企业购进烟丝，取得专用发票注明价款 400 万元、增值税 68 万元；从小规模纳税人购进烟丝，取得税务机关代开的专用发票注明价款 300 万元。

（3）进口一批烟丝，支付货价 300 万元、经纪费 12 万元，该批烟丝运抵我国输入地点起卸之前发生运费及保险费共计 38 万元。

（4）以成本为 350 万元的特制自产烟丝生产雪茄烟。

（5）本月销售雪茄烟取得不含税收入 600 万元，并收取品牌专卖费 9.36 万元；领用外购烟丝生产 A 牌卷烟，销售 A 牌卷烟 400 标准箱。

（6）本月外购烟丝发生霉烂，成本 20 万元。

（7）月初库存外购烟丝买价 30 万元，月末库存外购烟丝买价 50 万元。

（8）其他条件：本月取得的相关凭证符合规定，并在本月认证抵扣，烟丝消费税税率为 30%，烟丝关税税率 10%。卷烟生产环节消费税为 56%、150 元/箱，雪茄烟消费税税率 36%。

要求：请根据上述资料，按下列问题计算当月应缴纳的各项税款：

（1）甲企业应代收代缴的消费税。

（2）卷烟厂进口烟丝应纳进口环节的各税。

（3）卷烟厂领用特制自产烟丝应纳的消费税。

（4）卷烟厂准予扣除外购烟丝已纳消费税。

（5）卷烟厂国内销售环节应缴纳消费税（不含代收代缴的消费税）。

【案例与分析】

我国绿色税收视角下消费税的改革取向

绿色税收又称环境税收，是指对投资于防治污染或环境保护的纳税人给予的税收优惠，或对污染行业和污染物的使用所征收的税。从绿色税收的内容上看，不仅包括为环保而特定征收的各种税，还包括为环境保护而采取的各种税收措施。随着绿色税收理论在我国的提出和应用，如何建立绿色税收制度以保护和改善我国的环境、促进国民经济的可持续发展，已成为政府及税收理论界面临的一个重要课题。

消费税征税对象包括汽油、柴油、汽车轮胎、摩托车和小汽车等，与环境有比较密切的联系，在一定程度上起到了减少消费、降低污染、保护环境的作用。因此，消费税已被许多国家纳入绿色税收体系的研究范围。2006 年我国消费税改革在理论和实践上取得了良好的成效，并在 2008 年 9 月起提高大排量采用车的消费税税率，同时降低小排量采用车的消费税税率，以引导居民节约能源、保护环境，但从消费税制整体上看，征税范围过窄、税率设计不规范，在保持地球生态环境和谐方面效率不高。应通过征税范围和税率的调整，加大对危害环境行为的征税力度，以充分发挥消费税绿色税收的作用。

（1）扩大征税范围。结合当前我国社会经济形势发展和消费水平变化情况，适当扩大消费税的课征范围，进一步将对环境有破坏作用的消费和生产行为纳入征税范围，如含汞和镉的电池、煤炭和高档建筑装饰材料等，不可降解塑料制品及用其制造的产品等，二氧化碳排放量及排氟、氯等，一次性纸尿布和一次性塑料袋等。

（2）调整税负水平。实行差别税率，对高污染产品高税，对环保品低税或免税。如适当提高汽油（特别是含铅汽油）、柴油、鞭炮、焰火等应税消费品的税率，对大排量的小轿车、越野车、摩托车、游艇应征收较高的消费税；而对于绿色产品、清洁产品等环保品应征收较低的消费税，对使用"绿色"燃料的汽车免征消费税等。

分析：结合我国国情谈谈绿色税收对于我国可持续发展的意义。

第四章　流转税税法——营业税法

📝 学习目标

➡ 1. 理解营业税的概念和特点
➡ 2. 理解营业税的基础理论知识
➡ 3. 掌握营业税的基本法律规定
➡ 4. 熟悉营业税的计算与征收管理

第一节　营业税概述

一、营业税的概念

营业税是世界各国普遍征收的一种税收，是国家对工商盈利事业按商品和劳务的营业收入课征的一种流转税。由于营业税一般是按营业额全额征税，并实行多环节课税。由此也存在重复征税的问题。所以在实行增值税的国家中，营业税的征收范围大部分已被增值税取代。目前世界各国的营业税一般只对服务业的某些部门征收。我国营业税的征收范围与增值税有互补性，即营业税应税劳务是加工修理修配劳务、应税服务（征增值税）以外的，诸如建筑、金融保险等所有劳务，应税资产是有形动产（征增值税）以外的有形不动产和部分无形资产。因此，要明确对于某一种货物或劳务、服务是征收增值税还是营业税，两种税不能交叉征收。

营业税的含义是指以纳税人从事经营活动的营业额（销售额）为课税对象征收的一种税。在我国，营业税是对在我国境内提供应税劳务、转让无形资产或销售不动产的单位和个人，就其营业额征收的一种税。

二、营业税的特点

我国的营业税属于中央与地方共享税，但其收入大部分归属地方，是地方财政收入的主要来源。现行的营业税除了具有流转税的一般特点外，还具有以下特点。

（一）征税范围主要以第三产业为主，税源广泛

现行的营业税征税范围包括建筑安装业、金融保险业、邮电通信业、服务业等第三产业提供的应税劳务。随着第三产业在经济发展中占有越来越重要的地位，营业税的税源将进一步扩大；另外，营业税按营业额全额征税，应纳税额不受纳税人成本费用的影响，也使得营业税收入成为我国地方财政收入的一个重要的来源。

（二）按行业设立税目税率，有利于均衡税负

现行营业税税目按不同行业的经营业务及获利水平设计了高低不等的差额税率，对于关系国计民生、满足人民群众基本需要的行业，实行低税率，而对于获利能力强的娱乐业等行业实行高税率。这样，不同行业实行不同的税率，既有利于体现国家运用税收调节经济的作用，同时也有利于不同行业、同一行业不同企业之间开展公平竞争，均衡税负。

（三）计算简便，有利于征管

营业税税目税率界限清楚，征税对象和计税依据易于确定，因此，营业税计算简便，征纳双方易于接受，有利于降低征税成本。与增值税等其他流转税和所得税相比，营业税的这一特点尤为突出。

三、营业税的产生与发展

营业税也是一个古老的税种。我国早在西周时期，就有"凡商贾虞衡皆有税"的历史记载。汉朝时征收的"算缗钱"就是一种对商业征收的税；宋代对商业分为行商和坐商，分别征收"过税"；明代的门摊、课铁和清朝时期的铺间房税、牙当等均有营业税的性质，1928 年民国政府制定了《营业税办法大纲》，并于 1931 年 6 月开征营业税，这是营业税的名称在我国首次出现。

新中国成立后，废止了旧的营业税制。1950 年，中央人民政府政务院公布了《工商业税暂行条例》，将固定工商业应纳的营业税和所得税合称为工商业税，规定凡在我国境内的工商盈利事业，无论本国人或外国人经营，一律依法缴纳工商税。1953 年，我国修订税制，营业税从生产领域中退出，但仍然是工商业税的组成部分。1958 年实行税制改革时，将工商业税中的营业税与当时的货物税、商品流通税、印花税等合并为工商统一税，不再征收营业税。工商统一税的税目分为两大部分：一部分是工农业产品，另一部分是商业零售、交通运输和服务性业务。1973 财政部拟订《中华人民共和国工商税条例》，将工商统一税及对企业征收的其他税种（城市房地产税、车船牌照使用税、屠宰税）合并为工商税，从此取消了营业税这个税种。

为了适应经济发展的要求、改变税制过于简单的状况、充分发挥不同税种的特定作用，1984 年第二步利改税将原来的工商税按性质划分为产品税、增值税、营业税和盐税等四种税。即将营业税从工商税中划分出来，成为一个独立的税种，其征税范围

118

为商业和服务业，征收原则是只要发生应纳税的营业行为并取得营业收入都应征收营业税。

根据社会主义市场经济要求，以建立规范的税制为基本目标，1994 年的税制改革将商品批发、零售改征增值税，同时也将加工、修理修配劳务改征增值税，1993 年 12 月 13 日国务院发布了《中华人民共和国营业税暂行条例》，将营业税的课税范围限定为提供应税劳务和转让无形资产及销售不动产，而且适用于内、外资企业，建立了统一规范的营业税制。为配合增值税的重大修订，2008 年 11 月 5 日国务院第 34 次常务会议修订通过了新的《中华人民共和国营业税暂行条例》（以下简称《营业税暂行条例》），并于 2009 年 1 月 1 日起施行。此后，财政部于 2008 年 12 月 18 日修订了《中华人民共和国营业税暂行条例实施细则》（以下简称《营业税暂行条例实施细则》），从 2009 年 1 月 1 日起施行。

第二节　营业税的征税范围与纳税义务人

一、营业税的征税范围

（一）营业税征税范围的一般规定

根据《营业税暂行条例》、《营业税暂行条例实施细则》和"营改增"的规定，营业税的征税范围为：在中国境内有偿提供应税劳务、转让无形资产或者销售不动产。这里需要界定几个相关概念。

1. "中国境内"的含义

所谓"中国境内"是指中国税收行政管辖权的区域。具体情况包括以下几种：

（1）提供或者接受应税劳务的单位或者个人在境内；

（2）所转让的无形资产（不合土地使用权）的接受单位或者个人在境内；

（3）所转让或者出租土地使用权的土地在境内；

（4）所销售或者出租的不动产在境内。

2. "有偿"的含义

有偿是指通过提供应税劳务、转让无形资产或者销售不动产取得货币千货物或者其他经济利益。但单位或者个体工商户聘用的员工为本单位或者雇主提供的应税劳务不包括在内。

3. "应税劳务"的含义

应税劳务是指属于建筑业、金融保险业（不包括有形动产的融资租赁）、文化体育业（不包括文化创意服务）、娱乐业、服务业（不包括营改增中应税服务）税目征收范围的劳务。

4. "无形资产"和"不动产"的含义

无形资产是指企业拥有或者控制的没有实物形态的可辨认非货币性资产，包括土

119

地使用权、商标权、专利权、非专利技术、著作权等。不动产是指不能移动，移动后会引起性质、形状变化的财产，包括建筑物或构筑物及其他土地附着物。

以下行为也应视同提供应税劳务：

（1）单位或者个人将不动产或者土地使用权无偿赠送其他单位或者个人；

（2）单位或者个人自己新建（以下简称自建）建筑物后销售，其所发生的自建行为；

（3）财政部、国家税务总局规定的其他情形。

（二）营业税征税范围的特殊规定

从总体上讲，增值税和营业税在征税范围上是一种相互排斥、非此即彼的关系。但是在企业的现实经济活动中，企业不一定从事单一的增值税规定的项目，也不一定从事单一的营业税规定的项目，总要按经营活动的需要兼营或者混合经营不同税种的应税项目，这就出现了征税范围的交叉问题。为此，税法通过界定混合销售与兼营来进一步明确增值税与营业税的征税范围。

1. 混合销售行为

一项销售行为如果既涉及应税劳务又涉及货物，则为混合销售行为。对混合销售行为的税务处理如下。

（1）从事货物的生产、批发或者零售的企业、企业性单位和个体工商户的混合销售行为，视为销售货物，不缴纳营业税而缴纳增值税。所谓从事货物的生产、批发或者零售的企业、企业性单位和个体工商户，包括以从事货物的生产、批发或者零售为主，并兼营应税劳务的企业、企业性单位和个体工商户在内。例如，商场在销售家用电器的同时，提供有偿的安装调试劳务的行为，属于增值税的混合销售行为，应视为销售货物，缴纳增值税。

（2）其他单位和个人的混合销售行为，视为提供应税劳务，缴纳营业税。例如，照相馆在提供照相劳务的同时，还销售镜框、相册等货物的行为，则属于营业税的混合销售行为，应按服务业征收营业税。

（3）纳税人的下列混合销售行为，应当分别核算应税劳务的营业额和货物的销售额，其应税劳务的营业额缴纳营业税，货物销售额缴纳增值税；未分别核算的，由主管税务机关核定其应税劳务的营业额：

① 提供建筑业劳务的同时销售自产货物的行为。

② 财政部、国家税务总局规定的其他情形。

2. 兼营行为

（1）纳税人兼有不同税目的应当缴纳营业税的劳务（以下简称应税劳务）、转让无形资产或者销售不动产，应当分别核算不同税目的营业额、转让额、销售额（以下统称营业额）；未分别核算营业额的，从高适用税率。

（2）纳税人兼营应税行为和货物或者非应税劳务的，应当分别核算应税行为的营业额和货物或者非应税劳务的销售额，其应税行为营业额缴纳营业税，货物或者非应税劳务销售额不缴纳营业税；未分别核算的，由主管税务机关核定其应税行为营业额和货物或者非应税劳务的销售额。

二、营业税的纳税义务人

（一）纳税人的一般规定

根据《营业税暂行条例》的规定，营业税的纳税人是指在中华人民共和国境内提供应税劳务、转让无形资产或者销售不动产的单位和个人。所谓"单位"，是指企业、行政单位、事业单位、军事单位、社会团体及其他单位，但不包括单位依法不需要办理税务登记的内设机构。所谓"个人"，是指个体工商户和其他个人。

（二）纳税人的具体规定

为了进一步明确纳税义务，现行营业税法律针对以下具体情况对营业税的纳税人作了具体规定。

1. 单位以承包、承租、挂靠方式经营的，承包人、承租人、挂靠人（以下统称承包人）发生应税行为，承包人以发包人、出租人、被挂靠人（以下统称发包人）名义对外经营并由发包人承担相关法律责任的，以发包人为纳税人；否则以承包人为纳税人。

2. 建筑安装业务实行分包的，分包者为纳税人。

（三）营业税的扣缴义务人

在现实生活中，由于营业税税源广泛，有些具体情况又难以确定纳税人，因此为了防止税款的流失，税法在界定纳税人的同时，还规定了扣缴义务人。营业税的扣缴义务人主要有以下几种。

1. 中华人民共和国境外的单位或者个人在境内提供应税劳务、转让无形资产或者销售不动产，在境内未设有经营机构的，以其境内代理人为扣缴义务人；在境内没有代理人的，以受让方或者购买方为扣缴义务人。

2. 国务院财政、税务主管部门规定的其他扣缴义务人。

第三节　营业税的税目与税率

一、营业税的税目

营业税的税目按照行业、类别的不同分别设置，现行营业税共设置了 9 个税目。其中，提供应税劳务方面包括了 7 个行业，即交通运输业、建筑业、金融保险业、邮电通信业、文化体育业、娱乐业和服务业。

（一）交通运输业

交通运输业已纳入"营改增"。

（二）建筑业

建筑业是指建筑安装工程作业等，包括建筑、安装、修缮、装饰和其他工程作业等项内容。

1. 建筑是指新建、改建、扩建各种建筑物、构筑物的工程作业。但自建自用建筑物，其自建行为不是建筑业税目的征税范围。出租或投资入股的自建建筑物，也不是建筑业的征税范围。

2. 安装是指生产设备、动力设备、起重设备、运输设备、传动设备、医疗实验设备及其他各种设备的装配、安置工程作业。

3. 修缮是指对建筑物、构筑物进行修补、加固、养护、改善，使之恢复原来的使用价值或延长其使用期限的工程作业。

4. 装饰是指对建筑物、构筑物进行修饰，使之美观或具有特定用途的工程作业。

5. 其他工程作业是指除建筑、安装、修缮、装饰工程作业以外的各种工程作业，如代办电信工程、水利工程、道路修建、疏浚、钻井（打井）、拆除建筑物、平整土地、搭脚手架、爆破等工程作业。

6. 管道煤气集资费（初装费）业务。

（三）金融保险业

金融保险业是指经营金融、保险的业务。

1. 金融是指经营货币资金融通活动的业务，包括贷款、融资租赁、金融商品转让、金融经纪业务和其他金融业务。

（1）贷款是指将资金有偿贷与他人使用（包括以贴现、押汇方式）的业务。以货币资金投资但收取固定利润或保底利润的行为，也属于这里所称的贷款业务。按资金来源不同，贷款分为外汇转贷业务和一般贷款业务两种。

① 外汇转贷业务是指金融企业直接向境外借人外汇资金，然后再贷给国内企业或其他单位、个人。各银行总行向境外借入外汇资金后，通过下属分支机构贷给境内单位或个人使用的，也属于外汇转贷业务。

② 一般贷款业务是指除外汇转贷以外的各种贷款。

（2）融资租赁（也称金融租赁）是指经中国人民银行或对外贸易经济合作部（现商务部）批准可从事融资租赁业务的单位所从事的具有融资性质和所有权转移特点的设备租赁业务。

（3）金融商品转让是指转让外汇、有价证券或非货物期货的所有权的行为，包括股票转让、债券转让、外汇转让、其他金融商品转让。

（4）金融经纪业务和其他金融业务是指受托代他人经营金融活动的中间业务，如委托业务、代理业务、咨询业务等。

2. 保险是指将通过契约形式集中起来的资金，用以补偿被保险人的经济利益的活动。

3. 对我国境内外资金融机构从事离岸银行业务，属于在我国境内提供应税劳务的，征收营业税。离岸银行业务是指银行吸收非居民的资金，服务于非居民的金融活动，包括外汇存款、外汇贷款、同业外汇拆借、国际结算、发行大额可转让存款证、外汇担保、咨询、鉴证业务及国家外汇管理局批准的其他业务。

（四）邮电通信业

邮电通信业已纳入"营改增"。

（五）文化体育业

文化体育业是指经营文化、体育活动的业务，包括文化业和体育业

1. 文化业是指经营文化活动的业务，包括表演、播映、经营游览场所和各种展览、培训活动，举办文学、艺术、科技讲座、讲演、报告会、图书馆的图书和资料的借阅业务等。

2. 体育业是指举办各种体育比赛和为体育比赛或体育活动提供场所的业务。

这里需要注意的是，以租赁方式为文化活动、体育比赛提供场所的，应按"服务业"税目中的"租赁业"项目征税，而不按本税目征税。

（六）娱乐业

娱乐业是指为娱乐活动提供场所和服务的业务，包括经营歌厅、舞厅、卡拉 OK 歌舞厅、音乐茶座、台球、高尔夫球、保龄球场、网吧、游艺场等娱乐场所，以及娱乐场所为顾客进行娱乐活动提供服务的业务。娱乐场所为顾客提供的饮食服务及其他各种服务也按照娱乐业征税。

（七）服务业

服务业是指利用设备、工具、场所、信息或技能为社会提供服务的业务，包括代理业、旅店业、饮食业、旅游业、仓储业、租赁业、广告业和其他服务业（注：仓储业、广告业及有形动产租赁，已纳入"营改增"）。

（八）转让无形资产

转让无形资产是指转让无形资产的所有权或使用权的行为，包括转让土地使用权、转让商标权、转让专利权、转让非专利技术、出租电影拷贝、转让著作权和转让商誉（注：转让商标权、转让专利权、转让非专利技术、转让著作权和转让商誉，已纳入"营改增"）。

自 2003 年 1 月 1 日起，以无形资产投资入股，参与接受投资方的利润分配、共同承担投资风险的行为，不征收营业税。在投资后转让其股权的也不征收营业税。

（九）销售不动产

销售不动产是指有偿转让不动产所有权的行为，包括销售建筑物或构筑物和销售其他土地附着物。在销售不动产时连同不动产所占土地的使用权一并转让的行为，比

照销售不动产征收营业税。

自 2003 年 1 月 1 日起，以不动产投资入股，参与接受投资方利润分配、共同承担投资风险的行为，不征收营业税。在投资后转让其股权的也不征收营业税。

单位或者个人将不动产无偿赠予其他单位或者个人视同销售不动产征收营业税。

纳税人自建住房销售给本单位职工，属于销售不动产行为，应照章征收营业税。

二、营业税的税率

营业税按照行业、类别的不同分别采用不同的比例税率（如表 4 - 1 所示）。

表 4 - 1 营业税的税目与税率

税 目	征收范围	税 率
一、建筑业	建筑、安装、修缮、装饰及其他工程作业	3%
二、金融保险业	金融、保险业务	5%
三、文化体育业	文化业、体育业	3%
四、娱乐业	歌厅、舞厅、卡拉 OK 歌舞厅、音乐茶座、台球、高尔夫球、保龄球、游艺	5% ~20%
五、服务业	代理业、旅店业、饮食业、旅游业及其他服务业	5%
六、转让无形资产	转让土地使用权	5%
七、销售不动产	销售建筑物及其他土地附着物	5%

第四节 营业税的计税依据

一、营业税计税依据的一般规定

营业税的计税依据是计税营业额。纳税人的营业额为纳税人提供应税劳务、转让无形资产或者销售不动产收取的全部价款和价外费用。这里的"价外费用"包括收取的手续费、补贴、基金、集资费、返还利润、奖励费、违约金、滞纳金、延期付款利息、赔偿金、代收款项、代垫款项、罚息及其他各种性质的价外收费，但不包括同时符合以下条件代为收取的政府性基金或者行政事业性收费：

1. 由国务院或者财政部批准设立的政府性基金，由国务院或者省级人民政府及其财政、价格主管部门批准设立的行政事业性收费；

2. 收取时开具省级以上财政部门印制的财政票据；

3. 所收款项全额上缴财政。

二、营业税计税依据的具体规定

营业额一般为收入全额，特殊情况下为收入的差额，允许减除特定项目金额；在某些特殊情况下还需核定营业额。以下是关于各税目营业税计税依据的具体规定。

（一）建筑业的计税营业额

它是指为承包建筑、修缮、安装、装饰和其他工程作业取得的营业收入额，建筑安装企业向建设单位收取的工程价款（即工程造价）及工程价款之外收取的各种费用。

1. 建筑业的总承包人将工程分包或者转包给他人的，以工程的全部承包额减去付给分包人或者转包人的价款后的余额为营业额。

2. 纳税人提供建筑业劳务（不含装饰劳务）的，除特殊规定外，其营业额应当包括工程所用原材料、设备及其他物资和动力价款在内，但不包括建设方提供的设备的价款。

3. 自建行为和单位将不动产无偿赠予他人的，由主管税务机关核定营业额。自建行为是指纳税人自己建造房屋的行为。纳税人自建自用的房屋不纳税；如纳税人（不包括个人自建自用住房销售）将自建的房屋对外销售，其自建行为应按建筑业缴纳营业税，同时按销售不动产再征收一道营业税。

【例4－1】甲公司2013年1月承包乙公司的一项建筑工程，根据合同规定，采用包工不包料的方式进行工程价款结算。9月份工程完工并验收合格，甲建筑公司取得工程价款2 200万元同时，乙公司给予甲建筑公司提前竣工奖3万元，该工程耗费乙公司提供的外购建筑材料1 000万元、设备500方元。计算甲公司当月的计税营业额如下。

甲建筑公司的计税营业额 ＝ 2 200 ＋ 3 ＋ 1 000 ＝ 3 203（万元）

（二）金融保险业的计税营业额

金融业的计税营业额是指贷款利息、融资租赁收益、金融商品转让收益，以及从事金融经纪业和其他金融业务的手续费收入；保险业的计税营业额是经营保险业务向对方收取的全部价款，即向被保险人收取的全部保险费。具体规定如下。

1. 贷款业务的营业额为贷款利息收入（包括各种加息、罚息等）。

2. 纳税人从事的外汇、有价证券、非货物期货和其他金融商品买卖业务，以卖出价减去买入价后的余额为营业额。卖出价是指卖出原价，不得扣除卖出过程中支付的各种费用和税金；买入价是指购进原价，不包括购进过程中支付的各种费用和税金，但买入价应依照财务会计制度规定，以股票、债券的购入价减去股票、债券持有期间取得的股票、债券红利收入。

金融企业买卖金融商品（包括股票、债券、外汇及其他金融商品，下同），可在同一会计年度末，将不同纳税期出现的正差和负差按同一会计年度汇总的方式计算并缴纳营业税。如果汇总计算应缴的营业税税额小于本年已缴纳的营业税税额，可以向税务机关申请办理退税，但不得将一个会计年度内汇总后仍为负差的部分结转下一会计年度。

3. 经中国人民银行、外经贸部（现商务部）和国家经贸委批准经营融资租赁业务的单位，融资租赁以其向承租者收取的全部价款和价外费用（包括残值）减去出租方承担的出租货物的实际成本后的余额，以直线法折算出本期的营业额。计算方法为：

本期营业额 =（应收取的全部价款和价外费用 − 实际成本）×（本期天数 ÷ 总天数）

实际成本 = 货物购入原价 + 关税 + 增值税 + 消费税 + 运杂费 + 安装费 + 保险费 + 支付给境外的外汇借款利息支出和人民币借款利息

4. 金融经纪业务和其他金融业务（中间业务）营业额为手续费（佣金）类的全部收入。

金融企业从事受托收款业务，如代收电话费、水电煤气费、学杂费、寻呼费、社保统筹费、交通违章罚款、税款等，以全部收入减去支付给委托方价款后的余额为营业额。

5. 纳税人办理初保业务，营业额为纳税人经营保险业务向对方收取的全部价款即向被保险人收取的全部保险费。中华人民共和国境内的保险人将其承保的以境内标的物为保险标的保险业务向境外再保险人办理分保的，以全部保费收入减去分保保费后的余额为营业额。境外再保险人应就其分保收入承担营业税纳税义务，并由境内保险人扣缴境外再保险人应缴纳的营业税税款。

6. 保险公司办理储金业务，"储金业务"的营业额为纳税人在纳税期内的储金平均余额乘以中国人民银行公布的 1 年期存款的月利率。储金平均余额为纳税期期初储金余额与期末余额之和乘以 50%。这里的储金业务是指即以被保险人所交保险资金的利息收入作为保费收入，保险期满后将保险资金本金返还被保险人的保险业务。

【例 4 − 2】某市商业银行 2013 第二季度有关业务资料如下：

（1）吸收居民储蓄，支付利息 250 万元，向生产企业贷款取得利息收入 600 万元，逾期贷款的罚息收入 8 万元；

（2）为电信部门代收电话资取得手续资收入 14 万元；

（3）4 月 10 日购进有价证券 800 万元，6 月 25 日以 860 万元的价格卖出；

（4）受某公司委托发放贷款，金额 5 000 万元，贷款期限 2 个月，年利息率 4.8%，银行按贷款利息收入的 10% 收取手续资；

（5）代收水、电、煤气资 300 万元，支付给委托方价款 290 万元。

要求：计算该银行 2013 年第二季度应缴纳和应代扣代缴的营业税如下：

（1）银行应缴纳营业税 34.8 （万元）

① 向生产企业贷款应缴纳营业税 =（600 + 8）× 5% = 30.4 （万元）

② 手续资收入应缴纳营业税 = [14 +（5 000 × 4.8% ÷ 12）× 2 × 10%] × 5% = 0.9 （万元）

③ 有价证券买卖应缴纳营业税 =（860 − 800）× 5% = 3 （万元）

④ 代收资费应缴纳营业税 =（300 − 290）× 5% = 0.5 （万元）

（2）银行应代扣代缴营业税 =（5 000 × 4.8% ÷ 12）× 2 × 5% = 2 （万元）

（三）文化体育业的计税营业额

纳税人经营文化、体育业取得的全部收入，其中包括演出收入、播映收入、其他文化收入、经营游览场所收入和体育收入。

【例4-3】某有线电视台12月份取得收入如下：有线电视节目收视费12万元，"点歌台"栏目点歌费1.2万元，广告播映费6万元，计算该电视台在上述业务中的计税营业额如下。

按照营业税法的规定，广告播映业务按服务业征收营业税，而不按文化体育业征税。

有线电视收视费、点歌费业务的计税营业额 = 12 + 1.2 = 13.2（万元）

广告播映业务的计税营业额 = 6（万元）

（四）娱乐业的计税营业额

娱乐业的营业额为经营娱乐业收取的全部价款和价外费用，包括门票收费、台位费、点歌费、烟酒、饮料、茶水、鲜花、小吃等收费及经营娱乐业的其他各项收费。

【例4-4】某娱乐场2013年8月取得门票收入30万元，点歌费、台位费15万元；销售烟酒及其他饮料收入12万元，献花费8万元，其他收入6万元，计算该娱乐场当月的营业额如下。

娱乐场的营业额 = 30 + 15 + 12 + 8 + 6 = 71（万元）

（五）服务业的计税营业额

服务业的营业额是纳税人提供服务业劳务向对方收取的全部价款和价外费用。具体如下：

（1）旅游业营业额的确定：纳税人从事旅游业务的，以其取得的全部价款和价外费用扣除替旅游者支付给其他单位或者个人的住宿费、餐费、交通费、旅游景点门票和支付给其他接团旅游企业的旅游费后的余额为营业额。

（2）代理业营业额的确定：纳税人从事代理业务向委托方实际收取的报酬为营业额。指经营代购代销货物、代办进出口、介绍服务和其他代理服务取得的手续费、介绍费、代办费等收入。

（3）物业管理单位营业额的确定：以与物业管理有关的全部收入减去代业主支付的水、电、燃气及代承租者支付的水、电、燃气、房屋租金的价款后的余额为营业额。

（4）劳务公司营业额的确定：劳务公司接受用工单位的委托，为其安排劳动力，以其从用工单位收取的全部价款减去代收转付给劳动力的工资和为劳动力办理社会保险及住房公积金后的余额为营业额。

（5）其他服务业营业额的确定：其他服务业的营业额为发生其他服务业劳务时，向对方收取的全部费用，包括价外费用。需要注意的是，对于财政部、国家税务总局或者省级财政、地税局确定的不征税名单中的收费项目，不征营业税，其余的收费项目都应该征收营业税，且营业额为收费的全额。

【例4-5】金辉旅游企业组团到泰国旅游。共有游客80人，每人收费6 000元，在我国境内期间该企业为每人支付了交通费和餐费2 000元。出境后由泰国的旅游企业接团，按每人2 400元付给泰国旅游企业。计算金辉旅游企业的计税营业额如下：

营业额 = (6 000 - 2 000 - 2 400) × 80 = 128 000（元）

（六）转让无形资产的计税营业额

纳税人转让无形资产的营业额为纳税人转让无形资产从受让方取得的货币、货物和其他经济利益。具体规定如下：

（1）单位和个人转让土地使用权，以全部收入减去土地使用权的购置或受让原价后的余额为计税营业额。

（2）单位和个人转让抵债所得的土地使用权，以全部收入减去抵债时该项土地使用权作价后的余额为计税营业额。

（七）销售不动产的计税营业额

纳税人销售不动产的营业额为纳税人销售不动产时从购买方取得的全部价款和价外费用（含货币、货物或其他经济利益）。具体规定如下：

（1）单位和个人销售或转让其购置的不动产或受让的土地使用权，以全部收入减去不动产或土地使用权的购置或受让原价后的余额为营业额。

（2）单位和个人销售或转让抵债所得的不动产、土地使用权的，以全部收入减去抵债时该项不动产或土地使用权作价后的余额为营业额。

【例 4 - 6】星星生产企业转让 10 年前建成的旧生产车间，取得收入 1 200 万元，该车间的原值为 1 000 万元，已提取折旧 400 万元。还转让一块土地使用权，取得收入 560 万元。年初取得该土地使用权时支付金额 420 万元，转让时发生相关费用 6 万元。计算该企业应纳营业税的计税依据如下：

计税营业额 = 1 200 + （560 - 420）= 1 340 （万元）

（八）核定营业额的确定

纳税人提供应税劳务、转让无形资产或者销售不动产的价格明显偏低而没有正当理由的，或者纳税人视同发生应税行为而没有营业额的，按下列顺序确定其营业额：

（1）按纳税人最近时期发生同类应税行为的平均价格核定。

（2）按其他纳税人最近时期发生同类应税行为的平均价格核定。

（3）按下列公式核定。

营业额 = 营业成本或者工程成本 × （1 - 成本利润率）÷ （1 - 营业税税率）

公式中的成本利润率，由省、自治区、直辖市税务局确定。

（九）营业税计税营业额的其他规定

（1）营业额以人民币计算。纳税人以人民币以外的货币结算营业额的，应当折合成人民币计算。其营业额的人民币折合率可以选择营业额发生的当天或者当月 1 日的人民币汇率中间价。纳税人应当在事先确定采用何种折合率，确定后 1 年内不得变更。

（2）缴纳营业税后因发生退款减除营业额的，应当退还已缴纳营业税税款或者从纳税人以后的应缴纳营业税税额中减除。

（3）纳税人发生应税行为，如果将价款与折扣额在同一张发票上注明的，以折扣后的价款为营业额；如果将折扣额另开发票的，不论其在财务上如何处理，均不得从营业额中扣除。

电信单位销售的各种有价电话卡，由于其计费系统只能按有价电话卡面值出账并按有价电话卡面值确认收入，不能直接在销售发票上注明折扣折让额，以按面值确认的收入减去当期财务会计上体现的销售折扣折让后的余额为营业额。

（4）单位和个人因财务会计核算办法改变将已缴纳过营业税的预收性质的价款逐期转为营业收入时，允许从营业额中减除。

（5）自 2004 年 12 月 1 日起，营业税纳税人购置税控收款机，经主管税务机关审核批准后，可凭购进税控收款机取得的增值税专用发票，按照发票上注明的增值税税额，抵免当期应纳营业税税额，或者按照购进税控收款机取得的普通发票上注明的价款，依下列公式计算可抵免税额。

可抵免税额 = [价款 ÷ (1 + 17%)] × 17%

当期应纳税额不足抵免的，未抵免部分可在下期继续抵免。

第五节　营业税应纳税额的计算

纳税人提供应税劳务、转让无形资产或者销售不动产，按照营业额和规定的适用税率计算应纳税额。计算公式为：应纳税额 = 营业额 × 税率。在实际计征过程中，营业税应纳税额的计算方法一般有三种，现举例说明如下。

一、按营业收入全额计算

按营业收入全额计算应纳税额的公式为：

应纳税额 = 营业收入 × 适用税率

【例 4 - 7】某建筑公司 2014 年 1 月承揽甲企业一项建筑工程，合同中约定的承包总额为 5 000 万元，其中包括建筑公司提供的外购材料金额 3 000 万元；工程于 2013 年 12 月提前竣工，甲企业支付给某建筑公司提前竣工奖 100 万元。计算该建筑公司应缴纳的营业税如下：

建筑公司应纳税额 = (5 000 + 100) × 3% = 153 （万元）

二、按营业收入差额计算

按营业收入差额计算应纳税额的公式为：

应纳税额 = （营业收入 - 允许扣除的项目）× 适用税率

值得注意的是，纳税人按照规定扣除的有关项目，取得的凭证不符合法律、行政法规或者国务院税务主管部门有关规定的，则该项目金额不得扣除。

【例 4 - 8】金辉旅行社组织 40 名学生，从上海到苏南三地旅游，每人收取旅游费

300 元，其中替学生个人支付的住宿费 50 元/人，餐费 50 元/人，门票 70 元/人。

   要求：计算该旅行社组织这次旅游应纳的营业税如下：

   [应纳税额 = (300 - 50 - 50 - 70) × 40 × 5% = 260（元）

三、按组成计税价格计算

按组成计税价格计算应纳税额的公式为：

应纳税额 = 组成计税价格 × 适用税率

【例 4 - 9】光辉建筑公司自建一栋楼房已竣工，建筑安装总成本为 4 000 万元，将其 40% 售给另一单位，其余自用，总售价 7 000 万元，本月预收 5 000 万元。已知省级税务机关确定的建筑业的成本利润率为 15%。计算该建筑公司本月应纳的营业税。则：

（1）按建筑业计算营业税 = 组成计税价格 × 税率

$$= \{[4\,000 \times 40\% \times (1 + 15\%)] - (1 - 3\%)\} \times 3\%$$
$$= 56.91（万元）$$

（2）按销售不动产计算营业税 = 售价（预收款）× 5% = 5 000 × 5% = 250（万元）

自建不动产出售共纳营业税 = 56.91 + 250 = 306.91（万元）

第六节 营业税的税收优惠

我国现行营业税的税收优惠包括起征点和减免税两类。对营业税实行起征点政策，主要是为了贯彻合理负担的原则，一方面可以照顾低收入的纳税人；另一方面可以降低征税成本，提高征税效率。实行减免税政策，则主要是为了体现国家鼓励与人民生活密切相关的行业发展的政策。

一、营业税的起征点

同增值税一样，现行营业税制度中也设置了起征点。根据《营业税暂行条例》规定，纳税人营业额未达到国务院财政、税务主管部门规定的营业税起征点的，免征营业税；达到起征点的，全额计算缴纳营业税。有关营业税起征点的最新规定为：

1. 按期纳税的，为月营业额 5 000 ~ 20 000 元；

2. 按次纳税的，为每次（日）营业额 300 ~ 500 元。

省、自治区、直辖市财政厅（局）、税务局应当在规定的幅度内，根据实际情况确定本地区适用的起征点，并报财政部、国家税务总局备案。

二、营业税的税收优惠规定

（一）营业税的法定免税项目

营业税的法定免税项目是指《营业税暂行条例》及其实施细则明确列举的免税项

目。按照现行税法的规定，营业税的法定免税项目包括 7 类。

（1）托儿所、幼儿园、养老院、残疾人福利机构提供的育养服务、婚姻介绍、殡葬服务。

（2）残疾人员个人为社会提供的劳务。

（3）医院、诊所、其他医疗机构提供的医疗服务。

医疗服务是指对患者进行诊断、治疗和防疫、接生、计划生育方面的服务，以及与这些服务有关的提供药品、医疗用具、病房住宿和伙食的业务。

（4）学校及其他教育机构提供的教育劳务、学生勤工俭学所提供的劳务服务。学校及其他教育机构是指普通学校及经地市级以上人民政府或同级教育行政主管部门批准成立、国家承认其学员学历的各类学校。

（5）农业机耕、排灌、病虫害防治、农牧保险及相关技术培训，家禽、牲畜、水生动物的配种和疾病防治业务。

农业机耕是指在农业、林业、牧业中使用农业机械进行耕作（包括耕耘、种植、收割、植保等）的业务。排灌是指对农田进行灌溉或排涝的业务。病虫害防治是指从事农业、林业、牧业、渔业的病虫害测报和防治的业务。农牧保险是指为种植业、养殖业、牧业种植和饲养的动植物提供的保险业务。相关技术培训是指与农业机耕、排灌、病虫害防治、植保业务相关及为使农民获得农牧保险知识的技术培训业务。家禽、牲畜、水生动物的配种和疾病防治业务的免税范围，包括与该项劳务有关的提供药品和医疗用具的业务。

（6）纪念馆、博物馆、文化馆（站）、美术馆、展览馆、书画院、图书馆、文物保护单位举办文化活动的售票收入，宗教场所举办文化、宗教活动的售票收入。

值得注意的是，这里所说的纪念馆、博物馆、文化馆（站）、美术馆、展览馆、书画院、图书馆、文物保护单位举办文化活动是指，这些单位在自己的场所举办的属于文化体育业税目征税范围的文化活动。其售票收入是指销售第一道门票的收入。

宗教场所举办文化、宗教活动的售票收入是指，寺庙、宫观、清真寺和教堂举办文化、宗教活动销售门票的收入。

（7）境内保险机构为出口货物提供的保险产品。为出口货物提供的保险产品包括出口货物保险和出口信用保险。

为支持小微企业的发展，进一步公平企业的税负，国务院常务会议决定从 2013 年 8 月 1 日起，对小微企业中月销售额不超过 2 万元的营业税纳税人，暂免征收营业税。

（二）营业税的其他优惠项目

由财政部、国家税务总局制定并公布的主要免税、减税优惠项目概括如下：

1. 金融保险业的税收优惠

（1）中国人民银行对金融机构的贷款业务，不征收营业税。中国人民银行对企业贷款或委托金融机构贷款的业务应当征收营业税。

（2）金融机构往来业务暂不征收营业税。金融机构往来是指金融企业联行、金融企业与中国人民银行及同业之间的资金往来业务取得的利息收入，不包括相互之间提供的服务。

（3）对金融机构的出纳长款收入，不征收营业税。

（4）保险公司开展的1年期以上返还性人身保险业务的保费收入免征营业税。返还性人身保险业务是指保期1年以上（包括1年期），到期返还本利的普通人寿保险、养老金保险、健康保险。对保险公司开办的普通人寿保险、养老金保险、健康保险的具体险种，凡经财政部、国家税务总局审核并列入免税名单的可免征营业税，未列入免税名单的一律征收营业税。

（5）保险企业取得的追偿款不征收营业税。所称追偿款，是指发生保险事故后，保险公司按照保险合同的约定向被保险人支付赔款，并从被保险人处取得对保险标的价款进行追偿的权利而追回的价款。

（6）对个人（包括个体工商户和其他个人）从事外汇、有价证券、非货物期货和其他金融商品买卖业务取得的收入暂免征收营业税。

（7）自2009年1月1日至2013年12月31日，对农村金融机构农户小额贷款的利息收入，免征营业税。

2. 文化体育业的税收优惠

（1）对政府举办的高等、中等和初等学校（不含下属单位）举办进修班、培训班取得的收入。收入全部归学校所有的，免征营业税。

（2）对学校从事技术开发、技术转让业务和与之相关的技术咨询、技术服务业务取得的收入，免征营业税。

3. 各类行政事业单位和社会团体收费的税收优惠

（1）立法机关、司法机关、行政机关的收费，同时具备下列条件的，不征收营业税：一是国务院、省级人民政府或其所属财政、物价部门以正式文件允许收费，而且收费标准符合文件规定的；二是所收费用由立法机关、司法机关、行政机关自己直接收取的。

（2）凡经中央及省级财政部门批准纳入预算管理或财政专户管理的行政事业性收费、基金。无论是行政单位收取的，还是由事业单位收取的，均不征收营业税。

（3）社会团体按照财政部门或民政部门规定标准收取的会费，不征收营业税。社会团体是指在中华人民共和国境内经国家社团主管部门批准成立的非营利性的协会、学会、联合会、研究会、基金会、联谊会、促进会、商会等民间群众社会组织。社会团体会费是指社会团体在同家法规、政策许可的范围内，依照社团章程的规定收取的个人会员和团体会员的款额。各党派、共青团、工会、妇联、中科协、青联、台联、侨联收取的党费、会费比照上述规定执行。

4. 医疗服务业的税收优惠

（1）对非营利性医疗机构按照国家规定的价格取得的医疗服务收入，免征营业税。

（2）对疾病控制机构和妇幼保健机构等卫生机构按照国家规定的价格取得的卫生服务收入，免征营业税。

（3）对营利性医疗机构取得的收入，按规定征收各项税收。但为了支持营利性医疗机构的发展，对营利性医疗机构取得的收入，直接用于改善医疗卫生条件的，自其取得执业登记之日起，3年内对其取得的医疗服务收入免征营业税。

（4）工会疗养院（所）可视为"其他医疗机构"，免征营业税。

5. 高校后勤服务业的税收优惠

（1）对高校后勤实体经营学生公寓和教师公寓及为高校教学提供后勤服务取得的租金和服务性收入，免征营业税。但对利用学生公寓或教师公寓等高校后勤服务设施向社会人员提供用服务取得的租金和其他各种服务性收入，按现行规定计征营业税。

（2）对设置在校园内的实行社会化管理和独立核算的食堂，向师生提供餐饮服务取得的收入，免征营业税；向社会提供餐饮服务取得的收入，按现行规定计征营业税。

6. 其他服务业的税收优惠

（1）对按政府规定价格出租的公有住房和廉租住房暂免征收营业税；自 2008 年 3 月起，对个人出租住房，不区分用途，在 3% 税率的基础上，减半征收营业税。

（2）单位和个人提供的垃圾处置劳务不属于营业税应税劳务，对其处置垃圾取得的垃圾处置费，不征收营业税。

（3）对政府举办的职业学校设立的主要为在校学生提供实习场所，并由学校出资自办，由学校负责经营管理，经营收入归学校所有的企业，对其从事《营业税暂行条例》"服务业"税目规定的服务项目（广告业、桑拿、按摩、氧吧等除外）取得的收入，免征营业税。

（4）对符合条件的节能服务公司实施合同能源管理项目，取得的营业税应税收入，暂免征收营业税。

（5）自 2011 年 10 月 1 日至 2014 年 9 月 30 日，对家政服务企业由员工制家政服务员提供的家政服务取得的收入免征营业税。

7. 转让无形资产和销售不动产的税收优惠

（1）将土地使用权转让给农业生产者用于农业生产的免征营业税。这里的农业包括农业、林业、牧业、水产业。

（2）自 2003 年 1 月 1 日起，以无形资产、不动产投资入股，参与接受投资方利润分配、共同承担投资风险的行为，不征收营业税。在投资后转让其股权的，也不征收营业税。

（3）个人将购买不足 5 年的住房对外销售的，全额征收营业税；个人将购买超过 5 年（含 5 年）的非普通住房对外销售的，按照其销售收入减去购买房屋的价款后的差额征收营业税；个人将购买超过 5 年（含 5 年）的普通住房对外销售的，免征营业税。

（4）转让企业产权的行为不属于营业税征收范围，不应征收营业税。

（5）个人向他人无偿赠予不动产，包括继承、遗产处分及其他无偿赠予不动产等三种情况可以免征营业税。

第七节　营业税的征收管理

一、营业税的纳税义务发生时间

营业税纳税义务发生时间为纳税人提供应税劳务、转让无形资产，或者销售不动产并收讫营业收入款项，或者取得营业收入款项凭据的当天。收讫营业收入款项是指，纳税人应税行为发生过程中或者完成后收取的款项。取得营业收入款项凭据的当天，为书面合同确定的付款日期的当天；未签订书面合同或者书面合同未确定付款日期的，为应税行为完成的当天。依据具体项目规定如下。

（1）纳税人转让土地使用权或者销售不动产，采取预收款方式的，其纳税义务发生时间为收到预收款的当天。

（2）纳税人提供建筑业或者租赁业劳务，采取预收款方式的，其纳税义务发生时间为收到预收款的当天。

（3）纳税人将不动产或者土地使用权无偿赠送其他单位或者个人的，其纳税义务发生时间为不动产所有权、土地使用权转移的当天。

（4）纳税人自建建筑物销售，其自建行为的纳税义务发生时间为其销售自建建筑物并收讫营业额或者取得索取营业额凭据的当天。

（5）营业税扣缴税款义务发生时间为扣缴义务人代纳税人收讫营业收入款项或者取得索取营业收入款项凭据的当天。

二、营业税的纳税期限

营业税的纳税期限分别为 5 日、10 日、15 日、1 个月或者 1 个季度。纳税人的具体纳税期限由主管税务机关根据纳税人应纳税额的大小分别核定；不能按照固定期限纳税的，可以按次纳税。

纳税人以 1 个月或者 1 个季度为一个纳税期的，自期满之日起 15 日内申报纳税；以 5 日、10 日或者 15 日为一个纳税期的，自期满之日起 5 日内预缴税款，于次月 1 日起 15 日内申报纳税并结清上月应纳税款。

扣缴义务人解缴税款的期限，依照上述规定执行。

银行、财务公司、信托投资公司、信用社、外国企业常驻代表机构的纳税期限为 1 个季度。

三、营业税的纳税地点

营业税的纳税地点原则上采用属地原则，即纳税人在机构所在地缴纳应纳税款。具体有以下情况：

（1）纳税人提供应税劳务应当向其机构所在地或者居住地的主管税务机关申报纳税。但是，纳税人提供的建筑业劳务及国务院财政、税务主管部门规定的其他应税劳务，应当向应税劳务发生地的主管税务机关申报纳税。

（2）纳税人转让无形资产应当向其机构所在地或者居住地的主管税务机关申报纳税。但是，纳税人转让、出租土地使用权，应当向土地所在地的主管税务机关申报纳税。

（3）纳税人销售、出租不动产应当向不动产所在地的主管税务机关申报纳税。

（4）纳税人按规定应当向应税劳务发生地、土地或者不动产所在地的主管税务机关申报纳税，而自应当申报纳税之月起超过 6 个月没有申报纳税的，由其机构所在地或者居住地的主管税务机关补征税款。

（5）扣缴义务人应当向其机构所在地或者居住地的主管税务机关申报缴纳其扣缴的税款。

四、营业税的纳税申报

纳税人应接《营业税暂行条例》有关规定及时办理纳税申报；并如实填写《营业税纳税申报表》。

【本章小结】

本章主要介绍了：1. 营业税是对规定提供商品或劳务的全部收入征收的一种税。在我国，是指对在我国境内提供应税劳务、转让无形资产或销售不动产的单位和个人，就其营业额征收的一种税。

2. 营业税的特点是征收面广，税源普遍；按行业设置税目税率；税率较低设有起征点；价内税，税收稳定；征收管理简便易行。

3. 营业税的税目包括建筑业、金融保险业、邮电通信业（邮政业除外）、文化体育业、娱乐业、服务业、转让无形资产和销售不动产。实行行业差别比例税率，对一些特殊情况也给予一定的减免税。

4. 营业税的应纳税额计算为营业额乘以税率。营业额在一般情况下为提供应税劳务、转让无形资产和销售不动产的收入总额。但对于跨国境运输、建筑承包、转贷业务、买卖外汇、有价证券、分保险、演出、旅游、广告代理等特殊情况，可以收支差额为营业额。

5. 营业额的纳税义务发生时间为纳税人收讫营业收入款项或取得索取营业收入款项凭据的当天。其纳税地点原则上采取属地征收的方法，同时按规定办法进行纳税申报。

【思考题】

1. 如何理解营业税的特点？
2. 营业税的征税范围有哪些？与增值税有何差异？
3. 营业税的优惠政策有哪些？
4. 如何理解增值税的计税原理及应纳税额的计算？
5. 营业税征收管理是如何规定的？如何加强？

【课后练习题】

一、单项选择题

1. 下列规定属于营业税纳税义务发生时间的是（   ）。
   A. 采用预收款方式销售不动产为收到预收款当天

    B. 采用预收款方式销售不动产为款项付清的当天

    C. 采用预收款方式销售不动产为合同规定的日期

    D. 采用预收款方式销售不动产为办理不动产转移手续当天

2. 在下列各项中，属于营业税应税劳务的是（　　　）。

    A. 修理机器   B. 修缮房屋   C. 修复古董   D. 裁剪服装

3. 在下列各项中不符合营业税法有关征收管理规定的是（　　　）。

    A. 保险业的营业税纳税期限为一个月

    B. 典当业的营业税纳税期限为一个季度

    C. 非金融企业从事金融业务的营业税纳税期限为一个月

    D. 营业税纳税人不能按照固定期限纳税的可以按次纳税

4. 某房地产公司于 2013 年 9 月采用预收款方式，销售商品房 15 套给甲公司作为职工宿舍使用，商品房的市场价为 80 万元/套。甲公司当月支付了房价款的 50%，其余款项在正式交房时支付，则公司该项业务应纳的营业税为（　　　）万元。

    A. 0   B. 30   C. 60   D. 45

5. 下列项目免征营业税的是（　　　）。

    A. 单位无偿转让不动产

    B. 残疾人出租房屋

    C. 博物馆出租部分房屋从事经营活动

    D. 福利机构提供的养育服务

6. 保险公司取得的下列收入，应征营业税的是（　　　）。

    A. 出纳长款收入   B. 保险追偿款收入

    C. 财产保险费收入   D. 出口信用保险收入

7. 某大酒店营业额明显偏低，税务机关对其采用核定营业额的方法征税，其某月的营业成本为 10 万元，同行业的成本利润率为 25%，则其应纳税额为（　　　）万元。

    A. 2.5   B. 0.5   C. 0.83   D. 0.66

8. 某建筑公司与甲企业签订一份建筑承包合同，合同金额 4 800 万元。施工期间该建筑公司又将其中价值 1 750 万元的安装工程分包给乙企业，并签订分包合同。该建筑公司此项业务应缴纳的营业税为（　　　）万元。

    A. 144   B. 52.5   C. 91.5   D. 196.5

9. 某卡拉 OK 歌舞厅本月门票收入 50 万元，台位费收入 10 万元，相关烟酒及饮料收入 28 万元，零售小食品收入 5 万元，点歌收入 5 万元，假定当地适用最高税率。则该歌舞厅本月应纳的营业税为（　　　）万元。

    A. 14.55   B. 15.15   C. 18.6   D. 19.6

10. 某旅行社于 2013 年 10 月组团境内旅游收入 40 万元，为旅游者支付给其他单位的住宿、交通门票、餐费共计 18 万元；组织境外旅游共收取 30 万元，另付给境外接团企业 16 万元费用。该旅行社当月应纳营业税为（　　　）万元。

    A. 1.8   B. 3.5   C. 2.6   D. 2.7

11. 某有线电视台 8 月取得收入如下：有线电视节目收视费 10 万元，"点歌台"栏目点歌费 0.7 万元，广告播映费 4 万元。该电视台当月应纳营业税为 （　　） 万元。

    A. 0.52   B. 0.44   C. 0.74   D. 0.43

12. 某企业以厂房作抵押向银行贷款，取得贷款后将厂房交与银行使用，以厂房租金抵偿贷款利息，对该企业应 （　　）。

    A. 按销售不动产征收营业税   B. 按服务业征收管业税

    C. 按金融保险业征收营业税   D. 征收增值税

13. 在下列各项中不需要按照建筑业税目征收营业税的是 （　　）。

    A. 代办电信工程   B. 投资人股的自建建筑物

    C. 搭脚手架   D. 钻井

14. T 企业委托 P 公司代销一种家用电器，T 方规定单价为 500 元，双方约定 P 公司按规定销售价格的 5% 提取手续费。在销售过程中，P 公司自行决定将销售价格提高到 550 元/件，但与 T 企业仍按 500 元/件结算。当月 P 公司实际为 T 企业代销该种家用电器 400 件，则 P 公司应 （　　）。

    A. 按 3 万元缴纳营业税

    B. 按 1 万元缴纳营业税

    C. 按 1 万元缴纳营业税、按 2 万元缴纳增值税

    D. 按 2.56 万元缴纳增值税

15. 某公司承包某宾馆室内装修工程，装饰、装修劳务费合计 1 300 万元、辅助材料费用 50 万元；宾馆自行采购的材料价款 2 400 万元及中央空调设备价款 120 万元。该公司装饰装修劳务收入应纳营业税 （　　） 万元。

    A. 40.50   B. 62.76   C. 112.50   D. 134.76

16. 某公园本月取得门票收入和游艺场经营收入 3 （14） 000 元，未分别核算；同时给某民间艺术团表演提供场地取得收入 50 000 元。假定当地规定的游艺场营业税税率为 20%，则该公园本月应纳营业税为 （　　） 元。

    A. 11.065   B. 17 500   C. 62 500   D. 70 000

17. 某物业管理公司负责某商场的物业管理，该公司 2013 年 10 月共向商场收取费用 100 万元，其中清洁费 45 万元、绿化费 25 万元、代商场支付电费 20 万元、水费 10 万元，则该物业公司本月应纳的营业税为 （　　） 万元。

    A. 2.5   B. 2.75   C. 3.5   D. 5

二、多项选择题

1. 在下列各项中可免征营业税的有 （　　）。

    A. 金融企业从事受托收款业务取得手续费收入

    B. 电脑福利彩票投注点代销福利彩票取得手续费收入

    C. QFII 委托境内公司在我国从事证券买卖业务取得差价收入

    D. 将土地使用权转让给农业生产者用于农业生产的转让收入

2. 在下列营业额中，营业税计税依据正确的有 （　　）。

    A. 银行一般贷款业务的利息收入

    B. 转贷业务取得的利息收入

C. 银行一般贷款的利息收入减存款利息支出的差额

D. 转贷业务的贷款利息收入减借款利息支出的差额

3. 下列转让房产所有权应纳营业税的有（　　）。

A. 销售商品房　　　　　　　　　　B. 个人将私有房产赠予亲属

C. 单位将房产无偿赠予他人　　　　D. 个人与他人交换私有住房

4. 纳税人提供应税劳务、转让无形资产或销售不动产价格明显偏低而无正当理由的，主管税务机关有权按下列程序核定其营业额（　　）。

A. 按规定核定计税价格：计税价格＝营业成本或工程成本×（1＋成本利润率）÷（1－营业税税率）

B. 按纳税人当月提供的同类应税劳务或销售的同类不动产的平均价格核定

C. 按纳税人最近时期提供的同类应税劳务或销售的同类不动产的平均价格核定

D. 按纳税人最近时期提供的同类应税劳务或销售的同类不动产的最高价格核定

5. 自 2011 年 1 月 28 日起，下列符合国家对个人出售住房税收政策的有（　　）。

A. 个人购买不足 5 年的普通住宅销售时，全额征收营业税

B. 个人购买不足 5 年的非普通住宅销售时，按价差征收营业税

C. 个人购买超过 5 年（含 5 年）的非普通住房对外销售，按价差征收营业税

D. 个人购买超过 5 年（含 5 年）的普通住宅销售时，免征营业税

6. 依据营业税的有关规定，在下列说法中正确的有（　　）。

A. 个人转让金融商品，不征收营业税

B. 企业存款或购入金融商品，不征收营业税

C. 人民银行对金融机构的贷款业务，不征收营业税

D. 金融商品转让业务的纳税义务发生时间为取得转让收入的当天

7. 下列关于营业税计税营业额的说法中正确的有（　　）。

A. 教育部与商务部合作开展业务以其全部收入减去付给商务部合作费后余额为营业额

B. 参与跨省电信业务的电信部门按其各自取得的全部价款为营业额

C. 公司转让抵债所得土地使用权以其全部收入减去抵债时使用权作价后的余额为营业额

D. 广告代理商向委托方收取的全部价款和价外费用作为计税依据

8. 在下列保险机构提供的保险劳务中，应纳营业税的是（　　）为标的提供保险劳务。

A. 中国境内保险机构以境内物品　　B. 中国境外保险机构以境外物品

C. 中国境外保险机构以境内物品　　D. 中国境内保险机构以境外物品

9. 在下列行为中，应纳营业税的是（　　）的不动产。

A. 在中国境内销售中国境外　　　　B. 在中国境内销售中国境内

C. 在中国境外销售中国境外　　　　D. 在中国境外销售中国境内

10. 按现行营业税规定，在金融机构的下列行为中，不应征收营业税的是（　　）。

A. 销售支票　　B. 转让有价证券　　C. 利差补贴　　　　D. 销售金银

11. 在下列行为中，应按服务业税目征税的有（　　）。
   A. 搬家公司为居民提供搬家服务
   B. 某杂志社利用杂志为客户做广告
   C. 某厂在销售货物时向购货单位提供铁路专用线使用权
   D. 某公路管理部门向过往车辆收取"过路费"

12. 在下列经营活动中，应按"文化体育业"税目征收营业税的有（　　）。
   A. 电台播音　　　　　　　　　　B. 电视台播映广告
   C. 时装表演　　　　　　　　　　D. 举办艺术讲座

13. 在下列关于营业税税法内容的表述中，说法正确的有（　　）。
   A. 纳税人以一个月或一个季度为一期纳税的，自期满之日起15日内申报纳税
   B. 对货物期货征收营业税，对非货物期货不征收营业税
   C. 单位和个人提供营业税应税劳务发生退款，凡该项退款已征营业税的，允许退还已征税款，但不得从纳税人以后的营业额中减除
   D. 单位和个人提供营业税应税劳务，如果将价款与折扣额在同一张发票上注明的，以折扣后的价款为营业额

14. 在下列业务中，按"建筑业"征税的有（　　）。
   A. 代办电信工程　　　　　　　　B. 电话机安装
   C. 拆除旧建筑物　　　　　　　　D. 疏浚、打井

15. 下列关于纳税义务发生时间的说法正确的有（　　）。
   A. 纳税人采用预收款方式提供租赁业劳务纳税义务发生时间为取得预收款的当天
   B. 融资租赁业务的纳税义务发生时间为取得租金收入或索取租金收入凭据的当天
   C. 自建不动产无偿赠送给其他单位纳税义务发生时间为不动产所有权转移的当天
   D. 纳税人自建建筑物销售的纳税义务发生时间为建筑劳务完成的当天

三、判断题

1. 在销售不动产时，连同不动产所占土地使用权一并转让的行为，比照销售不动产计算营业税。　　　　　　　　　　　　　　　　　　　　　　　　　　　（　　）

2. 境外单位或个人在境外向境内单位或个人提供的国际通信服务（包括国际通话服务、移动电话国际漫游服务、移动电话国际互联网服务、国际短信互通服务和国际彩信互通服务），属于营业税征税范围，应当征收营业税。　　　　　　　　（　　）

3. 某建筑公司承包一项工程，承包额为3 200万元，将其中部分工程转包给一个建筑队，建筑队的承包额为200万元。建筑公司应按3 200万元的营业额计征营业税。　　　　　　　　　　　　　　　　　　　　　　　　　　　　　　（　　）

4. 单位或个体经营者聘用的员工为本单位或雇主提供的劳务，不属于营业税的应税劳务。　　　　　　　　　　　　　　　　　　　　　　　　　　　　　　　（　　）

5. 营业税的纳税人在从事应税劳务的同时，兼营货物或非应税劳务的，应分别核算、分别纳税。不分别核算或不能准确核算的，应一并征收营业税。　　　　（　　）

6. 个人将购买不足5年的住房对外销售的，全额征收营业税；个人将购买超过5年（含5年）的非普通住房对外销售的，按其销售收入减去购买房屋的价款后的差额征

收营业税；个人将购买超过5年（含5年）的普通住房对外销售的，免征营业税。
（　　）

7. 某商人将自己购置的一栋商品房赠送给自己的儿子，不缴营业税。　（　　）

8. 纳税人销售自产货物同时提供建筑业劳务的，应分别核算其货物的销售额和建筑业劳务的营业额，分别缴纳增值税和营业税。　（　　）

9. 建筑安装企业向建设单位收取的临时设施费、劳动保护费和施工机构迁移费等不征营业税。　（　　）

10. 转贷业务是指金融机构将吸收的单位和个人的存款贷给他人使用的业务。在计征营业税时，以贷款利息减去借款利息的余额为转贷业务的营业额。　（　　）

11. 纳税人不以自用为目的，而是将自建的房屋对外销售，其自建行为应先按建筑业缴纳营业税，再按销售不动产征收营业税。　（　　）

12. 境外单位或个人在境内发生应税行为而在境内未设有机构的，其应纳税款以代理人为扣缴义务人；没有代理人，以受让者或购买者为扣缴义务人。　（　　）

四、计算题

1. 某建筑公司将自建的一栋住宅楼销售给职工，取得销售收入1 000万元、煤气管道初装费5万元和代收住房专项维修基金50万元。该住宅楼的建筑成本780万元，当地省级税务机关确定的建筑业的成本利润率为15%。

   要求：请根据上述资料，计算将自建住宅楼销售给职工应缴纳的营业税。

2. 某融资租赁公司经省外经贸委员会批准从事融资租赁业务，从国外进口一台设备租给国内一家企业，以融资租赁方式收取的租赁费为：设备价款1 404万元（含进口增值税），安装调试费10万元，运输费3万元（含公路建设费0.05万元），另收取手续费2万元，该项设备贷款利息为750万元。

   要求：请根据上述资料，计算该公司应纳的营业税。

3. 某市工商银行2013年第四季度取得如下收入：

   （1）为电信部门代收电话费取得手续费收入80万元。

   （2）销售各种凭证取得收入30万元。

   （3）向某商业企业发放周转性贷款取得利息收入300万元，逾期贷款罚息收入2万元。

   （4）10月1日向某生产企业发放定期贷款3 000万元，贷款年利率5.6%，期限2年，6月30日，生产企业向银行支付本季度的利息。

   （5）受托发放贷款8 000万元，贷款期限6个月，贷款年利率5%，银行已按当季应收利息的8%收取手续费，当季借款方未支付利息。

   （6）10月1日购进有价证券330万元，其中包括到期末支付的利息收入6万元（10月8日已收到），12月28日以400万元卖出。

   要求：请根据上述资料，计算该银行本季度应纳的营业税。

4. 某生产企业于2013年10月发生以下业务：

   （1）转让10年前建成的旧生产车间，取得收入1 200万元。该车间的原值为1 000万元，已提取折旧400万元。

(2) 转让一宗土地的使用权、取得转让收入 600 万元。该宗土地系 2011 年 11 月接受丙公司抵债时取得，抵债时该宗土地作价 500 万元，2013 年 11 月其账面余值为 490 万元。

要求：请根据上述资料，计算该企业应缴纳的营业税。

5. 某知名财经网站，具有增值电信业务经营资质，2013 年 10 月发生以下业务：
   (1) 开展"金牌理财师"远程培训业务，取得培训费收入 130 万元，并向学员出售配套培训教材取得收入 70 万元。
   (2) 发布网络广告，取得广告收入 5 000 万元，其中支付某动漫设计室设计费 1 000 万元。
   (3) 自行开发的"钱通"证券分析软件已完成国家版权局的登记手续，转让著作权给香港某证券研究机构，获得转让收入 200 万元。
   (4) 出售 2011 年度上市公司财经信息数据库光盘 10 000 张，每张售价 1 000 元；光盘交付使用后通过网络为客户提供远程技术支持，另收取技术服务费 100 万元。

   要求：请根据以上资料，计算该网站应缴纳的营业税。

6. 位于县城的某建筑安装公司 2013 年 10 月发生以下业务：
   (1) 与机械厂签订建筑工程合同一份，为其承建一栋厂房，签订合同时预收工程价款 1 000 万元。
   (2) 与开发区签订安装工程合同一份，为其铺设通信线路工程价款 300 万元，其中包含由开发区提供的价值 80 万元的设备及 20 万元材料，月末线路铺设完工，收回全部价款。
   (3) 与地质勘探队签订合同一份，按照合同约定为其钻井作业提供泥浆工程劳务，取得劳务收入 40 万元。
   (4) 为客户提供装饰劳务，共收取人工费 35 万元、管理费 5 万元、辅助材料费 10 万元，客户自行采购的装饰材料价款为 80 万元。

   要求：请根据上述资料，计算该公司应缴纳的营业税。

7. 某生产企业于 2013 年 11 月发生以下业务：转让 10 年前建成的旧生产车间，取得收入 1 200 万元，该车间的原值为 1 000 万元，已提取折旧 400 万元；转让一宗土地的使用权，取得转让收入 6 000 万元。该宗土地系于 2009 年 11 月份接受丙公司抵债时取得，抵债时该宗土地作价 4 500 万元。

   要求：请根据上述资料，计算该企业当月应纳的营业税。

五、综合题

1. 位于县城的某建筑安装公司于 2013 年 10 月发生以下业务：
   (1) 与机械厂签订建筑工程合同一份，为其承建厂房一栋，签订合同时预收工程价款 800 万元，月初开始施工至月底已完成全部工程的 1/10。
   (2) 与开发区签订安装工程合同一份，为其铺设通信线路，工程价款共计 300 万元，其中包含由开发区提供的光缆价值 80 万元，月末线路铺设完工，收回全部价款。
   (3) 与地质勘探队签订合同一份，按照合同约定为其钻井作业提供泥浆工程劳务，取得劳务收入 40 万元。

(4) 以清包工形式为客户提供装修劳务，共收取人工费 35 万元、管理费 5 万元、辅助材料费 10 万元，客户自行采购的装修材料价款为 80 万元。

(5) 将自建的一栋住宅楼销售给职工，取得销售收入 1 000 万元、煤气管道初装费 5 万元，代收住房专项维修基金 50 万元；该住宅楼的建筑成本 780 万元，当地省级税务机关确定的建筑业的成本利润率为 15%。

要求：请根据上述资料，按下列序号计算回答问题。

(1) 承建厂房工程应纳的营业税。

(2) 铺设通信线路工程应纳的营业税。

(3) 提供泥浆工程作业应纳的营业税。

(4) 为客户提供装修劳务应纳的营业税。

(5) 将自建住宅楼销售给职工应纳的营业税。

(6) 应纳的城市维护建设税和教育费附加。

【案例与分析】

营业税改征增值税的政策及思路

2009 年 1 月起在全国范围内实行消费型增值税，增值税转型后旨在使增值税抵扣链条完整的扩围改革随即提上日程，成为"十二五"时期财税体制改革的重点。增值税与营业税两税并立的征收办法，日益凸显出其种种弊端与不合理性。因而将增值税征收范围扩大到交通运输业等第三产业领域，促进产业结构优化升级彻底消除重复征税的问题。

2012 年 10 月 18 日中共中央政治局常委、国务院副总理李克强主持召开扩大营业税改征增值税试点工作座谈会。他强调：要按照推动科学发展、加快转变经济发展方式的要求，以结构性减税推动结构调整与改革，以营改增为重要抓手，促进产业结构升级，助推工业创新转型，加快服务业和中小企业发展，改革与完善财税体制，为经济长期平稳较快发展增添动力和活力。

1. 营业税改征增值税的指导思想与原则

其指导思想是建立健全有利于科学发展的税收制度，促进经济结构调整，支持现代服务业发展；其基本原则是统筹设计、分步实施，规范税制、合理负担和全面协调、平稳过渡。

2. 营业税改征增值税改革试点的范围与时间

综合考虑服务业发展状况、财政承受能力、征管基础条件等因素，先期选择经济辐射效应明显、改革示范作用较强的地区开展试点；2012 年 1 月 1 日起先在上海市对交通运输业及部分现代服务业开展试点，逐步推广至全国及其他行业，力争 2015 年完成营业税改征增值税的全部改革。

3. 营业税改征增值税改革试点的总体所设计

主要包括：

（1）税率。在现行增值税17%标准税率和13%低税率基础上，新增11%和6%两档低税率。租赁有形动产等适用17%税率，交通运输业和建筑业等适用11%税率，其他部分现代服务业适用6%税率。

（2）计税方式。交通运输业、建筑业、邮电通信业、现代服务业、文化体育业、销售不动产和转让无形资产，原则上适用增值税的一般计税方法；金融保险业和生活性服务业，原则上适用增值税的简易计税方法。

（3）计税依据。纳税人计税依据原则上为发生应税交易取得的全部收入。对一些存在大量代收转付或代垫资金的行业，其代收代垫金额可予以合理扣除。

分析：第三产业发展与增值税、营业税的关系。

第五章 流转税税法——关税法

🖊 学习目标

➡ 1. 理解和掌握关税的概念和特点
➡ 2. 理解和掌握净出口货物关税的纳税人和纳税对象
➡ 3. 了解进出口货物关税完税价格的确定及关税的征收管理内容
➡ 4. 熟悉和掌握关税的完税价格、应纳税额的计算方法和征收管理
➡ 5. 理解我国的关税制度、关税的税收优惠
➡ 6. 了解关税开征的现实意义及发展趋势

第一节 关 税 概 述

一、关税的概念

关税的含义是指海关依法对进出境货物、物品征收的一种税。关税的内涵有广义和狭义之分。现代广义的关税是包括进出口环节由海关征收的关税和在进出口环节海关代征的其他国内税、费;狭义的关税仅指进出口环节的关税,即海关代表国家,依据国家规定的有关税法及进出口税则,对进出关境的货物和物品征收的一种特殊的流转税。本章所讲的关税就是现代狭义的关税。

上述定义中所称的"境"指关境,又称"海关境域"或"关税领域",是国家《海关法》全面实施的领域。在通常情况下,已过关境与国境是一致的,包括国家全部的领土、领海、领空。但当某一国家在国境内设立了自由港、自由贸易区等,这些区域就进出口关税而言处在关境之外,这时该国的关境小于国境。例如,我国的香港和澳门保持自由港地位,为我国单独的关税地区,即单独关境区。单独关境区是不适用该国海关法律、法规或实施单独海关管理制度的区域。当几个国家结成关税同盟,组成一个共同的关境,实施统一的关税法令和统一的对外税则,这些国家彼此之间货物

进出国境不征收关税，只对来自或运往其他国家的货物进出共同关境时征收关税，显然，关境已超出一个主权国家的领土范围，关境大于同盟国各成员国各自的国境，如欧洲联盟就属于这种情形。

二、关税的特点

关税属流转税体系中的一个独立的税种，同其他国内流转税相比，具有以下特点。

（一）关税的征税对象只限于进出关境的有形货物和物品

这里有两层含义：其一是货物或物品只有在进出关境时，才征收关税。也就是说，对于在境内流转的商品，只能征收国内税，而不能征收关税。其二是进出境的贸易性的商品和用于个人消费的非贸易性商品通常是有形的实物商品，对于无形商品海关则无法单独征收关税，只能在它们的价值体现在某种实物进境时，对有关的实物和其载体征收关税

（二）关税在货物或物品进出关境的环节一次性征收

关税按照全国统一的进出口关税条例和税则在进出口环节单一环节课征。进出关境的货物在进出境环节一次性征收关税后，在国内流通的任何环节均不再征收关税。

（三）关税的计税依据为关税的完税价格

关税的完税价格是关税法中特有的概念，关税的计税依据——完税价格通常为到岸价格或离岸价格，不能确定到岸价格或离岸价格时，则由海关估定。

（四）关税具有涉外性

关税的种类与税率高低直接影响国际贸易价格因此关税经常被主权国家运用为对外政治、经济斗争的手段，关税构成有关国际条约的重要调整对象。关税是贯彻对外贸易政策的重要手段，它在调节国民经济和对外贸易、增加国家财政收入、保护民族产业、防止国外的经济侵袭等方面发挥了重要的作用。

（五）关税是由海关专门负责征收

各类国内税收一般均由税务机关负责征管，而关税则由海关依法征收。根据我国《海关法》的规定，海关是设在关境上的国家行政管理机构，海关依照法律规定监管进出境的运输工具、货物、行李物品、邮递物品和其他物品，征收关税和其他税、费，查缉走私，并编制海关统计和办理其他海关业务。在我国，海关除征收关税外，还要代征进口环节货物应缴纳的增值税和消费税。

三、关税的历史与发展

关税是一个历史悠久的税种，是开征最早的税种之一。早在周代，《周礼·地官》

中就有"关市之赋"。关市之赋的征税主体是商贾，课税对象是出入关的货物（征收关税）和上市交易的货物（征收市税）。征税的主要目的是为了满足统治阶级的财政需要和有效的实施抑商政策。到了唐代，所设立的"市舶司"专门负责对国外来华贸易货物和船舶征收关税。到了清代康熙年间才在沿海设立了"粤、闽、浙、江"四个"海关"，对进出口的货物征收船钞和货税。这时的关税概念仍包括内地关税和边境关税。19 世纪后，鸦片战争及随后帝国主义的侵华战争强加给我国许多不平等条约和通商章程，海关大权落入外人之手，引进了近代的关税制度，过境关税才与内地关税有所区别。此后，中国的关税就仅指出口税和进口税。对进出国境的货物只在进出境时才征收关税。

新中国成立后，我国建立了完全独立自主的关税制度。1949 年 10 月设立海关总署，统一领导全国海关机构和业务。1951 年颁布的《中华人民共和国海关进出口税则》和《海关进出口税则暂行条例》，形成了关税的基本法规，使我国关税制度逐步统一，走上正常轨道。党的十一届三中全会以来，随着我国经济日新月异的发展，1985 年，国务院颁布了新的《中华人民共和国海关进出口关税条例》和《中华人民共和国海关进出口税则》，系统地规定了关税的一些重大政策、基本制度和纳税人的权利义务等。1987 年 1 月第六届全国人民代表大会常务委员会第十九次会议通过率《中华人民共和国海关法》（以下简称《海关法》）。1987 年和 1992 年先后两次修订《中华人民共和国海关进出口关税条例》（以下简称《海关进出口关税条例》）。2000 年 7 月 8 日第九届全国人民代表大会常务委员会第十六次会议发布了《关于修改〈中华人民共和国海关法〉的决定》。2003 年 10 月 29 日国务院第 26 次常务会议通过了新的《中华人民共和国进出口关税条例》，自 2004 年 1 月 1 日起施行。同时，国务院税则委员会审定并报国务院批准，颁布了《海关进出口税则》和《中华人民共和国入境旅客行李物品和个人邮递物品征收进口税办法》；2007 年 1 月我国实施新的《海关进出口税则》，使我国的关税制度更加规范化和法制化。经国务院关税税则委员会审定并报国务院批准，2009 年 1 月 1 日起，我国进一步修订了《海关进出口关税税则》，履行了我国加入世界贸易组织的承诺，也更好地发挥了关税的经济杠杆作用。2014 年 1 月实施了新的《中华人民共和国海关进出口税则》。新修订的《海关法》和《进出口税则》对推动国民经济发展、扩大对外经济贸易、进一步保证进出口企业的合法权益、规范企业经营管理、促进企业发展也将起到十分积极的作用。

四、关税的分类

（一）按照货物的流动方向，可将关税分为进口关税、出口关税和过境关税

1. 进口关税

它是指海关对进口货物和物品所征收的关税，是关税中最主要的一种征税形式，是保护关税政策的主要手段，在各国财政收入中占一定的地位。进口税有正税和附税之分。正税是按照税则中法定税率征收的进口税；附税则是在征收进口税的基础上额外加征关税，主要是为了在保护本国生产和增加财政收入两个方面，用以补充正税的

不足，属于临时性的限制进口措施，包括反倾销税、报复性关税等。

2. 出口关税

它是指海关对出口货物和物品所征收的关税，通常是在本国出口商品出离关境时征收。为了鼓励出口、追求贸易顺差和获取最大限度的外汇收入，许多国家，特别是西方发达国家已不再征收出口税。

3. 过境关税

它是指对过境货物征收的关税，成为过境税。过境货物指由境外启运，通过境内继续运往境外的货物。由于征收过境税会产生多方面的负面影响，因而当今各国一般均不征收过境税。中国海关对过境货物的具体要求：① 对我国签有过境货物协定的国家的过境货物，或属于同我国签有铁路联运协定的国家收、发货的，按有关协定准予过境；② 未同我国签有协定的国家的过境货物，应当经国家运输主管部门批准并向入境地海关备案后准予过境。

（二）以征税的目的分类

1. 财政关税

它是指以增加国家财政收入为主要目的而课征的关税。在历史上关税产生以后的一个很长时期内，征收关税的目的主要是为了保证统治阶级或国家的财政收入。随着经济的不断发展和竞争的日益激烈化，财政关税逐步让位于保护关税。财政关税的征税对象应该是进口数量大、消费量大、税负力强的商品，而且应该是本国非生活必需品或非生产必需品，以便既有稳定的税源，又不致影响国内生产和人民生活。

2. 保护关税

它是指以保护本国工农业生产为主要目的而课征的关税。保护关税一般把那些本国需要发展但尚不具备国际竞争力的产品列入征税范围，通过设置合理的关税税率使关税税额等于或略高于进口商品成本与本国同类商品成本之间的差额。不同的商品需要保护的程度不同，往往采用差别税率。在进口方面，对进口的需要增加保护程度的商品征收高额的进口关税，可提高进口商品的成本和价格，从而削弱其竞争能力，保护本国同类产品的生产和销售；而对本国紧缺或本国尚不能生产的产品、生活必需品可通过低税率或免税方法鼓励进口。在出口方面，为了鼓励本国商品出口，一般免征出口税；但对本国生产所需的重要原料等，则征收关税以限制输出。我国现行的关税仍然属于保护关税。

（三）以征税的标准分类

按征税的标准分类，可将关税分为从量税、从价税。因此各国常用的征税标准还有复合税、选择税及滑准税。

1. 从量关税

将征税对象的计量单位作为征税标准，以每一计量单位应纳的关税金额作为税率的关税，称为从量关税。目前世界各国多以货物的重量为标准计征关税。从量关税具有计征手续简便，通关便利等特点。另外，由于计税依据不受商品价格的影响，还能起到抑制质次价廉商品或者故意低瞒价格商品的进口。但从量关税由于不随进出口货物与物品价格的变化而变化，容易造成税负不合理的现象。尤其是在物价上涨时期，从量税难以发挥保护国内产业的作用。

2. 从价关税

将征税对象的价格作为征税标准，根据一定比例的税率进行计征的关税。其关税收入和关税负担具有随着商品价格的变化而变化的特点。因而，从价关税有利于发挥关税的财政作用和保护作用。

3. 复合关税

它是对一种进口货物同时制订出从价、从量两种方式，征税时即采用从量又采用从价两种税率计征税款的关税。复合关税既可以发挥从量关税抑制低价商品进口的特点，又可以发挥从价关税税负合理、稳定的优点。

4. 选择关税

在税则的统一税种中，订有从价和从量两种税率，征税时由海关选择其中一种计征的称为选择关税。当物价上涨时，采用从价关税；当物价下跌时，采用从量关税。这样，不仅能保证国家的财政收入，还可较好地保护本国产业的发展。

5. 滑准关税

在税则中预先按产品的价格高低分档制定若干不同的税率，然后根据进出口商品价格的变动而增减进出口税率的一种关税。当商品价格上涨，采用较低的税率；而商品价格下跌，则采用较高税率。采用滑准税的目的是维护该种商品在国内市场上价格的稳定性，不受周边国家和国际市场价格波动的影响。

（四）以关税的差别分类

1. 优惠关税

优惠关税是对特定受惠国在税收上给予的一种优惠待遇，即按照比普通税率低的优惠税率来征收。具体来说，优惠关税又可分为四种。

（1）互惠关税。在国与国之间的贸易中，双方协商签订协议，对进出口货物征收较低的关税直至免税。

（2）特惠关税。一个国家或某一经济集团对某些特定国家的全部进口货物或部分货物单方面给予低关税或免税待遇的特殊优惠。

（3）最惠国待遇关税。它规定缔约国双方相互间现在和将来所给予任何第三国的优惠待遇，同样适用于对方。

（4）普遍优惠制关税。指发达国家对从发展中国家或地区输入的产品，特别是制成品和半制成品普遍给予优惠关税待遇的一种制度。国的是增加其财政收入，促使发展中国家工业化，加速其经济增长速度。

2. 歧视关税

歧视关税指对某些国家的进口货物按照较普通税率更高的税率征收的关税，它是保护一国产业所采取的特别手段。一般包括反倾销关税、反补贴关税、报复性关税和保障性关税。

（1）反倾销关税。进口国海关发现进口商品构成倾销时，对倾销商品除按海关税则中规定的税率征收一般进口税以外，附加征收的关税。其目的是为了抵制外国产品倾销，保护国内生产和国内市场。

（2）反补贴关税。又称抵消关税，是输入国对凡接受政府补贴或奖励的他国输入产品课征与补贴、津贴或奖励相等的反补贴关税，以抵消别国输入货物的竞争优势。

（3）报复关税。他国政府以不公正、不平等、不友好的态度对待本国输出的货物时，为维护本国利益，报复该国对本国输出货物的不公正、不平等、不友好，对该国输入本国的货加重征收的关税。

（4）保障性关税。对国外进口货物剧增并对本国产业造成损害的情况下，采取临时保障措施而需提高的关税。

第二节　关税的征税对象与纳税义务人

一、关税的征税对象

关税的征税对象是准许进出境的货物和物品。货物是指贸易性商品；物品指入境旅客随身携带的行李物品、个人邮递物品，各种运输工具上的服务人员携带的进口的自用物品、馈赠物品及其他方式进境的个人物品。

二、关税的纳税人

进口货物的收货人、出口货物的发货人、进出境物品的所有人，是关税的纳税人。进出口货物的收、发货人是依法取得对外贸易经营权，并进口或者出口货物的法人或者其他社会团体。进出境物品的所有人包括该物品的所有人和推定为所有人的人。一般情况下，对于携带进境的物品，推定其携带人为所有人；对分离运输的行李，推定相应的进出境旅客为所有人，推定以邮递方式进境的物品，推定其收件人为所有人；以邮递或其他运输方式出境的物品，推定其寄件人或托运人为所有人。

第三节　关税的税则与税率

一、关税的税则

关税的税则又称海关税则，它是一国政府根据国家关税政策和经济政策，通过一定的立法程序制定公布实施的进出口货物和物品应税的关税税率表。《海关进出口税则》是根据世界海关组织发布的《商品名称及编码协调制度》（HS）而制定的。税率表作为海关税则的主体，包括税则商品分类目录和税率栏两大部分。

1. 税则商品分类目录是把种类繁多的商品加以综合，按照其不同特点分门别类简化成数量有限的商品类目。分别编号，按序排列，成为税则号列并逐号列出该号中应列入的商品名称。商品分类的原则即归类规则，包括归类总规则和各类、章、国的具体注释。

2. 税率栏是按商品分类目录逐项订出的税率栏目。

为进一步落实有关税收和产业政策，适应科学技术进步和加强进出口管理的需要，在符合世界海关组织《商品名称及编码协调制度》（HS）列目原则的前提下，2009 年我国对进出口税则中的部分税目做了进一步的调整，调整后我国 2009 年进出口税则税目总数为 7 868 个，2014 年 1 月 1 日起对进出口税则中的部分税目进行了调整，增至 8 277 个。

二、关税的税率

关税的税率是关税法的核心内容，也是关税政策的重要体现。根据国际惯例和我国的对外贸易政策，关税的税率会不断地进行调整。为履行加入 WTO 组织的降税承诺，我国自 2001 年 12 月 11 日正式加入世界贸易组织以来，关税总水平逐年降低。2008 年，关税总水平由 2002 年的 15.3% 降至 9.8%。

（一）进口货物的税率

根据《海关进出口关税条例》的规定，进出关税设置最惠国税率、协定税率、特惠税率、普通税率、暂定税率、关税配额税率等税率。对进口货物在一定期限内可以实行暂定税率。

1. 最惠国税率

最惠国税率适用原产于与我国共同适用最惠国待遇条款的 WTO 成员的进口货物，或原产于与我国签订有相互给予最惠国待遇条款的双边贸易协定的国家或地区的进口货物，以及原产于我国境内的进口货物。

2. 协定税率

协定税率适用于原产于与中华人民共和国签订含有关税优惠条款的区域性贸易协定的国家或地区的进口货物。目前我国对原产于东盟 10 国、智利、巴基斯坦、新西兰、新加坡、韩国、印度、斯里兰卡、孟加拉等国的部分商品实施比最惠国税率更优惠的协定税率。

3. 特惠税率

特惠税率适用于原产于与中华人民共和国签订还有特殊关税优惠条款的贸易协定的国家或地区的进口货物。我国目前对原产于老挝等东南亚 4 国、苏丹等非洲 31 国、也门等 6 国、供 41 个欠发达国家的部分商品实施特惠税率，其中绝大多数产品实施零税率。

4. 普通税率

普通税率则适用于原产于上述以外的其他国家或地区的进口货物，以及原产地不明的进口货物。

5. 暂定税率

暂定税率是根据国家需要在一定时期内实行的一种进口关税税率。其适用原则是：适用最惠国税率的进口货物有暂定税率的，应当适用暂定税率；适用协定税率、特惠税率的进口货物有暂定税率的，应当从低适用税率，适用普通税率的进口货物，不适用暂定税率。

6. 关税配额税率

按照国家规定实行关税配额管理的进口货物，关税配额内的，适用关税配额税率；关税配额外的，关税率的使用按照上述第1~5条的规定执行。

7. 特别关税税率

按照有关法律、行政法规的规定对进口货物采取反倾销、反补贴、保障措施的，关税率的使用按照《中华人民共和国反倾销条例》、《中华人民共和国反补贴条例》和《中华人民共和国保障措施条例》的有关规定执行。

8. 报复性关税税率

任何国家或者地区违反与中华人民共和国签订或者共同参加的贸易协定及相关协定，中华人民共和国在贸易方面采取禁止、限制、加征关税或者其他影响正常的贸易措施的，原产于该国或地区的进口货物可以征收报复性关税，适用报复性关税税率。

（二）出口货物的税率

我国出口关税税率为一栏税率，即出口税率。我国征收出口关税的总的原则是：既要服从于鼓励出口的政策，又要做到能够控制一些商品的盲目出口。因此国家仅对少数资源型产品及易于竞相杀价、盲目出口、需要规范出口秩序的半制成品征收出口关税。

与进口暂定税率一样，出口暂定税率优先适用于出口税则中规定的出口税率。

（三）进口物品的关税税率

对非贸易性物品所适用的税率根据《关于入境旅客行李物品和个人邮递物品征收进口税办法》所附的税率表确定。现行的税率表采用四档比例税率：10%的税率只要适用于食品，饮料，金、银、珠宝及其制品，医疗、保健及美容器材等物品；20%的税率主要适用于空调机配件、电冰箱及配件、电视机及配件、洗衣机及配件等物品；30%的税率主要适用于高档手表、高尔夫球及球具；50%的税率主要适用于酒类、烟草、化妆品。

三、原产地规则

进出口关税不同税率的适用是以货物的原产地为标准，因此货物的原产地的确定直接关系到进口货物税率的适用，进而影响关税税额的计算。世贸组织《原产地规则协议》为能迅速、有效和公正解决有关货物原产地的争端而达成了一个公开、透明的框架性协议。虽然给过具体情况有区别，但各国都按照其基本原则来确定各自的原产地原则。我国政府参照国际惯例，结合我国具体情况，制订了"全部产地标准"和"实质性加工标准"两种国际上通用的标准。

（一）全部产地生产标准

全部产地生产标准是指对完全在一个国家（地区）获得的货物，以该国（地区）为原产地，这里的完全在一个国家（地区）获得的货物，是指：

（1）在该国（地区）出生并饲养的活的动物；

（2）在该国（地区）野外捕捉、捕捞、搜集的动物；

（3）从该国（地区）的活的动物获得的未经加工的物品；

（4）在该国（地区）收获的植物和植物产品；

（5）在该国（地区）采掘的矿物；

（6）在该国（地区）获得的除第 1~5 项范围之外的其他天然生成的物品；

（7）在该国（地区）生产过程中产生的只能弃置或者回收用作材料的废碎料；

（8）在该国（地区）收集的不能修复或者修理的物品，或者从该物品中回收的零件或者材料；

（9）由合法悬挂该国旗帜的船舶从其领海以外海域获得的海洋捕捞物和其他物品；

（10）在合法悬挂该国旗帜的加工船上加工本条第 9 项所列物品获得的产品；

（11）从该国领海以外享有专有开采权的海床或者海床地下获得的物品；

（12）在该国（地区）完全从本条第 1~11 项所列物品中生产的产品。

二、实质性加工标准

实质性加工标准是适用于确定有两个或两个以上国家参与生产的产品的原产地的标准，其基本含义是：两个以上国家（地区）参与生产的货物，以最后完成实质性改变的国家（地区）为原产地。实质性改变的确定标准，以税则归类改变为基本标准；税则归类改变不能反映实质性改变的，以从价百分比、制造或者加工工序等为补充标准。具体标准由海关总署会同商务部、国家质量监督检验检疫总局制定。

我国入世谈判代表在《中国加入世贸组报告》中承诺的确定实质性改变的标准是：（1）在进出口税则中四位数税号一级的税则归类发生变化；（2）加工增值部分所占新产品总值的比例已超过 30% 以上的。

第四节　关税完税价格与应纳税额的计算

我国对进出口货物征收关税，除从量征收的计税方法外，其余计税方式均涉及"完税价格"的确定，因而关税完税价格的确定是计算关税的基本前提。根据我国《海关法》及《进出口关税条例》的规定，进出口货物的完税价格，由海关以该货物的成交价格为基础审查确定。成交价格不能确定时，完税价格由海关依法估定。

一、一般进口货物的完税价格

（一）一般进口货物：以成交价格为基础的完税价格

1. 进口货物的完税价格的界定

进口货物的完税价格由海关以符合《进出口关税条例》确定的成交价格及该货物运抵中华人民共和国境内输入地点起卸前的运输及其相关费用、保险费为基础审查确定。进口货物的成交价格是指卖方向中华人民共和国境内销售该货物时买房为进口该货物向卖方实付、应付的，并按照《进出口关税条例》规定调整后的价款总额，包括直接支付的价款和间接支付的价款。

进口货物的成交价格，因有不同的成交条件而有不同的价格形式，常用的价格条款有 FOB、CFR 和 CIF 三种。

"FOB"的含义是"船上交货"的价格术语简称。这一价格术语是指卖方在合同规定的装运港把货物装上买方指定的船上，并负责货物装到船上为止的一切费用和风险，又称"离岸价格"。

"CFR"的含义是"成本加运费"的价格术语简称，又称"离岸加运费价格"。这一价格术语是指卖方负责将合同规定的货物装上卖方指定运往目的港的船上，负责货物装到船上为止的一切费用和风险，并支付运费。

"CIF"的含义是"成本加运费、保险费"的价格术语简称，习惯上又称"到岸价格"。这一价格术语是指卖方负责将合同规定的货物装上买方指定运往目的港的船上，办理保险手续，并负责支付运费和保险费。

2. 进口货物成交价格的基本要求

（1）对买方处置或者使用该货物不予限制，但法律、行政法规规定实施的限制、对货物转售地域的限制和对货物价格无实质性影响的限制除外。

（2）该货物的成交价格没有因搭售或者其他因素的影响而无法确定。

（3）卖方不得从买方直接或者间接获得因该货物进口后转售、处置或者使用而产生的任何收益，或者虽有收益但能够按照本条例的规定进行调整。

（4）买卖双方没有特殊关系，或者虽有特殊关系但未对成交价格产生影响。

3. 计入关税完税价格的费用

按照《进出口关税条例》的规定，下列费用计入关税完税价格

（1）由买方负担的购货佣金以外的佣金和经纪费。购货佣金是指购买方为购买进口货物向自己的采购代理人支付的劳务费用。经纪费指购买方为购买进口货物向代表买卖双方利益的经纪人支付的劳务费用。

（2）负担在审查确定完税价格时与该货物视为一体的容器的费用。

（3）由买方负担的包装材料费用和包装劳务费用。

（4）与该货物的生产和向中华人民共和国境内销售有关的，由买方以免费或者以低于成本的方式提供并可以按适当比例分摊的料件、工具、模具、消耗材料及类似货物的价款，以及在境外开发、设计等相关服务的费用。

（5）作为该货物向中华人民共和国境内销售的条件，买方必须支付的、与该货物有关的特许权使用费。

（6）卖方直接或者间接从买方获得的该货物进口后转售、处置或者使用的收益。

4. 不得计入关税完税价格的费用

进口时在货物的价款中列明的下列税收、费用，不计入该货物的完税价格。

（1）厂房、机械、设备等货物进口后进行建设、安装、装配、维修和技术服务的费用。

（2）进口货物运抵境内输入地点起卸后的运输及其相关费用、保险费。

（3）进口关税及国内税收。

（二）一般进口货物：海关估定的完税价格

进口货物的成交价格不符合本条例规定条件的，或者成交价格不能确定的，海关经了解有关情况，并与纳税人进行价格磋商后，依次以下列价格估定该货物的完税价格。

1. 相同货物成交价格方法

即指与该货物同时或者大约同时向中华人民共和国境内销售的类似货物的成交价格。

2. 类似货物成交价格方法

即指与该货物同时或者大约同时向中华人民共和国境内销售的类似货物的成交价格。

3. 倒扣价格方法

即指与该货物进口的同时或者大约同时，将该进口货物、相同或者类似进口货物在第一级销售环节销售给无特殊关系买方最大销售总量的单位价格为基础估定的完税价格。在估定进口货物的完税价格时，应当扣除下列项目：

（1）同等级或者同种类货物在中华人民共和国境内第一级销售环节销售时通常的利润和一般费用及通常支付的佣金；

（2）进口货物运抵境内输入地点起卸后的运输及其相关费用、保险费；

（3）进口关税及国内税收。

4. 计算价格方法

即指按照下列各项总和计算的价格估定完税价格。包括：（1）生产该货物所使用的料件成本和加工费用；（2）向中华人民共和国境内销售同等级或者同种类货物通常的利润和一般费用；该货物运抵境内输入起卸前的运输及其相关费用、保险费。

5. 以合理方法估定的价格

【例5-1】百达公司从法国进口一批货物共300吨，货物以境外口岸离岸价格成交，单价折合人民币为60 000元，买方承担包装费每吨800元，另向自己的采购代理人支付佣金6 000元人民币，已知该货物运抵中国海关境内输入地起卸前的包装、运输、保险和其他劳务费用为每吨2 000元人民币，进口后另发生国内运输和装卸费用700元人民币，计算该批原料的完税价格如下。

分析：进口货物完税价格包括货价、买方承担的包装费和容器费、进口途中的运费，但不包括买方向自己采购代理人支付的购货佣金和进口后发生的运输装卸费。则：

关税完税价格 = (60 000 + 800 + 2 000) × 300 = 18 840 000（元）

二、特殊进口货物的完税价格

（一）以租赁方式进口货物的完税价格

以租赁方式进口的货物，以海关审查确定的该货物的租金为完税价格。纳税人要求一次性缴纳税款的，纳税人可以选择按照规定估定完税价格，或者按照海关审查确定的租金总额作为完税价格。

（二）付运进境的境外加工货物的完税价格

运往境外加工的货物，处境时已向海关报明并按海关规定的期限内复运进境的，应当以境外加工费、料件费及复运进境的运输及其相关费用和保险费审定确定完税价格。

（三）复运进境的境外修理货物的完税价格

运往境外修理的机械器具、运输工具或其他货物，出境时已向海关报明并按海关规定的期限内复运进境的，应当以境外修理费和料件费审查确定完税价格。

（四）留购的进口货样的完税价格

对于境内留购的进口货样、展览品和广告陈列品，以海关审定的留购价格作为完税价格。

（五）予以补税的减免税货物

减税或者免税进口的货物需予补税时，应当以海关审定的该货物原进口时的价格，扣除折旧价值作为完税价格，计算公式为：

完税价格 = 海关审定的该货物原进口时的价格 × [1 − 申请补税时实际已使用的时间（月）÷（监管年限 × 12）]

（六）以其他方式进口的货物

以易货贸易、寄售、捐赠、赠送等其他方式进口的货物，应当按照一般进口货物估价办法的规定，估定完税价格。

【例5-2】某甲企业2007年将以前年进口的设备运往境外修理，设备进口时成交价格为170万元，发生境外运费和保险费共计15万元；在海关规定的期限内复返进境，进境时同类设备价格220万元；发生境外修理费50万元、料件费11万元，境外运输费和保险费共计13万元，该设备进口关税税率为15%。计算该仪器复运进境时应缴纳的进口关税如下。

运往境外修理的机械器具、运输工具或其他货物，出境时已向海关报明并在海关规定期限内复运进境的，应当以海关审定的境外修理费和料件费为完税价格。

运完境外修理的设备报关进口时应纳关税 = (50 + 11) × 15% = 9.15（万元）

三、出口货物的完税价格

（一）出口货物完税价格的确定

出口货物的完税价格由海关以该货物的成交价格及该货物运至中华人民共和国境内输出地点装载前的运输及其相关费用、保险费为基础审查确定。

出口货物的成交价格是指该货物出口时卖方为出口该货物应当向买方直接收取和间接收取的价款总额，出口关税不计入完税价格。

【例 5 - 3】上海某进出口公司向英国出口矿石一批，成交价格为 CIF 英国 USD6800，其中运费 USD650，保险费 USD50；计税日外汇汇率为：USD100 = RMB700。计算该矿石的完税价格如下。（已知该矿石的出口关税税率为 20%）则：

完税价格 = (6 800 - 750 - 50) ÷ (1 + 20%) = 35 000（元）

（二）出口货物完税价格的估定

出口货物的成交价格不能确定的，海关经了解有关情况，并与纳税人进行价格磋商后，依次以下列价格估定该货物的完税价格。

（1）与该货物同时或者大约同时向同一国家或者地区出口的相同货物的成交价格。

（2）与该货物同时或者大约同时向同一国家或者地区出口的类似货物的成交价格。

（3）按照下列各项总和计算的价格：境内生产相同或者类似货物的料件成本、加工费用，通常的利润和一般费用，境内发生的运输及其相关费用、保险费。

（4）以合理方法估定的价格。

四、完税价格相关费用的核定

（一）以一般陆运、空运、海运方式进口的货物

在进口货物的运输及相关费用、保险费计算中，应按下列办法计算：

（1）海运进口货物，计算至该货物运抵境内的卸货口岸；如果该货物的卸货口岸是内河（江）口岸，则应当计算至内河（江）口岸。

（2）陆运进口货物，计算至该货物运抵境内的第一口岸；如果运输及其相关费用、保险费支付至目的地口岸，则计算至目的地口岸。

（3）空运进口货物，计算至该货物运抵境内的第一口岸；如果该货物的目的地为境内的第一口岸外的其他口岸，则计算至目的地口岸。

（4）陆运、空运和海运进口货物的运费和保险费，应当按照实际支付的费用计算。如果进口货物的运费无法确定或未实际发生，海关应当按照该货物进口同期运输行业公布的运费率（额）计算运费；按照"货价加运费"两者总额的3‰计算保险费。

（二）以其他方式进口的货物

邮运的进口货物，应当以邮费作为运输及其相关费用、保险费；以境外边境口岸价格条件成交的铁路或公路运输进口货物，海关应当按照货价的1%计算运输及其相关费用、保险费；作为进口货物的自驾进口的运输工具，海关在审定完税价格时可以不另行计入运费。

（三）出口货物

出口货物的销售价格如果包括离境口岸至境外口岸之间的运输、保险费的，该运费、保险费应当扣除。

五、进出口货物应纳税额的计算

根据《进出口关税条例》的规定，进出口货物关税，以从价计征、从量计征或者国家规定的其他方式征收。

（一）从价税应纳税额的计算

应纳税额＝关税完税价格×关税税率

【例5－4】某外贸公司2009年进口一批高级化妆品，到岸货价及运输费、保险费60 000欧元，另支付包装费5 000欧元，支付自己采购代理人佣金1 000欧元、港口到厂区公路运费2 000人民币，取得国际货物运输发票。当期欧元与人民币汇率为1∶10，关税税率为20%，消费税税率为30%。计算外贸公司在进口环节缴纳的各项税金如下。

应纳关税＝（60 000＋5 000）×10×20%＝130 000（元）

应纳消费税＝［（650 000＋130 000）÷（1－30%）］×30%＝334 285.71（元）

应纳增值税＝［（650 000＋130 000）÷（1－30%）］×17%＝189 428.57（元）

（二）从量税应纳税额的计算

应纳税额＝货物数量×单位税额

【例5－5】A公司进口美国产"百威"牌啤酒500箱，每瓶24瓶，每瓶容积250毫升，价格为CIF3 200美元。征税日人民币对美元的外汇折算率为1∶7（已知啤酒适用优惠税率为3元/升）。计算A公司的应纳关税税额如下。

应纳关税税额＝［（500×24×250）÷1 000］×3＝9 000（元）

（三）复合税应纳税额的计算

我国目前实行的复合税都是先计征从量税，再计征从价税。

关税税额＝应税进（出）口货物数量×单位货物税额＋应税进（出）货物数量×单位完税价格×税率

【例5－6】乙公司从美国进口了5台摄像机，每台价格为CIF6 500美元，已知：征税美元与人民币的外汇折算汇率为1∶7，摄像机使用优惠税率为：每台完税价格高于

5 000 美元的，从量税为每台 8 000 元人民币，再征从价税 3% 计算应纳关税。计算该公司的应纳关税税额如下。

应纳关税税额 = 5 × 8 000 + 6 500 × 5 × 7 × 3% = 46 825 （元）

六、进境物品应纳税额的计算

海关总署规定数额以内的个人自用进境物品，免征进口税。超过海关。总署规定数额但仍在合理数量以内的个人自用进境物品，由进境物品的纳税人在进境物品放行前按照规定缴纳进口税。进口税采用从价计征的方法。

进口税税额 = 完税价格 × 进口税税率

【例 5 - 7】海外华侨王女士准备回国探亲，准备花费 5 000 美元购买礼品，其中购买 2 500 美元的金银饰品和 2 500 美元的数码照相机。已知：金银首饰适用的关税税率为 10%，数码照相机适用的税率为 20%，请计算王女士应纳的关税税额如下。

应纳关税税额：2 500 × 10% + 2 500 × 20% = 750 （美元）

第五节 关税的税收优惠

一、法定减免税

关税的法定减免是指税法明确规定的减税或者免税。符合税法规定可予减免税的进出口货物，纳税人无须提出申请，海关可按规定直接予以减免税。海关对法定减免税货物一般不进行后续管理。

（一）减征或免征关税项目

下列进出口货物、进出境物品，减征或者免征关税：

（1）关税税额在人民币 50 元以下的一票货物；

（2）无商业价值的广告品和货样；

（3）外国政府、国际组织无偿赠送的物资；

（4）在海关放行前遭受损坏或者损失的货物；

（5）进出境运输工具装载的途中必需的燃料、物料和饮食用品；

（6）规定数额以内的物品；

（7）中华人民共和国缔结或者参加的国际条约规定减征、免征关税的货物、物品；

（8）法律规定减征、免征关税的其他货物、物品。

（二）暂免征税项目

经海关批准暂时进境或者暂时出境的下列货物，在进境或者出境时纳税人向海关缴纳相当于应纳税款的保证金或者提供其他担保的，可以暂不缴纳关税，并应当自进

境或者出境之日起 6 个月内复运出境或者复运进境。具体包括以下项目:

(1) 在展览会、交易会、会议及类似活动中展示或者使用的货物;

(2) 文化、体育交流活动中使用的表演、比赛用品;

(3) 进行新闻报道或者摄制电影、电视节使用的仪器、设备及用品;

(4) 开展科研、教学、医疗活动使用的仪器、设备及用品;

(5) 在上述所列活动中使用的交通工具及特种车辆;

(6) 货样;

(7) 供安装、调试、检测设备时使用的仪器、工具;

(8) 盛装货物的容器;

(9) 其他用于非商业目的的货物。

但是上述暂准进境货物在规定的期限内未复运出境的,或者暂准出境货物在规定的期限内未复运进境的,海关应当依法征收关税。

二、特定减免税

特定减免税也称政策性减免税。在法定减免税之外,国家按照国际通行规则和我国实际情况,制定发布的有关进出口货物减免关税的政策,称为特定或政策性减免税。特定减免税货物一般有地区、企业和用途的限制,海关需要进行后续管理,也需要减免税统计。

现行的特定减免税主要包括对科教用品、残疾人专用品、扶贫、慈善性捐赠物资、加工贸易产品、边境贸易进口物资、报税区进出口货物、出口加工区进出口货物、进口设备、特定行业或用途的减免税政策。

三、临时减免税

临时减免是国家根据国内生产和国际市场行情变化,确定对某一类和几种商品在一定时限降低或取消关税。

第六节　关税的征收管理

一、关税的缴纳

进口货物自运输工具申报进境之日起 14 日内,出口货物在货物运抵海关监管区后装货的 24 小时以前,应由进出口货物的纳税人向货物进(出)境地海关申报,海关根据税则归类和完税价格计算应缴纳的关税和进口环节代征税,并填发追款缴款书。纳税人应当自海关填发税款缴款书之日起 15 日内,向指定银行缴纳税款。纳税人未在规定的期限内缴纳税款的,自关税缴纳期限届满滞纳之日起,指纳税人缴纳关税之日止,按滞纳税款万分之五的比例征收,周末或法定节假日不予扣除。具体计算公式为:

关税滞纳金金额 = 滞纳关税税额 × 滞纳金征收比率 × 滞纳天数

关税纳税人因不可抗力或者在国家税收政策调整的情形下，不能按期缴纳税款的，经海关总署批准，可以延期缴纳税款，但最长不得超过 6 个月。

二、关税的保全和强制执行

为保证海关征收关税决定的有效执行和国家财政收入的及时入库，《海关法》规定了关税的保全和强制执行措施。

进出口货物的纳税人在规定的纳税期限内有明显的转移，藏匿其应税货物及其他财产迹象的，海关可以责令纳税人提供担保；纳税人不能提供纳税担保的，经直属海关关长或者其授权的隶属海关关长批准，海关可以采取下来税收保全措施。

1. 书面通知纳税人开户银行或者其他金融机构暂停支付纳税人相当于应纳税款的存款。

2. 扣留纳税人价值相当于应纳税款的货物或者其他财产。

纳税人在规定的纳税期限内缴纳税款的，海关必须立即解除税收保全措施；纳税人、担保人自缴纳税款期限届满之日起超过 3 个月仍为缴纳税款的，经直属海关关长或者其授权的隶属海关关长批准，海关可以书面通知纳税人开户银行或者其他金融机构从其暂停支付的存款中扣缴税款，或者依法变卖所扣留的货物或者价值相当于应纳税款的其他财产，以变卖所得抵缴税款。

三、关税的退还

关税的退换是指关税纳税人按海关核定的税额缴纳关税后，因某种原因的出现海关将实际征收多于应当征收的税额（称为溢征关税）退换给原纳税人的一种行政行为。海关发现多征税款的，应当立即通知纳税人办理退还手续。

有下列情形之一的，纳税人自缴纳税款之日起 1 年内，可以以书面形式要求海关退还多缴的税款并加算银行同期活期存款利息：

（1）已征进口关税的货物，因品质或者规格原因，原状退货复运出境的；

（2）已征出口关税的货物，因品质或者规格原因，原状退货复运进境，并已重新缴纳出口而退还的国内环节有关税收的；

（3）已征出口关税的货物，因故未装运出口，申报退关的。

纳税人应当以书面形式向海关说明理由，提供原缴款凭证及相关资料。海关应当自受理退税申请之日起 30 日内审查并通知纳税人办理退还手续。纳税人应当自收到通知之日起 3 个月内办理有关退税手续。

四、关税的补征和追征

关税的补征和追征是海关在关税纳税人按海关核定的税额缴纳关税后，发现实际征收税额少于应当征收的税额（称为短征关税）时，责令纳税人补缴所差税款的一种行政行为。《海关法》根据短征关税的行为分为补征和追征两种。由于纳税人违反海关规定造成短征关税的，称为关税的追征；非因纳税人违反海关规定造成短征关税的，称为关税的补征。

根据《进出口关税条例》的规定，进出口货物放行后，海关发现少征或者漏征税款的，应当自缴纳税款或者货物放行之日起1年内，向纳税人补征税款。但因纳税人违反规定造成少征或者漏征税款的，海关可以自缴纳税款或者货物放行之日起3年内追征税款，并从缴纳税款或者货物放行之日其按日加收少征或者漏征税款万分之五的滞纳金。

【例5-8】B公司进口一批货物，海关于2009年5月1日填发税款缴款书，货物的到岸价折合人民币400万元，但公司迟至5月27日才缴清了税款。已知：征收关税的税率为10%，增值税为17%。则：

应缴纳的关税 = 400 × 10% = 40（万元）

应缴纳的增值税 = (400 + 40) × 17% = 74.8（万元）

应缴纳的税款的滞纳金 = (40 + 74.8) × 5‰ × 12 = 0.69（万元）

【本章小结】

本章主要介绍了：1. 关税是海关依法对进出境货物、物品征收的一种税。它是我国历史上最为悠久、开征最早的税种之一。我国调整关税征纳关系的法律依据主要是《海关法》和《海关进出口税则》。

2. 关税的征税对象是准许进出境的货物和物品。关税的纳税人是进出口货物的收货人、出口货物的发货人、进出境物品的所有人。

3. 关税的税率主要包括进口货物的税率、出口货物的税率。进口货物的税率设置最惠国税率、协定税率、特惠税率、普通税率、关税配额税率等。对进口货物在一定期限内可以实行暂定税率。我国出口关税税率为一栏税率，即出口税率。

4. 进出口关税税额计算的关键是确定关税的完税价格。进出口货物的完税价格，由海关以该货物的成交价格为基础审查确定。成交价格不能确定时，完税价格由海关依法估定。灌水的额减免分为法定减免、特定减免、临时减免。关税由海关负责征收，关税的征收包括关税的申报和缴纳、关税的保全和强制执行、关税的补征和追征、关税的退还等内容。

【思考题】

1. 什么是关税？它是如何分类的？
2. 关税的特点有哪些？
3. 关税的征税对象和纳税人是如何规定的？
4. 如何理解关税的征税管理办法？

【课后练习题】

一、单项选择题

1. 在下列各项关于关税适用税率的表述中，正确的是（   ）。

A. 出口货物按货物实际出口离境之日规定税率征税

B. 进口货物按纳税人申报进口之日实施的税率征税

C. 暂时进口货物转为正式进口需予补税时按其申报暂时进日之日实施的税率征税

D. 查获走私进口货物需补税时按海关确认的其实际走私进口日期实施的税率征税

2. 某企业于 2012 年 5 月将一台账面余值为 55 万元的进口设备运往境外修理，当月在海关规定的期限内复运进境。经海关审定的境外修理费为 4 万元、料件费为 6 万元。假定该设备的进口关税税率为 30%，则该企业应缴纳的关税为（　　）万元。

A. 1.8　　　　　B. 3　　　　　C. 16.5　　　　　D. 19.5

3. 在下列各项中，符合关税有关对特殊进口货物完税价格规定的有（　　）

A. 运往境外加工的货物，应以加工后进境时的到岸价格为完税价格

B. 准予暂时进口的施工机械，以同类货物的到岸价格为完税价格

C. 转让进口的免税旧货物，以原入境的到岸价格为完税价格

D. 留购的进口货样，以留购价格作为完税价格

4. 某公司进口一批货物，海关于 2013 年 3 月 1 日填发税款缴款书，但公司迟至 3 月 27 日才缴纳 500 万元的关税。海关应征收关税滞纳金（　　）万元。

A. 2.75　　　　　B. 3　　　　　C. 6.5　　　　　D. 6

二、多项选择题

1. 在下列各项中应当计入进口货物关税完税价格的有（　　）。

A. 由买方负担的购货佣金

B. 由买方负担的境外包装材料费用

C. 由买方负担的境外包装劳务费用

D. 由买方负担的进口货物视为一体的容器费用

2. 按照关税的有关规定，进出口货物的收发货人或他们的代理人，可以自缴纳税款之日起 1 年内，书面声明理由，申请退还关税。在下列各项中，经海关确定可申请退税的有（　　）。

A. 因海关误征而多缴纳关税税款的

B. 海关核准免验完税进口货物后发现短缺的

C. 已征收出口关税的货物因故未装运出口的

D. 已征收出口关税的货物因故而发生退货的

3. 在下列有关关税处理的表述中，正确的有（　　）。

A. 对留购的租赁货物以海关审定的留购价格作为关税完税价格子

B. 以租金方式对外支付租赁货物在租赁期以海关审定的租金作为完税价格

C. 对留购的进口展览品以一般进口货物估价办法的规定固定关税完税价格

D. 以租赁方式进口货物，承租人申请一次性缴纳税款的，经海关同意，按照一般进口货物估价办法的规定固定关税价格

4. 下列关于关税出口货物完税价格的陈述，正确的是（　　）。

A. 出口货物的完税价格由海关以该货物向境外销售的成交价格为基础审查确定

B. 出口货物的成交价格是指该货物出口销售到中国境外时买方向卖方实付或应付的

价格

C. 在出口货物成交价格中应该含有支付给境外的佣金

D. 在出口货物完税价格中应该含有出口关税

三、判断题

1. 进口货物，因收发货人或者他们的代理人违反规定而造成的关税少征或漏征，海关在 3 年内可以追征，有特殊情况的，追征期可以延长到 10 年。 （　　）

2. 进出口货物的关税纳税人，应自海关填发税款缴款书之日起 15 日内缴纳税款；预期而又未经批准缓缴的，则由海关征收 5‰的滞纳金。 （　　）

3. 出口货物应以海关审定的成交价格为基础的离岸价格作为关税的完税价格。 （　　）

4. 关税完税价格是海关以进出口货物的实际成交价格为基础，经调整确定的计征关税的价格。 （　　）

5. 外国政府、国际组织无偿赠送的物资，可免征关税。 （　　）

四、计算题

1. 某企业从日本进口一批电子零件，成交价格为 550 万元，而日本出口方出售该批货物的国际市场价格为 700 万元。另外，该企业承担了该批零件的包装材料费 50 万元，同时，该企业支付给出口方零件进口后的技术服务费用 150 万元。已知电子零件的进口关税税率为 10%。

   要求：请根据上述资料，计算该企业进口电子零件应纳的关税。

五、综合题

1. 某商贸公司为增值税一般纳税人，并且具有进出口经营权。该公司于 2013 年 10 月发生相关经营业务如下：

   （1）从国外进口小轿车 2 辆，支付买价 400 000 元和相关费用 50 000 元，支付到达我国海关前的运输费用 30 000 元和保险费用 10 000 元。

   （2）从国外进口卷烟 80 000 条（每条 200 支），支付买价 2 000 000 元，支付到达我国海关前的运输费用 120 000 元和保险费用 80 000 元。

   （3）将在生产过程中使用的价值 500 000 元的设备运往国外修理，出境时已向海关报明，支付给境外的修理费 50 000 元、料件费 100 000 元和运费 5 000 元，并在海关规定的期限内收回了设备。

   要求：请根据上述资料，按下列问题计算公司应纳的关税、消费税和增值税。

   （进口关税税率均为 20%，小轿车消费税税率为 9%）

   （1）进口小轿车、卷烟及修理设备应纳的关税。

   （2）进口小轿车和卷烟应纳的消费税。

   （3）进口小轿车、卷烟及修理设备应纳的增值税

2. 某市高尔夫球艺有限公司为增值税一般纳税人，从事高尔夫球具的生产、进口以及销售，同时从事高尔夫球场的经营。该公司于 2013 年 10 月发生下列经济业务：

   （1）购进原材料一批，取得防伪税控系统开具的增值税专用发票，发票上注明价款 30 万元；专用发票已经过税务机关认证，材料已验收入库。

   （2）期初外购已税高尔夫球把，买价 127 万元；本期外购已税高尔夫球把取得的防

伪税控系统开具的增值税专用发票上注明的买价为 18 万元，专用发票已经过税务机关认证；期末库存外购已税高尔夫球把买价为 6 万元。

（3）本月销售自产的高尔夫球，单价为每箱 1.48 万元，开具的增值税专用发票上注明价款 148 万元，收取包装费 11.17 万元（开具普通发票）；逾期不退的高尔夫球包装物押金为 2.34 万元。

（4）将自产的 50 箱高尔夫球用于自己经营的高尔夫球场，成本 35 万元。

（5）受托加工高尔夫球一批，委托方提供材料成本 10 万元，收取加工费 5 万元；受托加工高尔夫球把一批，委托方提供的材料成本为 5 万元，收取加工费 2 万元，受托方的同类产品不含税售价为 18 万元。

（6）委托 B 公司加工高尔夫杆身一批，发出的材料成本 2 万元，支付的加工费 1 万元，取得受托方开具的防伪税控系统增值税专用发票（已经过税务机关认证），货已入库。期初库存委托加工收回的高尔夫球杆身已纳税款 4 万元，期末库存委托加工收回的高尔夫杆身已纳税款 1 万元。

（7）将外购高尔夫球把和委托加工的杆身一批，用于连续生产高档高尔夫杆，全部销售给某高尔夫球商业俱乐部，价税合计 345 万元，约定分 2 期收款，首次支付价款的 80%。

（8）将自产高尔夫球和玩具组装成成套礼品套装进行销售，取得含税收入 111.7 万元。

（9）月末进口高尔夫球一批，关税完税价格为 20 万元，关税税率 40%，取得海关开具的完税凭证。外购高尔夫球握把、委托 B 公司加工收回的高尔夫杆身库存减少部分均为继续生产高尔夫球杆。

（注：高尔夫球具消费税税率 10%）

要求：请根据上述资料，计算回答下列各题：

（1）本期进口业务应纳的各项税金。

（2）本期代收代缴的消费税。

（3）本期销售环节应纳的增值税和消费税。

【案例与分析】

铭浮进出口公司从英国进口一批货物，货物的成交价（离岸价）折合人民币 24 000 万元，其中成交价包括货物的包装费 40 万元、进口后装配调试费用 240 万元，以及向境外采购代理人支付的买方佣金 120 万元。但不包括使用该货物而向境外支付的专利权使用费 100 万元、向卖方支付的佣金 30 万元。此外，铭浮公司支付货物运抵我国海关地之前运费 400 万元、保险费 220 万元。货物运抵我国口岸后，该公司在未经批准缓交税款的情况下，于海关填发税款缴纳证之日起 25 天才缴纳税款，假设该货物适用的关税税率为 10%、增值税税率为 17%、消费税税率为 20%。

分析：铭浮进出口公司进口环节应该如何缴税？并分别计算该公司应缴纳的关税、消费税、增值税和税款的滞纳金。

第六章　所得税税法——企业所得税法

学习目标

➡ 1. 理解企业所得税的类型及特点
➡ 2. 掌握企业所得税的优惠税率及适用范围
➡ 3. 熟悉企业所得税的优惠政策
➡ 4. 明确企业所得税的特殊税务处理
➡ 5. 了解和掌握企业所得税的计算与征收管理

第一节　企业所得税概述

一、企业所得税相关概念

企业所得税国外又称公司所得税，发挥着经济运行"自动稳定器"的积极效应，为世界各国所普遍重视和运用。我国现行的企业所得税是 2007 年税制改革时由企业所得税、外商投资企业和外国企业所得税两税合并修订而成，在我国税收收入中占有极为重要的地位。2009 年全国实现企业所得税收入 12 157 亿元，2012 年达到 19 654.53 亿元（同比增长 14.68%），占税收总收入（100 614.28 亿元）的 19.53%，已成为现行税制中仅次于增值税的第二大税种。

（一）所得税的概念

企业所得税是对企业在一定时期内的生产经营所得和其他所得征收的一种税。它是国家参与企业纯收益分配的重要手段。

（二）企业所得税法的概念

企业所得税法是指国家制定的用以调整国家与企业所得税纳税人之间征纳活动的

权利和义务关系的法律规范。

它的基本法律依据是 2007 年 3 月十届全国人大 5 次会议通过的《中华人民共和国企业所得税法》和 2007 年 12 月国务院颁布的《中华人民共和国企业所得税法实施条例》等。

二、企业所得税的历史与发展

所得税最早产生于 18 世纪末的英国。1793 年英法战争后，英国为弥补财政上的入不敷出，于 1798 年颁布了具有所得税性质的"三级税"法案；1799 年正式开征所得税，按纳税人综合所得的 10% 计征所得税，战后废止；1802 年英法战争又起，英国再次开征所得税，制定了著名的分类所得税法，即对土地所得、资本利得、奉给所得和营业所得等分别实行源泉课税和直接课税法计征所得税；1816 年该法再次废止；1842 年英国平定"印度叛乱"时再次开征所得税，一直延续至今。19 世纪以后，各国相继仿行，现已成为许多国家的主体税种。

我国对所得征税起步较晚，清末对所得税有所研究。1936 年国民党政府时期公布了所得税法，并于 1937 年起实施。新中国成立初期，废除了旧的所得税制，对工商企业的所得征税是工商业税的一个组成部分，并开征存款利息所得税（1950 年 12 月改为利息所得税，1959 年后停征）和薪给报酬所得税；1958 年合并工商业税等税为工商统一税，所得税从原工商业税中独立出来而成为一个单独的税种，1963 年定名为工商所得税；1980 年和 1981 年我国先后开征中外合资企业所得税和外国企业所得税两个涉外所得税；1983 年我国实行第一步利改税时开征了国营企业所得税，第一次将国家与国有企业的分配关系用税收法律形式固定下来；1985 年和 1988 年我国又相继开征了集体企业所得税、私营企业所得税；1991 年将两个涉外所得税合并为外商投资企业和外国企业所得税（涉外企业所得税）；1994 年税制改革时将国营企业所得税、集体企业所得税和私营企业所得税统一合并为企业所得税（一般俗称内资企业所得税）。

为解决内资与外资企业所得税的税负不公等问题，2007 年 3 月我国通过了《中华人民共和国企业所得税法》（以下简称《企业所得税法》），并决定于 2008 年 1 月起实施，结束了我国较长时期内外两套企业所得税并存的税制模式，也符合国际税收惯例，使我国企业所得税法建设走向法制化与规范化的轨道。

三、企业所得税的类型和特点

（一）企业所得税的类型

世界各国的经济发展水平不同，其所得税类型也各不相同。以课征方式为标准，可分为以下 3 种类型：

1. 分类所得税制

分类所得税制是指对纳税人不同类型的所得规定不同税种的所得税制。这类税制的立法依据是纳税人获得不同性质所得时，所要付出的劳动不同，应在课税时对不同性质所得征收不同的税，确定不同的税率，实行差别待遇。

2. 综合所得税制

综合所得税制是指对纳税人各种类型的所得，按照同一征收方式和同一税率征收的法律制度。其特点是：不论收入来源于何种渠道，也不论收入采取何种形式，均按所得全额统一计税。其立法依据是课税应考虑纳税人的综合负担能力，应税所得是纳税人的所得总额。

3. 分类综合所得税制

分类综合所得税制又称混合所得税制，是指兼有综合和分类两类所得税制度性质的所得税制。其特点是：对纳税人的收入综合计税，坚持量能负担原则；区分不同性质的收入分别计税，体现区别对待原则。分类综合所得税制为当今各国普遍采用。

我国企业所得税实行的是综合所得税制，个人所得税采取的是分类所得税制。

（二）企业所得税的特点

我国的企业所得税与其他税种相比，具有如下特点：

1. 实行法人税制

新企业所得税实行法人所得税制，确定企业所得税的纳税人是法人，能够明确企业所得税和个人所得税的界限，可以解决原税法中"独立核算"三个条件难以掌握，以及总公司与分公司、母公司与子公司纳税主体难以界定的问题。目前大多数实行综合所得税的国家，都以法人确定纳税人，因此我国企业所得税实行法人所得税制符合国际惯例，有利于国际经济交往。

2. 符合税收中性

企业所得税对企业，不分所有制，不分地区、行业和层次，实行统一的比例税率。在普遍征收的基础上，能使各类企业税负较为公平。企业所得税税率为25%，在世界范围内属于中等偏下水平，对纳税人来说税收负担的外部性较低，有利于市场经济和企业自身的发展，符合税收中性原则。

3. 税基约束力强

企业所得税的税基是应纳税所得额，即纳税人每个纳税年度的收入总额减去准予扣除项目金额之后的余额。在性质上与会计利润相似，但为保护税基的严谨性，企业所得税法明确了收入总额、扣除项目金额及资产的税务处理等内容，使应纳税所得额的计算相对独立于企业的会计核算，体现了税法的强制性与统一性。

4. 税负不易转嫁

企业所得税属于直接税，纳税人缴纳的所得税一般不易转嫁，纳税人是直接的负税人。在会计利润总额的基础上，产经营的净利润。，扣除企业所得税后的余额就是企业生产经营的净利润。

第二节　企业所得税的纳税人、征税对象与税率

一、企业所得税的纳税人

（一）企业所得税的纳税人的一般规定

根据《企业所得税法》规定，在中华人民共和国境内，企业和其他取得收入的组织（以下统称企业）为企业所得税的纳税人，依照企业所得税法的规定缴纳企业所得税。这里所称的"依法在中国境内成立的企业"，包括依照中国法律、行政法规在中国境内成立的企业、事业单位、社会团体及其他取得收入的组织。

值得注意的是，《企业所得税法》还明确地规定了个人独资企业、合伙企业不是企业所得税的纳税人。个人独资企业与合伙企业的投资者承担无限责任或无限连带责任，没有法人资格，为避免重复征税，只缴纳个人所得税。

（二）企业所得税纳税人的具体界定

按照国际通行的惯例，企业所得税法将企业分为居民企业和非居民企业。

1. 居民企业是指依法在中国境内成立，或者依照外国（地区）法律成立但实际管理机构在中国境内的企业。可见，凡是在中国境内注册的企业，不管是内资企业还是外商投资企业，都是我国税法上的居民企业；凡是依照外国（地区）法律成立的企业，尽管其属于外国企业，但只要其从事跨国经营，且实际管理机构在我国境内，也是我国税法规定的居民企业。这里所称的"实际管理机构"，是指对企业的生产经营、人员、账务、财产等实施实质性全面管理和控制的机构。

2. 非居民企业，相对于上述居民企业，是指依照外国（地区）法律成立且实际管理机构不在中国境内，但在中国境内设立机构、场所的，或者在中国境内未设立机构、场所，但有来源于中国境内所得的企业。根据《企业所得税暂行条例》的规定，"机构、场所"是指在中国境内从事生产经营活动的机构、场所，包括：

（1）管理机构、营业机构、办事机构；

（2）工厂、农场、开采自然资源的场所；

（3）提供劳务的场所；

（4）从事建筑、安装、装配、修理、勘探等工程作业的场所；

（5）其他从事生产经营活动的机构、场所。

综上所述，居民企业与非居民企业的划分，采用了"登记注册地标准"和"实际管理机构地标准"两个衡量标准。之所以区分居民企业和非居民企业，主要是二者承担的纳税义务，即征税范围有很大的区别。按照税法制度通例，居民企业承担全面纳税义务，就其来自世界各地的"环球所得"纳税；而非居民企业承担有限的纳税义务，一般仅就其来源于东道国境内的所得纳税，即只就其来源于中国境内的所得缴纳企业

所得税。

二、企业所得税的征税对象

（一）征税对象的一般规定

企业所得税的征税对象是指企业的生产、经营所得和其他所得，包括来源于中国境内、境外的所得，即销售货物所得、提供劳务所得、转让财产所得、股息红利等权益性投资所得、利息所得、租金所得、特许权使用费所得、接受捐赠所得和其他所得。

（二）居民企业和非居民企业的征税对象

居民企业应就其来源于中国境内、境外的所得缴纳企业所得税。非居民企业在中国境内设立机构、场所的，应当就其所设机构、场所取得的来源于中国境内的所得，以及发生在中国境外但与其所设机构、场所有实际联系的所得，缴纳企业所得税。非居民企业在中国境内未设立机构、场所的，或者虽设立机构、场所，但取得的所得与其所设机构、场所没有实际联系的，应当就其来源于中国境内的所得缴纳企业所得税。

（三）企业所得税来源地的判断

判断所得的性质是来源于中国境内的所得，还是来源于中国境外的所得，按照以下原则确定：

（1）销售货物所得按照交易活动发生地确定。

（2）提供劳务所得按照劳务发生地确定。

（3）转让财产所得、不动产转让所得按照不动产所在地确定；动产转让所得按照转让动产的企业或者机构、场所所在地确定；权益性投资资产转让所得按照被投资企业所在地确定。

（4）股息、红利等权益性投资所得按照分配所得的企业所在地确定。

（5）利息所得、租金所得、特许权使用费所得，按照负担、支付所得的企业或者机构。

（6）其他所得由国务院财政、税务主管部门确定。

三、企业所得税的税率

我国企业所得税税率采用比例税率。但是根据企业所得税的纳税人是居民纳税人还是非居民纳税人，在税率规定上有一定的差别。

（一）基本税率

基于保证国家财政收入、加强宏观调控的力度、保持利益格局不作大的调整、世界税率水平四方面的因素，我国新的企业所得税法规定企业所得税的基本税率由原来的33%改为25%，适应了世界化的减税趋势。该税率适用于居民企业和在中国境内设有机构、场所且所得与机构、场所有联系的非居民企业。

（二）低税率

在中国境内未设立机构、场所的，或者虽设立机构、场所，但取得的所得与其所设机构、场所没有实际联系的非居民企业，适用 20% 的预提所得税率。但实际征税时适用 10% 的税率。

（三）两档优惠税率

国家为了重点扶持和鼓励发展特定的产业和企业，还规定了两档优惠税率。

1. 符合条件的小型微利企业，减按 20% 的税率征收企业所得税。

2. 国家需要重点扶持的高新技术企业，减按 15% 的税率征收企业所得税。

企业所得税的纳税人、税收管辖权、征税对象及税率的关系如表 6–1 所示。

表6–1 企业所得税的纳税人、税收管辖权、征税对象、税率一览表

纳税人			税收管辖权	征税对象	税率
居民企业			居民管辖权，就其世界范围所得征税	居民企业、非居民企业在华机构的生产经营所得和其他所得	居民企业、非居民企业在华机构的生产经营所得和其他所得
非居民企业	在我国境内设立了机构场所	取得所得与设立机构场所有联系的	地域管辖权，仅就其来自我国境内的所得征税	来源于我国的所得	低税率20%（实际减按10%的税率征收）
		取得所得与设立机构场所没有实际联系的			
	未在我国境内设立机构场所，但有来源于我国的所得				

第三节　企业所得税应纳税额的确定

企业所得税以企业应纳税所得额为计税依据。所谓应纳税所得额，是企业每一纳税年度的收入总额，减除不征税收入、免税收入、各项扣除及允许弥补的以前年度亏损后的余额。

基本公式为：

应纳税所得额 = 收入总额 – 不征税收入 – 免税收入 – 各项扣除 – 允许弥补的以前年度亏损

应纳税所得额的正确计算直接关系到国家财政收入和企业的税收负担，并且同成本、费用核算关系密切。因此，企业所得税法对应纳税所得额计算做了明确规定，主要内容包括收入总额、准予扣除项目、不得扣除项目、资产的税务处理、亏损弥补等。

一、收入总额的确定

企业的收入总额是企业以货币形式和非货币形式从各种来源取得的收入。企业取得收入的货币形式，包括现金、存款、应收账款、应收票据、准备持有至到期的债券投资及债务的豁免等。企业取得收入的非货币形式，包括固定资产、生物资产、无形资产、股权投资、存货、不准备持有至到期的债券投资、劳务及有关权益等。企业以非货币形式取得的收入，应当按照公允价值确定收入额。这里的"公允价值"是指按照市场价格确定的价值。

（一）一般收入的确认

1. 销售货物收入：指企业销售商品、产品、原材料、包装物、低值易耗品及其他存货取得的收入。

2. 劳务收入：指企业从事建筑安装、修理修配、交通运输、仓储租赁、金融保险、邮电通信、咨询经纪、文化体育、科学研究、技术服务、教育培训、餐饮住宿、中介代理、卫生保健、社区服务、旅游、娱乐、加工及其他劳务服务活动取得的收入。

3. 财产转让收入：指企业转让固定资产、生物资产、无形资产、股权、债权等财产取得的收入。

4. 股息、红利等权益性投资收益：指企业因权益性投资从被投资方取得的收入，股息、红利等权益性投资收益，除国务院财政、税务主管部门另有规定外，按照被投资方做出利润分配决定的日期确认收入的实现。

5. 利息收入：指企业将资金提供他人使用但不构成权益性投资，或者因他人占用企业资金取得的收入，包括存款利息、贷款利息、债券利息、欠款利息等收入。利息收入按合同约定的债务人应付利息的日期确认收入的实现。

6. 租金收入：指企业提供固定资产、包装物或者其他有形财产的使用权取得的收入，租金收入按照合同约定的承租人应付租金的日期确认收入的实现。

7. 特许权使用费收入：指企业提供专利权、非专利技术、商标权、著作权及其他特许权的使用权而取得的收入。特许权使用费收入按照合同约定的特许权使用人应付特许权使用费的日期确认收入的实现。

8. 接受捐赠收入：指企业接受的来自其他企业、组织或者个人无偿给予的货币性资产、非货币性资产。接受捐赠收入按照实际收到的捐赠资产的日期确认收入的实现。

9. 其他收入：指企业取得的除以上收入外的其他收入，包括企业资产溢余收入、逾期未退包装物押金收入、确实无法偿付的应付款项、已做坏账损失处理后又收回的应收款项、债务重组收入、补贴收入、违约金收入、汇兑收益等。

值得注意的是，企业取得财产（包括各类资产、股权、债权等）转让收入、债务重组收入、接受捐赠收入、无法偿付的应付款收入等，不论是以货币形式、还是非货币形式体现，除另有规定外，均应一次性计入确认收入的年度计算缴纳企业所得税。

（二）特殊收入的确认

1. 以分期收款方式销售货物的，按照合同约定的收款日期确认收入的实现。

2. 企业受托加工制造大型机械设备、船舶、飞机，以及从事建筑、安装、装配工程业务或者提供其他劳务等，持续时间超过 12 个月的，按照纳税年度内完工进度或者完成的工作量确认收入的实现。

3. 采取产品分成方式取得收入的，按照企业分得产品的日期确认收入的实现，其收入额按照产品的公允价值确定。

4. 企业发生非货币性资产交换，以及将货物、财产、劳务用于捐赠、偿债、赞助、集资、广告、样品、职工福利或者利润分配等用途的，应当视同销售货物、转让财产或者提供劳务，但国务院财政、税务主管部门另有规定的除外。

（三）处置资产收入的确认

1. 当企业发生下列情形的处置资产，除将资产转移至境外以外，由于资产所有权属在形式和实质上均不发生改变，可作为内部处置资产，不视同销售确认收入。

（1）将资产用于生产、制造、加工另一产品。

（2）改变资产形状、结构或性能。

（3）改变资产用途（如自建商品房转为自用或经营）。

（4）将资产在总机构及其分支机构之间转移。

（5）上述两种或两种以上情形的混合。

（6）其他不改变资产所有权属的用途。

2. 企业将资产移送他人的下列情形，因资产所有权属已发生改变而不属于内部处置资产，应按规定视同销售确定收入。

（1）用于市场推广或销售。

（2）用于交际应酬。

（3）用于职工奖励或福利。

（4）用于股息分配。

（5）用于对外捐赠。

（6）其他改变资产所有权属的用途。

企业发生上述第（2）条规定情形时，属于企业自制的资产，应按企业同类资产同期对外销售价格确定销售收入；属于外购的资产，可按购入时的价格确定销售收入。

（四）相关收入实现的确认

除企业所得税法及实施条例另有规定外，企业销售收入的确认必须遵循权责发生制原则和实质重于形式原则。

172

1. 企业销售商品同时满足下列条件的,应确认收入的实现。

(1) 商品销售合同已经签订,企业已将商品所有权相关的主要风险和报酬转移给购买方。

(2) 企业对已售出的商品既没有保留通常与所有权相联系的继续管理权,也没有实施有效控制。

(3) 收入的金额能够可靠地计量。

(4) 已发生或将发生的销售方的成本能够可靠地核算。

2. 符合上款收入确认条件,采取下列商品销售方式的,应按以下规定确认收入实现时间。

(1) 销售商品采用托收承付方式的,在办妥托收手续时确认收入。

(2) 销售商品采取预收款方式的,在发出商品时确认收入。

(3) 销售商品需要安装和检验的,在购买方接受商品及安装和检验完毕时确认收入。如果安装程序比较简单,可在发出商品时确认收入。

(4) 销售商品采用支付手续费方式委托代销的,在收到代销清单时确认收入。

3. 采用售后回购方式销售商品的,销售的商品按售价确认收入,回购的商品作为购进商品处理。有证据表明不符合销售收入确认条件的,如以销售商品方式进行融资,收到的款项应确认为负债,回购价格大于原售价的,差额应在回购期间确认为利息费用。

4. 销售商品以旧换新的,销售商品应当按照销售商品收入确认条件来确认收入,回收的商品作为购进商品处理。

5. 企业为促进商品销售而在商品价格上给予的价格扣除属于商业折扣,商品销售涉及商业折扣的,应当按照扣除商业折扣后的金额确定销售商品收入金额。

债权人为鼓励债务人在规定的期限内付款而向债务人提供的债务扣除属于现金折扣,销售商品涉及现金折扣的,应当按扣除现金折扣前的金额确定销售商品收入金额,现金折扣在实际发生时作为财务费用扣除。

企业因售出商品的质量不合格等原因而在售价上给的减让属于销售折让;企业因售出商品质量、品种不符合要求等原因而发生的退货属于销售退回。企业已经确认销售收入的售出商品发生销售折让和销售退回,应当在发生当期冲减当期销售商品收入。

6. 企业在各个纳税期末,提供劳务交易的结果能够可靠估计的,应采用完工进度(完工百分比)法确认提供劳务收入。

7. 企业以买一赠一等方式组合销售本企业商品的,不属于捐赠,应将总的销售金额按各项商品的公允价值的比例来分摊确认各项的销售收入。

二、不征税收入和免税收入

(一) 不征税收入

国家为了扶持和鼓励某些特殊的纳税人和特定的项目,或者避免因征税影响企业的正常经营,对企业取得的某些收入予以不征税或免税的特殊政策,以减轻企业的负担，促进经济的协调发展。或准予抵扣应纳税所得额，或者是对专项用途的资金作为非税收入处理，减轻企业的税负，增加企业可用资金。

1. 财政拨款

指各级人民政府对纳入预算管理的事业单位、社会团体等组织拨付的财政资金，但国务院和国务院财政、税务主管部门另有规定的除外。

2. 依法收取并纳入财政管理的行政事业性收费、政府性基金

指依照法律法规等有关规定，按照国务院规定程序批准，在实施社会公共管理，以及在向公民、法人或者其他组织提供特定公共服务过程中，向特定对象收取并纳入财政管理的费用。政府性基金，是指企业依照法律、行政法规等有关规定，代政府收取的具有专项用途的财政资金。

3. 国务院规定的其他不征税收入

指企业取得的，由国务院财政、税务主管部门规定专项用途并经国务院批准的财政性资金。设置"不征税收入"这一兜底条款，主要是为了适应社会发展的需要，可能会随时增加一些新的不征税收入。

（二）免税收入

免税收入指属于企业的应税所得但税法规定免予征收企业所得税的收入。它不同于不征税收入，是纳税人应税收入的重要组成部分，只是国家为了实现某些经济和社会目标，在特定时期和对特定项目取得的经济利益给予的税收优惠，而在一定时期又有可能恢复征税。按照企业所得税法的规定，下列收入为免税收入。

1. 国债利息收入

国债利息收入是指企业持有国务院财政部门发行的国债取得的利息收入。国债是国家发行的债券，其资金主要用于支持国家基本建设和重点项目。因此，对企业投资于国债取得的利息收入给予免税待遇，可以鼓励企业投资于国债市场，从而促进国债市场的完善。

2. 符合条件的居民企业之间的股息、红利等权益性投资收益

这里的"符合条件的居民企业之间的股息、红利等权益性投资收益"，是指居民企业直接投资于其他居民企业取得的投资收益。但不包括连续持有居民企业公开发行并上市流通的股票不足 12 个月取得的投资收益。由于投资方企业取得的股息、红利等权益性投资收益是被投资方企业税后分配的，为了避免重复征税，加重纳税人的负担，我国税法规定这部分收益可予以免税。

3. 在中国境内设立机构、场所的非居民企业从居民企业取得与该机构、场所有实际联系的股息、红利等权益性投资收益

同样，这部分股息、红利等权益性收益也不包括连续持有居民企业公开发行并上市流通不足 12 个月取得的投资收益。对这部分收益予以免税，其目的也是在于避免双重征税。

4. 符合条件的非营利组织的收入

符合条件的非营利组织是指：

（1）依法履行非营利组织登记手续；

（2）从事公益性或者非营利性活动；

（3）取得的收入除用于与该组织有关的、合理的支出外，全部用于登记核定或者章程规定的公益性或者非营利性事业；

（4）财产及其孳生息不用于分配；

（5）按照登记核定或者章程规定，该组织注销后的剩余财产用于公益性或者非营利性目的，或者由登记管理机关转赠给予该组织性质、宗旨相同的组织，并向社会公告；

（6）投入人对投入该组织的财产不保留或者享有任何财产权利；

（7）工作人员工资福利开支控制在规定的比例内，不变相分配该组织的财产；

（8）国务院财政、税务主管部门规定的其他条件。

符合条件的非营利组织的收入，不包括非营利组织从事营利性活动取得的收入，但国务院财政、税务主管部门另有规定的除外。对符合条件的非营利组织的收入予以免税，其目的在于鼓励非营利组织更好、更广泛地提供公共服务，促进社会的和谐发展。

5. 财政部、国家税务总局规定的其他免税收入。

三、准予扣除项目

相对于收入而言，企业所得税中允许扣除的法定项目则比较复杂。企业计算利润时发生的成本费用损失是据实扣除的，而所得税法律制度依托税收对纳税人的制约作用对可以在所得税前扣除的项目做出了明确而具体的规定。税法对现实发生的与获得收入有必然联系同时又是合理的费用允许进行扣除，但是对于一些浪费的、不必要的费用或过高的费用则不允许据实扣除，这样既有利于督促纳税人降低成本费用，也有利于保证稳定的税源。因此企业所得税法律制度中对扣除项目做出了详尽的规定，既包括准予扣除的项目，同时也规定扣除的方法或者扣除的标准。

（一）准予扣除项目的一般原则

企业申报的扣除项目和金额要真实、合法。所谓真实，是指能提供证明有关支出确属已经实际发生；合法是指符合国家税法的规定，若其他法规规定与税收法规规定不一致，应以税收法规的规定为标准。除税收法规另有规定外，企业所得税税前扣除一般应遵循以下原则：

（1）权责发生制原则。指企业费用应在发生的所属期扣除，而不是在实际支付时确认扣除。

（2）配比原则。指企业发生的费用应当与收入配比扣除。除特殊规定外，企业发生的费用不得提前或滞后申报扣除。

（3）相关性原则。企业可扣除的费用从性质和根源上必须与取得应税收入直接相关。

（4）确定性原则。企业可扣除的费用不论何时支付，其金额必须是确定的。

(5) 合理性原则。符合生产经营活动常规,应当计入当期损益或者有关资产成本的必要和正常的支出。

(二) 准予扣除项目的范围

企业实际发生的与取得收入有关的、合理的支出,包括成本、费用、税金、损失和其他支出,准予在计算应纳税所得额时扣除。根据《企业所得税暂行条例》的规定,在企业计算准予扣除的项目时,还应注意三个方面的内容:① 企业发生的支出应当区分收益性支出和资本性支出。收益性支出是指企业支出的效益仅及于本纳税年度的支出;资本性支出是指企业支出的效益及于本纳税年度和以后纳税年度的支出。因此,二者的税务处理不同。收益性支出在发生当期直接扣除,资本性支出则不得在发生当期直接扣除,应当分期扣除或者计入有关资产成本。② 企业的不征税收入用于支出所形成的费用或者财产,不得扣除或者计算对应的折旧、摊销扣除。③ 除企业所得税法和本条例另有规定外,企业实际发生的成本、费用、税金、损失和其他支出,不得重复扣除。为了避免多次扣除而侵蚀企业所得税的税基,企业在一般情况下,对于同一项成本、费用、税金、损失和其他支出,只能扣除一次。

1. 成本

成本是指企业在生产经营活动中发生的销售成本、销货成本、业务支出及其他耗费,企业销售商品(产品、材料、下脚料、废料、废旧物资等)、提供劳务、转让固定资产、无形资产(包括技术转让)的成本。

2. 费用

费用是指企业每一个纳税年度为生产、经营商品和提供劳务等所发生的销售(经营)费用、管理费用和财务费用。已计入成本的有关费用除外。

(1) 销售费用是指应由企业负担的为销售商品而发生的费用,包括广告费、运输费、装卸费、包装费、展览费、保险费、销售佣金(能直接认定的进口佣金调整商品进价成本)、代销手续费、经营性租赁费及销售部门发生的差旅费、工资、福利费等费用。

(2) 管理费用是指企业的行政管理部门为管理组织经营活动提供各项支援性服务而发生的费用,包括研究开发费、劳动保护费、业务招待费、工会经费、职工教育经费、股东大会或董事会费、印花税等税金,以及向总机构支付的与本身盈利活动有关的合理的管理费等。

(3) 财务费用是指企业筹集经营性资金而发生的费用,包括利息净支出、汇兑净损失、金融机构手续费及其他非资本化支出。

3. 税金

税金是指企业发生的除企业所得税和允许抵扣的增值税以外的企业缴纳的各项税金及其附加,即企业按规定缴纳的消费税、营业税、城市维护建设税、关税、资源税、土地增值税、房产税、车船税、土地使用税、印花税、教育费附加等产品销售税金及附加。这些已纳税金准予税前扣除。准许扣除的税金有两种方式:一是在发生当期扣除,如计入销售税金及附力口的消费税、营业税、城市维护建设税、关税、资源税、土地增值税等，计入管理费用的房产税、车船税、印花税等；二是在发生当期计入相关资产的成本，如车辆购置税等计入资产成本后，在以后各期分摊扣除。

【例6-1】某企业当期销售应税消费品实际缴纳增值税35万元、消费税20万元、城建税3.85万元、教育税附加1.65万元，还缴纳房产税1.5万元、土地使用税0.5万元、印花税0.6万元，车船税0.4万元。计算企业当期所得税前可扣除的税金如下。

企业当期所得税前可扣除的税金合计 = 20 + 3.85 + 1.65 + 1.5 + 0.5 + 0.6 + 0.4

= 28.5（万元）

其中：销售税金及附加在所得税前扣除 = 20 + 3.85 + 1.65

= 25.5（万元）

管理费在所得税前扣除 = 1.5 + 0.5 + 0.6 + 0.4

= 3（万元）

4. 损失

损失是指企业在生产经营活动中发生的固定资产和存货的盘亏、毁损、报废损失，转让财产损失，呆账损失，坏账损失，自然灾害等不可抗力因素造成的损失及其他损失。

（1）企业发生的损失减除责任人赔偿和保险赔款后的余额，依照国务院财政、税务主管部门的规定扣除。

（2）企业已经作为损失处理的资产，在以后纳税年度又全部收回或者部分收回时，应当计入当期收入。

5. 扣除的其他支出

扣除的其他支出是指除成本、费用、税金损失外，企业在生产经营活动中发生的与生产经营活动有关的、合理的支出。

（三）准予扣除项目的标准

企业所得税法对一些特定项目还规定了扣除的标准，会引起税法和会计的差异，是在会计利润基础上进行纳税调整的重要项目。

1. 工资、薪金支出

工资、薪金支出是企业每一纳税年度支付给在本企业任职或与其有雇佣关系的员工的所有现金或非现金形式的劳动报酬，包括基本工资、奖金、津贴、补贴、年终加薪、加班工资，以及与任职或者受雇有关的其他支出。

2. 职工福利费、工会经费、职工教育经费

企业发生的职工福利费、工会经费、职工教育经费按标准扣除，未超过标准的按实际数扣除，超过标准的只能按标准扣除。企业发生的职工福利费支出，不超过工资薪金总额14%的部分准予扣除，超过部分不得扣除；企业拨缴的工会经费，不超过工资薪金总额2%的部分凭工会组织开具的《工会经费收入专用收据》在企业所得税税前扣除，超过部分不得扣除；除国务院财政、税务主管部门另有规定外，企业发生的职工教育经费支出，不超过工资薪金总额2.5%的部分准予扣除，超过部分准予结转以后纳税年度扣除。可见，在三项损失外，企业在生产经营活动中发生的与生经费中，只有职工教育经费支出准予往以后纳税年度无限制结转，这实际上是允许企业发生的职工教育经费支出全额扣除，只是在扣除时间上作了相应递延，可以鼓励企业加大对职工的教育投入，从而有利于促进企业的技术创新。

【例6-2】某公司2013年为本公司雇员支付工资400万元、奖金50万元、地区补贴30万元、家庭财产保险20万元。假定某公司的工资薪金支出符合合理标准，计算当年职工福利费、工会经费和职工教育经费可在税前列支的限额是多少？

计算结果如下：

当年可以税前扣除的工资总额 = 400 + 50 + 30 = 480（万元）

其当年可以在所得税前列支的职工福利费限额为：480 × 14% = 67.2（万元）。

若某公司当年实际发生额小于67.2万元，可以据实扣除；实际发生额大于67.2万元，税前只能扣除67.2万元，超过标准的部分则不得扣除。

其当年可以在所得税前列支的职工工会经费限额为：480 × 2% = 9.6（万元）。

若某公司当年实际发生额小于9.6万元，可以据实扣除；实际发生额大于9.6万元，税前只能扣除9.6万元，超过标准的部分则不得扣除。

其当年可以在所得税前列支的职工教育经费限额为：480 × 2.5% = 12（万元），若某公司当年实际发生额小于12万元，可以据实扣除；实际发生额大于12万元，税前只能扣除12万元，超过标准的部分当年不得扣除，超过部分准予结转以后纳税年度扣除。

3. 保险费

企业依照国务院有关主管部门或者省级人民政府规定的范围和标准为职工缴纳的"五险一金"，即基本养老保险费、基本医疗保险费、失业保险费、工伤保险费、生育保险费等基本社会保险费和住房公积金准予扣除；此外，企业参加财产保险，按照规定缴纳的保险费，属于与企业取得收入有关的支出，符合企业所得税税前扣除的真实性原则，应准予扣除。为了增强企业的凝聚力和竞争力，完善国家多层次保障体系，企业为投资者或者职工支付的补充养老保险费、补充医疗保险费，分别在不超过职工工资总额5%标准内的部分准予扣除，超过的部分不予扣除。考虑到一些特殊行业的企业中从事特定工种的职工的职业特征，税法还规定了企业依照国家有关规定为特殊工种职工支付的人身安全保险费和符合国务院财政、税务主管部门规定可以扣除的商业保险费准予扣除。但基于国家税收利益上的考虑，以及从实践中的可操作性等角度出发，企业所得税暂行条例中规定企业为投资者或者职工支付的商业保险费，不得扣除。

4. 利息费用

企业在生产经营活动中为筹集资金，往往会形成两种性质的资金来源，即权益资金和负债资金。无论是哪种资金，都要付出一定的代价。负债资金的形式主要包括银行借款、发行债券、商业信用。它的成本主要体现为利息支出。为此，税法对于利息费用的扣除做出了下列规定。

（1）非金融企业向金融企业借款的利息支出、金融企业的各项存款利息支出和同业拆借利息支出、企业经批准发行债券的利息支出准予全额据实扣除。

（2）非金融企业向非金融企业借款的利息支出，不超过按照金融企业同期同类贷款利率计算的数额的部分。

（3）关联企业利息费用的扣除。

① 企业如果能够按照税法及其实施条例的有关规定提供相关资料，并证明相关交易活动符合独立交易原则的；或者该企业的实际税负不高于境内关联方的，其实际支付给境内关联方的利息支出，在计算应纳税所得额时准予扣除。

② 在计算应纳税所得额时，企业实际支付给关联方的利息支出，不超过以下规定比例和税法及其实施条例有关规定计算的部分，准予扣除，超过的部分不得在发生当期和以后年度扣除。企业实际支付给关联方的利息支出，除符合上述规定外，其接受关联方债权性投资与其权益性投资比例：金融企业为 5∶1；其他企业为 2∶1。

（4）企业向自然人借款利息支出的扣除

① 企业向股东或其他与企业有关联关系的自然人借款的利息支出，应根据企业所得税法第四十六条及《财政部、国家税务总局关于企业关联方利息支出税前扣除标准有关税收政策问题的通知》（财税〔2008〕121 号）规定的条件，计算企业所得税扣除额。

② 企业向除上述规定以外的内部职工或其他人员借款的利息支出，其借款情况同时符合以下条件的，其利息支出在不超过按照金融企业同期同类贷款利率计算的数额的部分，准予扣除。

a. 企业与个人之间的借贷是真实、合法、有效的，并且不具有非法集资目的或其他违反法律、法规的行为；

b. 企业与个人之间签订了借款合同。

由于非金融企业之间的借款行为，目前法律法规的规范性要求较少，实践中也较难控制和规范，如果允许非金融企业之间的借款利息支出无条件地全额税前扣除，在某种程度上将会鼓励非金融企业之间从事资金拆借活动，这在一定程度上将扰乱金融秩序，也容易造成非金融企业之间通过资金拆借逃避税收等消极影响。为此税法对企业支付给非金融企业的利息支出做出了明确的限制。

【例 6 - 3】某公司 2011 年度财务费用账户中的利息，含有以年利率 7% 向银行借入的 6 个月期的生产用 400 万元货款的借款利息；也包括 5 万元的向本企业职工（非关联方）借入与银行同期的生产用 100 万元资金的借款利息。某公司 2011 年度可在计算应纳税所得额时扣除的利息费用是多少？

计算结果如下：

可在计算应纳税所得额时扣除的银行利息费用 = $(400 \times 7\% \div 12) \times 6 = 14$（万元）

向本企业职工借入款项可扣除的利息费用限额 = $(100 \times 7\% \div 12) \times 6 = 3.5$（万元）该企业支付职工的利息超过同类同期银行贷款利率，只可按照限额扣除。

某公司 2011 年度可在计算应纳税所得额时扣除的利息费用是 $14 + 3.5 = 17.5$（万元）

5. 借款费用

借款费用，是指企业因借款而发生的利息及其他相关成本，包括借款利息、折价或者溢价的摊销、辅助费用及因外币借款而发生的汇兑差额。企业在生产经营活动中发生的合理的不需要资本化的借款费用可以扣除。扣除标准是：企业在生产经营活动中发生的非金融企业向金融企业借款、金融企业的各项存款、金融企业的各项存款、同业拆借和企业经批准发发行债券的利息支出，以及非金融企业向金融企业借款的利息支出不超过按照金融企业同期同类贷款利率计算的部分。

【例 6 - 4】某矿业公司向银行借款 400 万元用于建造厂房，借款期从 2013 年 1 月 1 日至 12 月 31 日，支付当年全年借款利息 36 万元，厂房于 2013 年 8 月 31 日达到可使用状态交付使用，9 月 30 日完成完工结算。某矿业公司当年税前可扣除的利息费用是多少？

分析：固定资产购建期间合理的利息费用应予以资本化，交付使用后发生的利息，可在发生当期扣除。则：

某矿业公司当年税前可扣除的利息费用 = (36÷12) × 4 = 12（万元）

6. 业务招待费

由于业务招待费支出是各国公司税法中滥用扣除最严重的领域，管理难度大，各国一般都强调对业务招待费税前扣除的管理。借鉴国外许多国家的做法，我国对业务招待费的标准做出了相应的修改，企业发生的与其生产、经营业务有关的业务招待费支出，按照发生额的 60% 扣除，但最高不得超过当年销售（营业）收入的 5‰。即业务招待费按照两个上限孰小的原则来进行扣除。值得注意的是，这里的当年"销售（营业）收入"包括企业外处置资产时取得的视同销售（营业）收入。对从事股权投资业务的企业（包括集团公司总部、创业投资企业等），其从被投资企业所分配的股息、红利以及股权转让收入，可以按规定的比例计算业务招待费扣除限额。

【例 6 - 5】某工业公司 2013 年度全年销售收入为 1 500 万元，房屋出租收入 100 万元，提供加工劳务收入 50 万元，转让无形资产所有权收入 30 万元，当年发生业务招待费 15 万元。某工业公司 2013 年度所得税前可以扣除的业务招待费用是多少？

分析：某工业公司发生的与生产经营活动有关的业务招待费支出，按照发生额的 60% 扣除，但最高不得超过当年销售（营业）收入的 5‰。则：

业务招待费扣除限额 = (1 500 + 100 + 50) × 5‰ = 8. 25（万元）< 15 × 60% = 9（万元），因此可以扣除 8. 25 万元。

7. 广告费和业务宣传费

关于广告费和业务宣传费的扣除，企业所得税法做出了重大调整，取消了原内资企业分类扣除和原外资企业据实扣除的政策，首先是统一了内资、外资企业在广告费和业务宣传费方面的扣除规定，使内资、外资企业享受公平待遇，同时规定了一个统一的、较高的扣除比例，并允许超过扣除比例的部分往以后纳税年度结转。按照企业所得税暂行条例的规定，企业发生的符合条件的广告费和业务宣传费支出，除国务院财政、税务主管部门另有规定不超过当年销售（营业）收入 15% 的部分，准予扣除；超过部分，准予在以后纳税年结转扣除。同样，这里的当年"销售（营业）收入"包括企业对外处置资产时取得的视同销售（营业）收入。广告费要符合 3 个条件：① 广告是通过工商部门批准的专门机构制作的；② 已实际支付费用并已取得相应发票；③ 通过一定的媒体传播。

企业在筹建期间，发生的广告费和业务宣传费，可按实际发生额计入企业筹办费，可按上述规定在税前扣除。

这里需要注意的是，自 2011 年 1 月 1 日起至 2015 年 12 月 31 日止，对化妆品制造与销售、医药制造和饮料制造（不含酒类制造）企业发生的广告费和业务宣传费支出，不超过当年销售（营业）收入 30% 的部分，准予扣除；超过部分，准予在以后纳税年度结转扣除。而烟草企业的烟草广告费和业务宣传费支出，一律不得在计算应纳税所得额时扣除。

【例 6 – 6】 红袖服装公司 2013 年加工收入 2 000 万元，出租闲置车间收取的租金为 500 万元，转让机器设备的收入为 50 万元。公司实际发生的广告费支出 500 万元、业务宣传费 50 万元、赞助费 80 万元，则计算应纳税所得额时可以税前扣除的广告费和业务宣传费是多少？

广告费和业务宣传费扣除标准 = (2 000 + 500) × 15% = 375（万元）

广告费和业务宣传费实际发生额 = 500 + 50 = 550（万元）

超标准的部分 = 550 – 375 = 175（万元）

超标准的部分当年不得扣除，但是可以在以后纳税年度结转扣除。

8. 公益性捐赠

公益性捐赠是指企业通过公益性社会团体或者县级以上人民政府及其部门，用于《中华人民共和国公益事业捐赠法》规定的公益事业的捐赠。新的企业所得税法借鉴世界各国税制改革惯例，统一规定了内外资企业发生的公益性捐赠支出，在年度利润总额 12% 以内的部分，准予在计算应纳税所得额时扣除。公益性社会团体，是指同时符合下列条件的基金会、慈善组织等社会团体：

（1）依法登记，具有法人资格。

（2）以发展公益事业为宗旨，且不以营利为目的。

（3）全部资产及其增值为该法人所有。

（4）收益和劳动结余主要用于符合该法人设立目的的事业。

（5）终止后的剩余财产不归属任何个人或者营利组织。

（6）不经营与其设立目的无关的业务。

（7）有健全的财务会计制度。

（8）捐赠者不以任何形式参与社会团体财产的分配。

（9）国务院财政、税务主管部门会同国务院民政部门等登记管理部门规定的其他条件。

9. 租赁费用的扣除

租赁是指在约定的期间内，出租人将资产使用权让与承租人以获取租金的协议。在市场经济条件下，租赁业务作为企业融资的重要形式，需求日益增长，越来越多的企业通过租赁的形式获取相关资产的使用权。按租赁双方对租赁物所承担的风险和报酬为标准，可将租赁分力融资租赁和经营租赁。

税法对于租赁费用的扣除，做了不同的规定。

（1）以经营租赁方式租入固定资产而发生的租赁费，按租赁年限均匀扣除。

（2）以融资租赁方式租入固定资产发生的租赁费，按规定计入租入固定资产的价值，并提取折旧费用，予以分期扣除。

【例6-7】海洋贸易公司2012年4月1日，以经营租赁方式租入固定资产使用，租期1年，按独立纳税人交易原则支付租金2.4万元；6月1日以融资租赁方式租入机器设备一台，租期2年，当年支付租金3.6万元。计算当年海洋贸易公司应纳税所得额应扣除的租赁费用是多少？则：

当年海洋贸易公司应纳税所得额应扣除的租赁费用 = (2.4 ÷ 12) × 9 = 1.8（万元）

10. 环境保护专项资金

新的企业所得税为体现国家对环境保护、生态恢复等的扶持和鼓励功能，更好地激励企业的社会责任意识，对环境保护专项资金做出了明确的规定：企业依照法律、行政法规有关规定提取的用于环境保护、生态恢复等方面的专项资金，准予扣除。但上述专项资金提取后改变用途的，不得扣除。

11. 劳动保护费

为了鼓励企业加大劳动保护投入，支持安全生产，维护职工合法权益，企业发生的合理的劳动保护支出，如高温冶炼企业职工、道路施工企业职工的防暑降温品，采煤工人的手套、头盔等用品可以据实扣除。

12. 汇兑损失

企业在货币交易中及纳税年度终了时将人民币以外的货币性资产、负债按照期末即期人民币汇率中间价折算为人民币时产生的汇兑损失，除已经计入有关资产成本及与向所有者进行利润分配相关的部分外，准予扣除。

13. 有关资产的费用

企业转让各类固定资产发生的费用，允许扣除。企业按规定计算的固定资产折旧费、无形资产和递延资产的摊销费，准予扣除。

14. 非居民企业支付给总机构的管理费用

非居民企业在中国境内设立的机构、场所，就其中国境外总机构发生的与该机构、场所生产经营有关的费用，能够提供总机构出具的费用汇集范围、定额、分配依据和方法等证明文件，并合理分摊的，准予扣除。

15. 资产损失

（1）企业当期发生的固定资产和流动资产盘亏、毁损净损失，由其提供清查盘存资料，经主管税务机关审核后，准予扣除。

（2）企业因存货盘亏、毁损、报废等原因不得从销项税金中抵扣的进项税金，应视同企业财产损失，准予与存货损失一起在所得税前按规定扣除。

16. 手续费及佣金支出

根据财政部、国家税务总局于2009年颁布的关于企业手续费及佣金支出税前扣除政策的通知规定如下：

（1）企业发生与生产经营有关的手续费及佣金支出，不超过以下规定计算限额以内的部分，准予扣除；超过部分，不得扣除。

① 保险企业：财产保险企业按当年全部保费收入扣除退保金等后余额的15%（含

本数，下同）计算限额；人身保险企业按当年全部保费收入扣除退保金等后余额的10%计算限额。

② 其他企业：按与具有合法经营资格中介服务机构或个人（不含交易双方及其雇员、代理人和代表人等）所签订服务协议或合同确认的收入金额的5%计算限额。

（2）除委托个人代理外，企业以现金等非转账方式支付的手续费及佣金不得在税前扣除。企业为发行权益性证券支付给有关证券承销机构的手续费及佣金不得在税前扣除。

（3）企业不得将手续费及佣金支出计入回扣、业务提成、返利、进场费等费用。

（4）企业已计入固定资产、无形资产等相关资产的手续费及佣金支出，应当通过折旧、摊销等方式分期扣除，不得在发生当期直接扣除。

（5）企业支付的手续费及佣金不得直接冲减服务协议或合同金额，并如实入账。

四、不得扣除的项目

据企业所得税法的规定，在计算应纳税时，下列支出不得扣除：

（1）向投资者支付的股息、红利等权益性投资收益款项
（2）企业所得税税款
（3）税收滞纳金
（4）罚金、罚款和被没收财物的损失
（5）非公益性的捐赠及超过标准的公益性捐赠
（6）赞助支出，即指企业发生的与生产经营活动无关的非广告性质的支出。
（7）未经核定的准备金支出，指不符合国务院财政、税务主管部门规定的各项资产减值准备风险准备等准备金支出。
（8）企业对外投资期间投资资产的成本。
（9）与取得收入无关的其他支出

五、亏损弥补

亏损是指企业依照企业所得税法和暂行条例的规定将每一纳税年度的收入总额减除不征税收入、免税收入和各项扣除后小于零的数额。可见，税法中的亏损和财务会计中的亏损含义是不同的。财务会计上的亏损是指当年总收益小于当年总支出。企业纳税年度发生的亏损准予向以后年度结转，用以后年度的所得弥补，但结转年限最长不得超过5年。5年当中无论盈亏均应作为实际弥补期连续计算，先亏先补，顺序弥补。企业在汇总计算缴纳所得税时，其境外营业机构的亏损不得抵减境内营业结构的盈利。

【例6-8】下表为经税务机关审定的某国有工业企业7年应纳税所得额情况，假设该企业资产总额2 000万元，从业人数80人，一直执行5年亏损弥补规定，则该企业7年间需缴纳企业所得税是多少？

单位：万元

年 度	2008	2009	2010	2011	2012	2013	2014
应纳税所得额情况	-100	10	-20	40	10	30	40

该企业 7 年间需缴纳企业所得税额具体如下：

2009 年至 2013 年，所得弥补 2008 年亏损，未弥补完但已到 5 年抵亏期满；2014 年所得弥补 2010 年亏损后还有余额 20 万元，要计算纳税；该企业符合小型微利企业的标准，使用 20% 的优惠税率，应纳税额 = 20 × 20% = 4（万元）。

第四节 资产的税务处理

一、固定资产的税务处理

（一）固定资产的界定

企业为生产产品、提供劳务、出租或者经营管理而持有的、使用时间超过 12 个月的非货币性资产，包括房屋、建筑物、机器、机械、运输工具及其他与生产经营活动有关的设备、器具、工具等。

（二）固定资产的计税基础

按照暂行条例的规定，固定资产按照以下方法确定计税基础：

（1）外购的固定资产，以购买价款和支付的相关税费为计税基础。

（2）自行建造的固定资产，以竣工结算前发生的支出为计税基础。

（3）融资租入的固定资产，以租赁合同约定的付款总额和承租人在签订租赁合同过程中发生的相关费用为计税基础；租赁合同未约定付款总额的，以该资产的公允价值和承租人在签订租赁合同过程中发生的相关费用为计税基础。

（4）盘盈的固定资产，以同类固定资产的重置完全价值为计税基础。

（5）通过捐赠、投资、非货币性资产交换、债务重组等方式取得的固定资产，以该资产的公允价值和支付的相关税费为计税基础。

（6）改建的固定资产，除已足额提取折旧的固定资产和租入的固定资产以外的其他固定资产，以改建过程中发生的改建支出增加计税基础。

（三）固定资产折旧的范围

在计算应纳税所得额时，企业按照规定计算的固定资产折旧，准予扣除。下列固定资产不得计算折旧扣除：

（1）房屋、建筑物以外未投入使用的固定资产；

（2）以经营租赁方式租入的固定资产；

（3）以融资租赁方式租出的固定资产；

（4）已足额提取折旧仍继续使用的固定资产；

（5）与经营活动无关的固定资产；

（6）单独估价作为固定资产入账的土地；

（7）其他不得计算折旧扣除的固定资产。

（四）固定资产折旧的计提方法和折旧年限

固定资产按照直线法计算的折旧，准予扣除。企业应当自固定资产投入使用月份的次月起计提折旧；停止使用的固定资产，应当从停止使用月份的次月起停止计提折旧。

企业应当根据固定资产的性质和使用情况，合理确定固定资产的预计净残值。固定资产的预计净残值一经确定，不得变更。

除国务院财政、税务主管部门另有规定外，固定资产计算折旧的最低年限如下：

（1）房屋、建筑物，为 20 年；

（2）飞机、火车、轮船、机器、机械和其他生产设备，为 10 年；

（3）与生产经营活动有关的器具、工具、家具等，为 5 年；

（4）飞机、火车、轮船以外的运输工具，为 4 年；

（5）电子设备，为 3 年。

这里需要注意的是：根据《国家税务总局公告 2014 年第 29 号》的要求，企业固定资产会计折旧年限如果短于税法规定的最低折旧年限，其按会计折旧年限计提的折旧高于按税法规定的最低折旧年限计提的折旧部分，应调增当期应纳税所得额；企业固定资产会计折旧年限已期满且会计折旧已提足，但税法规定的最低折旧年限尚未到期且税收折旧尚未足额扣除，其未足额扣除的部分准予在剩余的税收折旧年限继续按规定扣除。企业固定资产会计折旧年限如果长于税法规定的最低折旧年限，其折旧应按会计折旧年限计算扣除，税法另有规定除外。

石油天然气开采企业在计提油气资产折耗（折旧）时，由于会计与税法规定计算方法不同导致的折耗（折旧）差异，应按税法规定进行纳税调整。

（五）房屋、建筑物固定资产改扩建的税务处理

企业对房屋、建筑物固定资产在未足额提取折旧前进行改扩建的，如属于推倒重置的，该资产原值减除提取折旧后的净值，应并入重置后的固定资产计税成本，并在该固定资产投入使用后的次月起，按照税法规定的折旧年限，一并计提折旧；如属于提升功能、增加面积的，该固定资产的改扩建支出，并入该固定资产计税基础，并从改扩建完工投入使用后的次月起，重新按税法规定的该固定资产折旧年限计提折旧，如该改扩建后的固定资产尚可使用的年限低于税法规定的最低年限的，可以按尚可使用的年限计提折旧。

二、无形资产的税务处理

（一）无形资产的界定

企业为生产产品、提供劳务、出租或者经营管理而持有的、没有实物形态的非货币性长期资产，包括专利权、商标权、著作权、土地使用权、非专利技术、商誉等。

（二）无形资产的计税基础

按照暂行条例的规定，无形资产按照以下方法确定计税基础：

（1）外购的无形资产，以购买价款和支付的相关税费，以及直接归属于使该资产达到预定用途发生的其他支出为计税基础。

（2）自行开发的无形资产，以开发过程中该资产符合资本化条件后至达到预定用途前发生的支出为计税基础。

（3）通过捐赠、投资、非货币性资产交换、债务重组等方式取得的无形资产，以该资产的公允价值和支付的相关税费为计算基础。

（三）无形资产的摊销范围

（1）自行开发的支出已在计算应纳税所得额时扣除的无形资产。

（2）自创商誉。

（3）与经营活动无关的无形资产。

（4）其他不得计算摊销费用扣除的无形资产。

（四）无形资产的摊销方法

无形资产的摊销采取直线法计算。无形资产的摊销年限不得低于 10 年。作为投资或者受让的无形资产，有关法律规定或者合同约定了使用年限的，可以按照规定或者约定的使用年限分期摊销。外购商誉的支出，在企业整体转让或者清算时准予扣除。

三、生产性生物资产的税务处理

（一）生产性生物资产的界定

根据企业会计准则的有关规定，生物资产是指有生命的动物和植物，分为消耗性生物资产、生产性生物资产和公益性生物资产。其中，生产性生物资产是指为产出农产品、提供劳务或者出租等目的而持有的生物资产，包括经济林、薪炭林、产畜和役畜等。

（二）生产性生物资产的计税基础

生产性生物资产按照以下方法确定计税基础：

（1）外购的生产性生物资产，以购买价款和支付的相关税费为计税基础。

（2）通过捐赠、投资、非货币性资产交换、债务重组等方式取得的生产性生物资产以该资产的公允价值和支付的相关税费为计税基础。

（三）生产性生物资产的折旧方法和折旧年限

生产性生物资产按照直线法计算的折旧，准予扣除。企业应当自生产性生物资产投入使用月份的次月起计算折旧；停止使用的生产性生物资产应当自停止使用月份的次月起停止计算折旧。

企业应当根据生产性生物资产的性质和使用情况，合理确定生产性生物资产的预计净残值。生产性生物资产的预计净残值一经确定，不得变更。

生产性生物资产计算折旧的最低年限如下：

（1）林木类生产性生物资产，为 10 年。

（2）畜类生产性生物资产，为 3 年。

四、长期待摊费用的税务处理

（一）长期待摊费用的界定

长期待摊费用是指企业发生的应在一个年度以上或几个年度进行摊销的费用。

（二）长期待摊费用的分类及摊销

在计算应纳税所得额时，企业发生的下列支出作为长期待摊费用，按照规定进行摊销准予扣除。

（1）已足额提取折旧的固定资产的改建支出（改变房屋或者建筑物结构、延长使用年限等发生的支出），按照固定资产预计尚可使用年限分期摊销。

（2）租入固定资产的改建支出，按照合同约定的剩余租赁期限分期摊销。

（3）固定资产的大修理支出，按照固定资产尚可使用年限分期摊销。这里的大修理支出应同时符合以下两个条件：

① 修理支出达到取得固定资产时的计税基础 50% 以上；

② 修理后固定资产的使用年限延长 2 年以上。

（4）其他应当作为长期待摊费用的支出，自支出发生月份的次月起，分期摊销，摊销年限不得低于 3 年。

五、存货的税务处理

（一）存货的界定

关于存货的界定，采用了企业会计准则上关于存货的概念。存货是指企业持有以备出售的产品或者商品、处在生产过程中的在产品、在生产或者提供劳务过程中耗用的材料和物料等，如企业的产成品、商品、原材料、在产品、半成品、周转材料。

（二）存货的计税基础

存货成本构成了企业生产经营成本的重要组成部分，按照税法的规定，存货按照以下方法确定成本：

（1）通过支付现金方式取得的存货，以购买价款和支付的相关税费为成本。

（2）通过支付现金以外的方式取得的存货，以该存货的公允价值和支付的相关税费为成本。

（3）生产性生物资产收获的农产品，以产出或者采收过程中发生的材料费、人工费和分摊的间接费用等必要支出为成本。

（三）存货的成本计算方法

企业使用或者销售的存货的成本计算方法，可以在先进先出法、加权平均法、个别计价法中选用一种。计价方法一经选用，不得随意变更。这一规定与企业会计准则有关规定一致，减少了企业所得税与会计准则的差异，从而减少了企业的遵从成本。

六、投资资产的税务处理

（一）投资资产的界定

投资资产是指企业对外进行权益性投资和债权性投资而形成的资产

（二）投资资产的计税基础

投资资产按照以下方法确定计税基础：

（1）以现金方式支付取得的投资资产，以购买价款为成本。

（2）以现金以外的方式支付取得的投资资产，以该资产的公允价值和支付的相关税费为成本。

（三）投资资产成本的扣除方法

企业对外投资期间，投资资产的成本在计算应纳税所得额时不得扣除，企业在转让或者处置投资资产时，投资资产的成本准予扣除。

（四）投资企业撤回或减少投资的税务处理

投资企业从被投资企业撤回或减少投资，其取得的资产中，相当于初始出资的部分，应确认为投资收回；相当于被投资企业累计未分配利润和累计盈余公积按减少实收资本比例计算的部分，应确认为股息所得；其余部分确认为投资资产转让所得。

被投资企业发生的经营亏损，由被投资企业按规定结转弥补；投资企业不得调整减低其投资成本，也不得将其确认为投资损失

七、税法规定与会计规定差异的处理

税法规定与会计规定差异的处理，是指企业在财务会计核算中与税法规定不一致的，应当按照税法规定予以调整。即企业在平时进行会计核算时，可以按会计制度的有关规定进行账务处理，但在申报纳税时，对税法规定和会计制度规定有差异的，要

按税法规定进行纳税调整。

（1）企业不能提供完整、准确的收入及成本、费用凭证，不能正确计算应纳税所得额的，由税务机关核定其应纳税所得额。

（2）企业依法清算时，以其清算终了后的清算所得为应纳税所得额，按规定缴纳企业所得税。所谓清算所得，是指企业的全部资产可变现价值或者交易价格减除资产净值、清算费用以及相关税费等后的余额。

（3）企业应纳税所得额是根据税收法规计算出来的，它在数额上与依据财务会计制度计算的利润总额往往不一致。因此，税法规定：对企业按照有关财务会计规定计算的利润总额，要按照税法的规定进行必要调整后，才能作为应纳税所得额计算缴纳所得税。

（4）自2011年7月1日起，企业当年度实际发生的相关成本、费用，由于各种原因未能及时取得该成本、费用的有效凭证，企业在预缴季度所得税时，可暂按账面发生金额进行核算；但在汇算清缴时，应补充提供该成本、费用的有效凭证。

第五节　企业所得税应纳税额的计算

一、居民企业应纳税额的计算

按照《企业所得税法》的规定，居民企业应纳税额等于应纳税所得额乘以适用税率，减除依照本法关于税收优惠的规定减免和抵免的税额后的余额。基本计算公式为：

应纳税额 = 应纳税所得额 × 适用税率 − 减免税额 − 抵免税额

这里需要注意的是，将企业的应纳税所得额乘以适用税率得出的金额，并非企业的应纳税额，还应减去企业享受的可以减免和抵免税额的优惠数额。减免税额是指在企业所得税法中税收优惠里规定的，企业享受的直接减免税额。抵免税额是指在企业所得税法中税收优惠里规定的投资抵免优惠和国际税收抵免。

因此，一般情况下，居民企业应纳税额的多少，主要取决于应纳税所得额、适用税率两个因素。在实践中，应纳税所得额的计算一般有两种基本的计算方法。

（一）直接计算法

在直接计算法下，居民企业每一纳税年度的收入总额减除不征税收入、免税收入、各项扣除及允许弥补的以前年度亏损后的余额为应纳税所得额。计算公式为：

应纳税所得额 = 收入总额 − 不征税收入 − 免税收入 − 各项扣除金额弥补亏损

（二）间接计算法

间接计算法是在会计利润总额的基础上加或减按照税法规定调整的项目金额后，即为应纳税所得额。计算公式为：

应纳税所得额 = 会计利润总额 + 纳税调整增加额 − 纳税调整减少额

税收调整项目金额包括两方面的内容：一是企业的财务会计处理和税收规定不一致的应予以调整的金额；二是企业按税法规定准予扣除的税收金额。

【例6－9】某公司 2013 年发生经营业务如下：

（1）取得销售收入 4 000 万元。

（2）销售成本 2 430 万元。

（3）发生销售费用 820 万元（其中广告费 620 万元），管理费用 600 万元（其中业务招待费 75 万元），财务费用 98 万元。

（4）销售税金 360 万元（含增值税 280 万元）。

（5）营业外收入 280 万元，营业外支出 160 万元（含通过公益性社会团体向贫困山区捐款 30 万元，支付税收滞纳金 10 万元，赞助汽车拉力赛的支出 50 万元）。

（6）计入成本、费用中的实发工资总额 300 万元、拨缴职工工会经费 7 万元、支出职工福利费 45 万元、职工教育经费 7 万元。

要求：计算某公司本年度实际应纳的企业所得税如下。

（1）会计利润总额 $= 4\,000 + 280 - 2\,430 - 820 - 600 - 98 - 80 - 160 = 92$（万元）

（2）广告费调增应纳税所得额 $= 620 - 4\,000 \times 15\% = 20$（万元）

（3）$4\,000 \times 5‰ = 20 < 75 \times 60\% = 45$（万元）

业务招待费调增所得额 $= 75 - 20 = 55$（万元）

（4）捐赠支出应调增所得额 $= 30 - 92 \times 12\% = 18.96$（万元）

税收滞纳金和非广告性的赞助支出不得在税前扣除，应全额调增。

（5）工会经费应调增所得额 $= 7 - 300 \times 2\% = 1$（万元）

职工福利费应调增所得额 $= 45 - 300 \times 14\% = 3$（万元）

职工教育费实际支出 $7 < 300 \times 2.5\% = 7.5$（万元），不予调整。

（6）应纳税所得额 $= 92 + 20 + 55 + 18.96 + 10 + 50 + 4 = 249.96$（万元）

（7）应纳所得税额 $= 249.96 \times 25\% = 62.49$（万元）

二、境外所得的税额抵免

对于纳税人同一项所得重复征税，是双重征税。这种现象扩展到国际范围，就形成了国际双重征税的问题。国际双重征税的存在是世界各国普遍重视的，它一方面违背了税负公平原则，增加了纳税人的税收负担；另一方面又会阻碍跨国资本间的流动。因此，各国政府在企业所得税法律制度中通常都会制定相应的降低或者避免双重征税的措施。税额抵免是指居住国政府对其居民企业来自国内外的所得一律汇总征税，但允许抵扣该居民企业在国外已纳的税额，以避免国际重复征税。税额抵免包括全额抵免和限额抵免。借鉴国际通行做法，我国采用限额抵免的方法，来缓解和消除企业中可能存在的国际重复征税的问题。

（一）税额抵免的范围

税法规定，企业取得的下列所得适用税额抵免的规定。

（1）居民企业来源于中国境外的应税所得。

（2）非居民企业在中国境内设立机构、场所，取得发生在中国境外但与该机构、场所有实际联系的应税所得。

（3）居民企业从其直接或者间接控制的外国企业分得的来源于中国境外的股息、红利等权益性投资收益，外国企业在境外实际缴纳的所得税税额中属于该项所得负担的部分，可以作为该居民企业的可抵免境外所得税税额，在企业所得税税法规定的抵免限额内抵免。这里的"直接控制"，是指居民企业直接持有外国企业 20% 以上的股份。这里的"间接控制"，是指居民企业以间接持股方式持有外国企业 20% 以上的股份。

（4）纳税人在与中国缔结避免双重征税协定的国家，按所在国税法及政府规定获得的减免税，经税务机关审核后，视同已缴所得税进行抵免。

（二）税额抵免的基本规定

企业取得的已在境外缴纳的所得税税额，可以从其当期应纳税额中抵免，抵免限额为该项所得依照本法规定计算的应纳税额；超过抵免限额的部分，可以在以后 5 个年度内，用每年度抵免限额抵免当年应抵税额后的余额进行抵补。

1. 已在境外缴纳的所得税税额是指企业来源于中国境外的所得依照中国境外税收法律及相关规定应当缴纳并已经实际缴纳的企业所得税性质的税款。企业进行税额抵免时，应当提供中国境外税务机关出具的税款所属年度的有关纳税凭证。

2. 抵免限额，是指企业来源于中国境外的所得，依照企业所得税法的规定计算的应纳税额。其计算公式为：

抵免限额 = 中国境内、境外所得依照企业所得税法和条例规定计算的应纳税总额 × 来源于某国（地区）的应纳税所得额 ÷ 中国境内、境外应纳税所得总额

公式中有两个需要注意的关键问题：

（1）"中国境内、境外所得依照企业所得税法和条例规定计算的应纳税，总额"是按 25% 的法定税率计算的应纳税，总额。但对于符合条件的高新技术企业，在计算境外抵免限额时，可按照 15% 的优惠税率计算境内外应纳税，

（2）"来源于某国（地区）的应纳税所得额"是来源于同一国家（地区）的不同应税所得的合计，而且是税前利润。如果是税后利润，不能直接用上述公式计算，而需还原成税前利润再运用公式，还原方法为：境外分回的税后利润 ÷ [1 - 来源国（地区）公司所得税税率]。

（三）税额抵免的扣除方法

依照税法规定，除国务院财政、税务主管部门另有规定外，该抵免限额应当分国（地区）不分项计算，即纳税人在境外已缴纳的所得税税款应按国别（地区）进行抵扣，并应分国（地区）计算抵扣限额。纳税人在境外各国（地区）已缴纳的所得税税款低于计算出的该国（地区）境外所得税款扣除限额的，可以据实扣除其在国外已纳税款；超过扣除限额的，应按计算出的扣除限额进行扣除，其超过部分当年不得扣除，但可以在以后 5 个年度内，用每年度抵免限额抵免当年应抵税额后的余额进行抵补。

【例6-10】光华股份有限公司2013年度境内应纳税所得额为1 000万元，该公司在A，B两国设有分支机构，A国分支机构当年应纳税所得额400万元，其中生产经营所得300万元，A国规定税率为20%；特许权使用资所得100万元，A国规定的税率为30%。B国分支机构当年应纳税所得额200万元，其中生产经营所得150万元，B国规定的税率为30%.租金所得50万元，B国规定的税率为20%。计算光华公司当年度境内外所得汇总缴纳的企业所得税如下。

光华公司当年境内外应纳税所得额 = 1 000 + 400 + 200 = 1 600（万元）

A国分支机构在境外实际缴纳的税额 = 300 × 20% + 100 × 30% = 90（万元）

在A国的分支机构境外所得的税收扣除限额 = 400 × 25% = 100（万元）

B国分支机构在境外实际缴纳的税额 = 150 × 30% + 50 × 20% = 55（万元）

在B国的分支机构境外所得的税收扣除限额 = 200 × 25% = 50（万元）

A、B两国分支机构境外所得可从应纳税额中扣除的税额分别为90万元和50万元

全年应交税额 = 1 600 × 25% - 90 - 50 = 260（万元）

三、居民企业核定征收应纳税额的计算

（一）核定应纳税额的适用范围

纳税人具有下列情形之一的，核定征收企业所得税：

（1）依照法律、行政法规的规定可以不设置账簿的；

（2）依照法律、行政法规的规定应当设置但未设置账簿的；

（3）擅自销毁账簿或者拒不提供纳税资料的；

（4）虽设置账簿，但账目混乱或者成本资料、收入凭证、费用凭证残缺不全，难以查账的；

（5）发生纳税义务，未按照规定的期限办理纳税申报，经税务机关责令限期申报，逾期仍不申报的；

（6）申报的计税依据明显偏低，又无正当理由的。

（二）核定应纳税额的计算方法

税务机关应根据纳税人的具体情况，对核定征收企业所得税的纳税人，核定应税所得率或者核定应纳所得税额。采用应税所得率方式核定征收企业所得税的，应纳所得税额计算公式如下。

应纳所得税额 = 应纳税所得额 × 适用税率

应纳税所得额 = 应税收入额 × 应税所得率

或　　　应纳税所得额 = 成本（费用）支出额/（1 - 应税所得率）× 应税所得率

（三）非居民企业应纳税额的计算

为行使收入来源地管辖权，税法对非居民企业来源于境内的所得应纳税额的计算也做出了相应的规定：对在中国境内未设立机构、场所，或者虽设立机构、场所，但

取得的所得与其所设机构、场所没有实际联系的非居民企业，其来源于中国境内的所得，按照下列方法计算其应纳税所得额：

（1）股息、红利等权益性投资收益和利息、租金、特许权使用费所得，以收入全额为应纳税所得额。

（2）转让财产所得，以收入全额减除财产净值后的余额为应纳税所得额。

（3）其他所得，参照前两项规定的方法计算应纳税所得额。

【例6-11】A公司是依照日本法律在日本注册成立的企业，在中国境内未成立机构、场所。2011年度，A公司将其专利权授权中国境内的B公司使用，B公司支付专利权使用费600万元，相关的图纸资料费和技术服务费100万元，人员培训费60万元，请计算A公司转让该项专利权应当向中国缴纳的企业所得税，B公司实际应当向A公司支付多少货币？计算结果如下：

分析：由于A公司是非居民企业，但是取得来源于中国境内的所得，税法规定，该项所得属于特许权使用费收入，应按收入全额纳税，由支付人作为扣缴义务人，在支付时代扣代缴。则：

A公司转让该项专利权的应纳税额 = (600 + 100 + 60) × 10% = 76（万元）

B公司应当向A公司支付的货币 = 600 + 100 + 60 - 76 = 684（万元）

第六节　企业所得税的税收优惠

税收优惠，是指国家对某一部分特定企业和课税对象给予减轻或免除税收负担的一种措施。税法规定的企业所得税的税收优惠方式包括免税、减税、加计扣除、加速折旧、减计收入、税额抵免等。

一、居民企业税收优惠

（一）税额式减免

1. 企业从事下列项目所得免征企业所得税。

（1）蔬菜、谷物、薯类、油料、豆类、棉花、麻类、糖料、水果、坚果的种植；

（2）农作物新品种的选育；

（3）中药材的种植；

（4）林木的培育和种植；

（5）牲畜、家禽的饲养；

（6）林产品的采集；

（7）灌溉、农产品初加工、兽医、农技推广、农机作业和维修等农、林、牧、渔服务业项目；

（8）远洋捕捞。

（9）以"公司 + 农户"经营模式从事农、林、牧、渔业项目生产的企业。

2. 企业从事下列项目的所得减半征收企业所得税。

（1）花卉、茶及其他饮料作物和香料作物的种植；

（2）海水养殖、内陆养殖。

3. 从事国家重点扶持的公共基础设施项目投资经营的所得。

国家重点扶持的公共基础设施项目是指，《公共基础设施项目企业所得税优惠目录》规定的港口码头、机场、铁路、公路、城市公共交通、电力、水利等项目。

企业从事前款规定的国家重点扶持的公共基础设施项目的投资经营的所得，自项目取得第一笔生产经营收入所属纳税年度起，第一年至第三年免征企业所得税，第四年至第六年减半征收企业所得税。

企业承包经营、承包建设和内部自建自用本条规定的项目，不得享受本条规定的企业所得税优惠。

4. 从事符合条件的环境保护、节能节水项目的所得。

符合条件的环境保护、节能节水项目，包括公共污水处理、公共垃圾处理、沼气综合开发利用、节能减排技术改造、海水淡化等。项目的具体条件和范围由国务院财政、税务主管部门商国务院有关部门制订，报国务院批准后公布施行。

企业从事前款规定的符合条件的环境保护、节能节水项目的所得，自项目取得第一笔生产经营收入所属纳税年度起，第一年至第三年免征企业所得税，第四年至第六年减半征收企业所得税。

对符合条件的节能服务公司实施合同能源管理项目，符合企业所得税税法有关规定的，自项目取得第一笔生产经营收入所属纳税年度起，第一年至第三年免征企业所得税，第四年至第六年减半征收企业所得税。

5. 符合条件的技术转让所得。

一个纳税年度内，居民企业技术转让所得不超过500万元的部分，免征企业所得税；超过500万元的部分，减半征收企业所得税。

6. 购置用于环境保护、节能节水、安全生产等专用设备的投资额。

企业购置并实际使用《环境保护专用设备企业所得税优惠目录》、《节能节水专用设备企业所得税优惠目录》和《安全生产专用设备企业所得税优惠目录》规定的环境保护、节能节水、安全生产等专用设备的，该专用设备的投资额的10%可以从企业当年的应纳税额中抵免；当年不足抵免的，可以在以后5个纳税年度结转抵免。税额抵免时，如增值税进项税额允许抵扣，其专用设备投资额不再包括增值税进项税额；如增值税进项税额不允许抵扣，其专用设备投资额应为增值税专用发票上注明的价税合计金额。企业购买专用设备取得普通发票的，其专用设备投资额为普通发票上注明的金额。

企业享受税额抵免优惠的专用设备应当是实际购置并自身实际投入使用的专用设备；企业购置上述专用设备在5年内转让、出租的，应当停止享受企业所得税优惠，并补缴已经抵免的企业所得税税款。

7. 民族自治地方的自治机关对本民族自治地方的企业应缴纳的企业所得税中属于地方分享的部分口可以决定减征或者免征。自治州、自治县决定减征或者免征的，须报省、自治区、直辖市人民政府批准。

（二）税基式减免

1. 减计收入优惠

企业综合利用资源，生产符合国家产业政策规定的产品所取得的收入，可以在计算应纳税所得额时减计收入。

所谓减计收入，是指企业以《资源综合利用企业所得税优惠目录》规定的资源作为主要原材料，生产国家非限制和禁止并符合国家和行业相关标准的产品取得的收入，减按 90% 计入收入总额。前述所称原材料占生产产品材料的比例不得低于《资源综合利用企业所得税优惠目录》规定的标准。

2. 加计扣除优惠

（1）研究开发费用

企业为开发新技术、新产品、新工艺发生的研究开发费用未形成无形资产计入当期损益的，在按照规定据实扣除的基础上，按照研究开发费用的 50% 加计扣除；形成无形资产的，按照无形资产成本的 150% 摊销。

（2）安置残疾人员及国家鼓励安置的其他就业人员所支付的工资

企业安置残疾人员的，在按照支付给残疾职工工资据实扣除的基础上，按照支付给残疾职工工资的 100% 加计扣除。残疾人员的范围适用《中华人民共和国残疾人保障法》的有关规定。企业安置国家鼓励安置的其他就业人员所支付的工资的加计扣除办法，由国务院另行规定。

3. 加速折旧优惠

企业的固定资产由于技术进步等原因，确需加速折旧的，可以缩短折旧年限或者采取加速折旧的方法。可采用以上折旧方法的固定资产是指：

（1）由于技术进步，产品更新换代较快的固定资产；

（2）常年处于强振动、高腐蚀状态的固定资产。

采取缩短折旧年限方法的，最低折旧年限不得低于规定折旧年限的 60%；采取加速折旧方法的，可以采取双倍余额递减法或者年数总和法。企业按税法规定实行加速折旧的，其按加速折旧办法计算的折旧额可全额在税前扣除。

4. 创业投资企业优惠

创业投资企业从事国家需要重点扶持和鼓励的创业投资，可以按投资额的一定比例抵扣应纳税所得额。

创业投资企业优惠是指，创业投资企业采取股权投资方式投资于未上市的中小高新技术企业 2 年以上的，可以按照其投资额的 70% 在股权持有满 2 年的当年抵扣该创业投资企业的应纳税所得额，当年不足抵扣的，可以在以后纳税年度结转抵扣。

5. 集成电路企业和软件企业优惠

（1）对集成电路线宽小于 0.8 微米（含）的集成电路生产企业，经认定后，自获利年度起，第一年至第二年免征企业所得税，第三年至第五年按照 25% 的法定税率减半征收企业所得税（以下简称企业所得税"两免三减半"优惠政策）。

（2）对集成电路线宽小于 0.25 微米或投资额超过 80 亿元的集成电路生产企业，

经认定后，减按 15% 的税率征收企业所得税，其中经营期在 15 年以上的，自获利年度起，第一年至第五年免征企业所得税，第六年至第十年按照 25% 的法定税率减半征收企业所得税（以下简称企业所得税"五免五减半"优惠政策）。

（3）对我国境内新办集成电路设计企业和符合条件的软件企业，经认定后，自获利年度起，享受企业所得税"两免三减半"优惠政策。

（三）税率式减免

1. 符合条件的小型微利企业优惠

符合条件的小型微利企业减按 20% 的税率征收企业所得税。"符合条件的小型微利企业"是指，从事国家非限制和禁止行业，并符合下列条件的企业：① 工业企业，年度应纳税所得额不超过 30 万元，从业人数不超过 100 人，资产总额不超过 3 000 万元；② 其他企业，年度应纳税所得额不超过 30 万元，从业人数不超过 80 人，资产总额不超过 1 000 万元。

为了进一步支持小型微利企业的发展，财政部、国家税务总局规定了自 2014 年 1 月 1 日至 2016 年 12 月 31 日，对年应纳税所得额低于 10 万元（含 10 万元）的小型微利企业，其所得减按 50% 计入应纳税所得额，按 20% 的税率缴纳企业所得税。

2. 国家重点支持的高新技术企业优惠

国家重点支持的高新技术企业减按 15% 的税率征收企业所得税。国家重点支持的高新技术企业是指，拥有核心自主知识产权，并同时符合下列条件的企业：① 产品（服务）属于《国家重点支持的高新技术领域》规定的范围；② 研究开发费用占销售收入的比例不低于规定比例；③ 高新技术产品（服务）收入占企业"总收入的比例不低于规定比例；④ 科技人员占企业职工总数的比例不低于规定比例；⑤《高新技术企业认定管理办法》规定的其他条件。

二、非居民企业税收优惠

非居民企业在中国境内未设立机构、场所但取得来源于中国境内的所得，或者虽设立机构、场所但取得的与其所设机构、场所没有实际联系的所得，该项所得减按 10% 的税率征收企业所得税。

下列所得可以免征企业所得税：

（1）外国政府向中国政府提供贷款取得的利息所得；

（2）国际金融组织向中国政府和居民企业提供优惠贷款取得的利息所得；

（3）经国务院批准的其他所得。

三、其他优惠政策

1. 过渡性税收优惠

过渡性税收优惠是我国内、外资企业所得税法合并中的特殊处理措施，是为了保证新、旧企业所得税法规的顺利衔接而做出的相应规定。

（1）低税率优惠过渡政策

自2008年1月1日起，原享受低税率优惠政策的企业，在新税法施行后5年内逐步过渡到法定税率。其中：享受企业所得税15%税率的企业，2008年按18%税率执行，2009年按20%税率执行，2010年按22%税率执行，2011年按24%税率执行，2012年按25%税率执行；原执行24%税率的企业，2008年起按25%税率执行。

（2）"两免三减半"、"五免五减半"过渡政策

自2008年1月1日起，原享受企业所得税"两免三减半"、"五免五减半"等定期减免税优惠的企业，新税法施行后继续按原税收法律、行政法规及相关文件规定的优惠办法及年限享受至期满为止，但因未获利而尚未享受税收优惠的，其优惠期限从2008年度起计算。

享受上述过渡优惠政策的企业，是指2007年3月16日以前经工商等登记管理机关登记设立的企业；实施过渡优惠政策的项目和范围按《实施企业所得税过渡优惠政策表》执行。

（3）西部大开发优惠政策

根据国务院实施西部大开发有关文件精神，财政部、海关总署和国家税务总局联合下发的《财政部、海关总署、国家税务总局关于深入实施西部大开发战略有关税收政策问题的通知》（财税〔2011〕58号）中规定的西部大开发企业所得税优惠政策继续执行。

① 自2011年1月1日至2020年12月31日，对设在西部地区的鼓励类产业企业减按15%的税率征收企业所得税。

② 对西部地区2010年12月31日前新办的、根据财税〔2001〕202号文件规定可以享受企业所得税"两免三减半"优惠的交通、电力、水利、邮政、广播电视企业，其享受的企业所得税"两免三减半"优惠可以继续享受到期满为止。

2. 其他事项

享受企业所得税过渡优惠政策的企业，应按照新税法和实施条例中有关收入和扣除的规定计算应纳税所得额。

企业所得税过渡优惠政策与新税法及实施条例规定的优惠政策存在交叉的，由企业选择最优惠的政策执行，不得叠加享受，且一经选择，不得改变。

第七节　企业所得税的征收管理

一、纳税期限

企业所得税按年计征，分月或者分季预缴，年终汇算清缴，多退少补。

企业所得税的纳税年度，自公历每年1月1日起至12月31日止。企业在一个纳税年度的中间开业，或者由于合并、关闭等原因终止经营活动，使该纳税年度的实际经营期不足1个月的，应当以其实际经营期为一个纳税年度。企业清算时，应当以清算

期间作为一个纳税年度。

分月或分季预缴所得税时，应当按照月度或者季度的实际利润额预缴；按照月度或者季度的实际利润额预缴有困难的，可以按照上一纳税年度应纳税所得额的月度或者季度平均额预缴，或者按照经税务机关认可的其他方法预缴。预缴方法一经确定，该纳税年度内不得随意变更。

企业应当自年度终了之日起 5 个月内，向税务机关报送年度企业所得税纳税申报表，并汇算清缴，结清应缴应退税款。

企业在年度中间终止经营活动的，应当自实际经营终止之日起 60 日内，向税务机关办理当期企业所得税汇算清缴。

二、纳税地点

1. 除税收法律、行政法规另有规定外，居民企业以企业登记注册地为纳税地点；但登记注册地在境外的，以实际管理机构所在地为纳税地点。企业登记注册地是指企业依照国家有关规定登记注册的住所地。

2. 居民企业在中国境内设立不具有法人资格的营业机构的，应当汇总计算并缴纳企业所得税。

3. 在中国境内设立机构、场所的非居民企业，其所设机构、场所取得来源于中国境内的所得，以及发生在中国境外但与其机构、场所有实际联系的所得，以机构、场所所在地为纳税地点。非居民企业在中国境内设立两个或者两个以上机构、场所的，经税务机关审核批准，可以选择由其主要机构、场所汇总缴纳企业所得税。这里的"主要机构、场所"应当同时符合两个条件：① 对其他各机构、场所的生产经营活动负有监督管理责任；② 设有完整的账簿、凭证，能够准确反映各机构、场所的收入、成本、费用和盈亏情况。

4. 非居民企业在中国境内未设立机构、场所的，或者虽设立机构、场所但取得的与其所设机构、场所没有实际联系的所得，以扣缴义务人所在地为纳税地点。

5. 除国务院另有规定外，企业之间不得合并缴纳企业所得税。

三、纳税申报

企业所得税分月或者分季预缴，由税务机关具体核定。企业应当自月份或者季度终了之日起 15 日内，向税务机关报送预缴企业所得税纳税申报表，并预缴税款。企业在报送企业所得税纳税申报表时，应当按照规定附送财务会计报告和其他有关资料。

企业在纳税年度内无论盈利或者亏损，都应当依照前述规定的期限，向税务机关报送预缴企业所得税纳税申报表、年度企业所得税纳税申报表、财务会计报告和税务机关规定应当报送的其他有关资料。

企业所得以人民币以外的货币计算的，在预缴企业所得税时应当按照月度或者季度最后一日的人民币汇率中间价，折合成人民币计算应纳税所得额。年度终了汇算清缴时，对已经按照月度或者季度预缴税款的不再重新折合计算，只就该纳税年度内未缴纳企业所得税的部分，按照纳税年度最后一日的人民币汇率中间价，折合成人民币计算应纳税所得额。

四、源泉扣缴

为了有效保护税源，降低纳税遵从成本，防止偷漏税，简化纳税手续，税法规定了对非居民企业取得来源于中国境内所得，由支付人在支付时从该款项中预先扣除该款项所应承担的所得税税款的制度，即实施源泉扣缴。

（一）扣缴义务人的三种扣缴方式

1. 法定扣缴

对非居民企业在中国境内未设立机构、场所，但取得来源于中国境内的所得，或者虽设立机构、场所，但取得的与其所设机构、场所没有联系的所得，其应纳的所得额实行源泉扣缴，以支付人为扣缴义务人。税款由扣缴义务人在每次支付或者到期应支付时，从支付或者到期应支付的款项中扣缴。这里的"支付人"，是指依照有关法律规定或者合同约定对非居民企业直接负有支付相关款项义务的单位或者个人。

2. 指定扣缴

对非居民企业在中国境内取得工程作业和劳务所得应缴纳的所得税，税务机关可以指定工程价款或者劳务费的支付人为扣缴义务人。可以指定扣缴义务人的情形，包括：

（1）预计工程作业或者提供劳务期限不足一个纳税年度且有证据表明不履行纳税义务的；

（2）没有办理税务登记或者临时税务登记，且未委托中国境内的代理人履行纳税义务的；

（3）未按照规定期限办理企业所得税纳税申报或者预缴申报的。

扣缴义务人由县级以上税务机关指定，并同时告知扣缴义务人所扣税款的计算依据、计算方法、扣缴期限和扣缴方式。

3. 特定扣缴

扣缴义务人未依法扣缴或者无法履行扣缴义务的，由纳税人在所得发生地缴纳。纳税人未依法缴纳的，税务机关可以从该纳税人在中国境内其他收入项目的支付人应付的款项中，追缴该纳税人的应纳税款。上述所称"所得发生地"，是指依照税法规定的原则确定的所得发生地。在中国境内存在多处所得发生地的，由纳税人选择其中之一申报缴纳企业所得税，所称"该纳税人在中国境内其他收入"，是指该纳税人在中国境内取得的其他各种来源的收入。税务机关在追缴该纳税人应纳税款时，应当将追缴理由、追缴数额、缴纳期限和缴纳方式等告知该纳税人。

（二）扣缴税款的解缴

扣缴义务人每次代扣的税款，应当自代扣之日起 7 日内缴入国库，并向所在地的税务机关报送扣缴企业所得税报告表

【本章小结】

本章主要介绍了：1. 企业所得税是指国家对企业在一定时期内的生产经营所得和其他所得征收的一种税。

2. 我国企业所得税具有实行法人税制、符合税收中性、税基约束力强和税负不易转嫁的特点。

3. 企业所得税的法定税率确定为25%，符合条件的小型微利企业（不包括非居民企业）税率为20%。预提所得税的税率为20%，目前减按10%的税率征收。

4. 核定征收是由税务机关审核确定纳税人的应纳税额或收入额、所得率等，据以征收税款的一种方式。

5. 企业所得税实行分月或分季预缴，年终汇算清缴、多退少补的缴纳方法。

【思考题】

1. 如何理解企业所得税的概念和特点？
2. 企业所得税的优惠政策有哪些？
3. 企业所得税的资产税务处理是如何规定的？
4. 如何理解企业所得税的计税原理及其税额的计算？
5. 如何理解企业所得税的征收管理？

【课后练习题】

一、单项选择题

1. 根据企业所得税法的规定，适用25%税率的是（　　）。

   A. 高新技术的生产企业

   B. 在中国境内设有机构、场所并且所得与机构、场所有关的非居民企业

   C. 在中国境内未设立机构、场所但有来源于中国境内所得的非居民企业

   D. 在境内虽设立场所，但取得所得与境内场所没有实际联系的非居民企业

2. 依据企业所得税法规定，下列各项按所得的所在地确定所得来源地的是（　　）。

   A. 销售货物所得　　　　　　　　B. 权益性投资所得

   C. 动产转让所得　　　　　　　　D. 特许权使用费收入

3. 下列关于企业劳务收入确认的表述中，不正确的是（　　）。

   A. 特许权费一律在交付资产或转移资产所有权时确认收入

   B. 安装费应根据安装完工进度确认收入，安装工作是商品销售附带条件的，安装费在确认商品销售实现时确认收入

   C. 长期为客户提供重复的劳务收取的劳务费，在相关劳务活动发生时确认收入

   D. 包含在商品售价内可区分的服务费，在提供服务的期间分期确认收入

4. 下列各项中可作为业务招待费税前扣除限额计算依据的是（　　）。

   A. 转让无形资产使用权的收入

B. 因债权人原因确实无法支付的应付款项

C. 转让无形资产所有权的收入

D. 出售固定资产的收入

5. 某企业 2013 年度投资收益发生 120 万元，其中境内投资企业分回收益 80 万元，国库券转让收益 15 万元，境外投资企业分回收益 25 万元（被投资企业境外所得税税率为 20%）；境内生产经营所得 30 万元，该企业 2013 年应纳所得税税额为（　　）万元。

A. 32.5　　　　　　B. 25.31　　　　　　C. 12.81　　　　　　D. 23.75

6. 某批发兼零售的居民企业，2013 年度自行申报营业收入总额 350 万元，成本费用总额 370 万元，当年亏损 20 万元。经税务机关审核该企业申报的收入总额无法核实，成本费用核算正确。假定对该企业采取核定征收的办法征收企业所得税，应税所得率为 8%，则该居民企业 2013 年度应缴纳企业所得税（　　）万元。

A. 7.00　　　　　　B. 7.40　　　　　　C. 7.61　　　　　　D. 8.04

7. 某企业全年营业收入 10 000 万元，发生的与生产经营活动有关的业务招待费支出 100 万元，按规定可在费用中计提列支的业务招待费应为（　　）万元。

A. 100　　　　　　B. 33　　　　　　C. 60　　　　　　D. 50

8. 根据企业所得税的有关规定，（　　），确认收入的实现。

A. 股息等投资收益一般按被投资方报表报出的日期

B. 利息收入按照权责发生制债务人应付利息的日期

C. 租金收入按照合同约定的承租人应付租金的日期

D. 特许权使用费收入按特许权使用人实际支付日期

9. 下列属于企业所得税的视同销售入的是（　　）。

A. 房地产公司将开发房产转作办公用途

B. 房地产公司将开发房产用于经营酒店

C. 酒厂将生产的 A 牌粮食白酒用于捐赠

D. 汽车公司将小轿车用于管理部门使用

10. 企业从事下列项目的所得，减半征收企业所得税的是（　　）。

A. 中药材种植　　　　　　　　　B. 林木培育和种植

C. 远洋捕捞　　　　　　　　　　D. 香料作物的种植

11. 国家需要重点扶持的高新技术企业，减按（　　）的税率征收企业所得税。

A. 12%　　　　　　B. 15%　　　　　　C. 18%　　　　　　D. 20%

12. 下列关于企业手续费及佣金支出税前扣除的规定，表述不正确的是（　　）。

A. 人身保险企业按当年全部保费收入扣除退保金等后余额的 10% 计算限额

B. 其他非保险企业按所签订服务协议或合同确认的收入金额的 5% 计算限额

C. 企业计入固定资产等相关资产的手续费及佣金支出，在发生当期直接扣除

D. 企业支付的手续费及佣金不得直接冲减服务协议或合同金额，应如实入账

13. 根据企业所得税法的规定，企业的下列各项支出。在计算应纳税所得额时，准予从收入总额中直接扣除的是（　　）。

A. 手续费支出

B. 烟草企业的广告费

C. 软件生产企业的职工培训费用

D. 向投资者支付的股息、红利等权益性投资收益款项

14. 下列关于收入确认时间的说法中，正确的是（   ）。

A. 接受非货币形式捐赠在计算缴纳企业所得税时应分期确认收入

B. 取得国债利息收入应以国债发行时约定应付利息的日期确认利息收入的实现

C. 股息等权益性投资收益以投资方收到所得的日期确认收入的实现

D. 特许权使用费收入以实际取得收入的日期确认收入的实现

15. 某外国企业常驻机构 2013 年度的经费支出额为 300 万元，成本和费用均不能确定。税务机关核定利润率为 15%，营业税税率 5%，则该机构应纳所得税税额为（   ）万元。

A. 14.06　　　　B. 14.34　　　　C. 15.44　　　　D. 16.45

16. 某居民企业，2013 年实际发生合理的工资支出 100 万元，其中临时工及实习生工资支出 10 万元，职工福利费支出 18 万元。2013 年该企业计算应纳税所得额时，应调增应纳税所得额（   ）万元。

A. 4　　　　B. 2.5　　　　C. 6　　　　D. 3.5

17. 某企业通过政府向灾区捐赠自产货物一批，成本 80 万元，同类产品售价 100 万元，增值税税率 17%，企业当年按照会计准则计算的会计利润是 500 万元，无其他纳税调整事项，所得税税率为 25%。则企业当年应纳的企业所得税为（   ）万元。

A. 125　　　　B. 134.25　　　　C. 139.25　　　　D. 145

18. 企业所得税的纳税人发生年度亏损的，可用以后年度的所得逐年延续弥补，但延续弥补期限最长不得超过（   ）年。

A. 1　　　　B. 3　　　　C. 5　　　　D. 10

19. 下列关于跨省市总分机构企业所得税预缴的表述中正确的是（   ）。

A. 上年度符合条件的小型微利企业的分支机构，需要就地预缴企业所得税

B. 由总机构统一计算企业所得税，分别由总机构、分支机构按月或按季就地预缴

C. 跨省市总分机构企业缴纳的所得税查补税款按中央与地方 40∶60 的比例就地缴库

D. 总机构应将统一计算的企业当期应纳税额的 50%，就地办理缴库，所缴纳税款收入由中央与总机构所在地按 60∶40 分享

20. 企业所得税法所称企业登记注册地，是指企业依照国家有关规定（   ）。

A. 登记注册住所地　　　　　　B. 实际经营管理地

C. 销售收入实现地　　　　　　D. 注册地或实际经营管理地

二、多项选择题

1. 企业所得税法中关于企业的说法，正确的有（   ）。

A. 企业分为居民企业和非居民企业

B. 居民企业应就其来源于中国境内、境外的所得缴纳企业所得税

C. 非居民企业在中国境内设立机构、场所应仅就其所设机构、场所取得的来源于中国境内的所得缴纳企业所得税

D. 非居民企业在中国境内未设立机构、场所的，或虽设立机构、场所但取得的所得与其所设机构、场所没有实际联系的，应就其来源于中国境内的所得缴纳企业所得税

2. 下列各项中关于收入的确认说法正确的有（　　）。

A. 销售商品需要安装和检验的，在购买方接受商品及安装和检验完毕时确认收入

B. 企业转让国债应在转让国债合同生效的日期或国债移交时确认转让收入的实现

C. 投资购买国债到期兑付的，在国债发行时约定应付利息日确认转让收入的实现

D. 销售商品采用支付手续费方式委托代销的，在收到代销货款时确认收入的实现

3. 下列项目中允许在应纳税所得额中据实扣除的有（　　）。

A. 软件生产企业发生的职工培训费

B. 建造固定资产中银行借款的利息

C. 独立企业之间所支付的管理费用

D. 企业根据工作性质和特点统一制作并要求员工着装工作服饰费用

4. 下列各项中，在企业费用中列支并随费用支出在企业所得税税前扣除的有（　　）。

A. 房产税　　　B. 印花税　　　C. 车船税　　　D. 城镇土地使用税

5. 根据企业所得税法的有关规定，纳税人提取的下列准备金中，不得在税前扣除的有（　　）。

A. 存货跌价准备金　　　　　B. 短期投资跌价准备金

C. 坏账准备金　　　　　　　D. 固定资产减值准备

6. 下列所得中，可以减按10%的税率征收企业所得税的有（　　）。

A. 符合条件的小型微利企业取得的所得

B. 当年未享受税收优惠的国家规划布局内的重点软件生产企业取得的所得

C. 在中国境内未设立机构、场所的非居民企业取得来源于中国境内的所得

D. 在中国境内设立机构、场所的非居民企业取得与该机构、场所有实际联系的所得

7. 下列选项中属于生产性生物资产的有（　　）。

A. 经济类　　　B. 用材林　　　C. 水土保持林　　　D. 薪炭林

8. 根据企业所得税法的规定，下列说法正确的有（　　）。

A. 企业计提的职工福利费支出，不超过工资薪金总额14%的部分准予扣除

B. 企业拨缴的工会经费，不超过工资薪金总额2%的部分准予扣除

C. 企业发生的职工教育经费支出，不超过工资薪金总额2.5%的部分准予扣除；超过部分，准予在以后纳税年度结转扣除

D. 企业发生的职工教育经费支出，不超过工资薪金总额2.5%的部分准予扣除；超过部分，不准予在以后纳税年度结转扣除

9. 下列属于企业所得税法规定的视同销售确认收入的有（　　）。

A. 企业将A产品用于生产B产品

B. 企业将自建商品房产转为经营

    C. 企业将资产用于职工奖励

    D. 企业将资产用于股息利息分配

10. 非居民企业取得企业所得税法规定的（　　），可以免征企业所得税。

    A. 外国政府向中国政府提供贷款取得的利息所得

    B. 外国政府向中国国家银行提供贷款取得的利息所得

    C. 国际金融组织向中国政府提供优惠贷款取得的利息所得

    D. 国际金融组织向中国国家银行提供贷款取得的利息所得

11. 下列关于一般收入的确认，说法不正确的有（　　）。

    A. 企业销售产品、原材料等存货取得的收入属于销售货物收入

    B. 企业销售包装物、低值易耗品取得的收入不属于销售货物收入

    C. 纳税人以非货币形式取得的收入应按照公允价值确定收入

    D. 纳税人以非货币形式取得的收入应按照账面价值确定收入

12. 下列关于企业所得税的优惠政策中，说法错误的有（　　）。

    A. 企业购置并实际使用规定的环境保护、节能节水、安全生产等专用设备的，该专用设备的投资额的40%可从企业当年的应纳税额中抵免

    B. 创投企业从事国家需要重点扶持和鼓励的创业投资，可按投资额的70%在投资当年抵扣应纳税所得额

    C. 企业综合利用资源生产符合国家产业政策规定的产品所取得的收入，可在计算应纳税所得额时减计收入10%

    D. 对投资者从证券投资基金分配中取得的收入，暂不征收企业所得税

13. 下列各项中属于企业所得税征税范围的有（　　）。

    A. 居民企业来源于中国境外的所得

    B. 非居民企业来源于中国境内的所得

    C. 非居民企业来源于境外且与所设机构没有实际联系的所得

    D. 居民企业来源于中国境内的所得

14. 根据企业所得税相关规定，关于企业亏损弥补的说法正确的有（　　）。

    A. 境外营业机构的亏损可用境内营业机构的盈利弥补

    B. 企业发生税务亏损弥补的年限，最长不得超过5年

    C. 一般性处理下被分立企业亏损不得由分立企业弥补

    D. 境内营业机构的亏损可用境外营业机构的盈利弥补

三、判断题

1. 居民企业应就其来源于中国境内、境外的所得缴纳企业所得税。　　（　　）

2. 企业在汇总计算缴纳企业所得税时，其境外营业机构的亏损不得抵减境内营业机构的盈利。　　（　　）

3. 企业取得的利息、租金和特许权使用费在确定所得来源时，按照负担、支付所得的企业或者机构所在地确定，或者按照负担、支付所得的个人的住所地确定。

（　　）

4. 企业在确定收入时以分期收款方式销售货物的，按照实际收到款项的日期确认收入

的实现。 （   ）

5. 纳税人来源于中国境外的所得，已在境外缴纳的所得税准予在汇总纳税时，从其应纳税额中扣除，但扣除额不得超过其境外所得依照我国税法规定计算的应纳税额。

（   ）

6. 企业所得税法规定，纳税人以经营租赁方式租入固定资产而发生的租赁费，可以按收付实现制进行扣除。 （   ）

7. 企业同时从事适用不同企业所得税待遇的项目的，其优惠项目应单独计算所得，并合理分摊企业的期间费用；没有单独计算的，一律不得享受企业所得税优惠。

（   ）

8. 财产保险企业按当年全部保费收入扣除退保金等后余额的 15%（含本数）计算限额；人身保险企业按当年全部保费收入扣除退保金等后余额的 10% 计算限额。

（   ）

9. 纳税人与其关联企业之间的业务往来，不按照独立企业之间的业务往来收取或支付价款、费用而减少应纳税所得额的，税务机关有权进行合理调整。 （   ）

10. 纳税人来源于境外的所得在境外实际缴纳的所得税税款，超过扣除限额的，其超过部分不得在本年度的应纳税额中扣除，但可以作为费用列支。 （   ）

11. 企业之间支付的管理费、企业内营业机构之间支付的租金和特许权使用费，以及非银行企业内营业机构之间支付的利息，符合有关规定的，可以扣除。 （   ）

12. 企业计入固定资产等相关资产的手续费及佣金支出，在发生当期直接扣除。

（   ）

13. 企业所得税的纳税人为购置固定资产而发生的借款，在固定资产交付使用前发生的借款费用，可在发生当期直接扣除。 （   ）

14. 企业购置的电子设备，最低折旧年限应为 5 年。 （   ）

15. 企业所得税的纳税人以融资租赁方式从出租方取得的固定资产，其租金支出可根据受益时间均匀扣除。 （   ）

16. 在计算企业所得税时，纳税人销售货物给购货方的回扣可在税前扣除。 （   ）

17. 除国务院另有规定外，企业之间不得合并缴纳企业所得税。 （   ）

18. 根据企业所得税法的规定，扣缴义务人每次代扣的税款应自代扣之日起 10 日内缴入国库。 （   ）

19. 企业所得税的计税依据并不是企业的会计利润，只有对会计利润按税法的有关规定调整后才能作为应纳税所得额计算缴纳企业所得税。 （   ）

20. 企业使用或销售的存货的成本计算方法，可以在先进先出法、后进先出法、加权平均法、个别计价法中选用一种。计价方法一经选用，不得随意变更。 （   ）

21. 非金融企业向非金融企业借款的利息支出，一律不得在计算应纳税所得额时扣除。

（   ）

22. 企业支付的手续费及佣金不得直接冲减服务协议或合同的金额，并如实入账。

（   ）

23. 除国务院财政、税务主管部门另有规定外，企业电子设备固定资产计算折旧的最低年限应为 3 年。   （   ）

24. 企业合并时股东在该企业合并发生时取得的股权支付金额，不低于其交易支付总额的 85%，以及同一控制下且不需要支付对价的企业合并，被合并企业合并前的相关所得税事项不应由合并企业承继。   （   ）

25. 企业所得税法中所称减计收入，是指企业以《资源综合利用企业所得税优惠目录》规定的资源作为主要原材料，生产国家非限制和禁止并符合国家和行业相关标准的产品取得的收入，减按 70% 计入收入总额。   （   ）

四、计算题

1. 某企业 2013 年度境内应纳税所得额为 100 万元，适用 25% 的企业所得税税率。另外该企业分别在 A、B 两国设有分支机构（我国与其已缔结避免双重征税协定），在 A 国分支机构的应纳税所得额为 50 万元，A 国税率为 20%；在 B 国分支机构的应纳税所得额为 30 万元，B 国税率为 30%。假设该企业在 A、B 两国的所得按我国税法计算的应纳税所得额和按 A、B 两国税法计算的应纳税所得额一致，两个分支机构在 A、B 两国分别缴纳了 10 万元和 9 万元的企业所得税。

   要求：请根据上述资料，计算该企业汇总应纳的企业所得税。

2. 某企业为居民企业，纳税年度经营业务如下：
   （1）取得销售收入 2 500 万元。
   （2）销售成本 1 100 万元。
   （3）发生销售费用 670 万元（其中广告费 450 万元）；管理费用 480 万元（其中业务招待费 15 万元）；财务费用 60 万元。
   （4）销售税金 160 万元（含增值税 120 万元）。
   （5）营业外收入 70 万元，营业外支出 50 万元（含通过公益性社会团体向贫困山区捐款 30 万元，支付税收滞纳金 6 万元）。
   （6）已经计入成本、费用中的实发工资总额 150 万元、拨缴职工工会经费 3 万元、支出职工福利费 23 万元、职工教育经费 5 万元。

   要求：请根据上述资料，计算该企业本年度应纳的企业所得税。

3. 某家机械制造企业 2013 年实现收入总额 2 000 万元，其中产品销售收入 1 800 万元，购买国库券利息收入 200 万元；发生各项成本费用 1 500 万元，其中合理的工资薪金总额 150 万元，业务招待费 30 万元，职工福利费 28 万元，职工教育经费 5 万元，工会经费 2 万元，税收滞纳金 10 万元，提取的各项准备金支出 21 万元。另外，企业当年购置环境保护专用设备支出 300 万元，购置完毕即投入使用。

   要求：请根据上述资料，计算企业当年应纳的企业所得税。

五、综合题

1. 某市一内资服装生产企业于 2010 年 10 月成立，年底职工共 30 人，企业的资产总额为 300 万元。企业 2013 年销售收入为 720 万元，投资收益为 33 万元，销售成本和税金为 523 万元，财务费用、管理费用、销售费用共计 210 万元，企业自行计算的应纳税所得额为 20 万元，该年度新增职员 35 人，资产总额增加到 800 万元。企业已经按规定到税务机关备案，取得所得税优惠的审批。在汇算清缴时，经会计师事务所审核发现以下事项未进行纳税调整（核算的进项税额准确）：

(1) 企业的"主营业务收入"科目隐瞒销售自产服装含税收入11.7万元。

(2) 已计入成本费用中实际支付的合理工资72万元，并计提但未上缴工会经费1.44万元，实际发生职工福利费15.16万元，实际发生职工教育经费1.08万元。

(3) 管理费用中列支的业务招待费15万元。

(4) 管理费用中列支企业财产保险费用2.8万元，为股东支付商业保险费5万元。

(5) 销售费用中列支的业务宣传费20万元，广告费10万元。

(6) 投资收益33万元为直接投资于其他居民企业取得的投资收益。

(7) 2012年经税务机关审核认定的亏损额为10万元。

要求：请根据上述资料，计算企业应纳税所得额并回答下列问题（每问需计算出合计数）。

    (1) 2013年应补缴的增值税、城市维护建设税和教育费附加（分别按补缴增值税的7%和3%计算）。

    (2) 工资及三项费用纳税调整额。

    (3) 管理费用纳税调整额。

    (4) 销售费用纳税调整额。

    (5) 应缴纳的企业所得税。

2. 某生产企业共有在册职工120人，资产3 500万元。2013年销售产品取得不含税收入2 500万元，会计利润600万元，已预缴所得税150万元。经会计师事务所审核，发现以下问题：

(1) 期间费用中广告费450万元、业务招待费15万元、研究开发费用20万元。

(2) 营业外支出50万元（含通过公益性社会团体向贫困山区捐款30万元，直接捐赠6万元）。

(3) 计入成本、费用中的实发工资总额150万元、拨缴职工工会经费3万元、支出职工福利费和职工教育经费29万元。

(4) 7月购置并投入使用的安全生产专用设备企业未进行账务处理。取得购置设备普通发票上注明价款81.9万元，预计使用10年。

(5) 在A国设有分支机构，A国分支机构当年应纳税所得额300万元，其中生产经营所得200万元，A国规定所得税税率为20%；特许权使用费所得100万元，A国规定的税率为30%；从A国分得税后利润230万元，尚未入账处理。

要求：请根据上述资料，按下列序号计算有关纳税事项（每问需计算出合计数）

    (1) 计算专用设备对会计利润及应纳税所得额的影响额。

    (2) 广告费的调整额。

    (3) 业务招待费的调整额。

    (4) 调账后的会计利润总额。

    (5) 对外捐赠的纳税调整额。

    (6) 研究开发费用的纳税调整额。

(7)"三费"应调增所得额。

(8)境内所得应纳企业所得税。

(9)A国分支机构在我国应补缴的企业所得税。

(10)年终汇算清缴实际缴纳的企业所得税。

【案例与分析】

外国企业所得税制的改革趋势

近年来,许多国家进行了以降低企业税负为主的所得税税制改革,各国企业所得税税率均有不同程度的降低。如爱尔兰在1999年将企业所得税税率由32%调至28%,并决定以后逐年下降,到2004年降至12.5%;波兰在1999年的税制改革方案中,计划在5年内分阶段大幅削减企业所得税税率,到2004年实际税率已降为19%;荷兰财政部发表的一份题为《对利润征税实行低税率和宽税基》的报告,决定从2007年起,公司所得税标准税率从31.5%降至26.9%;法国政府决定将公司所得税的实际税率,从2004年的35.43%降为2006年的34.43%;2005年2月加拿大政府决定采取缓和减税政策,现行公司所得税税率21%在2008年以前保持不变,2008年减至20.5%,2009年再减至20%,2010年减至19%。

此外,一些亚洲国家也进行了所得税改革。如印度尼西亚税率从改革前的20%~45%降至15%~35%,马来西亚税率从原来的45%降至35%,2005年起新加坡的公司税率从22%降至20%,韩国的公司所得税税率由2004年的15%~27%降为2005年的13%~25%。改革后,大多数国家和地区企业所得税税率稳定在25%~35%之间,有利于降低企业负担、促进国内经济发展,同时也使国际企业税负差异缩小,在一定程度上减少了企业的避税行为。

分析:查阅20世纪90年代以来各国企业所得税改革的资料,探讨税收一体化的必要性及其基本内容。

第七章　所得税税法——个人所得税法

学习目标

➡ 1. 了解个人所得税的历史及特点
➡ 2. 理解开征个人所得税的现实意义
➡ 3. 掌握和理解个人所得税的基本法律规定
➡ 4. 熟悉个人所得税的计算与征收管理

第一节　个人所得税概述

一、所得税的概念

个人所得税是政府针对个人收入的强制征收，是目前世界各国都普遍征收的一种税收。作为征税对象的所得，有狭义和广义之分。狭义的个人所得，仅限于每年经常、反复发生的所得。广义的个人所得，是个人通过各种来源获得的一切利益，而不论这种利益是偶然的，还是长期的；是货币形式的，还是实物形式的。目前，包括我国在内的世界各国实行的个人所得税，都是针对广义上的所得而征收。

二、个人所得税的历史与发展

个人所得税于 1799 年首创于英国，此后世界各国相继开征了这个税种。到目前为止，世界上已有 140 多个国家和地区开征了个人所得税。历经两个世纪的发展和完善，个人所得税在组织政府财政收入、调节收入分配、创建公平和谐社会等方面越来越凸显出重要作用，大多数国家均将其作为国家税制中的主体税种。在大多数发达国家，每年由个人所得税聚敛的税收收入都占政府税收总收入的 30% ~ 40% ，个别国家甚至达到了 50% 以上。因个人所得税在调节收入、促进公平方面的先天特性，国际社会的经济学者送给其"经济内在调节器"和"社会减压阀"的美誉。

我国的个人所得税征收历史比较短,虽然早在 1950 年政务院就在《税政实施要则》中列举了对个人所得课税的税种,当时定名为"薪金报酬所得税",但由于当时我国生产力和人均收入水平比较低,因此设立了这个税种却一直没有开征。1950 年我国政府还曾开征过存款利息所得税,但 1959 年该税因政府降低存款利率被取消。

党的十一届三中全会以后,外资企业与外籍人士越来越多地进入我国,并在我国国内取得收入。同时我国在国外从事经济活动和其他劳务的人员也在逐渐增加,个人收入的情况发生了很大变化,居民已经具备了一定的税收负担能力。为了适应对外开放和对内搞活的需要,调节个人收入间差距,1980 年 9 月 10 日第五届全国人民代表大会第三次会议审议通过了《中华人民共和国个人所得税法》(以下简称《个人所得税法》),确定了个人所得税每月 800 元的起征点。同年 12 月 14 日,财政部颁布了《个人所得税实施细则》,但当时中国本国国民的月收入能够达到 800 元起征点的可以说是屈指可数的,包括当时参与制定这部法律的全体人员中都没有一人的收入可以达到起征点。因此个人所得税法的起草基点完全是针对外籍人士,这也造成在以后很长一段时间内我国建立的个人所得税制度采用了分类所得税制。之后为了适应国内个体经济发展需要,调节个体工商户的收入分配差距,1986 年 1 月国务院发布了《中华人民共和国城乡个体工商户所得税暂行条例》,适用于城乡个体工商户。为了适应我国经济体制改革后国内个人收入发生重大变化的情况,1986 年 9 月国务院发布了《中华人民共和国个人收入调节税暂行条例》,对个人收入达到应税标准的中国公民征收个人收入调节税,这也就意味着原个人所得税法从 1987 年 1 月 1 日起只适用于外籍个人了。至此个人所得税、个人收入调节税、个体工商户所得税等三项税收法律、法规制度共同构建起极具中国特色的个人所得税制。

《个人所得税法》、《中华人民共和国城乡个体工商业户所得税暂行条例》及《中华人民共和国个人收入调节税暂行条例》三个税收法律、法规的施行,在当时我国由计划经济阶段向社会主义市场经济阶段过渡时期,起到了非常重要的作用。但是,随着社会主义市场经济体制的不断发展和改革开放的不断深化,这三个税收法律、法规逐渐不能适应形势发展变化的要求,需要加以调整和完善。

1992 年我国当时税种达到了 34 个,许多人大代表、政协委员都针对税种繁多、税收混乱的情况发出合并税种的呼声。《个人所得税法》的第一次修订也在此背景下应运而生了,1993 年 10 月 31 日第八届全国人民代表大会第四次会议将原先的个人所得税、个人收入调节税、个体工商户所得税三税合一,统一开征个人所得税。1994 年 1 月 1 日起修订后的新《个人所得税法》施行。1999 年 8 月 30 日第九届全国人民代表大会常务委员会第十一次会议对《个人所得税法》进行了第二次修订,恢复对储蓄存款利息所得征收个人所得税。2005 年 10 月 27 日第十届全国人民代表大会常务委员会第十八次会议对《个人所得税法》进行了第三次修订,将工资、薪金所得的费用扣除标准由每月 800 元提高至每月 1 600 元,并从 2006 年 1 月起施行。2007 年 6 月 29 日第十届全国人民代表大会常务委员会第二十八次会议对《个人所得税法》进行了第四次修订,明确规定"对储蓄存款利息所得开征、减征、停征个人所得税及其具体办法,由国务院规定"。2007 年 12 月 29 日第十届全国人民代表大会常务委员会第三十一次会议对《个人所得税法》进行了第五次修订，将个人所得税的工资、薪金所得减除费用标准由每月 1 600 元提高至每月 2 000 元；个体工商户、个人独资企业和合伙企业的个人投资者，费用扣除标准统一为每年 24 000 元，并从 2008 年 3 月 1 日起正式施行。2011 年 6 月 30 日第十一届全国人民代表大会第二十一次会议对《个人所得税法》进行第六次修订，将个人所得税的工资、薪金所得减除费用标准由每月 2 000 元提高至每月 3 500 元；个体工商户、个人独资企业和合伙企业的个人投资者，费用扣除标准统一为每年 42 000 元，并从 2011 年 9 月 1 日起正式施行。新修订的《个人所得税法》和《个人所得税法实施条例》共同构成调整我国个人所得税收法律关系的最主要内容。

三、个人所得税的特点

（一）实行分类所得税制

世界各国采用的个人所得税制大体上可分为三类，即分类所得税制、综合所得税制和混合所得税制。我国目前个人所得税制采用的是分类所得税制，即把个人取得的各类所得划分为 11 类，分别规定不同的扣除标准、不同的税率和不同的计税方法。实行分类课征制度，可以体现差别课税的原则。对于所得数量相同的纳税人，能较好地体现横向公平的原则。从征管的角度来看，实行分类课征制度，可以广泛地采用从源泉扣缴税款的办法，有利于降低征管成本。但是由于分类课征制度有比较大的避税空间，特别是收入来源多的高收入者利用分解收入、多次扣除费用等方式避税，而所得来源和收入都相对集中者反而要缴纳更多的税，从而产生高收入者税负轻、低收入者税负重的现象，难以实现真正的公平合理，亟待进一步的改革。

（二）实行超额累进税率和比例税率两种税率形式

我国现行的个人所得税制根据所得性质的不同，适用于不同的税率。比例税率计算简便，有利于源泉扣缴；超额累进税率则可以更好地调节收入、体现税收公平。在各种所得来源中，工资、薪金所得，个体工商户的生产经营所得，企事业单位的承包经营、承租经营所得适用于超额累进税率，而除此之外的其他八项所得适用于比例税率。从实际情况看我国的超额累进税率设计不够科学，主要是级距过多，国际上一般通行做法只设定 3 档左右的级距，而我国却设置了 9 档（新修订的个人所得税法为 7 档），但实践中绝大部分纳税人只适用 5% ~ 20% 的税率，25% 以上的税率设置没有太大意义。此外最高边际税率 45% 设定过高，这反而会从一定角度促使高收入群体产生逃税的动机。

（三）实行不同的费用扣除形式

我国现行个人所得税制根据所得性质的不同，费用扣除形式也不尽相同，主要包括定额扣除、定率扣除、会计核算扣除和无费用扣除 4 种形式。与发达国家相比，我国目前的费用扣除形式还是存在一定问题的，主要是有违"量能征税"的原则，即个人所得税应该按家庭实际支付能力征税而不是按总收入征税，更不应按收入来源征税。目前执行的固定税前扣除标准和税前扣除项目，完全不考虑地区经济差异、纳税人家庭人口多寡和生活负担、纳税人生计费用和特殊费用，一律实行定额扣除的做法，不能反映纳税人的实际负担能力。家庭负担较重的中低收入阶层税负过重，使个人所得税本应起到的调节社会成员收入差距的作用无法体现，不利于创建和谐社会。

相比于我国较为简单的个人所得税费用扣除方法，西方发达国家在这方面的规定就具体且人性化得多。美国常规个人所得税共有 5 种申报状态，即单身申报、夫妻联合申报、丧偶家庭申报、夫妻单独申报及户主申报。英国在个人所得税征收中设定多种类别的税收宽免如个人宽免、已婚夫妇宽免、盲人宽免等，而且规定主要类别宽免额是可变化的，要求其提高幅度与前一年度零售物价指数上涨幅度保持一致。我国个人所得税制在费用扣除方面应更多地借鉴这些做法，以期更好地实现税收公平。

（四）实行源泉扣缴和自行申报两种征税方式

现行的个人所得税在申报缴纳上采取由支付单位源泉扣缴和纳税人自行申报两种方法。为了防止税收流失，降低征管成本，我国个人所得税制中的大部分应税所得采用由支付所得的单位代扣代缴纳税人应纳的税额。而对于没有扣缴义务人的，不便于扣缴税款及个人在两处或两处以上取得工资、薪金所得的，则由纳税人自行申报纳税。两种征税方式的结合使用，有利于增强纳税人的纳税意识，也便于税收的征管。

第二节　个人所得税的纳税义务人、征税对象与范围

根据《个人所得税法》的规定，我国个人所得税的纳税人是指在中国境内有住所，或者无住所而在境内居住满 1 年的个人，以及在中国无住所又不居住或者在境内居住不满 1 年但有来源于中国境内的所得的个人，包括中国公民、个体工商业户及在中国有所得的外籍人员（包括无国籍人员）。

我国个人所得税参照国际惯例，按照属地原则和属人原则来确定税收管辖权，并按照住所和居住时间的标准来判定纳税人，可以将其区分为居民纳税人和非居民纳税人。对居民纳税人行使完全的税收管辖权，就其来源于我国境内、境外的所得均征收个人所得税；对非居民纳税人则仅就其来源于我国境内的所得行使管辖权。

一、居民纳税人

根据《个人所得税法》规定，居民纳税人是指在中国境内有住所，或者无住所而在中国境内居住满 1 年的个人。

所谓在中国境内有住所的个人，是指因户籍、家庭、经济利益关系，而在中国境内习惯性居住的个人。这里所说的"习惯性居住"是判定纳税人属于居民还是非居民的一个重要依据。它是指个人因学习、工作、探亲等原因消除之后，没有理由在其他

地方继续居留时所要回到的地方；而不是指实际居住或在某一个特定时期内的居住地。例如，一个纳税人因学习、工作、探亲、旅游等原因，原来是在中国境外居住，但是在这些原因消除之后，如果必须回到中国境内居住的，则中国为该人的习惯性居住地。

所谓在境内居住满1年，是指在一个纳税年度内（即公历1月1日起至12月31日止，下同），在中国境内居住满365日。在计算居住天数时，对临时离境应视同在华居住，不扣减其在华居住的天数。这里所说的"临时离境"，是指在一个纳税年度内，一次不超过30日或者多次累计不超过90日的离境。综上所述，上述的住所和居住时间标准中，只要符合其中一条的标准，就属于居民纳税人。因此我们可以将纳税人划分为两类：

（1）在中国境内定居的中国公民和外国侨民。但不包括虽具有中国国籍，却并没有在中国内地定居，而是侨居海外的华侨和居住在中国香港、澳门、台湾的同胞。

（2）从公历1月1日起至12月31日止，居住在中国境内的外国人、海外侨胞，以及我国香港、澳门、台湾同胞。这些人如果在一个纳税年度内，一次离境不超过30日，或者多次离境累计不超过90日的，仍应被视为全年在中国境内居住，从而判定为居民纳税人。

需要注意以下两点：

（1）自2000年1月1日起，个人独资企业和合伙企业投资者为个人所得税的纳税人；

（2）我国现行个人所得税法本着从宽、从简的原则，对在中国境内无住所，但是居住满1年而未超过5年的个人，其来源于中国境外的所得，经主管税务机关批准，可以只就中国境内公司、企业及其他经济组织或者个人支付的部分缴纳个人所得税。居住超过5年的个人，从第六年起，应当就其来源于中国境外的全部所得缴纳个人所得税。

二、非居民纳税人

非居民纳税人是指不符合上述住所和时间标准的纳税人，即在中国境内无住所又不居住或者无住所而在境内居住不满1年的个人。非居民纳税人承担有限纳税义务，即仅就其来源于中国境内的所得，向中国缴纳个人所得税。因此，非居民纳税人实际上是在一个纳税年度中，没有在中国境内居住，或者在中国境内居住不满1年的外籍人员、华侨，以及香港、澳门、台湾同胞。

需要注意的是，对于在中国境内无住所，但在一个纳税年度中在中国境内连续居住或累计居住不超过90日的个人，其来源于中国境内的所得，由境外雇主支付并且不由该雇主在中国境内的机构、场所负担的部分，免予缴纳个人所得税。

三、个人所得税来源地的确定

划分居民纳税人和非居民纳税人的主要意义在于二者的纳税义务不同，居民纳税人承担无限纳税义务，要就其来源于中国境内、中国境外的所得纳税；而非居民纳税人承担有限纳税义务，仅就其来源于中国境内的所得纳税。那么，对于非居民纳税人而言，判断其所得来源地就显得非常重要，中国的个人所得税，依据所得来源地的判断应反映经济活动的实质，要遵循方便税务机关实行有效征管的原则，为此，个人所得税法律也做出了具体规定。

（1）工资、薪金所得，以纳税人任职、受雇的公司、企业、事业单位、机关、团体、部队、学校等单位的所在地作为所得来源地。

（2）生产、经营所得，以生产、经营活动实现地作为所得来源地。

（3）劳务报酬所得，以纳税人实际提供劳务的地点作为所得来源地。

（4）不动产转让所得，以不动产坐落地为所得来源地；动产转让所得，以实现转让的地点为所得来源地。

（5）财产租赁所得，以被租赁财产的使用地作为所得来源地。

（6）利息、股息、红利所得，以支付利息、股息、红利的企业、机构、组织的所在地作为所得来源地。

（7）特许权使用费所得，以特许权的使用地作为所得来源地。

所得的来源地与所得的支付地并不是同一概念，有时两者是一致的，有时却是不相同的。根据上述原则和方法，来源于中国境内的所得有：

（1）在中国境内的公司、企业、事业单位、机关、社会团体、部队、学校等单位或经济组织中任职、受雇而取得的工资、薪金所得；

（2）在中国境内提供各种劳务而取得的劳务报酬所得；

（3）在中国境内从事生产、经营活动而取得的所得；

（4）个人出租的财产，被承租人在中国境内使用而取得的财产租赁所得；

（5）转让中国境内的房屋、建筑物、土地使用权，以及在中国境内转让其他财产而取得的财产转让所得；

（6）提供在中国境内使用的专利权、专有技术、商标权、著作权，以及其他各种特许权利而取得的特许权使用费所得；

（7）因持有中国的各种债券、股票、股权而从中国境内的公司、企业或其他经济组织及个人取得的利息、股息、红利所得；

（8）在中国境内参加各种竞赛活动取得名次的奖金所得，参加中国境内有关部门和单位组织的有奖活动而取得的中奖所得，购买中国境内有关部门和单位发行的彩票取得的中彩所得；

（9）在中国境内以图书、报刊方式出版、发表作品取得的稿酬所得。

四、个人所得税的征税对象与范围

个人所得税的征税对象与范围主要如下。

（一）工资、薪金所得

工资、薪金所得是指自然人在任职或者受雇过程中取得的工资、薪金、奖金、年终加薪、劳动分红、津贴、补贴，以及因任职或者受雇而获得的其他所得。

一般来说，工资、薪金所得属于非独立个人劳动所得。所谓非独立个人劳动，是指个人所从事的是由他人指定、安排并接受管理的劳动，工作或服务于公司、工厂、行政、事业单位的人员（私营企业主除外）均为非独立劳动者。他们从上述单位取得的劳动报酬，是以工资、薪金的形式体现的。实际立法过程中，各国都从简便易行的角度考虑，将工资、薪金合并为一个项目计征个人所得税。在我国《个人所得税法》中，也是将它们合并为一个项目计税。

除工资、薪金以外的奖金、年终加薪、劳动分红、津贴、补贴也被确定为工资、薪金范畴。其中，年终加薪、劳动分红不分种类和取得情况，一律按工资、薪金所得课税。但是，有些津贴、补贴却免征个人所得税，这些项目包括：

（1）独生子女补贴；

（2）执行公务员工资制度未纳入基本工资总额的补贴、津贴差额和家属成员的副食品补贴；

（3）托儿补助费；

（4）差旅费津贴、误餐补助。

此外，税法还对各项工资性质的收入做了明确的规定。

（1）个人因公务用车和通信制度改革而取得的公务用车、通信补贴收入，扣除一定标准的公务费用后，按照"工资、薪金"所得项目计征个人所得税。

（2）离退休人员从原任职单位取得的各类补贴、奖金、实物，应在减除费用扣除标准后，按"工资、薪金所得"应税项目缴纳个人所得税。

（3）实行内部退养的个人在其办理内部退养手续后至法定离退休年龄之间从原任职单位取得的工资、薪金，不属于离退休工资，应按"工资、薪金所得"项目计征个人所得税。

（4）出租汽车经营单位对出租车驾驶员采取单车承包或承租方式运营，出租车驾驶员从事客货营运取得的收入，按工资、薪金所得征税。

（二）个体工商户的生产、经营所得

个体工商户的生产、经营所得，是指：

（1）个体工商户从事工业、手工业、建筑业、交通运输业∫商业、饮食业、服务业、修理业及其他行业取得的所得；

（2）个人经政府有关部门批准，取得执照，从事办学、医疗、咨询及其他有偿服务活动取得的所得；

（3）上述个体工商户和个人取得的与生产、经营有关的各项应税所得；

（4）个人因从事彩票代销业务而取得所得，应按照"个体工商户的生产、经营所得"项目计征个人所得税；

（5）其他个人从事个体工商业生产、经营取得的所得。

个体工商户的上述生产、经营所得实际上可以分为两类。一类是纯生产、经营所得，加第1~4项所得，它是指个人直接从事工商各业生产、经营活动而取得的生产性、经营性所得及有关的其他所得；另一类是独立劳动所得，如第5项所得。所谓独立劳动，是指个人所从事的是由自己自由提供的，不受他人指定、安排和具体管理的劳动。例如，私人诊所的医生、私人会计师事务所的会计师，以及独立从事教学、文艺等活动的个人均为独立劳动者，他们的收入具有不确定性。在实际执行中，税法还对这个税目做出了具体的规定。

（1）从事个体出租车运营的出租车驾驶员取得的收入，按个体工商户的生产、经营所得项目缴纳个人所得税。

（2）个体工商户和从事生产、经营的个人，取得与生产、经营活动无关的其他各项应税所得，应分别按照其他应税项目的有关规定，计算征收个人所得税。例如，取得银行存款的利息所得、对外投资取得的股息所得，应按"股息、利息、红利"税目的规定单独计征个人所得税。

（3）个人独资企业、合伙企业的个人投资者以企业资金为本人、家庭成员及其相关人员支付与企业生产经营无关的消费性支出及购买汽车、住房等财产性支出，视为企业对个人投资者利润分配，并入投资者个人的生产经营所得，依照"个体工商户的生产经营所得"项目计征个人所得税。

（4）个人经政府有关部门批准并取得执照举办学习班、培训班的，其取得的办班收入属于"个体工商户的生产、经营所得"应税项目计征个人所得税。

（三）对企事业单位的承包、承租经营所得

对企事业单位的承包经营、承租经营所得是指个人承包经营、承租经营及转包、转租取得的所得，包括个人按月或者按次取得的工资、薪金性质的所得。

针对现实中个人对企业承包、承租形式的不同，税法做出了具体的规定。

（1）企业实行个人承包、承租经营后，如果工商登记仍为企业的，不管其分配方式如何，均应先按照企业所得税的有关规定缴纳企业所得税。承包经营、承租经营者按照承包、承租经营合同（协议）规定取得的所得，依照个人所得税中的有关规定缴纳个人所得税。

① 承包、承租人对企业经营成果不拥有所有权，仅是接合同（协议）规定取得上定所得的，其所得按工资、薪金所得项目征税；

② 承包、承租人按合同（协议）的规定向发包、出租方交纳一定费用后，企业经营成果归其所有的，承包、承租人取得的所得，按对企事业单位的承包经营、承租经营所得项目，适用5%~35%的五级超额累进税率征税；

（2）企业实行个人承包、承租经营后，如工商登记改变为个体工商户的，一应依照个体工商户的生产、经营所得项目计征个人所得税，不再征收企业所得税。

（3）企业实行承包经营、承租经营后，不能提供完整、准确的纳税资料、正确计算应纳税所得额的，由主管税务机关核定其应纳税所得额，并依据《中华人民共和国税收征收管理法》的有关规定自行确定征收方式。

（四）劳务报酬所得

劳务报酬所得是指，个人从事设计、装潢、安装、制图、化验、测试、医疗、法

律、会计、咨询、讲学、新闻、广播、翻译、审稿、书画、雕刻、影视、录音、录像、演出、表演、广告、展览、技术服务、介绍服务、经济服务、代办服务及其他劳务取得的所得。劳务报酬所得的基本特征是它一般属于个人以其所掌握的某种技艺或技能独立从事自由职业或独立提供劳务所取得的所得，属于独立劳动所得；个人与服务单位无任职和雇佣关系；提供劳务的时间具有临时性。

在现实生活中，税法还对下列应税行为做出了明确的规定。

（1）个人由于担任董事职务所取得的董事费收入，属于劳务报酬所得性质，按照劳务报酬所得项目征收个人所得税。

（2）个人无须经政府有关部门批准并取得执照举办学习班、培训班的，其取得的办班收入属于"劳务报酬所得"应税项目，应按税法规定计征个人所得税。

（3）个人兼职取得的收入应按照"劳务报酬所得"应税项目缴纳个人所得税。

（4）证券经纪人从证券公司取得的佣金收入，应按照"劳务报酬所得"项目缴纳个人所得税。

（五）稿酬所得

稿酬所得是指个人因其作品以图书、报刊形式出版、发表而取得的所得。这里所说的作品，包括文学作品、书画作品、摄影作品及其他作品。作者去世后，财产继承人取得的遗作稿酬也按稿酬所得征收个人所得税。而对不以图书、报刊形式出版、发表的翻译、审稿、书画所得归为劳务报酬所得。

稿酬所得具有特许权使用费、劳务报酬的性质，之所以把它独立划归为一个征税项目，原因在于出版、发表作品是一种依靠较高智力创作的精神产品，对促进经济、文化和社会文明的进步具有特殊的重大意义，国家应在税收上给予适当的优惠照顾。

（六）特许权使用费所得

特许权主要涉及以下4种权利。

（1）专利权。由国家专利主管机关依法授予专利申请人或其权利继承人在一定期间内实施其发明创造的专有权。

（2）商标权。商标注册人依法律规定而取得的对其注册商标在核定商品上使用的独占使用权。

（3）著作权，即版权。作者依法对文学、艺术和科学作品享有的专有权。

（4）非专利技术。专利技术以外的专有技术。

特许权使用费所得是指个人提供专利权、商标权、著作权、非专利技术及其他特许权的使用权取得的所得。需要注意的是提供著作权的使用权取得的所得，不包括稿酬所得。

在实际应用中，税法还做出了如下具体规定。

（1）作者将自己的文字作品手稿原件或复印件公开拍卖（竞价）取得的所得，应按特许权使用费所得项目征收个人所得税。

（2）个人取得特许权的经济赔偿收入，应按"特许权使用费所得"应税项目缴纳个人所得税，税款由支付赔款单位的单位和个人代扣代缴。

（七）利息、股息、红利所得

利息、股息、红利所得是指个人拥有债权、股权而取得的利息、股息、红利所得。利息是指个人拥有债权而取得的利息，包括存款、贷款和债券的利息；股息是指个人因拥有股权而取得的公司、企业按照一定的比率派发的每股息金；红利是指个人拥有股权而取得的公司、企业按股派发的、超过股息部分的利润。

（八）财产租赁所得

财产租赁所得是指个人出租建筑物、土地使用权、机器设备、车船及其他财产取得的所得。个人取得的财产转租收入属于"财产租赁所得"的征税范围，由财产转租人缴纳个人所得税。在确认纳税人时，应以产权凭证为依据；对无产权凭证的，由主管税务机关根据实际情况确定。产权所有人死亡，在未办理产权继承手续期间，该财产出租而有租金收入的，以领取租金的个人为纳税人。

（九）财产转让所得

财产转让所得是指个人转让有价证券、股权、建筑物、土地使用权、机器设备、车船及其他财产取得的所得。在现实生活中，个人进行的财产转让主要是个人财产所有权的转让。财产转让所得因其性质的特殊性，需要单独列举项目征税。目前我国对股票转让所得暂免征收个人所得税。

在实践中，下列情形应按照"财产转让所得"计算缴纳个人所得税。

（1）个人通过网络收购玩家的虚拟货币，加价后向他人出售取得的收入。

（2）对个人转让限售股取得的所得。

（3）个人因各种原因终止投资、联营、经营合作等行为，从被投资企业或合作项目、被投资企业的其他投资者以及合作项目的经营合作人取得股权转让收入、违约金补偿金、赔偿金及以其他名目收回的款项等，均属于个人所得税应税收入。

（十）偶然所得

偶然所得是指个人得奖、中奖、中彩及其他偶然性质的所得。其中，得奖是指参加各种有奖竞赛活动，取得名次后得到的奖金；中奖、中彩是指参加各种有奖活动，如有奖销售、有奖储蓄，或者购买彩票，经过规定程序抽中、摇中号码而取得的奖金。个人因参加企业的有奖销售活动而取得的赠品所得，也应按"偶然所得"项目计征个人所得税。偶然所得应缴纳的个人所得税税款，一律由发奖单位或机构代扣代缴。

（十一）其他所得

其他所得是指除前述列举的各项个人应纳税所得外，其他确有必要征税，以及难以界定应税项目的个人所得。个人取得的所得，难以界定应纳税所得项目的，由主管税务机关确定。目前列入"其他所得"项目应税的主要有6类。

（1）个人从银行和其他金融机构取得的超过中国人民银行规定的存款利率和保值补贴率计算的利息，而不论其以何种名义取得。

（2）个人因任职单位缴纳有关保险费而取得的无赔款优待收入。

（3）股民个人从证券公司取得的回扣或者交易手续费返还收入。

（4）个人为单位或他人担保获得的报酬。

（5）中国科学院院士荣誉奖金。

（6）个人无偿受赠他人房屋所得。

第三节 个人所得税的税率

我国个人所得税采用比例税率和超额累进税率，其中工资、薪金所得，个体工商户生产经营所得，个人独资企业和合伙企业生产经营所得，以及企事业单位承包承租经营所得适用超额累进税率，其他所得适用比例税率。具体规定如下：

一、超额累进税率

工资、薪金所得，个体工商户生产经营所得和对企事业单位承包、承租所得实行超额累进税率。

（一）适用七级超额累进税率（3%～45%）

税法规定，工资、薪金所得适用3%～45%的七级超额累进税率（见表7-1）。

表7-1　　　　　　工资、薪金所得适用个人所得税税率表

级数	全月应纳税所得额	税率/%	速算扣除数
1	不超过1 500元的部分	3	0
2	超过1 500～4 500元的部分	10	105
3	超过4 500～9 000元的部分	20	555
4	超过9 000～35 000元的部分	25	1 005
5	超过35 000～55 000元的部分	30	2 755
6	超过55 000～80 000元的部分	35	5 505
7	超过80 000元的部分	45	13 505

（二）适用五级超额累进税率（5%～35%）

税法规定，个体工商户生产经营所得和对企事业单位承包、承租经营所得，适用

5% ～35% 的五级超额累进税率（见表 7-2）。

表 7-2　　　　个体工商户生产经营所得和对企事业单位承包、
承租经营所得、适用个人所得税税率表

级数	全年应纳税所得额	税率/%	速算扣除数
1	不超过 15 000 元的部分	5	0
2	超过 15 000～30 000 元的部分	10	750
3	超过 30 000～60 000 元的部分	20	3 750
4	超过 60 000～100 000 元	30	9 750
5	超过 100 000 元	35	14 750

（三）超额累进税率适用的具体规定

（1）企业实行个人承包、承租经营后，承包、承租人对企业经营成果不拥有所有权，仅是按合同（协议）规定取得一定取得的，其所得按"工资、薪金"所得税项目征税，适用3%～45%的七级超额累进税率

（2）企业实行个人承包、承租经营后，承包、承租人按合同（协议）的规定只向发包、出租方交纳一定企业经营成果归其所有的，承包、承租人取得的所得，按对企事业单位的承包经营、承租经营所得项目，适用5%～35%的五级超额累进税率征税。

（3）个人独资企业和合伙企业的生产经营所得，适用5%～35%的五级超额累进税率。

二、比例税率

（一）比例税率的一般规定

除上述工资、薪金所得，个体工商户生产经营所得和对企事业单位承包、承租经营所得之外的其他八项所得，包括劳务报酬所得，稿酬所得，特许权使用费所得，利息、股息、红利所得，财产租赁所得，财产转让所得，偶然所得和其他所得，均适用20%的比例税率。

（二）比例税率的特殊规定

1. 劳务报酬所得的加成征收

根据税法规定，对劳务报酬所得一次收入畸高的，可以实行加成征收，具体办法由国务院规定。这里的"劳务报酬所得一次收入畸高"，是指个人一次取得劳务报酬，其应纳税所得额超过20 000元。对应纳税所得额超过20 000～50 000元的部分，依照税法规定计算应纳税额后再按照应纳税额加征五成（50%）；超过50 000元的部分，加征

十成（100%）。实行加成征收后，劳务报酬所得实际适用特殊的三级超额累进税率
（见表7-3）。

表7-3　　　　　　劳务报酬所得适用个人所得税税率表

级数	每次应纳税所得额	税率/%	速算扣除数
1	不超过 20 000 部分	20	0
2	20 000～50 000 部分	30	2 000
3	超过 50 000 部分	40	7 000

2. 稿酬所得的减征

稿酬所得适用比例税率，税率为20%，并按应纳税额减征30%。故其实际税率
为14%。

3. 财产租赁所得的减征

财产租赁所得适用20%的比例税率，但对个人按市场价格出租的居民住房取得的
所得，暂减按10%的税率征税。

4. 存款利息所得的减征

为配合国家宏观调控政策需要，经国务院批准，自2008年10月9日起，对储蓄存
款利息所得暂免征收个人所得税。

第四节　个人所得税的计税依据

一、个人所得税的计税依据

（一）个人所得税计税的一般规定

个人所得税的计税依据是纳税人取得的应纳税所得额。应纳税所得额是指个人取
得的每项收入减去税法规定的扣除项目或扣除金额之后的余额。

个人所得的形式包括现金、实物、有价证券和其他形式的经济利益。所得为实物
的，应当按照取得的凭证上所注明的价格计算应纳税所得额；无凭证的实物或者凭证
上所注明的价格明显偏低的，参照市场价格核定应纳税所得额。所得为有价证券的，
根据票面价格和市场价格核定应纳税所得额。所得为其他形式的经济利益的，参照市
场价格核定应纳税所得额。

在计算扣除项目时，各国的扣除标准和扣除方法不尽相同。我国现行的个人所得
税采取分项确定，分类扣除，根据其所得的不同分别实行定额、定率和会计核算和无
扣除4种方法。

（1）定额扣除方法：主要适用于工资、薪金所得，即每月定额扣除3 500元（2011

年 9 月 1 日后）。

（2）会计核算扣除：主要适用于个体工商户的生产、经营所得和对企事业单位的承包经营、承租经营所得及财产转让所得，即每年扣除有关成本、费用或规定的必要费用。

（3）定额扣除和定率扣除：主要适用于劳务报酬所得、稿酬所得、特许权使用费所得、财产租赁所得，即每次收入在 4 000 元以下，定额扣除 800 元；每次收入在 4 000 元以上的，定率扣除收入额的 20%。

（4）无扣除：主要适用于利息股息、红利所得，偶然所得和其他所得。

（二）个人所得税计税依据的特殊规定

（1）个人将其所得通过中国境内的社会团体、国家机关向教育和其他社会公益事业及遭受严重自然灾害地区、贫困地区的捐赠。捐赠额未超过纳税人申报的应纳税所得额 30% 的部分，可以从其应纳税所得额中扣除。

（2）纳税人通过非营利性的社会团体和国家机关对红十字事业、公益性青少年活动场所、农村义务教育、福利性及非营利性的老年服务机构等的捐赠，在缴纳个人所得税前准予全额扣除。

第五节　个人所得税应纳税额的计算

一、应纳税所得额的确定

工资、薪金所得以每月收入减除费用 3 500 元后的余额（2011 年 9 月 1 日前每月 2 000 元）为应纳税所得额。同时，税法还规定，对在中国境内无住所而在中国境内取得工资、薪金所得的纳税人和在中国境内有住所而在中国境外任职或者受雇而取得工资、薪金所得的纳税人，可以根据其平均收入水平、生活水平及汇率变化情况确定附加减除费用，附加减除费用适用的范围和标准由国务院规定。目前确定的附加费用减除标准为 1 300 元。附加费用的适用范围是：

（1）在中国境内的外商投资企业和外国企业中工作的外籍人员；

（2）应聘在中国境内的企业、事业单位、社会团体、国家机关中工作的外籍专家；

（3）在中国境内有住所而在中国境外任职或者受雇取得工资、薪金所得的个人；

（4）国务院财政、税务主管部门确定的其他人员。

应纳税所得额的计算公式为：

应纳税所得额 = 月工资、薪金收入 - 3 500 元（4 800 元）

二、应纳税额的计算

应纳税额 = 应纳税所得额 × 适用税率 - 速算扣除数

　　　　 =（每月收入额 - 3 500 元或 4 800 元）× 适用税率 - 速算扣除数

这里需要说明的是，由于工资、薪金所得在计算应纳个人所得税额时适用的是超额累进税率，所以计算比较烦琐，特别是在适用税率较高的情况下；而运用速算扣除数计算法，可以简化计算过程。速算扣除数是指在采用超额累进税率征税的情况下，根据超额累进税率表中划分的应纳税所得额级距和税率，先用全额累进方法计算出税额，再减去用超额累进方法计算的应征税额以后的差额。当超额累进税率表中的级距和税率确定以后，各级速算扣除数也固定不变，成为计算应纳税额时的常数。

【例 7-1】煤矿工业企业 2013 年 10 月对管理人员李飞计提的应付工资总额为 7 500 元，其中包括奖金 1 000 元，独生子女补贴及托儿补助费 300 元，应缴纳法定的"五险一金"为 550 元，计算李飞应缴纳的个人所得税如下。

应纳税所得额 = 7 500 - 300 - 550 - 3 500 = 3 150（元）

适用税率为 10%，速算扣除数为 105 元。

应纳税额 = 3 150 × 10% - 105 = 210（元）

【例 7-2】某外商投资企业 2014 年 3 月在对该企业任职的外籍专家张某应付的基本工资（不含"三险一金"）为 12 000 元，应付奖金 2 800 元。计算本月应扣除张某的个人所得税如下。

应纳税额 = (12 000 + 2 800) - (3 500 + 1 300) = 10 000（元）

适用税率为 25%，速算扣除数为 1 005 元。

应纳税额 = 10 000 × 25% - 1 005 = 1 495（元）

三、个体工商户生产经营所得应纳税额的计算

（一）应纳税额的确定

从事生产经营的个体工商户（以下简称个体户），以每一纳税年度的收入总额，减除成本、费用及损失后的余额为应纳税所得额。其计算公式为：

应纳税所得额 = 收入总额 - 成本、费用及损失

1. 收入总额

收入总额是指个体户从事生产经营及与生产经营有关的活动所取得的各项收入，包括商品（产品）销售收入、营运收入、劳务服务收入、工程价款收入、财产出租或转让收入、利息收入、其他业务收入和营业外收入。

2. 准予扣除的项目

准予扣除的项目是指按照税法的规定，个体户在计算应纳税所得额时，准予从收入总额中扣除的成本、费用及损失。

（1）成本、费用是指个体户从事生产经营所发生的各项直接支出和分配计入成本的间接费用及销售费用、管理费用、财务费用。

（2）税金是指个体户按规定缴纳的消费税、营业税、城市维护建设税、资源税、土地使用税、土地增值税、房产税、车船使用税、印花税、耕地占用税及教育费附加。

（3）损失是指个体户在生产、经营过程中发生的各项营业外支出，包括固定资产盘亏、报废、毁损和出售的净损失，自然灾害或者意外事故损失，公益救济性捐赠，

赔偿金、违约金等。

3. 准予扣除项目的范围和标准

（1）对个体户业主的生产经营所得依法计征个人所得税时，除标准统一确定为42 000 元/年（3 500 年/月）。

（2）个体户向其从业人员实际支付的合理的工资、薪金支出，允许在税前据实扣除。

（3）个体户拨缴的工会经费、发生的职工福利费、职工教育经费支出分别在工资、薪金总额的 2%、14%、2.5% 的标准内据实扣除。

（4）个体户在生产经营过程中的借款利息支出，未超过按中国人民银行规定的同类、同期贷款利率计算的数额部分，准予扣除。

（5）个体户发生的与生产经营有关的财产保险、运输保险及从业人员的养老、医疗及其他保险费用支出，按国家有关规定的标准计算扣除。

（6）个体户发生的与生产经营有关的修理费用，可据实扣除。修理费用发生不均衡或数额较大的，应分期扣除。

（7）个体户按规定缴纳的工商管理费、个体劳动者协会会费、摊位费，按实际发生数扣除。缴纳的其他规费，其扣除项目和标准由各省、自治区、直辖市地方税务局根据当地实际情况确定。

（8）个体户在生产经营过程中租入固定资产而支付的费用，分别按下列规定处理：

① 以融资租赁方式（即出租人和承租人事先约定，在承租人付清最后一笔租金后，该固定资产即归承租人所有）租入固定资产而发生的租赁费，应计入固定资产价值，不得直接扣除。

② 以经营租赁方式（即因生产经营需要临时租入固定资产，租赁期满后，该固定资产应归还出租人）租入固定资产的租赁费，可以据实扣除。

（9）个体户研究开发新产品、新技术、新工艺所发生的开发费用，以及研究开发新产品、新技术而购置单台价值在 5 万元以下的测试仪器和试验性装置的购置费准予扣除；单台价值在 5 万元以上的测试仪器和试验性装置，以及购置费达到固定资产标准的其他设备，按固定资产管理，不得在当期扣除。

（10）个体户在生产经营过程中发生的固定资产和流动资产盘亏及毁损净损失，由个体户提供清查盘存资料，经主管税务机关审核后可以在当期扣除。个体户在生产经营过程中发生的以外币结算的往来款项增减变动时，由于汇率变动而发生折合人民币的差额，作为汇兑损益，计入当期所得或在当期扣除。

（11）个体户发生的与生产经营有关的无法收回的账款（包括因债务人破产或者死亡，以其破产财产或者遗产清偿后，仍然不能收回的应收账款，或者因债务人逾期未履行还债义务超过 3 年仍然不能收回的应收账款），应由其提供有效证明，报经主管税务机关审核后按实际发生数扣除。上述已予扣除的账款在以后年度收回时，应直接作收入处理。

（12）个体户每一纳税年度发生的广告费和业务宣传费用不超过当年销售（营业）收入 15% 的部分，可据实扣除；超过部分准予在以后纳税年度结转扣除。

（13）个体户每一纳税年度发生的与其生产经营业务直接相关的业务招待费支出，按照发生额的60%扣除，但最高不得超过当年销售（营业）收入的5‰。

（14）个体户将其所得通过中国境内的社会团体、国家机关向教育和其他社会公益事业及遭受严重自然灾害地区、贫困地区的捐赠，捐赠额不超过其应纳税所得额30%的部分可以据实扣除。纳税人直接给受益人的捐赠不得扣除。

（15）个体户的年度经营亏损，经申报主管税务机关审核后，允许用下一年度的经营所得弥补；下一年度所得不足弥补的，允许逐年延续弥补，但最长不得超过5年。

（16）个体户在生产经营过程中发生与家庭生活混用的费用，由主管税务机关核定分摊比例，据此计算确定的属于生产、经营过程中发生的费用准予扣除。

4. 不得扣除的项目

（1）资本性支出，包括为购置和建造固定资产、无形资产及其他资产的支出、对外投资的支出；

（2）被没收的财物、支付的罚款；

（3）缴纳的个人所得税、固定资产投资方向调节税，以及各种税收的滞纳金、罚金和罚款；

（4）各种赞助支出；

（5）自然灾害或者意外事故损失有赔偿的部分；

（6）分配给投资者的股利；

（7）用于个人和家庭的支出；

（8）个体户业主的工资；

（9）与生产经营无关的其他支出；

（10）国家税务总局规定不准扣除的其他支出。

（二）应纳税额的计算

个体的生产经营所得应纳的个人所得税，按其应纳税所得额，适用五级累进税率计算，计算公式为：

应纳税额 = 应纳税所得额 × 适用税率 - 速算扣除数

= （全年收入总额 - 成本、费用及损失）× 适用税率 - 速算扣除数

【例7-3】北京市兴鑫美味城系个体经营户，账册比较健全，2013年12月取得的营业额为180 000，购进菜、肉、蛋、米、面、油等原料费为76 000元，缴纳电费、水费、房租、煤气费等20 000元，缴纳其他税费8 200元。当月支付给6名雇员工资8 000元，业主工资6 000元。1-11月累计应纳税所得额为107 200元，1-11月累计已预缴个人所得税为34 180.9元。计算该个体经营户12月份应缴纳的个人所得税如下：

（1）12月份应纳税所得额 = 180 000 - 76 000 - 20 000 - 8 200 - 8 000 - 3 500 = 64 300（元）

（2）全年应纳税所得额 = 107 200 + 64 300 = 171 500（元）

（3）12月份应缴纳个人所得税 = 171 500 × 35% - 147 500 - 34 180.9 = 11 094.1（元）

四、企事业单位承包、承租经营所得应纳税额的计算

(一) 应纳税所得额的确定

对企事业单位的承包经营、承租经营所得，以每一纳税年度的收入总额减除必要费用后的余额，为应纳税所得额。"每一纳税年度的收入总额"是指纳税人按照承包经营、承租经营合同规定分得的经营利润和工资、薪金性质的所得；"减除必要费用"是指按月减除3 500元。其计算公式为：

应纳税所得额 = 个人承包、承租经营收入总额 - 必要费用

在一年纳税年度内，承包、承租经营不足12个月的，以其实际承包、承租经营的月份数为一个纳税年度计算纳税。其计算公式为：

应纳税所得额 = 该年度承包、承租经营收入额 - (3 500 × 该年度实际承包、承租经营月份数)

(二) 应纳税额的计算

应纳税额 = 应纳税所得额 × 适用税率 - 速算扣除数

【例7-4】2013年1月1日起，张飞承包一招待所，规定每月取得工资6 500元，含个人支付的"三险一金"1 100元，基本工资已按工资薪金取得扣缴个人所得税。年终从企业所得税后利润中上交承包费100 000元，其余经营成果归张飞所有。2013年该招待所税后利润160 000元，当年张飞共缴纳多少个人所得税？

每月应代扣代缴纳的个人所得税 = (6 500 - 1 100 - 3 500) × 10% - 105 = 85 (元)

纳税年度收入总额 = 650 × 12 + (160 000 - 100 000) = 138 000 (元)

年应纳税所得额 = 138 000 - 3 500 × 12 = 96 000 (元)

全年应纳税额 = 96 000 × 30% - 9 750 = 19 050 (元)

应当补缴税款 = 19 050 - 85 × 12 = 18 030 (元)

五、劳务报酬所得应纳税额的计算

(一) 应纳税所得额的确定

劳务报酬所得，以每次收入减除费用后的余额为应纳税所得额。每次收入不超过4 000元，减除费用800元，4 000元以上的，减除20%的费用，其余额为应纳税所得额。其计算公式为：

(1) 每次收入不超过4 000元的计算公式为：

应纳税所得额 = 每次收入额 - 800元

(2) 每次收入在4 000元以上的计算公式为：

应纳税所得额 = 每次收入额 × (1 - 20%)

(二) 每次收入的确定

劳务报酬所得因其一般具有不固定、不经常性，所以按次计算。税法对"每次收

入"做出了具体规定。

（1）只有一次性收入的，以取得该项收入为一次。例如，从事设计、安装、装潢、制图、化验、测试等劳务，往往是接受客户的委托，按照客户的要求，完成一次劳务后取得收入。因此，属于只有一次性的收入，应以每次提供劳务取得的收入为一次。

（2）属于同一事项连续取得收入的，以1个月内取得的收入为一次。例如，某歌手与一卡拉OK厅签约，在2007年一年内每天到卡拉OK厅演唱一次，每次演出后付酬50元。在计算其劳务报酬所得时，应视为同一事项的连续性收入，以其1个月内取得的收入为一次计征个人所得税，而不能以每天取得的收入为一次。

（三）应纳税额的计算

劳务报酬所得适用20%的比例税率，其应纳税额按照应纳税所得额和适用的税率进行计算。

（1）每次收入不超过4 000元的计算公式为：

应纳税额 = 应纳税所得额 × 20% = （每次收入 − 800）× 20%

（2）每次收入超过4 000元的，应纳税所得额不超过20 000元的计算公式为：

应纳税额 = 应纳税所得额 × 20% = 每次收入额 × （1 − 20%）× 20%

（3）每次收入超过4 000元的，应纳税所得额超过20 000元的计算公式为：

应纳税额 = 应纳税所得额 × 适用税率 − 速算扣除数

= 每次收入额 × （1 − 20%）× 适用税率 − 速算扣除数

【例7 −5】李飞于2013年10月外出参加私人演出。一次取得劳务报酬60 000元。计算其应缴纳的个人所得税（不考虑其他税费）

【答案】应纳税所得额 = 60 000 × （1 − 20%）= 48 000（元）

应纳税额 = 48 000 × 30% − 2 000 = 12 400（元）

六、稿酬所得应纳税额的计算

（一）应纳税所得额的确定

稿酬所得，是指以每次收入减除费用后的余额为应纳税所得额。每次收入不超过4 000元，减除费用800元；4 000元以上的，减除20%的费用，其余额为应纳税所得额。

（1）每次收入不超过4 000元的计算公式为：

应纳税所得额 = 每次收入额 − 800元

（2）每次收入在4 000元以上的计算公式为：

应纳税所得额 每次收入额 × （1 − 20%）

（二）每次收入的确定

所谓的每次收入是指以每次出版、发表取得的收入为一次。具体又可细分如下：

（1）个人每次以图书、报刊方式出版、发表同一作品（文字作品、书画作品、摄影作品及其他作品），不论出版单位是预付还是分笔支付稿酬，或者加印该作品后再付稿酬，均应合并其稿酬所得按一次计征个人所得税。同一作品再版取得的所得，应视作另一次稿酬所得计征个人所得税。

（2）在两处或两处以上出版、发表或再版同一作品而取得稿酬所得，则可分别各处取得的所得或再版所得按分次所得计征个人所得税。

（3）个人的同一作品在报刊上连载，应合并其因连载而取得的所有稿酬所得为一次，按税法规定计征个人所得税。

（4）在其连载之后又出书取得稿酬所得，或先出书后连载取得稿酬所得，应视同再版稿酬分次计征个人所得税。

（三）应纳税额的计算

（1）每次收入不足 4 000 元的计算公式为：

$$应纳税额 = 应纳税所得额 \times 适用税率 \times (1 - 30\%)$$
$$= (每次收入额 - 800) \times 20\% \times (1 - 30\%)$$

（2）每次收入在 4 000 元以上的计算公式为：

$$应纳税额 = 应纳税所得额 \times 适用税率 \times (1 - 30\%)$$
$$= 每次收入额 \times (1 - 20\%) \times 20\% \times (1 - 30\%)$$

【例 7 - 6】 国内某作家于 2012 年 3 月出版了一本书，取得稿酬 5 000 元。该书 6 月至 8 月被某晚报连载，6 月份取得稿酬 1 000 元，7 月份取得稿费 1 000 元，8 月份取得稿费 1 500 元。因该书畅销，9 月份出版社增加印数，又取得追加稿酬 3 000 元。计算该作家需缴纳的个人所得税如下。

（1）出版时应纳个人所得税税额 $= 5 000 \times (1 - 20\%) \times 20\% \times (1 - 30\%)$
$$= 560 （元）$$

（2）加印时取得的稿酬应与出版时取得的稿酬合并为一次计税，再减除出版时已纳税额，则应纳个人所得税税额 $= 8 000 \times (1 - 20\%) \times 20\% \times (1 - 30\%) - 560$
$$= 336 （元）$$

（3）个人的同一作品连载，应合并连载而取得的所有报酬作为一次稿酬所得，计征个人所得税。因此，连载收入应纳税额 $= (1 000 + 1 000 + 1 500 - 800) \times 20\% \times (1 - 30\%) = 378 （元）$

该作家需缴纳的个人所得税合计 $= 560 + 336 + 378 = 1 274 （元）$

七、特许权使用费所得应纳税额的计算

（一）应纳税所得额的确定

特许权使用费所得，以每次收入减除费用后的余额为应纳税所得额。每次收入不超过 4 000 元，减除费用 800 元；4 000 元以上的，减除 20% 的费用，余额为应纳税所得额。

（1）每次收入不超过 4 000 元的计算公式为：

应纳税所得额 = 每次收入额 − 800 元

（2）每次收入在 4 000 元以上的计算公式为：

应纳税所得额 = 每次收入额 × (1 − 20%)

（二）每次收入的确定

特许权使用费所得按次征收，以某项使用权的一次转让所取得的收入为一次。一个纳税人，可能不仅拥有一项特许权利，每项特许权的使用权也可能不止一次地向他人提供。因此，对特许权使用费所得的"次"的界定，明确为每一项使用权的每次转让所取得的收入为一次。如果该次转让取得的收入是分笔支付的，则应将各笔收入相加为一次的收入，计征个人所得税。

（三）应纳税额的计算

（1）每次收入不足 4 000 元的计算公式为：

应纳税额 = 应纳税所得额 × 适用税率 = (每次收入额 − 800) × 20%

（2）每次收入在 4 000 元以上的计算公式为：

应纳税额 = 应纳税所得额 × 适用税率 = 每次收入额 × (1 − 20%) × 20%

【例 7 − 7】张飞 2013 年取得特许经营权使用费两次，一次收入 3 000 元，另一次收入为 4 500 元。计算该人两次特许权使用费所得应纳的个人所得税如下。

特许权使用费所得以某项特许权的每次转让一次。

应纳税额 = (3 000 − 800) × 20% + 4 500 × (1 − 20%) × 20% = 1 160（元）

八、财产租赁所得应纳税额的计算

（一）应纳税所得额的确定

财产租赁所得，以每次收入减除费用后的余额为应纳税所得额。每次收入不超过 4 000 元，减除费用 800 元；4 000 元以上的，减除 20% 的费用，其余额为应纳税所得额。所谓每次收入，是指以一个月内取得的收入为一次。

另外，税法还规定：纳税人出租财产取得财产租赁收入，在计算征税时，除可依法减除规定费用和有关税、费外，还准予扣除能够提供有效、准确凭证，证明由纳税人负担的该出租财产实际开支的修缮费用。允许扣除的修缮费用，以每次 800 元为限，一次扣除不完的，准予在下一次继续扣除，直至扣完为止。

个人出租财产取得的财产租赁收入在计算缴纳个人所得税时应依次扣除以下费用：

（1）财产租赁过程中缴纳的税费；

（2）由纳税人负担的该出租财产实际开支的修缮费用；

（3）税法规定的费用扣除标准。

（二）应纳税额的计算

财产租赁所得适用 20% 的比例税率。但对个人按市场价格出租的居民住房取得的所得；自 2001 年 1 月 1 日起暂减按 10% 的税率征收个人所得税。其应纳税额的计算公式为：

应纳税额 = 应纳税所得额 × 适用税率

【例 7 - 8】王晓芳于 2013 年 2 月份取得出租居民住房租金收入 3 000 元（按市场价出租，考虑营业税、城建税、教育附加、房产税）当月因暖气漏水还发生了修缮费用 460 元。计算 2 月份出租住房个人所得税。

【答案】当月应纳营业税税额 = 3 000 × 3% × 50% = 45（元）

当月应纳城建税税额 = 45 × 7% = 3.15（元）

当月应纳教育费附加 = 45 × 3% = 1.35（元）

当月应纳房产税税额 = 3 000 × 4% = 120（元）

当月应缴纳的税费合计 = 45 + 4.5 + 120 = 169.5（元）

应纳个人所得税额 =（3 000 - 169.5 - 460 - 800）× 10% = 157.05（元）

九、财产转让所得应纳税额的计算

（一）应纳税所得额的确定

财产转让所得，以转让财产的收入额减除财产原值和合理费用后的余额为应纳税所得额。财产原值是指：

（1）有价证券，为买入价及买入时按照规定交纳的有关费用；

（2）建筑物，为建造费、购进价格及其他有关费用；

（3）土地使用权，为取得土地使用权所支付的金额、开发土地的费用及其他有关费用；

（4）机器设备、车船，为购进价格、运输费、安装费及其他有关费用；

（5）其他财产，参照以上方法确定。

纳税人未提供完整、准确的财产原值凭证，不能正确计算财产原值的，由主管税务机关核定其财产原值。

合理费用是指卖出财产时按照规定支付的有关费用。

（二）应纳税额的计算

财产转让所得适用 20% 的比例税率，其应纳税额按照应纳税所得额和适用的税率进行计算。其计算公式为：

应纳税额 = 应纳税所得额 × 适用税率

【例 7 - 9】周明与 2013 年 2 月转让一套已使用三年的私有住房，取得转让收入 280 000 元。该套住房购进时的原价为 160 000 元，转让时支付有关税费 13 000 元。计算周明转让私房应缴纳个人所得税如下。

应纳税所得额 = 280 000 - 160 000 - 13 000 = 107 000（元）

应纳税额 = 107 000 × 20% = 21 400（元）

十、利息、股息、红利所得、偶然所得、其他所得应纳税额的计算

利息、股息、红利所得、偶然所得、其他所得，以每次收入额为应纳税所得额，不扣除任何费用。股份制企业以股票形式向股东个人支付应得的股息、红利时，应以派发红股的股票票面金额为所得额，计算征收个人所得税；利息、股息、红利所得，以支付利息、股息、红利时取得的收入为一次；偶然所得、其他所得，以每次取得该项收入为一次。

（1）为了促进资本市场的健康发展，鼓励和引导长期投资，自2013年1月1日起，我国实行了股息红利差别化的税收政策。即个人从公开发行和转让市场取得的上市公司股票，持股期限在1个月以内（含1个月）的，其股息红利所得全额计入应纳税所得额；持股期限在1个月以上至1年（含1年）的，暂减按50%计入应纳税所得额；持股期限超过1年的，暂减按25%计入应纳税所得额。

前述上市公司是指在上海证券交易所、深圳证券交易所挂牌交易的上市公司；持股期限是指个人开发行和转让市场取得上市公司股票之日至转让交割该股票之日前一日的持有时间。

（2）利息、股息、红利所得、偶然所得、其他所得应纳税额的计算公式为：

应纳税额 = 应纳税所得额 × 适用税率 = 每次收入额 × 20%

【例7-10】张红为自由职业者，2014年4月取得如下所得：1. 从A上市公司取得股息所得16 000元，张红2013年1月购买该股票；2. 从B上市公司取得股息所得7 000元。计算张红当月应当缴纳的个人所得税如下。

（1）2014年1月1日以后，个人从公开发行和转让市场取得的上市公司股票，持股期限超过1年的，暂减按25%计入应纳税所得额。

股息所得应纳个人所得税 = 16 000 × 25% × 20% = 800（元）

（2）非上市公司取得股息应纳个人所得税 = 7 000 × 20% = 1 400（元）

张明当月缴纳个人所得税 = 800 + 1 400 = 2 200（元）

【例7-11】王明在参加商场的有奖销售过程中，中奖所得共计价值30 000元。王明领奖时告知商场，从中奖收入中拿出6 000元通过教育部门向某贫困地区捐赠。该按照规定计算商场代扣代缴个人所得税后王明实际可得中奖金额如下。

根据税法有关规定，王明的捐赠额可以全部从应纳税所得额中扣除（因为6 000/30 000 = 20%，小于捐赠扣除比例30%。

应纳税所得额 = 偶然所得 - 捐赠额 = 30 000 - 6 000 = 24 000（元）

应纳税额（即商场代扣税款）= 应纳税所得额 × 适用税率 = 24 000 × 20% = 4 800（元）

王明实际可得中奖金额 = 30 000 - 6 000 - 4 800 = 19 200（元）

十一、境外所得已纳税额的扣除

前已述及，居民纳税人就其来源于中国境内、境外的所得缴纳个人所得税，因此

在对纳税人的境外所得征税时，会存在其境外所得已在来源国家或者地区缴税的实际情况。为了避免国家之间对同一所得的重复征税，同时维护我国的税收权益，我国在对纳税人的境外所得行使税收管辖权时，对该所得在境外已纳税额采取了税额抵免的做法。

税法规定，纳税人从中国境外取得的所得，准予其在应纳税额中扣除已在境外缴纳的个人所得税税额。但扣除额不得超过该纳税人境外所得依照我国税法规定计算的应纳税额。具体规定如下：

（1）税法所说的已在境外缴纳的个人所得税税额，是指纳税人从中国境外取得的所得，依照该所得来源国家或者地区的法律应当缴纳并且实际已经缴纳的税额。

（2）税法所说的依照本法规定计算的应纳税额，是指纳税人从中国境外取得的所得，区别不同国家或者地区的不同应税项目，依照我国税法规定的费用减除标准和适用税率计算的应纳税额；同一国家或者地区内的不同应税项目，依照我国税法计算的应纳税额之和，为该国家或者地区的扣除限额。

（3）纳税人在中国境外一个国家或者地区实际已经缴纳的个人所得税税额，低于依照上述规定计算出的该国家或者地区扣除限额的，应当在中国缴纳差额部分的税款；超过该国家或者地区扣除限额的，其超过部分不得在本纳税年度的应纳税额中扣除，但是可以在以后纳税年度的该国家或者地区扣除限额的余额中补扣，补扣期限最长不得超过 5 年。

（4）纳税人依照税法的规定申请扣除已在境外缴纳的个人所得税税额时，应当提供境外税务机关填发的完税凭证原件。

【例 7 - 12】张明取得来源于美国的一项特许权使用费所得折合人民币 12 万元，以及一项股息所得折合人民币 8 万元，总计在美国缴纳税款折合人民币 2 万元；另外该人还从日本取得一笔股息折合人民币 10 万元，被日本税务当局扣缴所得税折合人民币 2.2 万元。该人能够向国内主管税务局提供全面的境外完税证明，且已证明属实。

要求：（1）计算境外税额扣除限额；（2）计算该人在我国应当实际缴纳的税款。

计算结果如下：

（1）计算境外税额扣除限额。

① 在我国特许权使用费所得扣除额 = 12 × (1 - 20%) × 20% = 1.92（万元）

② 股息所得扣除限额 = 8 × 20% = 1.6（万元）

③ 在我国所得税款的扣除限额为：1.92 + 1.6 = 3.52（万元）

④ 在日本所得税款的扣除限额为：10 × 20% = 2（万元）

（2）计算该人在我国应当实际缴纳的税款。

① 在美国缴纳 2 万元小于扣除限额 3.52 万元，其实际已纳税额准予全部扣除。在我国应补缴税款 = 3.52 - 2 = 1.52（万元）

② 在日本缴纳 2.2 万元大于扣除限额 2 万元，准予扣除的在日本已纳税额为 2 万元，余额 0.2 万元可以在以后年度内补扣。

③ 该人在中国实际应补缴税额 = 1.52（万元）

十二、个人所得税的特殊计税方法

（一）特殊工资、薪金性质的所得的计税

1. 个人取得全年一次性奖金等计算征收个人所得税的方法

全年一次性奖金是指行政机关、企事业单位等扣缴义务人根据其全年经济效益和对雇员全年工作业绩的综合考核情况，向雇员发放的一次性奖金。一次性奖金也包括年终加薪、实行年薪制和绩效工资办法的单位根据考核情况兑现的年薪和绩效工资。

纳税人取得全年一次性奖金，单独作为 1 个月工资、薪金所得计算纳税，自 2005 年 1 月 1 日起按以下计税办法，由扣缴义务人发放时代扣代缴。

（1）先将雇员当月内取得的全年一次性奖金，除以 12 个月，按其商数确定适用税率和速算扣除数。如果在发放年终一次性奖金的当月，雇员当月工资、薪金所得低于税法规定的费用扣除额，应将全年一次性奖金减除"雇员当月工资、薪金所得与费用扣除额的差额"后的余额，按上述办法确定全年一次性奖金的适用税率和速算扣除数。

（2）将雇员个人当月内取得的全年一次性奖金，按上述第（1）条确定的适用税率和速算扣除数计算征税，其计算公式如下。

① 如果雇员当月工资、薪金所得高于（或等于）税法规定的费用扣除额的，适用公式为：

应纳税额 = 雇员当月取得全年一次性奖金 × 适用税率 - 速算扣除数

② 如果雇员当月工资、薪金所得低于税法规定的费用扣除额的，适用公式为：

应纳税额 =（雇员当月取得全年一次性奖金 - 雇员当月工资、薪金所得与费用扣除额的差额）× 适用税率 - 速算扣除数

需要注意的是：

• 在一个纳税年度内，对每一个纳税人，该计税办法只允许采用一次；

• 实行年薪制和绩效工资的单位，个人取得年终兑现的年薪和绩效工资按上述方法计算个人所得税；

• 雇员取得除全年一次性奖金以外的其他各种名目奖金，如半年奖、季度奖、加班奖、先进奖、考勤奖等，一律与当月工资、薪金收入合并，按税法规定缴纳个人所得税。

【例 7 - 13】我国公民张明在制药公司工作，2013 年 12 月 3 日取得工资收入 6 000 元（已扣除"三险一金"），当月又一次取得年终奖金 120 000 元，计算张明应缴纳的个人所得税如下。

当月工薪所得应纳税额 =（6 000 - 3 500）× 10% - 105 = 145（元）

年终奖应纳个人所得税如下：

第一步：120 000/12 = 10 000（元），其对应的税率和速算扣除数分别为 25% 和 1 005 元。

第二步：120 000 × 25% - 1 005 = 28 995（元）

张明当月合计应纳税额 = 145 + 28 995 = 29 140（元）

（二）个人取得不含税全年一次性奖金收入的计税方法

（1）按照不含税的全年一次性奖金收入除以 12 的商数，查找相应适用税率 A 和速算扣除数 A。

（2）含税的全年一次性奖金收入 =（不含税的全年一次性奖金收入 - 速算扣除数 A）÷（1 - 适用税率 A）。

（3）按含税的全年一次性奖金收入除以 12 的商数，重新查找适用税率 B 和速算扣除数 B。

（4）应纳税额 = 含税的全年一次性奖金收入 × 适用税率 B - 速算扣除数 B。

如果纳税人取得不含税全年一次性奖金收入的当月工资、薪金所得，低于税法规定的费用扣除额，应先将不含税全年一次性奖金减去当月工资、薪金所得低于税法规定费用扣除额的差额部分后，再按照上述第 1 条规定处理。

【例 7 - 14】中国公民李晓华 2013 年 1 月取得当月税前工资收入 5 000 元和一个装有 100 000 元现金的红包（2012 年年终税后税金）。计算李晓华在当月应缴纳的个人所得税如下。

当月工资应纳个人所得税 =（5 000 - 3 500）× 3% = 45（元）

税后年终奖应纳个人所得税：

第一步：100 000/12 = 8 333.33（元），第一次查找税率为 20%，速算扣除数 555。

第二步：换算成含税一次性奖金（100 000 - 555)/(1 - 20%) = 124 306.25（元）

第三步：124 306.25/12 = 10 358.85（元），第二次查找税率为 25%，速算扣除数 1 005。

第四步：124 306.25 × 25% - 1 005 = 30 071.56（元）

当月共纳的个人所得税 = 45 + 30 071.56 = 30 116.56（元）

（三）同时取得雇佣单位和派遣单位工资、薪金所得的计税方法

在外商投资企业、外国企业和外国驻华机构工作的中方人员取得的工资、薪金收入，凡是由雇佣单位和派遣单位分别支付的，支付单位应按税法规定代扣代缴个人所得税。同时，按税法规定，纳税人应以每月全部工资、薪金收入减除规定费用后的余额为应纳税所得额。为了有利于征管，对雇佣单位和派遣单位分别支付工资、薪金的，采取由支付者中的一方减除费用的方法，即只由雇佣单位在支付工资、薪金时，按税法规定减除费用，计算扣缴个人所得税；派遣单位支付的工资、薪金不再减除费用，以支付金额直接确定适用税率，计算扣缴个人所得税。

上述纳税人，应持两处支付单位提供的原始明细工资、薪金单（书）和完税凭证原件，选择并固定到一地税务机关申报每月工资、薪金收入，汇算清缴其工资、薪金收入的个人所得税，多退少补。

【例 7 - 15】李晓华由中方 A 企业派往 B 外商投资企业工作，派遣单位和雇佣单位每月分别支付该人工资 1 000 元和 9 200 元，按派遣单位与个人签订的协议，个人从外方取得的工资收入每月向派出单位交款 3 000 元。计算 A 企业和 B 企业代扣代缴的个人

所得税和李晓华应补缴的税额如下。

（1）A 企业每月代扣代缴的个人所得税 = 1 000 × 3% − 0 = 30（元）

（2）B 企业每月代扣代缴的个人所得税 = （9 200 − 3 000 − 3 500）× 10% − 105 = 165（元）

（3）每月应补缴的个人所得税 = （9 200 + 1 000 − 3 000 − 3 500）× 10% − 105 − （165 + 30）= 70（元）

（四）特定行业职工取得的工资、薪金所得

为了照顾采掘业、远洋运输业、远洋捕捞业因季节、产量等因素的影响，而使职工的工资、薪金收入呈现较大幅度波动的实际情况，对这三个特定行业的职工取得的工资、薪金所得，可按月预缴，年度终了后 30 日内，合计其全年工资、薪金所得，再按 12 个月平均并计算实际应纳的税款，多退少补。用公式表示为：

应纳所得税额 = [（全年工资、薪金收入 ÷ 12 − 费用扣除标准）× 税率 − 速算扣除数] × 12

汇算清缴税额 = 全年应纳所得税额 − 全年已预缴所得税额

（五）个人因解除劳动合同取得一次性补偿收入征税问题

根据《财政部国家税务总局关于个人与用人单位解除劳动关系取得的一次性补偿收入征免个人所得税问题的通知》和《国家税务总局关于国有企业职工因解除劳动合同取得一次性补偿收入征免个人所得税问题的通知》精神，自 2001 年 10 月 1 日起，按以下规定处理：

（1）企业依照国家有关法律规定宣告破产，企业职工从该破产企业取得的一次性安置费收入，免征个人所得税。

（2）个人因与用人单位解除劳动关系而取得的一次性补偿收入（包括用人单位发放的经济补偿金、生活补助费和其他补助费用），其收入在当地上年职工平均工资 3 倍数额以内的部分，免征个人所得税；超过 3 倍数额部分的一次性补偿收入，可视为一次取得数月的工资、薪金收入，允许在一定期限内平均计算。方法为：以超过 3 倍数额部分的一次性补偿收入除以个人在本企业的工作年限数（超过 12 年的按 12 年计算），以其商数作为个人的月工资、薪金收入，按照税法规定计算缴纳个人所得税。个人在解除劳动合同后又再次任职、受雇的，已纳税的一次性补偿收入不再与再次任职、受雇的工资薪金所得合并计算补缴个人所得税。

（3）个人领取一次性补偿收入时按照国家和地方政府规定的比例实际缴纳的住房公积金、医疗保险费、基本养老保险费、失业保险费，可以在计征其一次性补偿收入的个人所得税时予以扣除。

【例 7 − 16】2012 年 10 月，某单位增效减员，与在该单位工作了 10 年的李逢解除劳动关系。李逢取得一次性补偿收入 180 000 元，当地上年职工平均工资 2 000 元，则李逢该项收入应纳的个人所得税是多少？

（1）计算免征额 = 2 000 × 3 = 60 000（元）

（2）按其工作年限平摊其应税收入，视同月应纳税额 = （180 000 - 60 000）/10 - 3 500 = 8 500 （元）

（3）应纳税额 = （8 500 × 20% - 555）× 10 = 11 450 （元）

（六）个人提前退休取得补贴收入的计税方法

个人因办理提前退休手续而取得的一次性补贴收入，应按照办理提前退休手续至法定退休年龄之间所属月份平均分摊计算个人所得税。计税公式：

应纳税额 = {［（一次性补贴收入 ÷ 办理提前退休手续至法定退休年龄的实际月份数）- 费用扣除标准］× 适用税率 - 速算扣除数} × 提前办理退休手续至法定退休年龄的实际月份数

【例 7 - 17】A 公司的法定某单位员工周明因身体原因，其所在单位于 2013 年 1 月份按照程序同意其提前办理退休，按照"统一规定"一次性给予其补贴 90 000 元 （甚至法定离退休年龄还有 1 年零 3 个月）；周明当月领取工资薪金收入 5 200 元，其中包括法定应当扣缴的住房公积金 695 元、养老保险费和医疗保险费 508 元；单位发放过年费 （包括购物券、现金及实物）价值 5 000 元。计算周明应当缴纳的个人所得税税额。

首先，应当将 5 000 元过年费与工资薪金所得合并计征个人所得税，住房公积金、养老保险费和医疗保险费允许税前扣除。因此，当月工资薪金应当缴纳个人所得税 = （5 200 + 5 000 - 595 - 508 - 3 500）× 20% - 555 = 544.4 （元）

其次，计算一次性补贴收入 90 000 元的适用税率，即 90 000 元/15 = 6 000 （元），6 000 - 3 500 = 2 500 （元），适用 10% 的税率，速算扣除数为 105。一次性补贴收入应当缴纳个人所得税 = ［（90 000/15 - 3 500）× 10% - 105］× 15 = 2 175 （元）。

综上所述，周明应当缴纳个人所得税 = 544.4 + 2 175 = 2 179.4 （元）

（七）在中国境内无住所的个人取得工资、薪金所得的计税方法

对在中国境内无住所的个人由于在中国境内公司、企业、经济组织 （以下简称中国境内企业）或外国企业在中国境内设立的机构、场所及税收协定所说常设机构 （以下简称中国境内机构）担任职务，或者由于受雇或履行合同而在中国境内从事工作，取得的工资、薪金所得应分不同情况确定，具体税务处理规定如下。

（1）在工资、薪金所得来源地的确定上，个人实际在中国境内工作期间取得的工资、薪金，不论是由中国境内还是境外企业或个人雇主支付，均属来源于中国境内的所得；个人实际在中国境外工作期间取得的工资薪金，不论是由中国境内还是境外企业或个人雇主支付，均属于来源于中国境外的所得。

（2）在中国境内无住所而在一个纳税年度中在中国境内连续或累计工作不超过 90 日或在税收协定规定的期间中在中国境内连续或累计居住不超过 183 日的个人，由中国境外雇主支付并且不是由该雇主的中国境内机构负担的工资、薪金，免于申报缴纳个人所得税。对前述个人应仅就其实际在中国境内工作期间由中国境内企业或个人雇主支付或者由中国境内机构负担的工资薪金所得申报纳税。其应纳税额的计算公式为：

应纳税额 = （当月境内外工资、薪金应纳税所得额 × 适用税率 - 速算扣除数）× （当

月境内支付工资/当月境内外支付工资总额）×（当月境内工作天数/当月天数）

（3）对在境内无住所，但在一个纳税年度中在境内连续或累计居住超过90日（或在税收协定期间连续或累计居住超过183日）而不满1年的非居民纳税人，其实际在中国境内工作期间取得的中国境内企业或个人支付和境外企业或个人支付的工资、薪金，均应该申报缴纳。其计算分式为：

应纳税额=（当月境内外工资薪金应纳税所得额×适用税率－速算扣除数）×（当月境内工作天数÷当月天数）

【例7-18】法国某公司派其雇员兰博来我国某企业安装、调试电器生产线，兰博于2012年1月1日来华，工作时间为7个月，但其中7月份仅在我国居住20天。其工资由法方企业支付，月工资合人民币30 000元。计算兰博7月份应纳的个人所得税如下。

应纳税所得额=30 000－4 800=25 200（元）

应纳税额=（25 200×25%－1 055）×20/31=3 416.13（元）

（4）对在境内无住所，但居住在1年以上、不满5年的居民纳税人经主管税务机关批准，其实际在中国境内工作期间取得的中国境内企业或个人支付和境外企业或个人支付的工资、薪金，均应该申报缴纳。其境外所得（临时离境）可以只就由中国境内公司、企业和其他组织、个人支付的部分缴纳个人所得税，境外支付的部分予以免征。其计算公式为：

应纳税额=（当月境内外工资薪金应纳税所得额×适用税率－速算扣除数）×[1－（当月境外支付工资÷当月境内外支付工资总额）×（当月境外工作天数÷当月天数）]

（八）个人取得的股票期权所得

企业员工股票期权（以下简称股票期权）是指上市公司按照规定的程序授予本公司及其控股企业员工的一项权利，该权利允许被授权员工在未来时间内以某一特定价格购买本公司一定数量的股票。这里"某一特定价格"被称为"授予价"或"施权价"，即根据股票期权计划可以购买股票的价格，一般为股票期权授予日的市场价格或该价格的折扣价格，也可以是按照事先设定的计算方法约定的价格；"授予日"也称"授权日"，是指公司授予员工上述权利的日期；"行权"也称"执行"，是指员工根据股票期权计划选择购买股票的过程；员工行使上述权利的当日为"行权日"，也称"购买日"。税法对于这类所得也做出了相应的规定。

（1）员工接受实施股票期权计划企业授予的股票期权时，除另有规定外，一般不作为应税所得征税。

（2）员工行权时，其从企业取得股票的实际购买价（施权价）低于购买日公平市场价（指该股票当日的收盘价，下同）的差额，是因员工在企业的表现和业绩情况而取得的与任职、受雇有关的所得，应按"工资、薪金所得"适用的规定计算缴纳个人所得税。

对该股票期权形式的工资薪金所得可区别于所在月份的其他工资薪金所得，单独按下列公式计算当月应纳税款：应纳税额=（股票期权形式的工资薪金应纳税所得额/

规定月份数×适用税率－速算扣除数）×规定月份数

注：公式中的规定月份数，是指员工取得来源于中国境内的股票期权形式工资薪金所得的境内工作期间月份数，长于12个月的，按12个月计算。

① 对因特殊情况，员工在行权日之前将股票期权转让的，以股票期权的转让净收入作为工资、薪金所得征收个人所得税。

② 员工行权日所在期间的工资、薪金所得，应按下列公式计算工资、薪金应纳税所得额：股票期权形式的工资、薪金应纳税所得额＝（行权股票的每股市场价－员工取得该股票期权）×股票数量。

（3）员工将行权后的股票再转让时获得的高于购买日公平市场价的差额，是因个人在证券二级市场上转让股票等有价证券而获得的所得，应按照"财产转让所得"适用的征免规定计算缴纳个人所得税。

（4）员工因拥有股权而参与企业税后利润分配取得的所得，应按照"利息、股息、红利所得"适用的规定计算缴纳个人所得税。

【例7－19】假定2013年2月1日某上市公司实施员工期权计划，李明获得10 000股（按价格1元购买）的配额；2013年2月1日李某行权，当日市场价格每股6.4元。7月1日该上市公司按照每股0.3元分配2013年股利。8月30日，该公司股价上升到每股8元，李明将其出售。计算李明应纳的个人所得税额如下。

（1）2013年2月1日李明接受股票期权时不计税。

（2）2013年2月1日，应纳税所得额＝10 000×5.4＝54 000元，适用税率按照54 000/12＝4 500元，即税率为10%，速算扣除数为105。

（3）2013年7月1日，获得3 000元股利，应纳税额＝3 000×20%×50%＝300元。

（4）2013年8月30日，转让境内上市公司股票所得属于财产转得，但暂不应征税。

十三、两人以上共同取得同一项目收入的计税方法

两个或两个以上的个人共同取得同一项目收入的，应当对每个人取得的收入分别按照税法规定减除费用后计算纳税，即实行"先分、后扣、再税"的办法。

【例7－20】高校教师张某、李某、王某合写一本专著，出版社应付稿酬28 000元，其中李某和张某各得12 400元，王某得3 200元，计算这三位教师应如何计算个人所得税如下。

应分别减除费用计算个人所得税。
王某应纳税额＝（3 200－800）×20%×（1－30%）＝336（元）
李某和张某各应纳税额＝12 400×（1－20%）×20%×（1－30%）＝1 388.8（元）

十四、个人通过购买债权取得收入的计税方法

个人通过招标、竞拍或其他方式购置债权以后，通过相关司法或行政程序主张债权而取得的所得，应按照"财产转让所得"项目缴纳个人所得税。

238

个人通过上述方式取得"打包"债权，只处置部分债权的，其应纳税所得额按以下方式确定：

（1）以每次处置部分债权的所得，作为一次财产转让所得征税。

（2）其应税收入按照个人取得的货币资产和非货币资产的评估价值或市场价值的合计数确定。

（3）所处置债权成本费用（即财产原值）按下列公式计算：

当次处置债权成本费用 = 个人购置"打包"债权实际支出 × 当次处置债权账面价值（或拍卖机构公布价值）÷ "打包"债权账面价值 –（或拍卖机构公布价值）。

（4）个人购买和处置债权过程中发生的拍卖招标手续费、诉讼费、审计评估费及缴纳的税金等合理税费，在计算个人所得税时允许扣除。

【例 7 – 21】甲以 1 000 万的价格购买了乙的打包债权（价值 4 000 万），其中丙欠乙 800 万元，甲通过司法程序获得了丙的清偿 400 万元，发生诉讼费等 10 万元。计算甲应缴纳的个人所得税如下。

甲应该缴纳个人所得税 = （400 – 800 × 1 000/4 000 – 10）× 20% = 38（万元）

十五、个人转让上市公司限售股取得的财产转让所得的计税方法

个人转让限售股，以每次限售股转让收入减除股票原值和合理税费后的余额，为应纳税所得额。即：

应纳税所得额 = 限售股转让收入 –（限售股原值 + 合理税费）

应纳税额 = 应纳税所得额 × 20%

限售股转让收入，是指转让限售股股票实际取得的收入。限售股原值，是指限售股买入时的买入价及按照规定缴纳的有关费用。合理税费，是指转让限售股过程中发生的印花税、佣金、过户费等与交易相关的税费。

如果纳税人未能提供完整、真实的限售股原值凭证的，不能准确计算限售股原值的，主管税务机关一律按限售股转让收入的 15% 核定限售股原值及合理税费。

第六节　个人所得税的税收优惠

为了支持社会福利、慈善事业，促进科技、文化等事业的进步，照顾某些特殊群体，更好地实现税收公平，我国个人所得税法对某些所得项目和纳税人给予了优惠的政策，具体规定如下：

一、个人所得税的免税优惠

（1）省级人民政府、国务院部委和中国人民解放军以上单位，以及外国组织、国际组织颁发的科学、教育、技术、文化、卫生、体育、环境保护等方面的奖金。

（2）国债利息和国家发行的金融债券利息。国债利息是指个人持有中华人民共和国财政部发行的债券而取得的利息；国家发行的金融债券利息是指个人持有经国务院批准发行的金融债券而取得的利息。

（3）按照国家统一规定发给的补贴、津贴。它是指按照国务院规定发给的政府特殊津贴、院士津贴、资深院士津贴，以及国务院规定免纳个人所得税的其他补贴、津贴。

（4）福利费、抚恤金、救济金。其中，福利费是指根据国家有关规定，从企业、事业单位、国家机关、社会团体提留的福利费或者工会经费中支付给个人的生活补助费；救济金是指各级人民政府民政部门支付给个人的生活困难补助费。

（5）保险赔款。

（6）军人的转业费、复员费。

（7）按照国家统一规定发给干部、职工的安家费、退职费、退休工资、离休工资、离休生活补助费。

（8）依照我国有关法律规定应予免税的各国驻华使馆、领事馆的外交代表、领事官员和其他人员的所得。即依照《中华人民共和国外交特权与豁免条例》和《中华人民共和国领事特权与豁免条例》规定免税的所得。

（9）中国政府参加的国际公约、签订的协议中规定免税的所得。

（10）企业和个人按照省级以上人民政府规定的比例提取并缴付的住房公积金、医疗保险金、基本养老保险金、失业保险金，不计入个人当期的工资、薪金收入，免予征收个人所得税。超过规定的比例缴付的部分计征个人所得税。个人领取原提存的住房公积金、医疗保险金、基本养老保险金时，免予征收个人所得税。

（11）经国务院财政部门批准免税的所得。

二、个人所得税的减征优惠

有下列情形之一的，经批准可以减征个人所得税。

（1）残疾、孤老人员和烈属的所得。

（2）因严重自然灾害造成重大损失的。

（3）其他经国务院财政部门批准减税的。

三、个人所得税的暂免征收

根据财政部、国家税务总局颁布的规定性文件，个人取得的下列所得暂免征收个人所得税。

（1）外籍个人以非现金形式或实报实销形式取得的住房补贴、伙食补贴、搬迁费、洗衣费。

（2）外籍个人按合理标准取得的境内外出差补贴。

（3）外籍个人取得的探亲费、语言训练费、子女教育费等，经当地税务机关审核批准为合理的部分。

（4）个人举报、协查各种违法、犯罪行为而获得的奖金。

（5）个人办理代扣代缴税款手续，按规定取得的扣缴手续费。

（6）个人转让自用达五年以上、并且是唯一的家庭生活用房取得的所得。

（7）达到离休、退休年龄，但确因工作需要，适当延长离休退休年龄的高级专家（指享受国家发放的政府特殊津贴的专家、学者），其在延长离休退休期间的工资、薪金所得，视同退休工资、离休工资免征个人所得税。

（8）外籍个人从外商投资企业取得的股息、红利所得。

（9）凡符合条件的外籍专家取得的工资、薪金所得可免征个人所得税。

（10）对个人购买福利彩票、赈灾彩票、体育彩票，一次中奖收入在1万元以下的（含1万元）暂免征收个人所得税，超过1万元的，全额征收个人所得税。

（11）科研机构、高等学校转化职务科技成果以股份或出资比例等股权形式给予科技人员个人奖励，经主管税务机关审核后，暂不征收个人所得税。

（12）下岗职工从事社区居民服务业，对其取得的经营所得和劳务报酬所得，从事个体经营的自其领取税务登记证之日起、从事独立劳务服务的自其持下岗证明在当地主管税务机关备案之日起，3年内免征个人所得税；但第一年免税期满后由县以上主管税务机关就免税主体及范围按规定逐年审核；符合条件的，可继续免征1~2年。

（13）对职工个人以股份形式取得的仅作为分红依据，不拥有所有权的企业量化资产，不征收个人所得税。对职工个人以股份形式取得的拥有所有权的企业量化资产，暂缓征收个人所得税；待个人将股份转让时，就其转让收入额，减除个人取得该股份时实际支付的费用支出和合理转让费用后的余额，按"财产转让所得"项目计征个人所得税。

（14）对国有企业职工，因企业依照《中华人民共和国企业破产法（试行）》宣告破产，从破产企业取得的一次性安置费收入，免予征收个人所得税。

（15）对被拆迁人按照国家有关城镇房屋拆迁管理办法规定的标准取得的拆迁补偿款，免征个人所得税。

（16）对个人将非货币性资产进行评估后投资于企业，其评估增值取得的所得在投资取得企业股权时，暂不征收个人所得税。

（17）个人取得单张有奖发票奖金所得不超过800元（含800元）的，暂免征收个人所得税；个人取得单张有奖发票奖金所得超过800元的，应全额按照个人所得税法规定的"偶然所得"税目征收个人所得税。

（18）党员个人通过党组织交纳的抗震救灾"特殊党费"，属于对公益、救济事业的捐赠。党员个人的该项捐赠额，可以按照个人所得税法及其实施条例的规定，依法在缴纳个人所得税前扣除。

（19）第二届高等学校教学名师奖奖金，免予征收个人所得税。

（20）对个人在上海证券交易所、深圳证券交易所转让从上市公司公开发行和转让市场取得的上市公司股票所得，继续免征个人所得税。

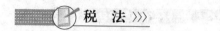

第七节　个人所得税的纳税申报

我国个人所得税采用自行申报与源泉扣缴两种纳税方法。

一、自行申报纳税

自行申报纳税是由纳税人在税法规定的期限内，自行向税务机关申报应税所得项目和数额，如实填写纳税申报表，并按照税法规定计算应纳税额，据此缴纳个人所得税的一种方法。为了加强个人所得税的征收管理，完善个人所得税的申报制度，国家税务总局于 2006 年 11 月 6 日颁布了《关于印发〈个人所得税自行纳税申报办法（试行）〉的通知》，对个人所得税自行申报纳税的纳税人、申报内容、纳税地点、纳税期限等做出了明确的规定。

二、自行申报纳税的适用范围

凡依据个人所得税法负有纳税义务的纳税人，有下列情形之一的，应当按照本办法的规定办理纳税申报。

（1）年所得 12 万元以上的；

（2）从中国境内两处或者两处以上取得工资、薪金所得的；

（3）从中国境外取得所得的；

（4）取得应税所得，没有扣缴义务人的；

（5）国务院规定的其他情形。

三、自行申报的内容

年所得 12 万元以上的纳税人，在纳税年度终了后，应当填写《个人所得税纳税申报表（适用于年所得 12 万元以上的纳税人申报)》，并在办理纳税申报时报送主管税务机关，同时报送个人有效身份证件复印件，以及主管税务机关要求报送的其他有关资料。

纳税人申报的所得为《个人所得税法》规定的十一类应税所得，即工资、薪金所得；个体户的生产、经营所得；对企事业单位的承包经营、承租经营所得；劳务报酬所得；稿酬所得；特许权使用费所得；利息、股息、红利所得；财产租赁所得；财产转让所得；偶然所得；经国务院财政部门确定征税的其他所得。但不包含税收优惠政策中规定的各类免税所得。

四、自行申报的纳税期限

（1）年所得 12 万元以上的纳税人，在纳税年度终了后 3 个月内向主管税务机关办理纳税申报。

（2）个体工商户的生产、经营所得应纳的税款，按年计算，分月预缴，由纳税义务人在次月 15 日内预缴，年度终了后 3 个月内汇算清缴，多退少补。

（3）对企事业单位的承包经营、承租经营所得应纳的税款，按年计算，由纳税义务人在年度终了后 30 日内缴入国库，并向税务机关报送纳税申报表。纳税义务人在一年内分次取得承包经营、承租经营所得的，应当在取得每次所得后的 15 日内预缴，年度终了后 3 个月内汇算清缴，多退少补。

（4）从中国境外取得所得的纳税人，在纳税年度终了后 30 日内向中国境内主管税务机关办理纳税申报。

（5）纳税人取得其他各项所得须申报纳税的，在取得所得的次月 15 日内向主管税务机关办理纳税申报。

（6）纳税人不能按照规定的期限办理纳税申报，需要延期的按照《税收征管法》及其实施细则的规定办理。

五、自行申报的纳税地点

自行申报的纳税地点一般应为收入来源地的税务机关。具体规定如下：

（1）年所得 12 万元以上的纳税人，纳税申报地点分别如下：

① 在中国境内有任职、受雇单位的，向任职、受雇单位所在地主管税务机关申报。

② 在中国境内有两处或者两处以上任职、受雇单位的，选择并固定向其中一处单位所在地主管税务机关申报。

③ 在中国境内无任职、受雇单位，年所得项目中有个体户的生产、经营所得或者对企事业单位的承包经营、承租经营所得（以下统称生产、经营所得）的，向其中一处实际经营所在地主管税务机关申报。

④ 在中国境内无任职、受雇单位，年所得项目中无生产、经营所得的，向户籍所在地主管税务机关申报。在中国境内有户籍，但户籍所在地与中国境内经常居住地不一致的，选择并固定向其中一地主管税务机关申报。在中国境内没有户籍的，向中国境内经常居住地主管税务机关申报。

（2）其他须自行申报纳税的纳税人，纳税地点分别如下：

① 从两处或者两处以上取得工资、薪金所得的，选择并固定向其中一处单位所在地主管税务机关申报。

② 从中国境外取得所得的，向中国境内户籍所在地主管税务机关申报。在中国境内有户籍，但户籍所在地与中国境内经常居住地不一致的，选择并固定向其中一地主管税务机关申报。在中国境内没有户籍的，向中国境内经常居住地主管税务机关申报。

③ 个体户向实际经营所在地主管税务机关申报。

④ 个人独资、合伙企业投资者兴办两个或两个以上企业的，区分不同情形确定纳税申报地点：兴办的企业全部是个人独资性质的，分别向各企业的实际经营管理所在地主管税务机关申报；兴办的企业中含有合伙性质的，向经常居住地主管税务机关申报；兴办的企业中含有合伙性质，个人投资者经常居住地与其兴办企业的经营管理所

在地不一致的，选择并固定向其参与兴办的某一合伙企业的经营管理所在地主管税务机关申报。

（3）除以上情形外，纳税人应当向取得所得所在地的主管税务机关申报。纳税人不得随意变更纳税申报地点，因特殊情况变更纳税申报地点的，须报原主管税务机关备案。

六、自行申报的申报方式

（1）数据电文方式申报纳税。纳税人采取数据电文方式申报的，应当按照税务机关规定的期限和要求保存有关纸质资料。

（2）邮寄申报纳税。纳税人采取邮寄方式申报的，以邮政部门挂号信函收据作为申报凭据，以寄出的邮戳日期为实际申报日期。

（3）其他方式申报纳税。纳税人可以委托有税务代理资质的中介机构或者他人代为办理纳税申报。

七、源泉扣缴纳税

源泉扣缴纳税是指由法定的扣缴义务人在向个人支付应纳税所得时，依据税法的规定计算应纳税额，然后从其所得中扣出其应纳的个人所得税税款并代为上缴国库，同时向税务机关报关扣缴个人所得税报送表及纳税相关资料的一种征收方式。根据《个人所得税法》及其实施条例，以及《征管法》及其实施细则的有关规定，国家税务总局制定下发了《个人所得税代扣代缴暂行办法》和《关于〈印发个人所得税全额扣缴申报管理暂行办法〉的通知》，对扣缴义务人、全员全额扣缴申报等做出了明确的规定。

八、扣缴义务人

凡支付个人应纳税所得的企业（公司）、事业单位、机关、社团组织、军队、驻华机构、个体户等单位或者个人，为个人所得税的扣缴义务人。扣缴义务人应按国家规定办理全员全额扣缴申报，即扣缴义务人向个人支付应税所得时，不论其是否属于本单位人员、支付的应税所得是否达到纳税标准，扣缴义务人应当在代扣税款的次月内，向主管税务机关报送其支付应税所得个人的基本信息、支付所得项目和数额、扣缴税款数额及其他相关涉税信。扣缴义务人依法履行代扣代缴义务，纳税人不得拒绝。税务机关应根据扣缴义务人扣缴的税款，支付2%的手续费。

九、源泉扣缴的适用范围

扣缴义务人向个人支付下列所得，应代扣代缴个人所得税。
（1）工资、薪金所得；
（2）对企事业单位的承包经营、承租经营所得；
（3）劳务报酬所得；
（4）稿酬所得；

（5）特许权使用费所得；

（6）利息、股息、红利所得；

（7）财产租赁所得；

（8）财产转让所得；

（9）偶然所得；

（10）经国务院财政部确定征税的其他所得。

十、扣缴义务人的扣缴期限

（1）扣缴义务人每月所扣的税款，应当在次月15日内缴入国库，并向主管税务机关报送《扣缴个人所得税报告表》代扣代收税款凭证和包括每一纳税人姓名、单位、职务、收入、税款等内容的支付个人收入明细表及税务机关要求报送的其他有关资料。

（2）扣缴义务人违反上述规定不报送或者报送虚假纳税资料的，一经查实，其未在支付个人收入明细表中反映的向个人支付的款项，在计算扣缴义务人应纳税所得额时不得作为成本费用扣除。

（3）扣缴义务人因有特殊困难不能按期报送《扣缴个人所得税报告表》及其他有关资料的，经县级税务机关批准，可以延期申报。

【本章小结】

本章主要介绍了：1. 个人所得税一般是对个人应税所得征收的一种税。

2. 我国个人所得税实行分类所得税制，具有税源广泛、调节收入和稳定经济的特点。

3. 个人所得税采用比例税率和超额累进税率两种形式，按照应税项目的不同而分别适用。工资、薪金所得适用3%～45%的7级超额累进税率，个体工商户生产经营所得、七事业单位承包承租经营所得、个人独资企业和合伙企业生产经营所得，适用5%～35%的5级超额累进税率；上述所得以外的其他所得，适用20%的比例税率；对劳务报酬等所得；另有加成征收等特殊规定。

4. 工资、薪金所得，个体工商户生产经营所得和企事业单位承包承租经营所得为按期纳税，其他所得为按次纳税。适用超额累进税率计算应纳税额的计算公式为：应纳税额＝应纳税所得额×适用税率－速算扣除数；适用比例税率计算应纳税额的计算公式为：应纳税额＝应纳税所得额×适用税率

5. 个人所得税的优惠政策包括免税奖金，免税利息，免税补贴，免税基金，免税股权，外籍个人收入免税项目，无住所个人工资、薪金免税项目，其他所得免税项目和减免项目等规定。个人所得税的纳税方法，有自行申报纳税代扣代缴两种。

【思考题】

1. 什么是个人所得税？如何理解其特点与原则？

2. 个人所得税规定的应税规定的应税所得项目有哪些？

3. 如何理解个人所得税的计税原理和税额的计算？

4. 何确定自行申报办法是如何规定的？

5. 如何确定扣缴义务人的适用范围和法定义务？

【课后练习题】

一、单项选择题

1. 下列各项中，按照稿酬所得征税的是（　　）。

　　A. 北京晚报记者在湖南晚报上发表文章的所得

　　B. 北京晚报记者在北京晚报发表文章的所得

　　C. 某大学老师帮出版社审稿的所得

　　D. 某画家参加笔会现场作画的所得

2. 以下项目所得，应按"工资、薪金所得"缴纳个人所得税的是（　　）。

　　A. 个人提供担保取得的收入

　　B. 不在公司任职的董事取得的董事费收入

　　C. 出租汽车经营单位将出租车所有权转移给驾驶员的，出租车驾驶员从事客货运营取得的收入

　　D. 出租汽车经营单位对出租车驾驶员采取单车承包或承租方式运营，出租车驾驶员从事客货营运取得的收入

3. 下列各项所得中，应当征收个人所得税的是（　　）。

　　A. 个人取得的国债利息　　　　　　　　B. 个人取得的国家发行的金融债券利息

　　C. 个人取得的教育储蓄存款利息　　　　D. 个人拥有股权取得的股息

4. 某人某年出版小说一部，取得稿酬 8 000 元，同年该小说在一家报纸上连载，取得稿酬 3 500 元，则该人应纳个人所得税为（　　）元。

　　A. 1 548　　　　　　B. 1 840　　　　　　C. 1 820　　　　　　D. 1 274

5. 国内某作家的一篇小说先在某晚报上连载 3 个月，每月取得稿酬 3 600 元，然后送交出版社，一次取得稿酬 20 000 元。该作家因此需缴个人所得税（　　）元。

　　A. 416　　　　　　B. 3 449.6　　　　　　C. 3 752　　　　　　D. 4 009.6

6. 2013 年 10 月王某和张某共同承担一项装修工程，获得装修收入 7 000 元，经协商，王某分得 4 800 元，张某分得 2 200 元，则二人应纳个人所得税分别为（　　）。

　　A. 768 元和 280 元　　　　　　　　　　B. 800 元和 350 元

　　C. 900 元和 400 元　　　　　　　　　　D. 960 元和 440 元

7. 从中国境外取得所得的纳税人和年所得 12 万元以上的纳税人，应在纳税年度终了后（　　）内向主管税务机关办理纳税申报。

　　A. 1 个月　　　　　　B. 2 个月　　　　　　C. 4 个月　　　　　　D. 3 个月

8. 2013 年 12 月霍先生还有 15 个月至法定离退休年龄，办理内部退养手续后从原任职单位取得的一次性收入为 30 000 元。霍先生月工资为 3 400 元，在计算个人所得税时适用的税率为（　　）。

　　A. 3%　　　　　　B. 10%　　　　　　C. 20%　　　　　　D. 25%

9. 某高校吴教授取得翻译收入 20 000 元,从中先后拿出 6 000 元和 5 000 元,通过国家机关分别捐给农村义务教育和贫困山区,该项翻译收入应纳个人所得税为 (   ) 元。

    A. 700   B. 1 040   C. 1 280   D. 1 428

10. 下列表述中,符合个人所得税法规定的是 (   )。

    A. 个体工商户从联营企业分回的利润应并入其经营所得一并缴纳个人所得税

    B. 合伙企业以每一个合伙人为纳税义务人

    C. 个人因离婚办理房屋产权过户手续,按照偶然所得征收个人所得税

    D. 企业年金的个人缴费部分允许在工资、薪金计算个人所得的税前扣除

11. 王先生 2013 年 2 月达到规定退休年龄而退休,每月领取退休工资 3 700 元,3 月份被一家公司聘用为管理人员,月工资 4 500 元。2013 年 3 月王先生应缴纳个人所得税 (   ) 元。

    A. 0   B. 30   C. 125   D. 265

12. 下列各项所得不免征个人所得税的是 (   )。

    A. 保险赔款   B. 国债利息   C. 抚恤金   D. 企业债券利息

13. 李某 2013 年 12 月从中国境内取得年终不含税奖金 48 000 元,当月工资薪金所得 2 500 元,则李某 2013 年 12 月应申报缴纳个人所得税额 (   ) 元。

    A. 4 595   B. 7 075   C. 9 525   D. 8 323. 53

14. 以下以 1 个月内取得的所得征收个人所得税的项目有 (   )。

    A. 工资、薪金所得   B. 报刊连载稿酬所得

    C. 财产转让所得   D. 特许权使用费所得

二、多项选择题

1. 以下采用定额与定率相结合的费用扣除方法的项目有 (   )。

    A. 劳务报酬所得   B. 特许权使用费所得

    C. 财产转让所得   D. 其他活动取得的所得

2. 下列各项中,应按照利息、股息、红利项目计征个人所得税的有 (   )。

    A. 股份制公司为个人股东购买住房而支付的款项

    B. 员工因拥有股权而参与公司税后利润分配取得的所得

    C. 员工将行权后的股票再转让时获高于购买日公平市场价的差额

    D. 股份制公司个人投资者年终既不归还又未用于企业经营的借款

3. 下列各项个人所得中,应当征收个人所得税的有 (   )。

    A. 企业集资利息   B. 从股份公司取得股息

    C. 企业债券利息   D. 国家发行的金融债券利息

4. 下列关于个人所得税的表述中正确的有 (   )。

    A. 在中国境内无住所但一个纳税年度内在中国境内居住满 365 天的个人为居民纳税人

    B. 连续或累计在境内居住不超过 90 天个人所取得的境内所得并由境内支付部分免税

    C. 在境内无住所且一个纳税年度内在境内一次居住不超过 30 天的个人为非居民纳

税人

D. 在境内无住所但在境内居住超过 5 年的个人，从第六年起凡在境内居住满 1 年的就来源于境内外全部所得纳税

5. 下列各项中，适用 5% ~35% 的 5 级超额累进税率征收个人所得税的有 （　　　）。

　　A. 个体工商户的生产经营所得

　　B. 合伙企业的生产经营所得

　　C. 个人独资企业的生产经营所得

　　D. 对企事业单位的承包经营、承租经营所得

6. 下列个人所得按 "劳务报酬所得" 项目缴纳个人所得税的有 （　　　）。

　　A. 外部董事的董事费收入

　　B. 个人兼职收入

　　C. 教师受聘给企业讲座取得的收入

　　D. 在校学生参加勤工俭学活动取得的收入

7. 下列各项计征个人所得税的方法中，正确的有 （　　　）。

　　A. 如果个人兼有不同的劳务报酬所得，应分别按不同项目所得定额或定率减除费用后计算纳税

　　B. 在两处或两处以上出版、发表或再版同一作品取得稿酬应合并为一次征收所得税

　　C. 个人同一作品在报刊上连载取得所得按一次征税，连载后出书应视同再版稿酬征税

　　D. 对企事业单位的承包承租经营所得计税时，允许扣除的必要费用是指生产经营过程中的成本费用

8. 下列个人所得在计算个人所得税应纳税所得额时，可按月减除定额费用的有 （　　　）。

　　A. 对企事业单位的承包、承租经营所得

　　B. 财产转让所得

　　C. 工资薪金所得

　　D. 利息所得

9. 下列有关个人所得税税收优惠的表述中，正确的有 （　　　）。

　　A. 国债利息和保险赔偿款免征个人所得税

　　B. 个人领取原提存的住房公积金免征个人所得税

　　C. 残疾、孤老人员和烈属的所得可以减征个人所得税

　　D. 外籍个人按合理标准取得的境内、外出差补贴暂免征个人所得税

10. 在个人所得税法中，下列关于 "次" 的规定，说法正确的有 （　　　）。

　　A. 同一事项连续取得收入的，以全部取得的收入为一次

　　B. 同一作品再版取得的稿酬，应单独看作一次所得征税

　　C. 同一作品分 3 次支付的稿酬，应当看作一次所得征税

　　D. 出租房屋所得收入，应当以 1 个月作为一次所得征税

11. 个人所得税的纳税人区分为居民纳税人和非居民纳税人，依据的标准有 （　　　）。

　　A. 境内有无住所　　　　　　　　　　　B. 境内工作时间

C. 收入的工作地　　　　　　　　D. 境内居住时间

12. 张某因工作调动于 2013 年 12 月将一套 80 ㎡的唯一家庭住房出售，售价 100 万元，该住房于 2007 年 3 月以 60 万元的价格购入。对张某的税务处理正确的有（　　）。

A. 免征营业税　　　　　　　　　B. 免征个人所得税

C. 免征土地增值税　　　　　　　D. 应缴纳契税

三、判断题

1. 股份制企业购买车辆并将车辆所有权办到股东个人名下，应按照工资、薪金所得项目征收个人所得税。　　　　　　　　　　　　　　　　　　　　　　　　　　（　　）

2. 在判断个人所得来源地时对不动产转让所得以不动产坐落地为所得来源地。（　　）

3. 同一作品在报刊上连载取得收入的，以连载完成后取得的所有收入合并为一次计征个人所得税。　　　　　　　　　　　　　　　　　　　　　　　　　　　　　（　　）

4. 个体工商户的生产经营所得，企事业单位的承包经营、承租经营所得，个人独资企业和合伙企业生产经营所得，适用 5% ~ 35% 的 5 级超额累进税率。　　　　　（　　）

5. 出租汽车经营单位对出租车驾驶员采取单车承包或承租方式运营，出租车驾驶员从事客货运营取得的收入，按个体工商户的生产经营所得计征个人所得税。（　　）

6. 根据个人所得税法的规定，个人从境外取得的工资薪金收入一律自行申报。（　　）

7. 华侨和港澳台同胞的工资、薪金所得，采取了加计扣除费用的办法。　　　（　　）

8. 我国个人所得税属于综合所得税制类型。　　　　　　　　　　　　　　　（　　）

9. 个人将其所得通过中国境内的社会团体、国家机关向教育和其他社会公益事业以及遭受严重自然灾害地区、贫困地区捐赠，捐赠额未超过纳税义务人申报的应纳税所得额 30% 的部分，可以其应纳税所得额中扣除。　　　　　　　　　　　　　（　　）

10. 员工对股票期权行权时，其从企业取得股票的实际购买价（施权价）低于购买日公平市场价（指该股票当日的收盘价）的差额，应按"工资、薪金所得"适用的规定计算缴纳个人所得税。　　　　　　　　　　　　　　　　　　　　　　　（　　）

四、计算题

1. 居住在市区的中国居民李某，为一名中外合资企业的职员，2013 年 4 月 1 日 – 6 月 30 日前往 B 国参加培训，出国期间将其国内自己的小汽车出租给他人使用，每月取得租金 5 000 元。

　　要求：请根据上述资料，计算李某应缴纳的营业税和个人所得税。

2. 中国公民王某 2013 年 12 月赴国外进行技术交流期间，在甲国演讲取得收入折合人民币 12 000 元，在乙国取得专利转让收入折合人民币 60 000 元，分别按照收入来源国的税法规定缴纳了个人所得税折合人民币 1 800 元和 12 000 元。

　　要求：请根据上述资料，计算王某国外取得收入应在国内补缴的个人所得税。

3. 某作家于 2013 年 3 月出版一部长篇小说，出版前出版社预付稿酬 10 000 元，小说正式出版后出版社又付稿酬 30 000 元，由于此书很畅销，5 月又加印 1 000 册，取得稿酬 6 000 元，均未扣税。2013 年 8 月至 12 月期间该长篇小说在某报纸上连载刊登，共取得稿酬 18 000 元。此外，该书获得中国文联举办的百花奖，奖金 10 000 元。该作家工资由其所在文联支付，每月 1 500 元，已由单位扣缴税款，除此之外，其他所得均未申报纳税。

要求：请根据上述资料，计算该作家 2013 年应缴纳的个人所得税。

4. 李某等 5 人于 2013 年 10 月共同承包一项装修工程，取得装修费 160 000 元，因李某承揽而分得承揽费 10 000 元，剩余 5 人均分。另外，李某本月购买福利彩票中奖，获得奖金 8 800 元。

要求：请根据上述资料，计算李某该月应缴纳的个人所得税。

5. 2013 年 10 月中国公民赵某找到会计师事务所咨询个人所得税事宜。赵某现为某中学数学教师，月工资标准为 4 000 元，还需要按照所在省规定的办法和比例扣除其负担的住房公积金和各项社会保险费 320 元。赵某在周末的业余时间在某培训学校兼职讲授高考辅导课程，每月 4 次，每次报酬 900 元，但该培训学校力邀赵某到该校担任教学部主任并讲授数学课程，承诺给赵某的月工资标准为 6 000 元，还需要按照所在省规定的办法和比例扣除其负担的住房公积金和各项社会保险费 520 元。每月需要在该校讲课 6 天，每天报酬 600 元。

赵某咨询：接受或不接受邀请，2013 年 11 月以后每月应纳的个人所得税是多少？

五、综合题

1. 中国公民王某就职于国内 A 上市公司，2013 年度收入情况如下：
   - （1）1 月 1 日起将其位于市区的一套公寓住房按市价出租，每月收取租金 3 800 元。1 月因卫生间漏水发生修缮费用 1 200 元，已取得合法有效的支出凭证。
   - （2）在国内另一家公司担任独立董事，3 月取得该公司支付的上年度独立董事津贴 35 000 元。
   - （3）3 月取得国内 B 上市公司分派的红利 18 000 元。
   - （4）5 月赴国外进行技术交流期间，在甲国演讲取得收入折合人民币 12 000 元，在乙国取得专利转让收入折合人民币 60 000 元，分别按照收入来源国的税法规定缴纳了个人所得税折合人民币 1 800 元和 12 000 元。

   要求：请根据以上资料，计算回答下列问题（每问需计算出合计数）。
   - （1）1 月和 2 月出租房屋应缴纳的个人所得税（不考虑其他税费）。
   - （2）3 月取得的独立董事津贴和红利应缴纳的个人所得税。
   - （3）5 月从国外取得收入应在国内补缴的个人所得税。

2. 居住在市区的中国居民李某，为一中外合资企业的职员，2013 年度收入情况如下：
   - （1）每月取得合资企业支付的工资薪金 9 800 元。
   - （2）2 月为某企业提供技术服务，取得报酬 30 000 元；与其报酬相关的个人所得税由该企业承担。
   - （3）7 月与同事杰克（外籍）合作出版了一本有关中外文化差异的书籍，共获得稿酬 56 000 元，李某与杰克事先约定按 6∶4 的比例分配稿酬。

   要求：请根据上述资料，计算回答下列问题（每问需计算出合计数）。
   - （1）李某全年工资、薪金应缴纳的个人所得税。
   - （2）某企业为李某支付技术服务报酬应代付的个人所得税。
   - （3）李某稿酬所得应缴纳的个人所得税。

【案例与分析】

中国富豪为什么不是个人所得税的纳税大户?

1999 年"胡润百富榜"首次发布,荣毅仁家族以 80 亿元排在首位。2009 年内地财富榜显示:中国内地有 82.5 万个千万富豪和 5.1 万个亿万富豪,平均每 1 万人中就有 6 人是千万富豪。在 2013 年内地百富榜中,万达王健林 1 350 亿元、娃哈哈宗庆后家族 1 150 亿元和腾讯马化腾 620 亿元排在前 3 名,按地区上榜人数,北京 140 位、深圳 76 位、上海 71 位、杭州 51 位和广州 44 位,分别排在前 5 名;在全球富豪榜中,中国 10 亿美元级富豪数量达到 212 人,首次超越美国(211 人),成为创造 10 亿富豪最多的国家。自胡润百富榜推出以来,每年的放榜日总会引来国人的一阵议论。富豪们数以亿计的身价总是令普通老百姓羡慕,媒体也对此进行大肆渲染,但国人也一直有所疑问:富豪们身价百亿,他们缴了多少个人所得税?他们也像我们这些工薪阶层那样申报缴纳个人所得税吗?

根据《中国统计年鉴》(2013 年)数据与计算:2012 年全国税收收入为 100 614.28 亿元,其中个人所得税收入为 5 820.24 亿元,占全国税收收入的 5.78%。另据世界经济组织估算:中国的个人所得税的完税率仅有 50% 左右,也就是说中国有一半的个人所得税再流失,因此有评论认为:富豪们有逃税嫌疑。

"中国(内地)私营企业纳税百强"是根据公司的营业额和利润来确定的,其营业额大、利润高才能纳税多,个人身价是根据其持有的股票市值计算出来的,也就是说他们的财富是通常而言的"纸上财富",足未实现的所得。我国税法对"纸上财富"是不征税的,因此富豪未必一定是个人所得税的纳税大户,两者不能画等号。但作为中国的富豪们,在前期财富积累过程中是否做到了依法纳税?为什么他们可以拥有大量财富、过着富人生活,又不用缴纳更多的个人所得税呢?这是国人最大的疑问。

分析:有资料表明"中国富豪并不是个人所得税的纳税大户",分析其原因,并探讨个人所得税深化改革的政策措施。

第八章　资源类税法

学习目标

→ 1. 理解资源税税法各税种的基本概念和特点
→ 2. 掌握资源税税法各税种的征税范围、纳税人和税率
→ 3. 熟悉资源税税法各税种的优惠政策
→ 4. 掌握资源税税法各税种应纳税额的计算
→ 5. 了解资源税税法各税种的纳税时限和申报要求

第一节　资源税概述

一、资源税的概念

资源税是指以资源为课税对象，是国家凭借宪法赋予它的对自然资源的所有权和行政权力，向资源的开发利用者征收的一种特别税。由于资源的稀缺性和自然条件差别，导致了资源开采利用中的许多问题。为了更好地解决这些问题，无论是发达国家还是发展中国家，征收资源税已成为通行做法。由于资源开采造成的环境破坏不断升级，发达国家自20世纪70年代开始调整税收政策，资源税由收益型转向绿色生态型，提高能源利用效率、保护资源合理利用已经成为征收资源税的主要目的。

资源税按照征收目的的不同，可分为一般资源税和级差资源税两种。一般资源税是对占用国有自然资源者普遍征收的一种税，其目的是通过对国有自然资源的有偿使用达到政府保护资源和限制资源开采的意图；级差资源税是对占用开发国有自然资源者因资源条件差异获得的级差收入而征收的一种税，其目的是通过调节资源级差收入为企业创造平等竞争的外部条件。

我国现行的资源税是对在中国境内开采应税矿产品、生产盐、使用国家土地、把农业耕地转为非农业使用，以及转让国有土地使用权等行为所征收的一类税。

我国现行的资源税有以下几个特点。

（一）以特定的资源为征税对象

我国现行的资源税的征税对象只限于矿产品、盐和土地资源，其他具有生态环境价值的森林资源、海洋资源、水资源、地热资源等多数自然资源，甚至有些紧缺的自然资源都未列入征税范围。课税范围的窄小，使得资源税普遍调节的作用未充分发挥出来，非应税资源的掠夺性开采和使用的现象日益严重。因而，从资源税的改革方向来看，我国资源税将进一步扩大征税范围。

（二）资源税体现了政府的特定目的

政府征收资源税的一个重要目的，就是促进自然资源的合理开采、节约使用和有效配置，防止开发者对自然资源采易弃难、采大弃小、乱采滥挖。这也是我国当前落实科学发展观、构建和谐社会政策目标的迫切要求。资源税作为重要的自然资源调控手段，在保护资源合理开发和生态环境方面发挥了其他税种不可替代的作用。

（三）资源税的征收实行"普遍征收，极差调节"的原则

我国现行的资源税体系中资源税属于极差收益税，其立法目的就在于调节资源开采企业因资源开采条件的差异而形成的极差收入。城镇土地使用税和耕地占用税兼具有一般资源税和级差资源税的特征。开征的目的主要是保护我国有限而宝贵的土地资源，提高土地的使用效率，加强土地的管理。

（四）资源税一般实行差别税额，实行从量定额征收

现行的资源税体系中资源税根据不同的应税产品分别制定了不同的税额，按照从价定率或者从量定额的办法计算。城镇土地使用税根据各地经济发展状况实行等级幅度税额标准，以平方米为计税单位，按不同对象分别确定幅度差别税额。耕地占用税则是根据耕地占用面积和经济发展情况来确定地区差别幅度税额。

二、我国资源税法律制度的历史

我国对资源征税的历史十分悠久。最早可追溯到夏、商时期的山林之赋，即对伐木、采矿、煮盐等进行的课税。春秋时期的"官山海"，即国家凭借政治权利从盐铁等资源取得专卖收入，被认为是资源税的萌芽。此后，历代王朝都重视通过盐、铁等资源获取收入。新中国成立后，我国在很长一段时间对资源实行的是无偿开采。1950 年，我国颁布了《全国税政实施要则》，明确了对盐的生产、运销征收盐税，但是并没有规定对矿产资源的开采如何课税。1984 年 9 月 18 日，国务院发布《资源税条例（草案）》，自 1984 年 10 月 1 日起，对原油、天然气、煤炭等三种资源正式以资源税命名在全国范围内予以征税，征收基数是销售利润率超过 12% 的利润部分。《资源税条例（草案）》的实施，标志着我国资源税的设立。1986 年 3 月 19 日，六届全国人大常委会第十五次会议通过公布了《中华人民共和国矿产资源法》，自同年 10 月 1 日起施行。根据该法的规定，国家对矿产资源实行有偿开采。开采矿产资源，必须按照国家有关

规定缴纳资源税和资源补偿费。1993 年 12 月 25 日，国务院颁布了新的《中华人民共和国资源税暂行条例》，列入征税范围的有 7 个税目：原油、天然气、煤炭、其他非金属原矿、黑色金属原矿、有色金属原矿、盐，根据不同的应税产品、不同的开采者和不同地区适用高低不同的差别税额。2004 年之后，我国又陆续调整了煤炭、原油、天然气、锰矿石、焦煤、盐、铅锌矿石、铜矿石和钨矿石资源税的适用税额标准。随着我国经济形势的变化和市场经济日新月异的发展，我国将进一步加快资源税制改革的步伐，加大对资源保护的力度。2010 年 6 月 1 日，财政部、国际税务总局印发《新疆原油天然气资源税改革若干问题的规定》，拉开了中国资源税改革的序幕。原油和天然气资源税调整为按产品销售额的 5% 计征，即从价计征方式。自 2010 年 12 月 1 日，资源税改革试点扩大到内蒙古、甘肃、四川、青海、贵州、宁夏等 12 个西部省区。2011 年 9 月 30 日，国务院修改了《中国人民共和国资源税暂行条例》、《中华人民共和国对外合作开采海洋石油资源条例》和《中华人民共和国对外合作开采陆上石油资源条例》，修改决定将于 2011 年 11 月 1 日起施行，标志着资源税改革扩展到全国范围。

土地是万物生存之本，是人类创造财务的源泉。我国对土地征税也有着十分悠久的历史。新中国成立后，我国一直对土地使用者征税。党的十一届三中全会以后，伴随着土地所有权与使用权的分离、土地的有偿化和住宅的私有化，我国的土地税收制度逐步建立并完善。1987 年 4 月，国务院发布了《中华人民共和国耕地占用税暂行条例》，对占用耕地建房或者从事其他非农业建设的单位和个人征收耕地占用税。耕地占用税的征收，对加强土地管理，保护耕地发回来重要的作用。1988 年 9 月，国务院发布了《中华人民共和国城镇土地使用税暂行条例》，规定自同年 11 月 1 日起在全国范围内对内资企业和个人征收城镇土地使用税。1993 年 12 月，国务院颁布了《中华人民共和国土地增值税暂行条例》，规定自 1994 年 1 月 1 日起，对转让国有土地使用权、地上建筑物及其附着物并取得收入的单位和个人征收土地增值税，至此，我国现行的土地税制度主要包括三种税种，即城镇土地使用税、耕地占用税和土地增值税，从而初步确立了我国的土地税收体系。随着经济和社会的发展，为了进一步加大土地保护的力度，调节级差收入，促进土地资源合理利用，我国于 2006 年 12 月和 2007 年 12 月相继公布了新的《中华人民共和国城镇土地使用税暂行条例》和《中华人民共和国耕地占用税暂行条例》。新修订的两个条例都扩大了征税范围，把外商投资企业和外国企业纳入征税范围。同时，两个条例都提高了税额标准，以促进土地资源的合理利用。

第二节 资 源 税 法

一、资源税的基本法律规定

（一）纳税人

中华人民共和国领域及管辖海域开采条例规定的矿产品或者生产盐（以下称开采

或者生产应税产品）的单位和个人，为资源税的纳税人。单位，是指企业、行政单位、事业单位、军事单位、社会团体及其他单位。个人，是指个体工商户和其他个人。但是，进口应税资源产品的单位或个人则不在纳税人的范围。

为统一各类油气企业资源税费制度，公平税负，国务院做出了修改《中华人民共和国对外合作开采陆上石油资源条例》的决定，即自 2011 年 11 月 1 日起，中外合作开采陆上石油资源的企业依法缴纳资源税，不再缴纳矿区使用费。但是，为保持政策的连续性，本决定中明确了施行前已依法订立的中外合作开采陆上石油资源的合同，在已约定的合同有效期内，继续依照当时国家有关规定缴纳矿区使用费，不缴纳资源税；合同期满后，依法缴纳资源税。

同时，为了加强资源税的征管，保证税款及时、足额入库，法律规定独立矿山、联合企业及其他收购纳税矿产品的单位为资源税的扣缴义务人。

（二）征税对象

从理论上讲，为了更好地保护和合理使用资源，资源税的征税对象应当包括一切开发和利用的国有资源，但由于我国开征资源税经验不足，所以在实践中指包括矿产资源和盐资源两大类。具体来讲，资源税的征税对象包括以下两大类。

1. 矿产品

（1）原油：指开采的天然原油，不包括人造石油。

（2）天然气：指专门开采或与原油同时开采的天然气，暂不包括煤矿生产的天然气。

（3）煤炭：指原煤，不包括洗煤、选煤及其他原煤的加工产品。

（4）其他非金属矿原矿：指上列产品和井矿盐以外的非金属矿原矿。

（5）黑色金属矿原矿和有色金属矿原矿：指纳税人开采后自用或销售的，用于直接入炉冶炼或作为主产品先人工选精矿、制造人工矿，最终入炉冶炼的金属矿石原矿。

2. 盐

（1）固体盐：指用海、湖水或地下湖水晒制和加工出来呈现固体颗粒状态的盐。具体包括海盐原盐、湖盐原盐和井矿盐。

（2）液体盐：俗称卤水，指氯化钠含量达到一定浓度的溶液，资源税税目税率的具体情况见表 8 - 1。

表 8 - 1 　　　　　　　　　　资源税税目税率表

税　　目		税率
一、原油		销售额的 5% ~10%
二、天然气		销售额的 5% ~10%
三、煤炭	焦煤	每吨 8 ~20 元
	其他煤炭	每吨 0.3 ~5 元

续 表

税　目		税率
四、其他非金属矿原矿	普通非金属矿原矿	每吨或每立方米 0.5~20 元
	贵重非金属矿原矿	每千克或每克拉 0.5~20 元
五、黑色金属矿原矿		每吨 2~30 元
六、有色金属矿原矿	稀土矿	每吨 0.4~60 元
	其他有色金矿原矿	每吨 0.4~30 元
七、盐	固体盐	每吨 10~60 元
	液体盐	每吨 2~10 元

资源税应税产品的具体使用税率，按《资源税暂行条例实施细则》所附的〈资源税税目税率明细表〉执行。矿产品等级的划分，按细则所附《几个主要品种的矿山资源登记表》执行。

对于划分资源等级的应税产品，其《几个主要品种的矿山资源登记表》中未列举名称的纳税人适用的税率，由省、自治区、直辖市人民政府根据纳税人的资源状况，参照《资源税税目税率明细表》和《几个主要品种的矿山资源登记表》中确定的邻近矿山或者资源状况、开采条件相近矿山的税率标准，在浮动 30% 的幅度内核定，并报财政部和国家税务总局备案。

（三）扣缴义务人适用的税额（率）

（1）独立矿山、联合企业收购未税资源税应税产品的单位，按照本单位应税产品税额（率）标准，依据收购的数量（金额）代扣代缴资源税。

（2）其他单位收购的未税资源税应税产品，按主管税务机关核定的应税产品税额（率）标准，依据收购的数量（金额）代扣代缴资源税。

二、资源税的计税依据与应纳税额的计算

（一）计税依据

1. 课税数量的一般规定

（1）纳税人开采或者生产应税产品销售的以销售数量为课税数量。

（2）纳税人开采或生产应税产品，自用于连续生产应税产品的，不缴纳资源税；自用于其他方面的，视同销售，以自用数量为课税数量。

2. 课税数量的特殊规定

（1）纳税人不能准确提供应税产品销售数量或移送使用数量的，以应税产品的产量或主管税务机关确定的折算比换算成的数量为课税数量。

256

（2）煤炭，对于连续加工前无法正确计算原煤移送使用数量的可按加工产品的综合回收率，将加工产品实际销量和自用量折算成原煤数量作为课税数量。

综合回收率 = 加工产品实际销量和自用量 ÷ 耗用的原煤数量

（3）金属和非金属矿产品原矿，因无法准确掌握纳税人移送使用原矿数量的，可将其精矿按选矿比折算成原矿数量作为课税数量

选矿比 = 精矿数量 ÷ 耗用的原矿数量

（4）纳税人以资产的液体盐加工固体盐，按固体盐税额征税，以加工的固体盐数量为课税数量。纳税人以外购的液体盐加工成固体盐，其加工固体盐所耗用液体盐的已纳税额准予抵扣。

（5）原油中的稠油、高凝油与稀油划分不清或不易划分的，一律按原油数量课税。

（二）销售额

1. 销售额的一般规定

原油、天然气实行从价计征，计税依据为销售额，为纳税人销售应税产品向购买方收取全部价款和价外费用，但不包括收取的增值税销项税额。价外费用，包括价外向购买方收取的手续费、补贴、基金、集资费、返还利润、奖励费、违约金、滞纳金、延期付款利息、赔偿金、代收款项、代垫款项、包装费、包装物租金、储备费、运输装卸费以及其他各种性质的价外收费。但下列项目不包括在内：

（1）同时符合以下条件的代垫运输费用

① 承运部门的运输发票开具给购买方的；

② 纳税人将该项发票转交给购买方的。

（2）同时符合以下条件代为收取的政府性基金或者行政事业型收费

① 由国务院或者财政部批准设立的政府性基金，由国务院或者省级人民政府及其财政、价格主管部门批准设立的行政事业型收费；

② 收取时开具省级以上财政部门印制的财政票据；

③ 所收款项全部上缴财政。

2. 销售额的特殊规定

（1）纳税人申报的应税产品销售额明显偏低并且无正当理由的、有视同销售应税产品行为而无销售额的，除财政部、国家税务总局另有规定外，按下列顺序确定销售额：

① 按纳税人最近时期同类产品的平均销售价格确定；

② 按其他纳税人最近时期同类产品的品均销售价格确定；

③ 按组成计税价格确定。

组成计税价格为：

组成计税价格 = 成本 × (1 + 成本利润率) ÷ (1 - 税率)

公式中的成本是指：应税产品的实际生产成本。公式中的成本利润率由省、自治区、直辖市税务机关确定。

（2）纳税人开采应税产品由其关联单位对外销售的，按其关联单位的销售额征收

资源税。

（3）纳税人既有对外销售应税产品，又有将应税产品自用于除连续生产应税产品以外的其他方面的，则自用的这部分应税产品，按纳税人对外销售应税产品的平均价格计算销售额征收资源税。

（4）纳税人将其开采的应税产品直接出口的，按其离岸价格（不含增值税）计算销售额征收资源税。

（三）应纳税额的计算

资源税的应纳税额，按照从价定率或者从量定额的办法，分别以应税产品的销售额乘以纳税人具体适用的比例税率或者以应税产品的销售数量乘以纳税人具体适用的定额税率计算。其计税公式分别如下：

应纳税额＝课税数量×适用的单位税额（从量定额）

应纳税额＝销售额×税率（从价定率）

值得注意的是，纳税人开采或者生产不同税目应税产品的，应当分别核算不同税目应税产品的销售额或者销售数量；为分别核算或者不能准确提供不同应税产品的销售额或者销售数量的，从高适用税率。

【例8－1】假设 A 石油开采企业 2012 年 5 月开采原油 40 万吨，其中用于加热、修井的原油 2 万吨，用于本单位管理部门适用的 2 万吨，其余原油全部以每吨 5 000 元的价格销售。已知：石油适用的税率为销售额的 5%。计算该石油企业该月应纳的资源税。

［答案］加热、修井用的原油免税；自用于管理部门的属于视同销售，于移送使用时纳税。

则该企业当月应缴纳的资源税 ＝（40－2）×5 000×5% ＝9 500（万元）

三、资源税的税收优惠与征收管理

（一）减税、免税项目

资源税贯彻普遍征收，级差调节的原则思想，因此规定的减免税项目比较少。资源税的减免税规定如下：

（1）开采原油过程中用于加热、修井的原油免税。

（2）纳税人开采或者生产应税产品过程中，因意外事故或者自然灾害等原因遭受重大损失的，由省、自治区、直辖市人民政府酌情决定减税或者免税。

（3）国务院规定的其他减税、免税项目。

需要特别注意的是，由于对进口应税资源产品不征收资源税，相应地对出口应税产品也不免征或退还已纳的资源税，因而出口的应税资源产品并不享受类似出口增值税应税货物所享受的出口退（免）税政策。

纳税人的减免税项目，应当单独核算课税数量；未单独核算或者不能准确提供课税数量的，不予减税或者免税。

（二）资源税的征收管理

1. 纳税义务发生时间

根据纳税人的生产经营、货款结算方式和资源税征收的几种情况，其纳税义务的发生时间分为以下几种情况。

（1）纳税人采取分期收款结算方式销售应税产品，其纳税义务发生时间为销售合同规定的收款日期的当天；

（2）纳税人采取预收货款结算方式销售应税产品，其纳税义务发生时间为发出应税产品的当天；

（3）纳税人采取除分期收款和预收货款以外的其他结算方式销售应税产品，其纳税义务发生时间为收讫价款或者取得索取价款凭证的当天；

（4）纳税人自产自用应税产品，其纳税义务发生时间为移送使用应税产品的当天；

（5）扣缴义务人代扣代缴税款，其纳税义务发生时间为支付这笔货款或者首次开具应支付货款凭据的当天。

2. 纳税期限

纳税人的纳税期限为 1 日、3 日、5 日、10 日、15 日或者一个月，由税务机关根据实际情况具体核定。不能按固定期限计算纳税的，可以按次计算纳税

以一个月为一期纳税的，自期满之日起 10 日内申报纳税；以 1 日、3 日、5 日、10 日或者 15 日为一起纳税的，自期满之日起 5 日内预缴税款，于次月 1 日起 10 日内申报纳税并结清上月税款

3. 纳税地点

凡是缴纳资源税的纳税人，都应当向应税产品的开采或者生产所在地主管税务机关缴纳税款。如果纳税人在本省、自治区、直辖市范围内开采或者生产应税产品，其纳税地点需要调整的，由所在地省、自治区、直辖市税务机关决定；跨省、自治区、直辖市开采或者生产资源税应税产品的纳税人，其下属生产单位与核算单位不在同一省、自治区、直辖市的，对其开采或者生产的应税产品，一律在开采地或者生产地纳税。实行从量计征的应税产品，其应纳税款一律由独立核算的单位按照每个开采地或者生产地的销量及使用税率计算划拨实行从价计征的应税产品，其应纳税款一律由独立核算的单位按照每个开采地或者生产地的销售量、单位销售价格及适用税率计算划拨。

扣缴义务人代扣代缴的资源税，也应当向收购地主管税务机关缴纳。

4. 纳税申报

资源税的纳税人应按主管税务机关核定的纳税期限，如实填写并报送《资源税纳税申报表》。

纳税人在资源税纳税申报时，除财政部、国家税务总局另有规定外，应当将其应税和减免税项目分别计算和报送。

第三节 城镇土地使用税法

一、城镇土地使用税的基本法律规定

（一）纳税人

城镇土地使用税的纳税人是在城市、县城、建制镇、工矿区范围内使用土地的单位和个人。凡在土地使用税开征区范围内使用土地的单位和个人，不论通过出让方式还是转让方式取得的土地使用权，都依法缴纳土地使用税。

城镇土地使用税的纳税人通常包括以下几类：

（1）拥有土地使用权的单位和个人；

（2）拥有土地使用权的单位和个人不在土地所在地的，其土地的实际使用人和代管人为纳税人；

（3）土地使用权未确定或权属纠纷未解决的，其实际使用人为纳税人；

（4）土地使用权共有的，共有各方都是纳税人，由共有各方分别纳税。

土地使用权共有的各方，应按其实际使用的土地面积的比例，分别计算缴纳土地使用税。

这里需要特别注意的是，从2007年1月1日起，外商投资企业和外国企业也是城镇土地使用税的纳税人。将外商投资企业和外国企业纳入城镇土地使用税的征收范围，是国家加强土地管理的重要举措，有利于发挥税收的经济杠杆作用。

（二）征税范围

城镇土地使用税的征税范围包括在城市、县城、建制镇和工矿区内的国家所有和集体所有的土地。城市是指经国务院批准设立的市；县城是指人民政府所在地；建制镇是指经省、自治区、直辖市人民政府批准设立的建制镇；工矿区是指工商业比较发达，人口比较集中，符合国务院规定的建制镇标准，但尚未设立建制镇的大中型工矿企业所在地，工矿区须经省、自治区、直辖市人民政府批准。

（三）税率

城镇土地使用税采用定额税率，即采用有幅度的差别税额。修订后的城镇土地使用税的税率分别为：大城市1.5~30元/平方米；中等城市1.2~24元/平方米；小城市0.9~18元/平方米；县城、建制镇、工矿区0.6~12元/平方米。

大、中、小城市以公安部门登记在册的非农业正式户口人数为依据，按照国务院颁布的《城市规划条例》中规定的标准划分。现行的划分标准是：市区及郊区非农业人口总计在50万以上的，为大城市；市区及郊区非农业人口总计在20万~50万的，为中等城市；市区及郊区非农业人口总计在20万以下的，为小城市。城镇土地使用税的税率如表 8 - 2 所示。

表 8 - 2 城镇土地使用税税率表

级别	人口/人	税额/（元/平方米）
大城市	50 万以上	1.5 ~ 30
中等城市	20 万 ~ 50 万	1.2 ~ 24
小城市	20 万以下	0.9 ~ 18
县城、建制镇、工矿区		0.6 ~ 12

考虑到城镇土地使用税的税负水平应与各地经济发展水平和土地市场发育程度相适应，国务院仍授权各省级人民政府根据当地实际情况在上述税额幅度内确定本地区的适用税额幅度。市、县人民政府应当根据实际情况，将本地区土地划分为若干等级，在省、自治区、直辖市人民政府确定的税额幅度内，制定相应的适用税额标准，报省、自治区、直辖市人民政府批准执行。

经省、自治区、直辖市人民政府批准，经济落后地区城镇土地使用税的适用税额标准可以适当降低，但降低额不得超过条例规定最低税额的 30%。经济发达地区土地使用税的适用税额标准可以适当提高，但须报经财政部批准。

二、城镇土地使用税的计税依据和应纳税额的计算

（一）计税依据

城镇土地使用税以纳税人实际占用的土地面积为计税依据。税务机关根据纳税人实际占用的土地面积，按照规定的税额计算应纳税额，向纳税人征收土地使用税。纳税人实际占用的土地面积按下列办法确定。

（1）由省、自治区、直辖市人民政府确定的单位组织测定土地面积的，以测定的面积为准。

（2）尚未组织测量，但纳税人持有政府部门核发的土地使用证书的，以证书确认的土地面积为准。

（3）尚未核发土地使用证书的，应由纳税人申报土地面积，据以纳税，待核发土地使用证以后再作调整。

（二）应纳税额的计算

城镇土地使用税的应纳税额根据纳税人实际占用的土地面积和适用单位税额计算。计算公式为：

应纳税额 = 计税土地面积（平方米）× 适用税额

土地使用权由几方共有的，由共有各方按照各自实际使用的土地面积占总面积的比例，分别计算缴纳土地使用税。

【例8-2】宁波市某大型国有企业2012年实际占地5万平方米。由于经营规模扩大，年底又受让了一块土地，土地使用证上确认的土地面积为4万平方米，企业按当年实际开发使用的土地面积2.5万平方米进行申报纳税。假设以上土地均使用每平方9元的城镇土地使用税税率，计算该企业年应纳城镇土地使用税税额。

[答案] 应纳城镇土地使用税 = (5 + 4) × 9 = 81 (万元)

三、城镇土地使用税的税收优惠

(一) 法定的免税项目

根据《城镇土地使用税暂行条例》等相关法规的规定，下列土地免缴土地使用税。

(1) 国家机关、人民团体、军队自用的土地。这部分土地是指这些单位本身的办公用地和公务用地。

(2) 由国家财政部门拨付事业经费的单位自用的土地。这部分土地是指这些单位本身的业务用地。

(3) 宗教寺庙、公园、名胜古迹自用的土地。以上单位的生产、营业用地和其他用地，不属于免税范围，应按规定缴纳土地使用税。

(4) 市政街道、广场、绿化地带等公共用地。

(5) 直接用于农、林、牧、渔业的生产用地。

(6) 经批准开山填海整治的土地和改造的废弃土地，从使用的月份起免缴土地使用税5~10年。

(7) 由财政部另行规定免税的能源、交通、水利设施用地和其他用地。

(8) 企业办的学校、医院、托儿所、幼儿园，其用地能与企业其他用地明确区分的，可以比照由国家财政部门拨付事业经费的单位自用的土地，免征土地使用税。

纳税人缴纳城镇土地使用税确有困难需要定期减免的，由省、自治区、直辖市税务机关审核后，报国家税务局批准。

(二) 省级地方政府确定的减免税

下列土地由省、自治区、直辖市地方税务局确定减免城镇土地使用税：

(1) 个人所有的居住房屋及院落用地

(2) 免税单位职工家属的宿舍用地

(3) 集体和个人举办的各类学校、医院、托儿所、幼儿园用地

(4) 民政部门举办的安置残疾人占一定比例的福利工厂用地

(5) 对基建项目在建期间使用的土地，原则上应照章征收土地使用税。但对有些基建项目，特别是国家产业政策扶持发展的大型基建项目占地面积大、建设周期长、在建期间又没有经营收入，为照顾其实际情况，对纳税人纳税确有困难的，可由各省、自治区、直辖市税务局根据具体情况予以免征或减征土地使用税；对已经完工或已经使用的建设项目，其用地应照章征收土地使用税。

（6）城镇内的集贸市场（农贸市场）用地，按规定应征收城镇土地使用税。为了促进集贸市场的发展及照顾各地的不同情况，各省、自治区、直辖市地方税务局可根据具体情况自行确定对集贸市场用地征收或者免征城镇土地使用税。

（7）房地产开发公司建造商品房的用地，原则上应按规定计征城镇土地使用税。但在商品房出售之前纳税确有困难的，其用地是否给予缓征或减征、免征照顾，可由各省、自治区、直辖市地方税务局根据从严的原则结合具体情况确定。

（8）其他特殊用地，包括各类危险品仓库、厂房所需的防火、防爆、防毒等安全防范用地，企业搬迁后未使用的原有场地，企业范围内的荒山等尚未利用的土地。

（三）减免税的其他规定

此外，针对实践中的一些特殊情形，财政部、国家税务总局对其征免税情况也做出了具体的规定。

（1）对免税单位无偿使用纳税单位的土地（如公安、海关等单位使用铁路、民航等单位的土地），免征土地使用税；对纳税单位无偿使用免税单位的土地，纳税单位应照章缴纳土地使用税。

（2）纳税单位与免税单位共同使用共有使用权土地上的多层建筑，对纳税单位可按其占用的建筑面积占建筑总面积的比例计征土地使用税。

（3）企业搬迁后，其原有场地和新场地都使用的，均应照章征收土地使用税；原有场地不使用的，经各省、自治区、直辖市税务局审批，可暂免征收土地使用税。

（4）对企业的铁路专用线、公路等用地，除另有规定者外，在企业厂区（包括生产、办公及生活区）以内的，应照章征收土地使用税；在厂区以外、与社会公用地段未加隔离的，暂免征收土地使用税。

（5）对企业厂区（包括生产、办公及生活区）以内的绿化用地，应照章征收土地使用税；厂区以外的公共绿化用地和向社会开放的公园用地，暂免征收土地使用税。

（6）向居民供热并向居民收取采暖费的供热企业暂免征收城镇土地使用税。

（7）对在一个纳税年度内月平均实际安置残疾人就业人数占单位在职职工总数的比例高于25%（含25%）且实际安置残疾人人数高于10人（含10人）的单位，可减征或免征该年度城镇土地使用税。具体减免税比例及管理办法由省、自治区、直辖市财税主管部门确定。

四、城镇土地使用税的征收管理

（一）纳税期限和纳税申报

城镇土地使用税按年计算，分期缴纳。缴纳期限由各省、自治区、直辖市税务机关结合当地情况，一般分别确定按月、季、半年或1年等不同的期限缴纳。

纳税人应依照当地税务机关规定的期限，填写《城镇土地使用税纳税申报表》，将其占用土地的权属、位置、用途、面积和税务机关规定的其他内容据实向当地税务机关办理纳税申报登记，并提供有关的证明文件资料。

（二）纳税义务发生时间

城镇土地使用税纳税义务发生时间的具体规定如下：

（1）购置新建商品房，自房屋交付使用之次月起计征城镇土地使用税。

（2）购置存量房，自办理房屋权属转移、变更登记手续，房地产权属登记机关签发房屋权属证书之次月起计征城镇土地使用税。

（3）出租、出借房产，自交付出租、出借房产之次月起计征城镇土地使用税。

（4）房地产开发企业自用、出租、出借本企业建造的商品房，自房屋使用或交付之次月起计征城镇土地使用税。

（5）纳税人新征用的耕地，自批准征用之日起满1年时开始缴纳城镇土地使用税。

（6）纳税人新征用的非耕地，自批准征用次月起缴纳城镇土地使用税。

（三）纳税地点

城镇土地使用税在土地所在地缴纳。

纳税人使用的土地不属于同一省、自治区、直辖市管辖的，由纳税人分别向土地所在地的税务机关缴纳土地使用税；在同一省、自治区、直辖市管辖范围内，纳税人跨地区使用的土地，其纳税地点由各省、自治区、直辖市地方税务局确定。

土地使用税由土地所在地的地方税务机关征收，其收入纳入地方财政预算管理。土地管理机关应当向土地所在地的税务机关提供土地使用权属资料。

第四节 耕地占用税法

一、耕地占用税的基本法律规定

（一）纳税人

耕地占用税的纳税人为占用耕地建房或者从事非农业建设的单位或者个人。

（二）征税范围

耕地占用税的征税范围为一切用于建房或从事非农业建设的耕地，包括国家所有和集体所有的耕地。其中的"耕地"是指终止农作物的土地，具体包括田地、菜地、园地、鱼塘及其他农用土地。此外，占用前三年内曾用于种植农作物的土地，也视为耕地。

耕地占用税的征税范围必须同时符合两个条件：一是占用的土地的性质为农用耕地；二是占用土地的目的是用于建房或从事非农业建设。

（三）税率

1. 税率的一般规定

耕地占用税实行地区差别定额税率，以县级行政区域为单位，按人均耕地面积的多少确定每平方米耕地的适用税额。耕地占用税税额参见表8-3，各省、自治区、直辖市耕地占用税平均税额表见表8-4。

表8-3 　　　　　　　　　　耕地占用税税额表

级次	地区/以县为单位	税额/(元/平方米)
1	人均耕地在1亩（含1亩）以下的	10~50
2	人均耕地在1~2亩（含2亩）的	8~40
3	人均耕地在2~3亩（含3亩）的	6~30
4	人均耕地在3亩以上的	5~25

表8-4 　　　　　各省、自治区、直辖市耕地占用税平均税额表

地　区	税额标准/(元/平方米)
上海市	45
北京市	40
天津市	35
江苏、浙江、福建、广东	30
辽宁、湖北、湖南	25
河北、安徽、江西、山东、河南、重庆	22.5
广西、海南、贵州、云南、陕西	20
山西、吉林、黑龙江	17.5
内蒙古、西藏、甘肃、青海、宁夏、新疆	12.5

各地适用税额由省、自治区、直辖市人民政府在表8-3规定的税额幅度内，根据本地区的具体情况核定。各地确定的县级行政区适用税额须报财政部、国家税务总局备案。各省、自治区、直辖市人民政府核定的适用税额的平均水平，不得低于表8-4所规定的平均税额。

2. 税率的特殊规定

按照《耕地占用税暂行条例》的规定，以下地区可按下列情况调整税额。

（1）经济特区、经济技术开发区和经济发达且人均耕地特别少的地区，适用税额可以适当提高，但是提高的部分最高不得超过上述规定的当地适用税额的50%。

（2）占用基本农田的，适用税额应当在规定的当地适用税额的基础上（包括第（1）条所述的适用税额）提高50%。

（3）农村居民占用耕地新建住宅，按照当地适用税额减半征收耕地占用税。

（四）税收优惠

（1）根据《耕地占用税暂行条例》的规定，下列情形免征耕地占用税：

① 军事设施占用耕地；

② 学校、幼儿园、养老院、医院占用耕地。

（2）铁路线路、公路线路、飞机场跑道、停机坪、港口、航道占用耕地，减按每平方米2元的税额征收耕地占用税。

（3）农村烈士家属、残疾军人、鳏寡孤独，以及革命老根据地、少数民聚居区和边远贫困山区生活困难的农村居民，在规定用地标准以内新建住宅缴纳耕地占用税确有困难的，经所在地乡（镇）人民政府审核，报经县级人民政府批准后，可以免征或者减征耕地占用税。

（4）占用林地、牧草地、农田水利用地、养殖水面及渔业水域滩涂等其他农用地建房或者从事非农业建设的，按照规定征收耕地占用税，适用税额可适当低于占用耕地的适用税额。

（5）建设直接为农业生产服务的生产设施占用前款规定的农用地的，不征收耕地占用税。

需要注意的是，免征或者减征耕地占用税后，纳税人改变原占地用途，不再属于免征或者减征耕地占用税情形的，应当按照当地适用税额补缴耕地占用税。

二、耕地占用税的计税依据及应纳税额的计算

耕地占用税以占用耕地的面积为计税依据，应纳税额的计算公式为：

耕地占用税 = 实际占用耕地面积 × 适用税率

【例8-3】杭州市某企业经批准占用部区10 000平方米耕地用于建设新厂区，将其中3 000平方米的耕地用于开办一个托儿所，计算其应纳耕地占用税税额。已知：耕地所在地适用税率为40元/平方米

［答案］该企业应纳耕地占用税税额 = （10 000 - 3 000）× 40 = 280 000（元）

三、耕地占用税的征收管理

（一）纳税义务发生时间和纳税期限

经批准占用耕地的，耕地占用税纳税义务发生时间为纳税人收到土地管理部门办

理占用农用耕地手续通知的当天。未经批准占用耕地的，耕地占用税纳税义务发生时间为实际占用耕地的当天。

土地管理部在通知单位或者个人办理占用耕地手续时，应当同时通知耕地所在地同级地方税务机关。获准占用耕地的单位或者个人应当在收到土地管理部门的通知之日起 30 日内缴纳耕地占用税，并如实填写《耕地占用税申报表》。土地管理部门凭耕地占用税完税凭证或者免税凭证和其他有关文件发放建设用地批准书。

（二）纳税地点

耕地占用税由地方税务机关负责征收。纳税人临时占用耕地，应当依照规定缴纳耕地占用税。纳税人在批准临时占用耕地的期限内恢复所占用耕地原状的，全额退还已经缴纳的耕地占用税。

第五节　土地增值税法

一、土地增值税的基本法律规定

（一）征税范围

1. 征税范围的基本规定

根据《土地增值税暂行条例》的规定，凡转让国有土地使用权、地上的建筑物及其附着物并取得收入的行为都应缴纳土地增值税。其中，"国有土地"是指按国家法律规定属于国家所有的土地；"地上的建筑物"是指建于土地上的一切建筑物，包括地上、地下的各种附属设施；"附着物"是指附着于土地上的不能移动、一经移动即遭损坏的物品。

通常是否属于土地增值税的征税范围，可以从 3 个标准来加以判定。

（1）转让土地的性质为国有土地的使用权。根据我国宪法和土地管理法的规定，城市的土地属于国家所有，农村和城市郊区的土地除由法律特殊规定外属于集体所有。我国土地增值税仅对转让国有土地使用权的征税，对转让集体土地使用权的则不征税。但是依法被征用后的集体土地属于国家所有，才能进行转让并纳入土地增值税的征税范围。

（2）国有土地使用权、地上建筑物及附着物的权属发生转移。这一标准可以从两方面来理解。其一，国有土地使用权的出让不属于土地增值税的征税范围。国有土地使用权的出让，是指国家以土地所有者的身份将土地使用权在一定年限内让与土地使用者，并由土地使用者向国家支付土地出让金的行为。其二，如果未转让土地使用权、房产产权未发生转移，也不属于土地增值税的征税范围。如房地产的出租，虽然取得了收入，但没有发生房地产的产权转让，不应属于土地增值税的征税范围。

（3）对转让房地产并取得收入的征税，对发生了转让行为而未取得收入的不征税。如通过继承、赠予方式转让房地产的，虽然发生了转让行为，但未取得收入，也不属于土地增值税的征税范围。

必须同时符合以上 3 个标准，才属于土地增值税的征税范围。

2. 征税范围的具体界定

根据以上 3 个标准，可对实践中的各种具体情况是否需要缴纳土地增值税做出界定。

（1）国有土地使用权、地上建筑物及附着物的转让。具体地说，出售国有土地使用权的、取得国有土地使用权后进行房屋开发建造然后出售的，以及存量房地产的买卖均属于土地增值税的征税范围。

（2）继承、赠予方式取得的房地产。以继承、赠予方式转让房地产，属于无偿转让房地产的行为，不纳入土地增值税的征税范围。但这里的"赠予"仅指两种情况：① 房产所有人、土地使用权所有人将房屋产权、土地使用权赠予直系亲属或承担直接赡养义务人的；② 房产所有人、土地使用权所有人通过中国境内非营利的社会团体、国家机关将房屋产权、土地使用权赠予教育、民政和其他社会福利、公益事业的。

（3）房地产的出租。房地产的出租，出租人虽取得了收入，但没有发生房产产权、土地使用权的转让，不纳入土地增值税的征税范围。

（4）房地产的投资联营。以房地产进行投资、联营的，当投资、联营的一方以土地（房地产）作价入股进行投资或作为联营条件，将房地产转让到所投资、联营的企业中时，暂免征收土地增值税。对投资、联营企业将上述房地产再转让的，应征收土地增值税。

（5）合作建房。对于一方出地，一方出资金，双方合作建房，建成后按比例分房自用的，暂免征收土地增值税；建成后转让的，应征收土地增值税。

（6）房地产的抵押。在抵押期间不征收土地增值税。待抵押期满后，以房地产抵债而发生房地产产权转让的，应征收土地增值税。

（7）房地产的交换。由于交换行为既发生了房屋产权、土地使用权的转移，交换双方又取得了实物形态的收入，因而属于土地增值税的征税范围。但对个人之间互换自有居住用房地产的，经当地税务机关核实，可以免征土地增值税。

（8）房地产的兼并。在企业兼并中，对被兼并企业将房地产转让到兼并企业中的，暂免征收土地增值税。

（9）房地产评估增值。房地产评估增值，既没有发生房地产权属的转让，也没有取得收入，因而不属于土地增值税的征税范围。

（二）纳税人

根据《土地增值税暂行条例》和《土地增值税实施细则》的规定，土地增值税的纳税人是转让国有土地使用权、地上建筑物及其附着物，并取得收入的单位和个人。

（三）税率

土地增值税以增值率为累进依据，实行四级超率累进税率：增值额未超过扣除项目金额50%的部分，税率为30%；增值额超过扣除项目金额50%、未超过扣除项目金额100%的部分，税率为40%；增值额超过扣除项目金额100%、未超过扣除项目金额200%的部分，税率为50%；增值额超过扣除项目金额200%的部分，税率为60%。土地增值税四级超率累进税率见表8-5。

表8-5　　　　　　　　　土地增值税四级超率累进税率表

级数	增值额与扣除项目金额的比率	税率/%	速算扣除系数/%
1	不超过50%的部分	30	0
2	超过50%至100%的部分	40	5
3	超过100%至200%的部分	50	15
4	超过200%的部分	60	35

（四）税收优惠

根据《土地增值税暂行条例》、《土地增值税实施细则》及财政部、国家税务总局颁布的相关规范性文件的规定，有下列情形之一的免征土地增值税。

（1）纳税人建造普通标准住宅出售，增值额未超过扣除项目金额20%的，免征土地增值税。

所谓"普通标准住宅"，是指按所在地一般民用住宅标准建造的居住用住宅。高级公寓、别墅、小洋楼、度假村，以及超面积、超标准豪华装修的住宅，均不属于普通标准住宅。

但对于纳税人既建普通标准住宅又搞其他房地产开发的，应分别核算增值额。不分别核算增值额或不能准确核算增值额的，其建造的普通标准住宅不能适用这一免税规定。

（2）因国家建设需要依法征用、收回的房地产，免征土地增值税。

（3）个人因工作调动或改善居住条件而转让原自用住房，经向税务机关申报核准，凡居住满5年或5年以上的，免予征收土地增值税；居住满3年未满5年的，减半征收土地增值税。居住未满3年的，按规定计征土地增值税。

（4）为支持廉租住房、经济适用住房建设，自2007年8月1日起，企事业单位、社会团体及其他组织转让旧房作为廉租住房、经济适用住房房源且增值额未超过扣除项目金额20%的，免征土地增值税。

（5）为了切实减轻个人买卖普通住宅的税收负担，积极启动住房二级市场，自1999年8月1日起，对居民个人拥有的普通住宅，在其转让时暂免征收土地增值税。从2008年1月1日起，对个人销售住房暂免征收土地增值税。

（6）对个人之间互换自有居住用房地产的，经当地税务机关核实，可以免征土地增值税。

二、土地增值税的计税依据和应纳税额的计算

（一）计税依据

土地增值税的计算依据是纳税人转让房地产所取得的增值额。转让房地产的增值额，是纳税人转让房地产的收入减除税法规定的扣除项目金额后的余额。因而土地增值额的大小，主要取决于转让房地产的收入额和扣除项目金额两个因素。

1. 转让收入的确定

纳税人转让房地产所取得的收入是指转让房地产的全部价款及有关的经济收益，包括货币收入、实物收入和其他收入。

土地增值税以人民币为计算单位。转让房地产所取得的收入为外国货币的，以取得收入当天或当月 1 日国家公布的市场汇价折合成人民币，据以计算应纳土地增值税税额。

2. 扣除项目的确定

根据《土地增值税暂行条例》和《土地增值税实施细则》的规定，土地增值税的扣除项目如下：

（1）取得土地使用权所支付的金额

取得土地使用权所支付的金额具体包括两方面的内容。

① 纳税人为取得土地使用权所支付的地价款。如果是以出让方式取得土地使用权的，为支付的土地出让金；如果是以行政划拨方式取得土地使用权的，为转让土地使用权时按规定补交的出让金；如果是以转让方式取得土地使用权的，则为支付的地价款。

② 纳税人按国家统一规定交纳的有关费用。它是指纳税人在取得土地使用权过程中为办理有关手续，按国家统一规定缴纳的有关登记、过户手续费。

（2）房地产开发成本

房地产开发成本是指纳税人房地产开发项目实际发生的成本，包括土地征用及拆迁补偿费、前期工程费、建筑安装工程费、基础设施费、公共配套设施费、开发间接费用。

① 土地征用及拆迁补偿费。包括土地征用费、耕地占用税、劳动力安置费及有关地上、地下附着物拆迁补偿的净支出及安置动迁用房支出等。

② 前期工程费。包括规划、设计、项目可行性研究和水文、地质、勘察、测绘、"三通一平"等支出。

③ 建筑安装工程费。是指以出包方式支付给承包单位的建筑安装工程费，以自营方式发生的建筑安装工程费。

④ 基础设施费。包括开发小区内道路、供水、供电、供气、排污、排洪、通信、照明、环卫、绿化等工程发生的支出。

⑤ 公共配套设施费。包括不能有偿转让的开发小区内公共配套设施发生的支出。

⑥ 开发间接费用。是指直接组织、管理开发项目发生的费用，包括工资、职工福利费、折旧费、修理费、办公费、水电费、劳动保护费、周转房摊销等。

（3）房地产开发费用

房地产开发费用是指与房地产开发项目有关的销售费用、管理费用和财务费用。根据现行财务制度的规定，与房地产开发有关的费用直接计入当年损益，不按房地产项目进行归集或分摊。为了便于计算操作，《土地增值税实施细则》规定，财务费用中的利息支出，凡能够按转让房地产项目计算分摊并提供金融机构证明的，允许据实扣除，但最高不能超过按商业银行同类同期贷款利率计算的金额。其他房地产开发费用，按取得土地使用权所支付的金额及房地产开发成本之和的5%以内予以扣除。凡不能提供金融机构证明的，利息不单独扣除，三项费用的扣除按取得土地使用权所支付的金额及房地产开发成本的10%以内计算扣除。计算扣除的具体比例，由各省、自治区、直辖市人民政府规定。

需要注意的是，财政部、国家税务总局还对扣除项目金额中利息支出的计算问题做了两点专门规定：① 利息的上浮幅度按国家的有关规定执行，超过上浮幅度的部分不允许扣除；② 对于超过贷款期限的利息部分和加罚的利息不允许扣除。

（4）转让房地产有关的税金转让房地产有关的税金是指在转让房地产时缴纳的营业税、印花税、城市维护建设税，教育费附加也可视同税金扣除。

这里需要特别注意的是，由于房地产开发企业按照《施工、房地产开发企业财务制度》的有关规定，其缴纳的印花税列入管理费用，因而印花税不再单独扣除。房地产开发企业以外的其他纳税人在计算土地增值税时，允许扣除在转让房地产环节缴纳的印花税。

（5）其他扣除项目为保证从事房地产开发的纳税人取得基本的投资回报，以调动其从事房地产开发的积极性。《土地增值税实施细则》规定了对从事房地产开发的纳税人可按取得土地使用权时所支付的金额和房地产开发成本之和，加计20%的扣除。但应特别指出的是，此条加计扣除项，目前适用于从事房地产开发的纳税人，除此之外的其他纳税人则不适用。

值得注意的是，对于房地产开发企业，一般情况下允许扣除上述（1）～（5）项。但是为了抑制"炒"买"炒"卖地皮的行为，对取得土地或房地产使用权后，未进行开发即转让的，计算其增值额时，则只允许扣除取得土地使用权时支付的地价款、交纳的有关费用，以及在转让环节缴纳的税金。

（6）旧房建筑物的评估价格此条扣除也具有一定的针对性，主要是针对转让已使用的房屋和建筑物的扣除项目。所谓旧房及建筑物的评估价格，是指在转让已使用的房屋及建筑物时，由政府批准设立的房地产评估机构评定的重置成本价乘以成新度折扣率后的价格，评估价格须经当地税务机关确认。重置成本价的含义是：对旧房及建筑物按转让时的建材价格及人工费用计算，建造同样面积、同样层次、同样结构、同样建设标准的新房及建筑物所需花费的成本费用。成新度折扣率的含义是：按旧房的新旧程度作一定比例的折扣。例如，一幢房屋已使用近15年，建造时的造价为500万元，按转让时的建材及人工费用计算，建同样的新房需花费 2 000 万元，该房有五成新，则该房的评估价格为：2 000 × 50% = 1 000（万元）。

纳税人转让旧房的，除了可以扣除房屋及建筑物的评估价格以外，还可在计征土地增值税时扣除取得土地使用权所支付的地价款和按国家统一规定缴纳的有关费用以及在转让环节缴纳的税金。但是对取得土地使用权时未支付地价款或不能提供已支付的地价款凭据的，在计征土地增值税时则不允许扣除。

综上所述，增值额是纳税人计征土地增值税的实质内容，土地增值税纳税人转让房地产所取得的收入减除法定的扣除项目金额后的余额为增值额。另外，由于土地增值税按增值额与扣除项目的累进程度实行超率累进税率。增值率越大，适用税率越高，缴纳的税额就越多。因此，准确核算增值额是非常重要的。在实践中，有些纳税人通过缩小计税依据来逃避纳税。因而，为了防止纳税人偷逃税收，税法规定，纳税人有下列情形之一的按照房地产评估价格计算征收：

① 隐瞒、虚报房地产成交价格的；

② 提供扣除项目金额不实的；

③ 转让房地产的成交价格低于房地产评估价格，又无正当理由的。

其中，"房地产评估价格"是指由政府批准设立的房地产评估机构根据相同地段、同类房地产进行综合评定的价格；"隐瞒、虚报房地产成交价格"是指纳税人不报或有意低报转让土地使用权、地上建筑物及其附着物价款的行为；"提供扣除项目金额不实的"是指纳税人在纳税申报时不据实提供扣除项目金额的行为；"转让房地产的成交价格低于房地产评估价格，又无正当理由的"是指纳税人申报的转让房地产的实际成交价低于房地产评估机构评定的交易价，纳税人又不能提供凭据或无正当理由的行为。

发生上述情形时，由税务机关依照以下规定进行处理。

（1）隐瞒、虚报房地产成交价格，应由评估机构参照同类房地产的市场交易价格进行评估。税务机关根据评估价格确定转让房地产的收入。

（2）提供扣除项目金额不实的，应由评估机构按照房屋重置成本价乘以成新度折扣率计算的房屋成本价和取得土地使用权时的基准地价进行评估。税务机关根据评估价格确定扣除项目金额。

（3）转让房地产的成交价格低于房地产评估价格，又无正当理由的，由税务机关参照房地产评估价格确定转让房地产的收入。

（二）应纳税额的计算

土地增值税按照纳税人转让房地产所取得的增值额和规定的税率计算征收。土地增值税的计算公式是：

应纳税额 = $\sum$（每级距的增值额 × 适用税率）

但在实际工作中，分步计算比较繁琐，一般可以采用速算扣除法计算。其计算公式为：

应纳税额 = 增值额 × 适用税率 - 扣除项目金额 × 本级速算扣除系数

具体计算公式如下

（1）增值额未超过扣除项目金额 50%。

应纳税额 = 增值额×30%

（2）增值额超过扣除项目金额 50%，未超过 100%。

应纳税额 = 增值额×40% − 扣除项目金额×5%

（3）增值额超过扣除项目金额 100%，未超过 200%。

应纳税额 = 增值额×50% − 扣除项目金额×15%

（4）增值额超过扣除项目金额 200%。

应纳税额 = 增值额×60% − 扣除项目金额×35%

下面通过表 8 − 6 说明土地增值税应纳税额的计算步骤。

表 8 −6   土地增值税应纳税额的计算步骤

计算步骤		具体内容
1. 确定房地产转让收入		包括货币、实物和其他收入
2. 确定扣除项目金额		
转让新建房	（1）支付的地价款	支付的地价款和有关费用
	（2）房地产开发成本	房地产开发项目实际发生的成本
	（3）房地产开发费用	① 提供贷款证明的，准确分摊利息支出的： 利息 +（取得土地使用权所支付的金额 + 房地产开发成本）×5% 以内 ② 不能提供贷款证明或不能分摊利息支出的： （取得土地使用权所支付的金额 + 房地产开发成本）×10% 以内
	（4）与转让房地产有关的税金	营业税、城建税、教育费附加、印花税
	（5）加计扣除项目（适用于房地产开发企业）	（取得土地使用权所支付的金额房地产开发成本）×20%
转让旧房	（1）支付的地价款	需取得支付凭据
	（2）旧房及建筑物的评估价格	重量成本×成新度折扣率
	（3）与转让房地产有关的税金	营业税、城建税、教育费附加、印花税
3. 计算增值额		3 = 1 − 2
4. 计算增值额与扣除项目的比率，找出适用税率		
5. 计算应纳税额		5 = 3 ×税率 − 2 ×速算扣除系数

【例8−3】浙江省某事业单位将其位于市区的一幢闲置的办公楼转让给某公司，账面原值为 100 万元，累计折旧 50 万元，支付的土地出让金为 6 万元，经评价该房屋

的重置成本为 200 万元，成新度折扣率为六成，实际转让价格为 180 万元，支付的相关税费为 10 万元。计算该事业单位应缴纳的土地增值税如下。

（1）确定转让房地产的收入，转让收入为 180 万

（2）扣除项目金额合计 $= 6 + 200 \times 60\% + 10 = 136$（万元）

（3）增值税 $= 180 - 136 = 44$（万元）

（4）增值额占扣除项目比率 $= 44 + 136 \times 100\% = 64.7\%$

（5）应纳土地增值税税额 $= 44 \times 30\% = 13.2$（万元）

三、土地增值税的征收管理

（一）纳税申报

纳税人应在转让房地产合同签订后的 7 日内，到房地产所在地主管税务机关办理纳税申报，如实填写《土地增值税纳税申报表》，并向税务机关提交房屋及建筑物产权、土地使用权证书、土地转让、房产买卖合同，房地产评估报告及其他与转让房地产有关的资料。纳税人因经常发生房地产转让而难以在每次转让后申报的，经税务机关审核同意后，可以定期进行纳税申报，具体期限由税务机关根据情况确定。纳税人按照税务机关核定的税额及规定的期限缴纳土地增值税。

纳税人在项目全部竣工结算前转让房地产取得的收入，由于涉及成本确定或其他原因而无法据以计算土地增值税的，可以预征土地增值税，待该项目全部竣工、办理结算后再进行清算，多退少补。具体办法由各省、自治区、直辖市地方税务局根据当地情况制定。

（二）纳税地点

土地增值税的纳税人应向房地产所在地主管税务机关办理纳税申报，并在税务机关核定的期限内缴纳土地增值税。

这里所说的"房地产所在地"，是指房地产的坐落地。纳税人转让的房地产坐落在两个或两个以上地区的，应按房地产所在地分别申报纳税。

在实际工作中，纳税地点的确定又可分为以下两种情况。

（1）纳税人是法人的。当转让的房地产坐落地与其机构所在地或经营所在地一致时，则在办理税务登记的原管辖税务机关申报纳税即可；如果转让的房地产坐落地与其机构所在地或经营所在地不一致时，则应在房地产坐落地所管辖的税务机关申报纳税。

（2）纳税人是自然人的。当转让的房地产坐落地与其居住所在地一致时，则在居住所在地税务机关申报纳税；当转让的房地产坐落地与其居住所在地不一致时，在办理过户手续所在地的税务机关申报纳税。

地方税务机关征税时，土地管理部门、房产管理部门应当向税务机关提供有关资料，并协助税务机关依法征收土地增值税。纳税人未按照法律规定缴纳土地增值税的，土地管理部门、房产管理部门不得办理有关的权属变更手续。

【本章小结】

资源税是对各种自然资源开发、使用所征收的一种特别税类。目前，我国已开征的与资源有关的税法主要包括资源税法、城镇土地使用税法、耕地占用税法、土地增值税法等。

资源税是对在中华人民共和国领域及管辖海域开采应税矿产品及生产盐的单位和个人征收的一种税。资源税的征税范围主要包括矿产资源和盐资源。资源税的纳税人是指在我国境内开采或生产应税资源的单位和个人。资源税实行定额税率和比例税率，采取从量定额和从价定率的征税办法。资源税的纳税义务发生时间因销售结算方式的不同而有所不同。其纳税地点一般为应税产品的开采或者生产所在地的主管税务机关。

城镇土地使用税是以城镇土地为征税对象，对拥有土地使用权的单位和个人，按其实际占用的土地面积定额征收的一种税。城镇土地使用税的征税范围包括在城市、县城、建制镇和工矿区内的国家所有和集体所有的土地。税率采用有幅度的定额税率。应纳税额按照纳税人实际占用的土地面积和适用的单位税额计算。城镇土地使用税按年计算，分期向土地所在地的主管税务机关缴纳。

耕地占用税是对占用耕地建房或从事其他非农业建设的单位和个人，就其占用的耕地面积一次性征收的一种税。纳税人为占用耕地建房或从事其他非农业建设的单位和个人。应纳税额按照实际占用的耕地面积和适用的单位税额计算。

土地增值税是对转让国有土地使用权、地土建筑物及其附着物并取得收入的单位和个人，就其取得的增值额征收的一种税。土地增值税实行四级超率累进税率。应纳税额按照纳税人取得的增值额和适用税率按超率累进税率的计算原理来计算。增值额是纳税人转让房地产取得的收入与规定的扣除项目后的余额。纳税人应在转让房地产合同签订后 7 日内，到房地产所在地税务机关申报纳税。

【思考题】

1. 如何理解资源类税法的特点？
2. 如何确定城镇土地使用税的纳税人？
3. 土地增值税的征税范围有哪些？

【课后练习题】

一、单项选择题

1. 纳税人开采应税矿产品销售的，其资源税的征税数量为（　　　）。

    A. 开采数量　　　B. 实际产量　　　　C. 计划产量　　　　D. 销售数量

2. 甲县某独立矿山 2013 年 5 月开采铜矿石原矿 3 万吨，当月还到乙县收购未税铜矿石原矿 5 万吨并运回甲县，上述矿石的 80% 已在当月销售。假定甲县铜矿石原矿单位税额为每吨 5 元，则该独立矿山 5 月应向甲县税务机关缴纳的资源税为（　　　）

万元。

  A. 12　　　　　　B. 15　　　　　　C. 32　　　　　　D. 40

3. 资源税纳税人自产自用的应税产品，其纳税义务发生时间为（　　）。

  A. 应税产品开采的当天　　　　　　B. 应税产品投入使用的当天

  C. 应税产品使用完毕的当天　　　　D. 移送使用应税产品的当天

4. 某省甲独立矿山主营业务是开采、销售煤矿和收购未税原煤，其代扣资源税的税额标准是（　　）。

  A. 税务机关核定的标准　　　　　　B. 该省原煤的平均税额标准

  C. 甲独立矿山的税额标准　　　　　D. 收购地煤矿税额标准

5. 独立矿山、联合企业和其他收购未税矿产品的单位为资源税的（　　）。

  A. 纳税人　　　B. 扣缴义务人　　　C. 管理人　　　D. 征收单位

6. 纳税人在开采主矿的过程中伴采的其他应税矿产品，凡未单独规定适用税额的（　　）资源税。

  A. 免于征收　　　　　　　　　　　B. 视同主矿征收

  C. 视同主矿减半征收　　　　　　　D. 视同主矿减征 40%

7. M 省甲市煤炭公司所属生产单位在 N 省乙市开采煤矿，该煤矿由 P 省丙市某煤炭设计院设计，开采的原煤销往 Q 省丁市，则其资源税纳税地点为（　　）。

  A. 甲市　　　　B. 乙市　　　　C. 丙市　　　　D. 丁市

8. 土地增值税的纳税人是法人的，如果转让的房地产坐落地与其机构所在地或经营所在地不一致时，则应在（　　）的税务机关申报纳税。

  A. 房地产坐落地所管辖　　　　　　C. 经营所在地所管辖

  B. 机构所在地所管辖　　　　　　　D. 房地产转让实现地

9. 个人的下列房地产转让行为中，不需到房地产主管税务机关备案的是（　　）。

  A. 因国家建设需要而征用收回的房地产而得到补偿金的

  B. 转让已居住 3 年以上的原自用住房

  C. 因规划城市建设而由纳税人自行转让的房产

  D. 因国家建设需要而被无偿征用收回的房产

10. 下列税费中不属于土地增值税所列示的房地产开发成本的是（　　）。

  A. 耕地占用税　　　　　　　　　　B. 开发间接费用

  C. 前期工程费　　　　　　　　　　D. 土地出让金

11. 房地产开发企业在确定土地增值税的扣除项目时，允许单独扣除的税金是（　　）。

  A. 契税　　　　　　　　　　　　　B. 房产税

  C. 城市维护建设税　　　　　　　　D. 印花税

12. 关于特殊行为的土地增值税的政策陈述，不正确的是（　　）。

  A. 工业企业将土地（房地产）作价入股进行投资，将房地产转让到其他工业企业中时暂免征收土地增值税

  B. 以房地产抵债而发生房地产权属转让的，征收土地增值税

  C. 房地产重新评估的增值，应纳入土地增值税的征收范围

D. 房地产的继承不属于土地增值税的征税范围

13. 房地产开发企业将开发产品用于下列（　　）项目，不属于视同销售房地产，不征收土地增值税。

    A. 开发的部分房地产用于换取其他单位的非货币性资产

    B. 开发的部分房地产用于职工福利

    C. 开发的部分房地产用于出租

    D. 开发的部分房地产用于对外投资

14. 房地产开发企业在确定土地增值税的扣除项目时，允许单独扣除的税金是（　　）

    A. 营业税、印花税   B. 房产税、城市维护建设税

    C. 营业税、城市维护建设税   D. 印花税、城市维护建设税

15. 获准占用耕地的单位或个人应当在（　　）缴纳耕地占用税。

    A. 实际占用耕地之日起 10 日内

    B. 实际占用耕地之日起 30 日内

    C. 收到土地管理部门的通知之日起 10 日内

    D. 收到土地管理部门的通知之日起 30 日内

16. 下列属于耕地占用税征税范围的是（　　）。

    A. 占用花圃、苗圃用地用于建房   B. 鱼塘用地

    C. 茶园、果园用地   D. 种植经济林木土地

17. 下列免征耕地占用税的有（　　）。

    A. 铁路系统职工宿舍占用的耕地   B. 学校建校舍占用的耕地

    C. 水利工程用于发电占用的耕地   D. 职工夜校、培训中心占用的耕地

二、多项选择题

1. 下列收购未税矿产品的单位和个人中能够成为资源税扣缴义务人的有（　　）。

    A. 收购未税矿石的独立矿   B. 收购未税矿石的联合企业

    C. 收购未税矿石的个体经营者   D. 收购未税矿石的冶炼厂

2. 下列资源应征收资源税的有（　　）。

    A. 原油   B. 天然气   C. 原煤   D. 黑色金属矿原矿

3. 下列各项中，属于资源税应税产品的有（　　）。

    A. 石灰石   B. 煤矿瓦斯   C. 井矿盐   D. 黄金矿石

4. 某铜矿 2013 年 5 月销售铜精矿 4 000 吨（选矿比为 1:5），每吨不含税售价为 1 500 元。当地铜矿石资源税为每吨 1.2 元，则应纳资源税和增值税税额为（　　）。

    A. 资源税 1.68 万元   B. 资源税 2.4 万元

    C. 增值税 78 万元   D. 增值税 102 万元

5. 下列情况可以免征或不征资源税的有（　　）。

    A. 开采或生产应税产品因意外事故或自然灾害等原因遭受重大损失的

    B. 开采原油过程中用于修井的原油，但未分别核算不能准确提供数量

    C. 开采原油过程中用于加热的 500 吨原油

    D. 对地面抽采煤层气

6. 下列关于资源税纳税地点的表述中，正确的有（　　）。

A. 资源税纳税人应向开采或生产所在地主管税务机关纳税

B. 跨省开采下属生产单位与核算单位不在同一省、自治区、直辖市的在开采地纳税

C. 扣缴义务人应向收购地主管税务机关缴纳代扣代缴的资源税

D. 纳税人在本省、自治区、直辖市范围内开采或生产应税产品，其纳税地点需要调整的，由所在地省、自治区、直辖市税务机关决定

7. 下列各项中，符合资源税纳税义务发生时间规定的有（　　）。

A. 采取分期收款结算方式的为实际收到款项的当天

B. 采取预收货款结算方式的为发出应税产品的当天

C. 自产自用应税产品的为移送使用应税产品的当天

D. 采取其他结算方式的为收讫销售款或取得索取销售款凭据的当天

8. 下列单位中属于土地增值税纳税人的有（　　）。

A. 建造房屋的施工单位

B. 中外合资房地产公司

C. 出售国有土地使用权的事业单位

D. 房地产管理的物业公司

9. 按照土地增值税法的有关规定，下列房地产的各项行为中，应该缴纳土地增值税的有（　　）。

A. 以房地产作价入股进行投资或作为联营的

B. 双方合作建房建成后转让的

C. 对被兼并企业将房地产转让到兼并企业中的

D. 对于以房地产抵债而发生房地产产权转让的

10. 免缴城镇土地使用税的土地包括（　　）。

A. 直接用于农、林、牧、渔业的生产用地

B. 个人所有的住宅及院落用地

C. 国家机关自用的土地

D. 生产企业闲置的土地

11. 下列属于城镇土地使用税纳税人的有（　　）。

A. 县城的个人独资企业　　　　B. 农村股份制企业

C. 工矿区内的工矿企业　　　　D. 市区的集体企业

12. 下列占用耕地的行为，应依法缴纳耕地占用税的有（　　）。

A. 直接为农业生产服务的农田水利设施占用耕地

B. 部队非军事用途占用耕地

C. 铁路系统招待所、职工宿舍占用耕地

D. 医院占用耕地

三、判断题

1. 资源税属于价内税，在每一流转环节均征收。（　　）

2. 资源税的纳税人不仅包括符合规定的中国企业和个人，还包括外商投资企业和外国

企业。 （ ）

3. 纳税人在开采主矿产品的过程中伴采的其他应税矿产品，凡未单独规定适用税额的，一律按土矿产品或视同主矿产品税目征收资源税。 （ ）

4. 独立矿山、联合企业收购未税矿产品的单位，按照本单位应税产品税额标准，依据收购的数量代扣代缴资源税。 （ ）

5. 土地增值税的纳税人是转让国有土地使用权、地上建筑物及其附着物并取得收入的单位和个人，不包括内外资企业、行政事业单位、中外籍个人。 （ ）

6. 一方以房地产与另一方的房地产进行交换，由于交换双方只取得了实物形态的收入，而未取得货币收入，因此不属于土地增值税的征税范围。 （ ）

7. 纳税人提供房地产成交价格偏低，又无正当理由的，税务机关有权调整土地增值税的计税价格。 （ ）

8. 对一方出土地、土方出资金，双方合作建房建成后转让的，可以免征土地增值税。

（ ）

9. 旧房及建筑物的评估价格是指在转让已使用的房屋及建筑物时，由政府批准设立的房地产评估机构评定的重置成本乘以成新度折扣率后的价格。 （ ）

10. 纳税人既建造普通住宅又进行其他房地产开发的，应分别核算土地增值额；不分别核算的，其销售普通标准住宅不适用免税规定。 （ ）

11. 纳税人转让旧房的，应按房屋及建筑物的评估价格、取得土地使用权所支付的地价款或出让金、按国家统一规定缴纳的有关费用和转让环节缴纳的税金作为扣除项目金额计征土地增值税。 （ ）

12. 土地增值税的扣除项目包括超过贷款期限的利息部分和加罚的利息。 （ ）

13. 纳税人建造普通标准住宅出售，增值额未超过扣除项目金额20%的，免征土地增值税。 （ ）

14. 在中国境内拥有土地使用权的单位和个人，应依法缴纳城镇土地使用税。 （ ）

15. 城镇土地使用税按年计算，分期缴纳。缴纳期限由省、自治区、直辖市人民政府确定。 （ ）

16. 建设直接为农业生产服务的生产设施占用农业用地征收耕地占用税。 （ ）

17. 耕地占用税对耕地的界定为：种植农作物的土地，包括苗圃、花圃、桑园的土地。

（ ）

四、计算题

1. 某油田 2013 年 10 月开采销售原油 1.2 万吨，销售油田开采天然气 250 万立方米。原油的不含税售价为每吨 5 000 元，天然气的不含税售价为每万立方米 1 800 元，资源税税率为 5%。

要求：请根据上述资料，计算该油田本月应纳的资源税。

2. 某油田 2013 年 10 月销售原油 20 000 吨，开具增值税专用发票，取得销售额 10 000 万元。按《资源税税目税率表》的规定，其适用的税率为 8%。

要求：请根据上述资料，计算该油田本月应纳的资源税和增值税。

3. 某市一房地产开发公司通过竞拍取得一宗土地使用权，支付价款、税费合计 6 000 万元，本年度占用80%开发写字楼。开发期间发生开发成本4 000万元；发生管理费用2 800万元、销售费用1 600万元、利息费用400万元（不能提供金融机构的证明）。9月份该写字楼竣工验收。10～12月，房地产开发公司将写字楼总面积的3/5直接销售，销售合同记载取得收入为12 000万元。12月，该房地产开发公司的建筑材料供应商催要材料价款，经双方协商，房地产开发公司用所开发写字楼的1/5抵偿材料价款。剩余的1/5公司转为固定资产自用。（注：开发费用的扣除比例为10%）

要求：请根据上述资料，计算该公司应纳的土地增值税。

4. 府城房地产开发公司为内资企业，公司于2010年1月—2013年2月开发"东丽家园"住宅项目，发生相关业务如下：

（1）2010年1月通过竞拍获得一宗国有土地使用权，合同记载总价款17 000万元，并规定2010年3月1日动工开发。由于公司资金短缺，于2011年5月才开始动工。因超过期限1年未进行开发建设，被政府相关部门按照规定征收土地受让总价款20%的土地闲置费。

（2）支付拆迁补偿费、前期工程费、基础设施费、公共配套设施费和间接开发费用合计2 450万元。2012年3月该项目竣工验收，支付建筑企业工程总价款3 150万元。

（3）2012年4月开始销售，可售总面积为45 000平方米，截至2013年2月底销售面积为40 500平方米，取得收入40 500万元；尚余4 500平方米房屋未销售。

要求：请根据上述资料，计算回答下列问题。

（1）在计算土地增值税和企业所得税时，对缴纳的土地闲置费是否可以扣除？

（2）2013年3月进行土增值税清算时可扣除的土地成本和开发成本金额。

5. 某市一家房地产开发公司，建造一栋普通标准住宅出售，取得收入5万元。该公司建造普通住宅支付的地价款为100万元，开发成本250万元，税收滞纳金5.5万元。由于该公司同时建有其他房产，无法对利息进行分摊，该地区规定开发费用计提比例为10%。

要求：请根据上述资料，计算该公司应纳的土地增值税。

6. 某市客隆购物中心实行统一核算，土地使用证上载明该企业实际占用土地情况为：中心店占地8 200平方米，一分店占地3 600平方米，二分店占地5 800平方米，企业仓库占地6 300平方米，企业自办托儿所占地360平方米。经税务机关确认，该企业所占用土地分别适用市政府确定的以下税额：中心店位于一等土地地段，每平方米年税额7元；一、二分店位于三等土地地段，每平方米年税额4元；仓库位于五等土地地段，每平方米年税额1元；另外，该市政府规定，企业自办托儿所、幼儿园、学校用地免征城镇土地使用税。

要求：请根据上述资料，计算客隆购物中心应纳的城镇土地使用税。

【案例与分析】

　　山西省某钢铁生产企业 2003 年成立，实际占用土地面积 50 000 平方米，其中 47 000 平方米为该企业自用的土地，1 500 平方米为企业办的学校用地，1 000 平方米为企业办的托儿所用地，500 平方米无偿提供给公安局派出所使用。由于规模扩大，根据有关部门的批准，2006 年 5 月在山西省某郊区新征用耕地 10 000 平方米，用于新建厂区。另外，该企业的分支机构与某加工企业在山西省还共同使用一栋共有土地使用权的建筑物。该建筑物占用土地面积 1 200 平方米，建筑面积 800 平方米。该企业与加工企业的占用比例为 2∶3。已知该生产企业所在地的城镇土地使用税的单位税额为每平方米 12 元，耕地占用税税额为每平方米 20 元。

　　分析：该企业耕地占用税并计算该企业应缴纳的城镇土地使用税。

第九章　财产类税法

第一节　财产税概述

一、财产税的概念

财产税是以纳税人所拥有或支配的应税财产为征税对象的一种税。作为财产税征税对象的财产，可以是一种人们所拥有的利益，是其财富的象征。从法学的角度来看，可分为两类：一类是不动产，如土地、房屋、建筑物、构筑物等；另一类是动产，包括有形动产和无形动产。其中有形动产包括的范围最为广泛，一般而言，可分为有形收益性动产和有形消费性动产，前者如存货、机器设备等，后者如汽车等。无形动产主要包括股票、债券、专利权、商标权等。现实中的财产税一般不是对全部财产课税，而是对某些税源比较容易控制、可操作性强的特定财产课税。大多数国家在选择财产税的征税对象时，主要选择不动产（除车辆和飞行器外）来征税。我国目前只对房屋、车船等征收财产税。

一般来说，财产税具有以下特点：

（1）财产税以财产为征税对象。这是财产税区别于其他税种的一个重要特点。

（2）财产税的税源充足，收入较为稳定。一方面，作为课税对象的财产种类很多，为财产税的税源提供了充足的保障；另一方面，存量财产按财产的价值征税，较少受经常性变动因素的影响，只要纳税人的应税财产存在就应履行相应的纳税义务。因此税收收入较为稳定。

（3）财产税是直接税，税负不易转嫁。财产税由财产所有者、使用者、受益者直接承担，且财产税的纳税人在财产使用上不与他人发生经济利益关系，所以很难把税负转嫁给他人。

（4）财产税一般属于地方税。财产税税源分散，适宜作为地方税收。目前大多数国家把财产税作为地方政府收入的主要来源。我国目前征收的财产税均由财产所在地的征税机关征缴和管理。

（5）财产税的征收管理比较复杂。作为财产税征税客体的财产税源比较分散，征税范围广泛，因而税源难于追踪；另外，财产税一般以财产的价值作为课征标准，而财产价值估算难以控制，容易给地方税务机关留下寻租的空间，使税负有失公平。

二、财产税的分类

财产税是世界各国普遍开征的一种税，可以从不同的角度对财产税进行划分。

（一）按征税范围划分

依据征税范围的不同，财产税可分为一般财产税和特别财产税。

（1）一般财产税是指对纳税人所有的财产价值综合课征的税收。但课税时一般要考虑日常生活必需品的免税和负债的扣除等。

（2）特别财产税是指对纳税人所拥有或支配的某些特定财产（如土地、房屋等）进行课征的税收。课税时，一般不需要考虑免税和扣除，在计算和征收时比较容易。

（二）按课税财产状态划分

依据课税财产状态的不同，财产税可分为静态财产税和动态财产税。

（1）静态财产税是指对纳税人某一时期内所持有或支配的权利未发生变动的静态财产，按其数量或价格进行征收的税，如房屋税和土地税等。

（2）动态财产税是指对纳税人一定时期权利发生转移、变动的财产，按其财产转移价值或增值额征收的税，如遗产税、继承税和赠与税等。

（三）按课税环节划分

依据课税环节的不同，可分为一般财产税、财产转让税与财产收益税。

（1）一般财产税是对财产使用者在使用环节课征的税，如房产税、土地使用税。

（2）财产转让税是在财产转让环节就转让的财产课征的税，如继承税、赠予税和资本转让税等。

（3）财产收益税是在财产所得环节对财产带来的收益课征的税，有的国家把其归入所得税类。

（四）按课税方法划分

依据课税方法的不同，财产税可分为从量财产税和从价财产税。

（1）从量财产税是指以纳税人的应税财产的数量为计税依据，实行从量定额征收的财产税。

（2）从价财产税是指以纳税人的应税财产的价值为计税依据，实行从价定率征收的财产税。

三、我国财产税法律制度的历史

我国现行的财产税制度主要包括房产税、契税、车船税等。正在酝酿开征的财产税包括物业税、遗产税和房地产税等。

国家对财产课税历史悠久。最早始于周朝"廛布"，秦汉时期已征收车船税，唐朝开征的"间架税"、清初的"市廛输钞"、明清对内河商船征收的"船钞"等均具有财产税的特征。

新中国成立后，1950 年颁布的《全国税政实施要则》中曾列举有遗产税、房产税、地产税。同年 4 月，公布了《契税暂行条例》，同年 6 月将房产税和地产税合并为房地产税。1951 年 8 月政务院颁布了《城市房地产税暂行条例》，同年 9 月颁布了《车船使用牌照税暂行条例》，对车船征收车船使用牌照税。至此，初步形成了我国的财产税体系。

1973 年工商税制改革时，把对企业征收的城市房地产税并入工商税，只对有房产的个人、外商投资企业和房产管理部门继续征收房地产税。1984 年进行工商税制全面改革，对国内企业单位恢复征收房产税。但由于当时土地归国家所有，不允许买卖，国务院考虑分别设立房产税和城镇土地使用税两个独立的税种。1986 年 9 月 15 日，国务院正式发布了《中华人民共和国房产税暂行条例》（以下简称《房产税暂行条例》），自当年 10 月 1 日开始施行。各省、自治区、直辖市政府根据条例规定先后制定了实施细则。至此，房产税在全国范围内全面征收，但不包括涉外企业和外籍个人。为简化税制，统一税政，公平税负，国务院于 2008 年 12 月 31 日签发了第 546 号令，废除了《城市房地产税暂行条例》。自 2009 年 1 月 1 日起，外商投资企业、外国企业和组织及外籍个人（港澳台资企业和组织，以及华侨、港澳台同胞参照外商投资办理），依照《房产税暂行条例》缴纳房产税。

自新中国颁布了第一个税收法规（即《契税暂行条例》）之后，《契税暂行条例》一直沿用了 40 多年，在加强对土地、房屋权属转移的管理、增加地方财政收入、调节收入分配等方面都发挥了积极作用。但是随着改革开放，我国的社会、经济结构已发生了巨大变化，房地产市场得到较大发展，《契税暂行条例》的内容已经不能适应新的形势。因此，1997 年 7 月 7 日国务院重新制定了《中华人民共和国契税暂行条例》（以下简称《契税暂行条例》），并从 1997 年 10 月 1 日起施行。契税一次性征收，并普遍适用于内外资企业和中国公民、外籍个人。可以预见，在今后相当长的一段时间内，住房消费将成为一个持续性的公众消费热点。房地产产业的兴旺，为契税的发展提供了广阔的空间。

1973 年简化税制、合并税种时，把对国有企业和集体企业征收的车船使用牌照税并入了工商税，并且只对不缴纳工商税的单位、个人和外侨的车船征税。1984 年 10 月国务院决定恢复对车船征税，并将车船使用牌照税改名为车船使用税。1986 年 9 月 15

日，国务院发布了《中华人民共和国车船使用税暂行条例》，决定从 1986 年 10 月 1 日起在全国施行，但对外商投资企业、外国企业、外籍人员则不征收该税，仍征收车船使用牌照税。以上两个税种自开征以来，在组织地方财政收入，调节和促进经济发展方面发挥了积极作用。但随着社会主义市场经济体制的建立和完善，人民群众生活水平的不断提高，尤其是我国加入 WTO 后，两个条例并存出现了一些问题：一是内外两个税种，不符合税政统一、简化税制的要求；二是缺乏必要的税源监控手段，不利于征收管理；三是两个税种的税额标准已明显偏低；四是车船使用税和车船使用牌照税的征税范围不尽合理，对自行车等非机动车和拖拉机征税，而对行政事业单位的车辆不征税，显然有失公平原则，也不能体现国家的惠农政策。基于上述问题的存在，为了统一税制、公平税负、拓宽税基、增加地方财政收入，2006 年 12 月 29 日，国务院在原车船使用税和车船使用牌照税的基础上颁布了新的《车船税暂行条例》，从 2007 年 1 月 1 日起施行。新修改的车船使用税统一了内外资企业和个人的车船税，提高了税额标准，并进一步加强了税收征管。

随着经济体制改革的不断深入进行和居民收入分配的巨大变化，我国将在条件成熟时开征遗产税或遗产与赠予税、物业税等财产税种。我国现行物业税改革的基本框架是"将现行房产税、城市房地产税、土地增值税及土地出让金等收费合并，转化为房产保有阶段统一收取的物业税"。物业税、遗产税等一系列财产税的开征必将使我国的财产税体系更加完善。

第二节　房　产　税　法

房产税法是国家制定的用以调整房产税征收与缴纳之间权利与义务关系的法律规范。现行房产税法的基本法律依据是 1986 年 9 月 15 日国务院颁布的《中华人民共和国房产税暂行条例》（以下简称《房产税暂行条例》）和财政部、国家税务总局同年颁布的《关于房产税若干具体问题的解释和暂行规定》等。

房产税法是以房屋为征税对象，按照房屋的计税余值或租金收入，向房屋产权所有人征收的一种财产税。

房产税的作用。房产税对地方财政筹集资金，支持地方市政建设，提高房屋使用效益、促进生产发展和提高社会生活水平等方面，都具有积极的现实意义。其作用主要表现在：① 筹集地方财政收入。房产税属于地方税，征收房产税可以为地方财政筹集一部分市政建设资金，解决地方财力不足。而且，房产税以房屋为征税对象，税源比较稳定，随着地方经济的发展，城市基础设施改善和工商各业的兴旺，房产税收将成为地方财政收入的一个主要来源。② 有利于加强房产管理。一方面，对房屋拥有者征收房产税，可以调节纳税人的收入水平，有利于加强对房屋的管理，提高房屋的使用效益，控制固定资产的投资规模。另一方面，房产税规定对个人拥有的非营业用房屋，不征房产税，可以鼓励个人建房、购房和改善住房条件，配合和推动城市住房制度改革。

一、房产税的征税对象及征税范围

房产税的征税对象为房产。所谓房产，是指以房屋形态表现的财产。房屋则是指有屋面和围护结构（有墙或两边有柱），能够遮风避雨，可供人们在其中生产、工作、学习、娱乐、居住或储藏物资的场所。房地产开发企业建造的商品房，在出售前，不征收房产税；但对出售前房地产开发企业已使用或出租、出借的商品房应按规定征收房产税。

房产税的征税范围为城市、县城、建制镇和工矿区。具体规定如下：

（1）城市是指国务院批准设立的市。

（2）县城是指县人民政府所在地的地区。

（3）建制镇是指经省、自治区、直辖市人民政府批准设立的建制镇。

（4）工矿区是指工商业比较发达、人口比较集中、符合国务院规定的建制镇标准但尚未设立建制镇的大中型工矿企业所在地。开征房产税的工矿区须经省、自治区、直辖市人民政府批准。

房产税的征税范围不包括农村，这主要是为了减轻农民的负担。因为农村的房屋，除农副业生产用房外，大部分是农民居住用房。对农村房屋不纳入房产税征税范围，有利于农业发展，繁荣农村经济，促进社会稳定。

二、房产税的纳税人与税率

（一）纳税人

房产税以在征税范围内的房屋产权所有人为纳税人。其中：

（1）产权属国家所有的，由经营管理单位纳税；产权属集体和个人所有的，由集体单位和个人纳税。

（2）产权出典的，由承典人纳税。所谓产权出典，是指产权所有人将房屋、生产资料等的产权，在一定期限内典当给他人使用，而取得资金的一种融资业务。由于在房屋出典期间，产权所有人已无权支配房屋，因此，税法规定由对房屋具有支配权的承典人为纳税人。

（3）产权所有人、承典人不在房屋所在地的，或产权未确定及租典纠纷未解决的，由房产代管人或者使用人纳税。

（4）纳税单位和个人无租使用房产管理部门、免税单位及纳税单位的房产，应由使用人代为缴纳房产税。

（5）自2009年1月1日起，外商投资企业、外国企业和组织及外籍个人，依据《中华人民共和国房产税暂行条例》缴纳房产税。

（二）税率

我国现行房产税采用的是比例税率。由于房产税的计税依据分为从价计征和从租计征两种形式，所以房产税的税率也有两种：一种是按房产原值一次减除 10%～30%后的余值计征的，税率为 1.2%；另一种是按房产出租的租金收入计征的，税率为12%。从 2001 年 1 月 1 日起，对个人按市场价格出租的普通居民住房，用于居住的，可暂减按 4%的税率征收房产税；自 2008 年 3 月 1 日起，对个人出租住房，不区分用途，按 4%的税率征收房产税。

三、房产税的计税依据和应纳税额的计算

房产税的计税依据是房产的计税余值或房产的租金收入。按照房产计税余值征税的，称为从价计征；按照房产租金收入计征的，称为从租计征。

（一）从价计征的规定

《房产税暂行条例》的规定，房产税依照房产原值一次减除 10%～30%后的余值计算缴纳。具体减除幅度，由省、自治区、直辖市人民政府规定。

所谓房产原值是指纳税人按照会计制度规定，在账簿"固定资产"科目中记载的房屋原价。自 2009 年 1 月 1 日起，对依照房产原值计税的房产，不论是否记载在会计账簿固定资产科目中，均应按照房屋原价计算缴纳房产税。房屋原价应根据国家有关会计制度规定进行核算。房产原值的具体规定如下：

（1）房产原值应包括与房屋不可分割的各种附属设备或一般不单独计算价值的配套设施。

（2）自 2006 年 1 月 1 日起，凡以房屋为载体，不可随意移动的附属设备和配套设施，如给排水、采暖、消防、中央空调、电气及智能化楼宇设备等，无论在会计核算中是否单独记账与核算，都应计入房产原值，计征房产税。

（3）自用的地下建筑物按以下方式计税：一是工业用途房产，以房屋原价的 50%～60%作为应税房产原值；二是商业和其他用途房产，以房屋原价的 70%～80%作为应税房产原值。

（4）对于与地上房屋相连的地下建筑，如房屋的地下室、地下停车场、商场的地下部分等，将地下部分与地上房屋视为一个整体按照地上房屋建筑的有关规定计算征收房产税。

（5）纳税人对原有房屋进行改建、扩建的，要相应增加房屋的原值。

（6）自 2010 年 12 月 21 日起，对按照房产原值计税的房产，无论会计上如何核算，房产原值均应包含地价，包括为取得土地使用权支付的价款、开发土地发生的成本费用等。宗地容积率低于 0.5 的，按房产建筑面积的 2 倍计算土地面积并据此确定计入房产原值的地价。

（二）从租计征的规定

《房产税暂行条例》规定，房产出租的，以房产租金收入为房产税的计税依据。

所谓房产的租金收入，是房屋产权所有人出租房产使用权所得的报酬，包括货币收入和实物收入。如果是以劳务或者其他形式为报酬抵付房租收入的，应根据当地同

类房产的租金水平，确定一个标准租金额进行从租计征。

（三）计税依据的其他规定

需要特别注意的是，在确定计税方式时应注意下列问题。

（1）对投资联营的房产，在计征房产税时应予以区别对待。对于以房产投资联营、投资者参与投资利润分红、共担风险的，按房产的计税余值作为计税依据计征房产税；对以房产投资收取固定收入、不承担联营风险的，实际是以联营名义取得房产租金，由出租方按租金收入计算缴纳房产税。

（2）融资租赁的房产，由承租人自融资租赁合同约定开始日的次月起依照房产余值缴纳房产税。合同未约定开始日的，由承租人自合同签订的次月起依照房产余值缴纳房产税。

（3）对居民住宅区内业主共有的经营性房产，由实际经营（包括自营和出租）的代管人或使用人缴纳房产税。其中自营的，依照房产原值减出 10% ~ 30% 后的余值计征，没有房产原值或不能将共有住房划分开的，由房产所在地地方税务机关参照同类房产核定房产原值；出租的，依照租金收入计征。

（4）出租的地下建筑按照出租地上房屋建筑的有关规定计征房产税。

（5）出租使用其他单位房产的应税单位和个人，依照房产余值代缴纳房产税。

（6）产权出典的房产，由承典人依照房产余值缴纳房产税。

（四）应纳税额的计算

1. 从价计征的计算

从价计征是按房产的原值减除 10% ~ 30% 后的余额计征，其计算公式为：

应纳税额 = 应税房产原值 × (1 - 扣除比例) × 1.2%

其中，房产原值是"固定资产"科目中记载的房屋原价；工业用途的地下建筑物，以房屋原价的 50% ~ 60% 作为应税房产原值；商业和其他用途的地下建筑物，以房屋原价的 70% ~ 80% 作为应税房产原值。扣除比例为 10% ~ 30%，具体比例由省、自治区、直辖市人民政府根据当地的实际情况确定。

2. 从租计征的计算

从租计征是按房产的租金收入计征，其计算公式为：

应纳税额 = 租金收入 × 12%（或 4%）

【例 9 - 1】某企业 2013 年度一处自有房屋原值 2 000 万元，不包括冷暖通风设备 40 万元、照明设备 20 万元；另一处房屋租给某公司作经营用房，年租金收入 100 万元。试计算该企业当年应纳的房产税。已知当地政府规定的扣除比例为 20%。

解：自用房产应纳税额 = [(2 000 + 40 + 20) × (1 - 20%)] × 1.2% = 19.776（万元）

租金收入应纳税额 = 100 × 12% = 12（万元）

全年应纳房产税额 = 19.776 + 12 = 31.776（万元）

三、房产税的税收优惠

（一）法定免税项目

《房产税暂行条例》规定，下列情况免征或减征房产税。

（1）国家机关、人民团体、军队自用的房产免征房产税。但免税单位的出租房产及非自身业务使用的生产、营业用房，不属于免税范围。其中的"自用的房产"，是指上述单位本身的办公用房和公务用房。

（2）由国家财政部门拨付事业经费的单位自用的房产免征房产税。如学校、医疗卫生单位、托儿所、幼儿园、敬老院、文化、体育及艺术等实行全额或差额预算管理的事业单位所有的，本身业务范围使用的房产免征房产税。但不包括上述单位所属的附属工厂、商店、招待所等的用房。

（3）宗教寺庙、公园、名胜古迹自用的房产免征房产税。宗教寺庙自用的房产是指举行宗教仪式等的房屋和宗教人员使用的生活用房屋。公园、名胜古迹自用的房产是指供公共参观游览的房屋及其管理单位的办公用房屋。但上述单位附设的营业单位，如影剧院、饮食部、茶社、照相馆等所使用的房产及出租的房产，不属于免税范围。

（4）个人所有非营业用的房产免征房产税。个人所有的非营业用房主要是指居民住房，不分面积多少，一律免征房产税。对个人拥有的营业用房或者出租的房产，不属于免税范围。

（5）对行使国家行政管理职能的中国人民银行总行（含国家外汇管理局）所属分支机构自用的房产，免征房产税。

（6）经财政部批准免税的其他房产。

（二）其他免税项目

（1）为了鼓励事业单位经济自立，由国家财政部门拨付事业经费的单位，其经费来源实行自收自支后，从事业单位实行自收自支的年度起，免征房产税3年。

（2）企业办的各类学校、医院、托儿所、幼儿园自用的房产，可以比照由国家财政部门拨付事业经费的单位自用的房产，免征房产税。

（3）毁损不堪仍使用的房屋和危险房屋经有关部门鉴定后可免征房产税。

（4）为鼓励利用地下人防设施，暂不征收房产税。

（5）企业停产、撤销后，对他们原有的房产闲置不用的，经省、自治区、直辖市税务局批准可暂不征收房产税；如果这些房产转给其他征税单位使用或者企业恢复生产的时候应依照规定征收房产税。

（6）凡是在基建工地为基建工地服务的各种工棚、材料棚、休息棚和办公室、食堂、茶炉房、汽车房等临时性房屋，不论是施工企业自行建造还是由基建单位出资建造交施工企业使用的，在施工期间，一律免征房产税。但是，如果在基建工程结束以后，施工企业将这种临时性房屋交还或者估价转让给基建单位的，应当从基建单位接收的次月起，依照规定征收房产税。

（7）房屋大修停用在半年以上的，经纳税人申请，税务机关审核批准，在大修期间可免征房产税。

（8）纳税单位与免税单位共同使用的房屋，按各自使用的部分划分，分别征收或免征房产税。

（9）对房地产开发企业建造的商品房，在出售前不征收房产税。但对出售前房地产开发企业已使用或出租、出借的商品房应按规定征收房产税。

（10）老年服务机构自用的房产暂免征收房产税。

（11）自2011年7月1日至2015年12月31日，对向居民供热而收取采暖费的供热企业，为居民供热所使用的厂房及土地继续免征房产税。

对既向居民供热，又向单位供热或者兼营其他生产经营活动的供热企业，按其向居民供热而取得的采暖费收入占企业总收入的比例免征房产税。

四、房产税的征收管理

（一）纳税义务发生时间

房产税的纳税义务发生时间的相关规定如下：

（1）纳税人将原有房产用于生产经营的，从生产经营之月起缴纳房产税。

（2）纳税人自建的房屋用于生产经营的，自建成之次月起缴纳房产税。

（3）纳税人委托施工企业建设的房屋，从办理验收手续之日的次月起，缴纳房产税；对于在办理验收手续前已使用或出租、出借的新建房屋，应从使用或出租、出借的当月起按规定缴纳房产税。

（4）纳税人购置新建商品房，自房屋交付使用之次月起缴纳房产税。

（5）纳税人购置存量房，自办理房屋权属转移、变更登记手续，房地产权属登记机关签发房屋权属证书之次月起缴纳房产税。

（6）纳税人出租、出借房产，自交付出租、出借房产之次月起缴纳房产税。

（7）纳税人房地产开发企业自用、出租、出借本企业建造的商品房，自房屋使用或交付之次月起缴纳房产税。

（二）纳税期限

房产税实行按年计算、分期缴纳的征收方法，具体纳税期限由省、自治区、直辖市人民政府确定。

（三）纳税地点和征收机构

纳税人应依法将现有房屋的坐落地点、结构、面积、房屋的原值、租金收入等情况，据实向当地税务机关办理纳税申报，并按规定纳税。房产税在房产所在地缴纳。房产不在同一地方的纳税人，应按房产的坐落地点分别向房产所在地的税务机关纳税。

（四）纳税申报

房产税的纳税人应按税法的有关规定，及时办理纳税申报，并如实填写《房产税纳税申报表》。

第三节　契　税　法

契税法是国家制定的用以调整契税征收与缴纳之间权利与义务关系的法律规范。现行契税法的基本规范，是1997年7月7日国务院发布并于同年10月1日开始施行的《中华人民共和国契税暂行条例》（以下简称《契税暂行条例》）。契税是以在中国境内转移土地、房屋权属为征税对象，向产权承受人征收的一种财产税。

征收契税的作用：① 广辟财源，增加地方财政收入。契税按财产转移价值征税，税源较为充足，它可以弥补其他财产课税的不足，扩大其征税范围，为地方政府增加一部分财政收入。② 保护合法产权，避免产权纠纷。不动产所有权和使用权的转移，涉及转让者和承受者双方的利益。而且，由于产权转移形式多种多样，如果产权的合法性得不到确认，事后必然会出现产权纠纷。契税规定对承受人征税，一方面是对承受人财富的调节，另一方面有利于通过法律形式确定产权关系，维护公民的合法利益，避免产权纠纷。

一、契税的征税对象

契税的征税对象是境内转移的土地、权属房屋。具体包括以下内容。

（1）国有土地使用权的出让。国有土地使用权的出让是指土地使用者向国家交付土地使用权出让费用，国家将国有土地使用权在一定年限内让与土地使用者的行为。国有土地使用权出让，受让者应向国家缴纳出让金，以出让金为依据计算缴纳契税。不得因减免土地出让金而减免契税。

（2）土地使用权的转让。土地使用权的转让是指土地使用者以出售、赠与、交换或者其他方式将土地使用权转移给其他单位和个人的行为。土地使用权的转让不包括农村集体土地承包经营权的转移。

（3）房屋买卖。房屋买卖是指房屋所有者将其房屋出售，由承受者交付货币、实物、无形资产或者其他经济利益的行为。

（4）房屋赠与。房屋赠与是指房屋产权所有人将其房屋无偿转让给受赠者的行为。

（5）房屋交换。房屋交换是指房屋所有者之间互相交换房屋的行为。

随着市场经济的发展，有些特殊方式转移土地、房屋权属的，也将视同土地使用权转让、房屋买卖或者房屋赠与。一是以土地、房屋权属作价投资、入股；二是以土地、房屋权属抵债；三是以获奖方式承受土地、房屋权属；四是以预购方式或者预付集资建房款方式承受土地、房屋权属。

二、纳税人、税率和应纳税额的计算

（一）纳税人

契税的纳税人是中国境内转移土地、房屋权属，承受的单位和个人。其中，土地、房屋权属是指土地使用权和房屋所有权；单位是指企业单位、事业单位、国家机关、军事单位和社会团体及其他组织；个人是指个体经营者及其他个人，包括中国公民和外籍人员。

（二）税率

契税实行3%～5%的幅度税率。实行幅度税率是考虑到我国经济发展的不平衡，各地经济差别较大的实际情况。因此，各省、自治区、直辖市人民政府可以在3%～5%的幅度税率规定范围内，按照本地区的实际情况决定具体适用税率。

（三）应纳税额的计算

1. 计税依据

契税的计税依据为不动产的价格。由于土地、房屋权属转移方式不同，定价方式不同，因而契税的具体计税依据视不同情况而决定。

（1）国有土地使用权出让、土地使用权出售、房屋买卖，以成交价格为计税依据。成交价格是指土地、房屋权属转移合同确定的价格，包括承受者应交付的货币、实物、无形资产或者其他经济利益。

（2）土地使用权赠与、房屋赠与，由征收机关参照土地使用权出售、房屋买卖的市场价格核定。

（3）土地使用权交换、房屋交换，为所交换的土地使用权、房屋的价格差额。交换价格相等时，免征契税；交换价格不等时，由多交付的货币、实物、无形资产或者其他经济利益的一方缴纳契税。

（4）以划拨方式取得土地使用权，经批准转让房地产时，由房地产转让者补交契税。计税依据为补交的土地使用权出让费用或者土地收益。

为了避免偷、逃税款，税法规定，成交价格明显低于市场价格并且无正当理由的，或者所交换土地使用权、房屋的价格的差额明显不合理并且无正当理由的，征收机关可以参照市场价格核定计税依据。

（5）房屋附属设施按下列规定征收契税：

① 采取分期付款方式购买房屋附属设施土地使用权、房屋所有权的，应按合同规定的总价款计征契税。

② 承受的房屋附属设施权属如为单独计价的，按照当地确定的适用税率征收契税；如与房屋统一计价的，适用与房屋相同的契税税率。

（6）个人无偿赠予不动产行为，应对受赠人全额征收契税。

2. 应纳税额的计算

契税采用比例税率。应纳税额的计算比较简单，其基本计算公式为：

应纳税额 = 计税依据 × 税率

应纳税额以人民币计算。转移土地、房屋权属以外汇结算的，按照纳税义务发生之日中国人民银行公布的人民币市场汇率中间价折合成人民币计算。

【例9-2】A企业卖给B企业一套房屋，成交价格为600万元，并与C企业交换土地使用权，支付差价100万。试计算A、B、C企业需缴纳的契税。假设当地确定的契税税率为4%。计算A、B、C企业应缴纳的契税如下。

A企业应纳税额 = 100 × 4% = 4（万元）

B企业应纳税额 = 600 × 4% = 24（万元）

C企业不纳契税。

三、契税的税收优惠

（一）契税优惠的一般规定

《契税暂行条例》和《契税暂行条例实施细则》规定如下：

（1）国家机关、事业单位、社会团体、军事单位承受土地、房屋用于办公、教学、医疗、科研和军事设施的，免征契税。

（2）城镇职工按规定第一次购买公有住房的，免征契税。

（3）因不可抗力灭失住房而重新购买住房的，酌情减免。不可抗力是指自然灾害、战争等不能预见、不能避免并不能克服的客观情况。

（4）土地、房屋被县级以上人民政府征用、占用后，重新承受土地、房屋权属的，由省级人民政府确定是否减免。

（5）承受荒山、荒沟、荒丘、荒滩土地使用权，并用于农、林、牧、渔业生产的，免征契税。

（6）经外交部确认，依照我国有关法律规定及我国缔结或参加的双边和多边条约或协定，应当予以免税的外国驻华使馆、领事馆、联合围驻华机构及其外交代表、领事官员和其他外交人员承受土地、房屋权属，免征契税。

（二）契税优惠的特殊规定

1. 企业公司制改造

公司制改造是指非公司制企业按照《公司法》要求改建为有限责任公司（含国有独资公司）或股份有限公司，或经批准由有限责任公司变更为股份有限公司。

根据《财政部、国家税务总局关于企业改制重组若干契税政策的通知》（以下简称《企业改制重组契税政策》）的相关规定，非公司制企业按照《公司法》的规定，整体改建为有限责任公司（含国有独资公司）或股份有限公司，或者有限责任公司整体改建为股份有限公司的，对改建后的公司承受原企业土地、房屋权属，免征契税。非公司制国有独资企业或国有独资有限责任公司，以其部分资产与他人组建新公司，且该国有独资企业（公司）在新设公司中所占股份超过50%的，对新设公司承受该国有独资企业（公司）的土地、房屋权属免征契税。

2. 公司合并

两个或者两个以上的企业，依照法律规定、合同约定，合并为一个公司，且原投资主体存续的，对其合并后的公司承受原合并各方的土地、房屋权属，免征契税。

3. 公司分立

公司依照法律规定、合同约定分设为两个或两个以上与原投资主体相同的公司，对派生方、新设方承受原企业土地、房屋权属，免征契税。

4. 企业股权重组转让

在股权转让中，单位、个人承受企业股权，企业土地、房屋权属不发生转移，不征收契税。国有、集体企业实施"企业股份合作制改造"，由职工买断企业产权或向其职工转让部分产权，或者通过其职工投资增资扩股将原企业改造为股份合作制企业的，对改造后的股份合作制企业承受原企业的土地、房屋权属，免征契税。

5. 企业破产

企业破产是指企业因经营管理不善造成严重亏损，不能清偿到期债务而依法宣告破产的法律行为。企业依照有关法律、法规规定实施破产，债权人承受破产企业抵偿债务的土地、房屋权属，免征契税；对非债权人承受破产企业土地、房屋权属，凡按照《中华人民共和国劳动法》等国家有关法律法规政策妥善安置原企业全部职工，与原企业超过30%以上职工签订服务年限不少于3年的劳动用工合同的，对其承受所购企业的土地、房屋权属，减半征收契税；与原企业全部职工签订服务年限不少于3年的劳动用工合同的，免征契税。

6. 其他经国务院批准实施债权转股权的企业，对债权转股权后新设立的公司承受原企业的土地、房屋权属，免征契税。

7. 继承土地、房屋权属。对于《中华人民共和国继承法》规定的法定继承人（包括配偶、子女、父母、兄弟姐妹、祖父母、外祖父母）继承土地、房屋权属，不征契税。按照《中华人民共和国继承法》规定，非法定继承人根据遗嘱承受死者生前的土地、房屋权属；属于赠与行为，应征收契税。

8. 自2007年8月1日起，对个人购买经济适用住房，在法定税率基础上减半征收契税。

9. 对个人购买普通住房，且该住房属于家庭（成员范围包括购房人、配偶以及未成年子女，下同）唯一住房的，减半征收契税。对个人购买90平方米及以下普通住房，且该住房属于家庭唯一住房的，减按1%税率征收契税。

10. 个体工商户的经营者将其个人名下的房屋、土地权属转移至个体工商户名下，或个体工商户将其名下的房屋、土地权属转回原经营者个人名下，免征契税。合伙企业的合伙人将其名下的房屋、土地权属转移至合伙企业名下，或合伙企业将其名下的房屋、土地权属转回原合伙人名下，免征契税。

四、契税的征收管理

（一）纳税义务发生时间

契税的纳税义务发生时间是纳税人签订土地、房屋权属转移合同的当天，或者纳税人取得其他具有土地、房屋权属转移合同性质凭证的当天。

（二）纳税期限

纳税人应当自纳税义务发生之日起 10 日内，向土地、房屋所在地的契税征收机关办理纳税申报，填写《契税纳税申报表》，并在契税征收机关核定的期限内缴纳税款。

（三）纳税地点

契税在土地、房屋所在地的征收机关缴纳。具体征收机关由省、自治区、直辖市人民政府确定。

（四）征收管理

纳税人办理纳税事宜后，契税征收机关应当向纳税人开具契税完税凭证。纳税人应当持契税完税凭证和其他规定的文件材料，依法向土地管理部门、房产管理部门办理有关土地、房屋的权属变更登记手续。纳税人未出具契税完税凭证的，土地管理部门、房产管理部门不予办理有关土地、房屋的权属变更登记手续。

土地管理部门、房产管理部门应当向契税征收机关提供有关资料，包括土地管理部门、房产管理部门办理土地、房屋权属变更登记手续的有关土地、房屋权属、土地出让费用、成交价格及其他权属变更方面的资料，并协助契税征收机关依法征收契税。

为强化税收管理，从 2005 年 1 月起，各级税务机关应直接征收契税，不得委托其他单位代征。

第四节　车　船　税　法

一、车船税

车船税法是指国家制定的用以调整国家与车船税纳税人之间征纳活动的权利和义务关系的法律规范。现行车船税法的基本规范，是 2011 年 2 月 25 日，由第十一届全国人大常委会第十九次会议通过了《中华人民共和国车船税法》（以下简称《车船税法》），自 2012 年 1 月 1 日起施行。车船税是指国家对行驶于中国境内公共道路的车辆和航行于我国境内河流、湖泊或领海口岸的船舶，依法征收的一种税。

征收车船税的作用：① 为地方政府筹集财政资金。开征车船税，能够将分散在车船人手中的部分资金集中起来，增加地方财源，增加地方政府的财政收入。② 有利于车船的管理与合理配置。购置、使用车船越多，应缴纳的车船税越多，促使纳税人加强对自己拥有的车船管理和核算，改善资源配置，合理使用车船。③ 有利于调节财富差异。车船税是对拥有的财产或财富（如轿车、游艇等）进行调节，缓解财富分配不公。随着我国经济增长，部分先富起来的个人拥有私人轿车、游艇及其他车船的情况将会日益增加，我国征收车船税的财富再分配作用亦会更加重要。

二、车船税的征税对象及纳税人

（一）车船税的征税对象

车船税的征税对象是依法应在车船登记管理部门登记及不需要在车船登记管理部门依法具有车船管理职能的部门登记的在单位内部场所行驶或者作业的机动车辆和船舶。具体包括机动车辆和船舶。

1. 机动车辆

机动车辆包括乘用车、商用车、半挂牵引车、三轮汽车、低速载货汽车、挂车、专项作业车、轮式专项作业车和摩托车。

2. 船舶

船舶是指各类机动、非机动船舶和其他水上移动装置。

（二）车船税的纳税人

车船税的纳税人是指在中国境内车辆、船舶的所有人或者管理人。管理人是指对车船具有管理使用权不具有所有权的单位。车船的所有人或者管理人未缴纳车船税的，应由使用人代缴。

2006 年 7 月 1 日开始施行的《机动车交通事故责任强制保险条例》规定，在我国道路上行驶的机动车的所有人或者管理人，都应当投保机动车交通事故责任强制保险。因此，为了提高税源控管水平，节约征纳双方的成本，《车船税法》规定了从事机动车第三者责任强制保险业务的保险机构为机动车车船税的扣缴义务人，应当在收取保险费时依法代收车船税，并出具代收税款凭证。

三、车船税的税目与税率

车船税实行定额税率，定额税率是税率的一种特殊形式。定额税率计算简便，适宜于从量计征的税种。具体适用税额依照《车船税税目税额表》执行，如表 9 - 1 所示。

国务院财政部门、税务主管部门可以根据实际情况，在《车船税税目税额表》规定的税目范围和税额幅度内划分子税目，并明确车辆的子税目税额幅度和船舶的具体适用税额。车辆的具体适用税额由省、自治区、直辖市人民政府依照车船税法所附《车船税税目税额表》规定的税额幅度和国务院的规定确定。船舶的具体适用税额由国务院在车船税法所附《车船税税目税额表》规定的税额幅度内确定。

车船税采用定额税率，即对征税的车船规定单位固定税额。车船税确定税额总的原则是：非机动车船的税负轻于机动车船；人力车的税负轻于畜力车；小吨位船舶的税负轻于大船舶。

表 9 - 1 　　　　　　　　　　　　车船税税目税额表

税目		计税单位	年基准税额（元）	备注
1. 乘用车按发动机汽缸容量（排气量分档）	1.0升（含）以下的	每辆	60 ~ 360	核定载客人数 9 人（含）以下
	1.0升以上至1.6升（含）的		300 ~ 540	
	1.6升以上至2.0升（含）的		360 ~ 660	
	2.0升以上至2.5升（含）的		660 ~ 1 200	
	2.5升以上至3.0升（含）的		1 200 ~ 2 400	
	3.0升以上至4.0升（含）的		2 400 ~ 3 600	
	4.0升以上的		3 600 ~ 5 400	
商用车	客车	每辆	480 ~ 1440	核定载客人数 9 人以上（包括电车）
	货车	整备质量每吨	16 ~ 120	1. 包括半挂牵引车、三轮汽车和低速载货汽车等 2. 挂车按照货车税额的50%计算
其他车辆	专用作业车	整备质量每吨	16 ~ 120	不包括拖拉机
	轮式专用机械车	整备质量每吨	16 ~ 120	
摩托车		每辆	36 ~ 180	
船舶	机动船舶 净吨位不超过 200 吨	净吨位每吨	3	拖船、非机动驳船分别按照机动船舶税额的50%计算
	净吨位 200 ~ 2 000 吨		4	
	净吨位 2 000 ~ 10 000 吨		5	
	净吨位超过 10 000 吨		6	
	游艇 艇身长度不超过 10 米	每米	600	辅助动力帆艇按每米 600 元
	艇身长度 10 ~ 18 米		900	
	艇身长度 18 ~ 30 米		1 300	
	艇身长度超过 30 米		2 000	

四、计税依据和应纳税额的计算

（一）计税依据

车船税按其征税对象的性质，计税标准分别为辆、整备质量每吨、净吨位、米。

1. 以"辆"为计税标准，主要适用于乘用车、商用车客车、摩托车的计税。

2. 以"整备质量每吨"为计税标准，主要适用于货车、挂车、专用作业车、轮式专用机械车的计税。

3. 以"净吨位"为计税标准，主要适用于机动船舶的计税。

4. 以"长度"·为计税标准，主要适用于游艇的计税。

（二）应纳税额的计算

车船税实行从量定额征税方法，其应纳税额的基本计算公式为：

应纳税额 = 计税依据 × 适用税率

需要注意的是，对于购置的新车船，购置当年的应纳税额自纳税义务发生的当月起按月计算。其计算公式为

应纳税额 = （年应纳税额/12）× 应纳税月份数

【例 9 - 3】某公司拥有机动船舶 2 艘，净吨位分别为 2 100 吨，190 吨；游艇 2 艘，游艇身长分别为 15 米和 20 米。计算该公司每年应纳车船税税额如下。

机动船舶应纳税额 = 2 100 × 5 + 190 × 3 = 11 070 元

游艇应纳税额 = 15 × 900 + 20 × 1 300 = 39 500 （元）

公司应纳税额合计 = 11 070 + 39 500 = 50 570 （元）

五、车船税的税收优惠

（一）法定减免

1. 捕捞、养殖渔船。是指在渔业船舶登记管理部门登记为捕捞船或者养殖船的船舶。

2. 军队、武装警察部队专用的车船。是指按照规定在军队、武装警察部队车船管理部门登记，并领取军队、武警牌照的车船。

3. 警用车船。是指公安机关、国家安全机关、监狱、劳动教养管理机关和人民法院、人民检察院领取警用牌照的车辆和执行警务的专用船舶。

4. 依照法律规定应当予以免税的外国驻华使领馆、国际组织驻华代表机构及其有关人员的车船。

5. 对节约能源、使用新能源的车船可以减征或者免征车船税；对受严重自然灾害影纳税困难以及有其他特殊原因确需减税、免税的，可以减征或者免征车船税。

节约能源、使用新能源的车辆包括纯电动汽车、燃料电池汽车和混合动力汽车。纯电动汽车、燃料电池汽车和插电式混合动力汽车免征车船税，其他混合动力汽车按照同类车辆用税额减半征税。

6. 省、自治区、直辖市人民政府根据当地实际情况，可以对公共交通车船，农村居民拥有并主要在农村地区使用的摩托车、三轮汽车和低速载货汽车定期减征或者免征车船税。

（二）特定减免

1. 经批准临时入境的外国车船和香港特别行政区、澳门特别行政区、台湾地区的车船，不征收车船税。

2. 按照规定缴纳船舶吨税的机动船舶，自车船税法实施之日起5年内免征车船税。

3. 依法不需要在车船登记管理部门登记的机场、港口、铁路站场内部行驶或作业的车船，自车船税法实施之日起5年内免征车船税。

六、车船税的税额计算与代收代缴

纳税人按照纳税地点所在的省、自治区、直辖市人民政府确定的具体适用税额缴纳车船。车船税由地方税务机关负责征收。

1. 购置的新车船，购置当年的应纳税额自纳税义务发生的当月起按月计算。计算公式为：

应纳税额 =（年应纳税额÷12）×应纳税月份数

2. 在一个纳税年度内，已完税的车船被盗抢、报废、灭失的，纳税人可以凭有关管理机关出具的证明和完税证明，向纳税所在地的主管税务机关申请退还自被盗抢、报废、灭失月份起至该纳税年度终了期间的税款。

3. 已办理退税的被盗抢车船，失而复得的，纳税人应当从公安机关出具相关证明的当月超计算缴纳车船税。

4. 在一个纳税年度内，纳税人在非车辆登记地由保险机构代收代缴机动车车船税，且能够提供合法有效完税证明的，纳税人不再向车辆登记地的地方税务机关缴纳车辆车船税。

5. 已缴纳车船税的车船在同一纳税年度内办理转让过户的，不另纳税，也不退税。

七、车船税的征收管理

（一）纳税期限

车船税纳税义务发生时间为取得车船所有权或者管理权的当月。以购买车船的发票或其他证明文件所载日期的当月为准。

（二）纳税地点

车船税的纳税地点为车船的登记地或者车船税扣缴义务人所在地。依法不需要办理登记的车船，车船税的纳税地点为车船的所有人或者管理人所在地。

扣缴义务人代收代缴车船税的，纳税地点为扣缴义务人所在地。

纳税人自行申报缴纳车船税的，纳税地点为车船登记地的主管税务机关所在地。

依法不需要办理登记的车船，纳税地点为车船所有人或者管理人主管税务机关所在地。

（三）纳税申报

车船税按年申报，分月计算，一次性缴纳。纳税年度为公历 1 月 1 日至 12 月 31 日。车船税按年申报缴纳。具体申报纳税期限由省、自治区、直辖市人民政府规定。

1. 税务机关可以在车船管理部门、车船检验机构的办公场所集中办理车船税征收事宜。

2. 公安机关交通管理部门在办理车辆相关登记和定期检验手续时，对未提交自上次检验后各年度依法纳税或者免税证明的，不予登记，不予发放检验合格标志。

3. 海事部门、船舶检验机构在办理船舶登记和定期检验手续时，对未提交依法纳税或者免税证明，且拒绝扣缴义务人代收代缴车船税的纳税人，不予登记，不予发放检验合格标志。

4. 对于依法不需要购买机动车交通事故责任强制保险的车辆，纳税人应当向主管税务机关申报缴纳车船税。

5. 纳税人在首次购买机动车交通事故责任强制保险时缴纳车船税或者自行申报缴纳车船税的，应当提供购车发票及反映排气量、整备质量、核定载客人数等与纳税相关的信息及其相应凭证。

6. 从事机动车第三者责任强制保险业务的保险机构为机动车车船税的扣缴义务人，应当在收取保险费时依法代收车船税，并出具代收税款凭证。

（四）其他管理规定

1. 各级车船管理部门应当在提供车船管理信息等方面，协助地方税务机关加强对车船税的征收管理。纳税人应当向主管地方税务机关和扣缴义务人提供车船的相关信息。拒绝提供的，按照《中华人民共和国税收征收管理法》有关规定处理。

2. 车船税的征收管理，依照《中华人民共和国税收征收管理法》及本条例的规定执行。在一个纳税年度内，已完税的车船被盗抢、报废、灭失的，纳税人可以凭有关管理机关出具的证明和完税证明，向纳税所在地的主管地方税务机关申请退还自被盗抢、报废、灭失月份起至该纳税年度终了期间的税款。

已办理退税的被盗抢车船，失而复得的，纳税人应当从公安机关出具相关证明的当月起计算缴纳车船税。

3. 纳税人在购买"交强险"时，由扣缴义务人代收代缴车船税的，凭注明已收税款信息的"交强险"保险单，车辆登记地的主管税务机关不再征收该纳税年度的车船税。再次征收的，车辆登记地主管税务机关应予退还。

4. 已经缴纳船舶车船税的船舶在同一纳税年度内办理转让过户的，在原登记地不予退税在新登记地凭完税凭证不再纳税，新登记地海事管理机构应记录上述船舶的完税凭证号和出具该凭证的税务机关或海事管理机构名称，并将完税凭证的复印件存档备查。

5. 车船税的纳税人应按照条例的有关规定及时办理纳税申报，并如实填写《车船税纳税申报表》。

【本章小结】

　　财产税是以纳税人所拥有或支配的应税财产为征税对象的一种税。目前，我国已开征的与财产有关的税收主要包括房产税、契税、车船税等。

　　房产税是以房屋为征税对象，以房屋的计税余值或租金收入为计税依据，向房屋产权所有人征收的一种财产税。房产税的征税对象为房产。纳税人是在征税范围内的房屋产权所有人。按照房产用途的不同，房产税的计税依据也有所不同。自用的房产以房产的计税价值为计税依据，出租的房产以房产的租金收入为计税依据。按照计税依据的不同，房产税的计算也分为从价计征和从租计征两种。从价计征，适用于1.2%的比例税率；从租计征，适用于12%的比例税率。房产税实行按年计算、分期缴纳。

　　契税是对在我国境内转移土地、房屋权属的单位和个人征收的一种财产税。契税的征税对象为发生土地使用权和房屋所有权权属转移的土地和房屋。纳税人是在我国境内转移土地、房屋权属，承受的单位和个人。契税以土地使用权和房屋的成交价格为计税依据，采用幅度的比例税率，实行从价计征。契税应当自纳税人签订土地、房屋权属转移合同之日起10日内，向土地、房屋所在地的契税征收机关办理。

　　车船税是以车船为征税对象，向拥有车船的单位和个人征收的一种财产税。车船税的征收范围包括车辆和船舶两大类。纳税人是在征税范围内车船的所有人或者管理人。从事机动车交通事故责任强制保险业务的保险机构为机动车车船税的扣缴义务人。车船税实行有幅度的定额税率。车船税实行从量定额征收，计税标准为辆、自重吨位和净吨位。车船税实行按年缴纳，由地方税务机关负责征收。

【思考题】

1. 房产税的征税范围有哪些？
2. 车船税的计税标准如何确定？

【课后练习题】

一、单项选择题

1. 下列房产应征收房产税的是（　　　）。
   A. 大修停用半年以上的房产
   B. 因企业停产而转给其他征税单位的房产
   C. 人民团体的办公用房
   D. 经费来源自收自支不足3年的事业单位自用房
2. 下列各项中应作为融资租赁房屋房产税计税依据的是（　　　）。
   A. 房产售价　　　B. 房产余值　　　C. 房产原值　　　D. 房产租金
3. 下列各项中应缴纳车船税的是（　　　）。
   A. 燃料电池乘用车　　　　　　B. 低速载货汽车
   C. 捕捞、养殖渔船　　　　　　D. 纯电动汽车

4. 车船税的纳税地点由省级人民政府根据当地实际情况确定。跨省、市、自治区使用的车船纳税地点为（　　）

    A. 车船的登记地　　　　　　　　B. 车船的购买地

    C. 车船的使用地　　　　　　　　D. 车船的所在地

5. 下列说法不符合车船税规定的是（　　）。

    A. 纳税人未按照规定到车船管理部门办理应税车船登记手续的，以车船购置发票所载时间的当月作为车船税的纳税义务发生时间

    B. 依法不需要办理登记车船的纳税地点由省、自治区、直辖市政府规定

    C. 保险机构代收代缴的车船税应在保险机构所在地缴纳车船税

    D. 未办理车船登记手续且无法提供车船购置发票由主管地方税务机关核定纳税

6. 杨某以 500 万元存款及价值 800 万元的房产投资设立个人独资企业；当年杨某的朋友张某移居国外，将其境内价值 80 万元的房产赠送给杨某。当地契税的税率为 3%，则杨某应缴纳的契税为（　　）万元。

    A. 0　　　　　　　B. 2.4　　　　　　　C. 41.4　　　　　　　D. 42

7. 发生下列行为的单位和个人，应缴纳契税的有（　　）。

    A. 将房产用于偿还债务的张先生　　B. 以房屋权属作价投资的某企业

    C. 以房产投资于本人经营的李先生　　D. 购买房产用于翻建新房的张某

二、多项选择题

1. 下列选项中关于房产税的陈述，正确的有（　　）。

    A. 房产不在同地的纳税人应按房产坐落地点分别向房产所在地税务机关缴纳房产税

    B. 因房屋实物状态变化应依法终止房产税纳税义务的，纳税计算截止到其变化的当月末

    C. 个人所有非营业用的房产免征房产税

    D. 因房屋大修导致连续停用 3 个月以上的房屋在大修理期间免征房产税

2. 下列项目属于免征或不征房产税的有（　　）。

    A. 企业办学校教学用房　　　　　　B. 个人出租给街道办托儿所用房

    C. 企业厂区周边围墙　　　　　　　D. 企业大修停用半年以下的房产

3. 根据车辆购置税法的有关规定，下列车辆中可以减免车辆购置税的有（　　）。

    A. 武警部队购买的列入武器装备订货计划的车辆

    B. 长期来华定居的专家进口 1 辆自用小汽车

    C. 在外留学人员购买 1 辆自用进口小汽车

    D. 森林消防部门用于指挥、检查、调度、联络的设有固定装置的指定型号的车辆

4. 根据车船税的有关规定，下列表述符合车船税征税现行规定的有（　　）。

    A. 依法在车船管理部门登记的企业内部行驶的车船不征税

    B. 半挂牵引车不纳车船税

    C. 拖拉机不需缴纳车船税

    D. 拖船按船舶税额 50% 计税

5. 依据车船税的申报规定，下列表述正确的有（　　）。

A. 纳税义务发生力车船管理部门核发车船登记或行驶证书记载日期当月

B. 已由保险机构代收代缴车船税的，纳税人不再向税务机关缴纳车船税

C. 已办理退税被盗车船失而复得应从公安机关出具相关证明当月起纳税

D. 已纳税车船在同一纳税年度内办理过户不用纳税且已纳车船税可退税

6. 根据契税法的有关规定，以下各项中属于契税的征税对象的有（   ）。

A. 某金银首饰店用金银首饰一批与某公司换取门面房一套

B. 一房地产开发企业从国家手中取得城区一块土地的使用权准备开发商品房

C. 邓氏集团接受容氏集团的房产作为投资入股

D. 甲公司购买豪华小轿车一辆

7. 契税的征税范围为发生土地使用权和房屋所有权权属转移的土地和房屋。下列各项中表述正确的有（   ）。

A. 国有土地使用权出让，不征契税

B. 契税属于财产转移税

C. 企业分立中，派生方承受原企业土地房屋权属，不征契税

D. 对承受国有土地使用权所应支付的土地出让金，要计征契税

三、判断题

1. 房产税只对房屋的产权所有人征收，对产权出典以及租典纠纷未解决的房产，不征收房产税。（   ）

2. 房产联营投资不承担经营风险只收取固定收入，投资方视固定收入为租金收入，以租金收入为计税依据计征房产税。（   ）

3. 由国家财政部门拨付的事业单位自身业务用房免征房产税；其经费来源实行自收自支后，从自收自支年度起，免征房产税5年。（   ）

4. 纳税人委托施工单位建设的房屋，应自房屋交付使用之次月起缴纳房产税。（   ）

5. 依法不需要在车船管理部门登记、在单位内部场所行驶或作业的机动车辆和船舶免征车船税。（   ）

6. 由扣缴义务人代收代缴机动车车船税的，纳税人应在购买机动车交通事故责任强制保险的同时缴纳车船税。（   ）

7. 税务机关付给扣缴义务人代收代缴手续费的标准，由省级地方税务局制定。（   ）

8. 车船税按年申报、分月计算、一次性缴纳。纳税年度为公历1月1日至12月31日。具体申报期限由省、自治区、直辖市人民政府确定。（   ）

9. 对以自有房产作股权资本投资于本人独资经营的企业免征契税。（   ）

10. 土地使用权的赠与中，其契税的计税依据可以由征收机关参照土地使用权出售、房屋买卖的市场价格核定。（   ）

四、计算题

1. 一栋楼房由国家某机关和某信托投资公司共同使用，其中国家机关占用的面积占楼房总面积的2/3，另外1/3归信托投资公司使用。已知该栋楼的原值经核准为6 000万元，当地规定允许减除房产原值的30%。

要求：请根据上述资料，计算各纳税人应纳的房产税。

2. 某公司办公大楼原值 30 000 万元，2013 年 2 月 28 日将其中部分闲置房间出租，租期 2 年。出租部分房产原值 5 000 万元，租金每年 1 000 万元。当地规定房产税原值减除比例为 20%。

要求：请根据上述资料，计算该公司 2013 年应纳的房产税。

3. 某交通运输企业纳税年度拥有 5 吨载重汽车 40 辆，4 吨挂车 15 辆，2.5 吨低速货车 10 辆。该企业所在地载货汽车年税额 20 元/吨。

要求：请根据上述资料，计算该企业本年度应纳的车船税。

4. 某企业用于机动船舶 5 艘，其中净吨位 1 000 吨的有 3 艘，5 000 吨的有 2 艘；游艇 2 艘，游艇身长分别为 15 米和 20 米。

要求：请根据上述资料，计算该企业应纳的车船税。

5. 某市居民 3 月初以 50 万元转让自用 6 年的住房一套，房屋原值 36 万元。经评估，该住房完全重置成本价 48 万元，6 成新，转让时支付评估费 1.2 万元，3 月末，购买一套住房价款 57 万元，预付房款 7 万元。当地契税税率为 5%，财产转移书据印花税税率为 5‰。

要求：请根据上述资料，计算该居民 3 月应纳的各项税额。

【案例与分析】

A 公司 2013 年度的有关资料如下：

1. 在市区拥有房产原值 8 000 万元，房产的 70% 用于公司自用生产经营，另外 30% 用于出租，每年取得租金 100 万元；在农村拥有房产原值 280 万元，其中价值 80 万元的仓库用于出租。

2. 外单位用房屋抵偿债务，房屋市场价格为 200 万元；接受某企业房屋捐赠，市场同类房屋的售价为 100 万元。

3. A 公司拥有面包车 5 辆；载货汽车 5 辆；小轿车 8 辆。

分析：A 公司的上述财产需要缴纳哪些税？计税依据是什么？

第十章　行为目的类税法

学习目标

→ 1. 理解行为目的税的概念和特征
→ 2. 掌握行为目的税的基本要素
→ 3. 掌握行为目的税的计算与征收管理

第一节　行为目的税概述

一、行为目的税的性质

行为目的税是政府为实现特定的社会经济政策目的和意图而设计的，以某些特定行为为征税对象的税种。从理论上讲，行为目的税有一定的时效性和偶然性，即在一定时期内开征，当政府的政策意图和目的完成后便停止征收，如我国曾经开征的固定资产投资方向调节税、筵席税和屠宰税等，但也有一些税种开征后一直延续到现在。在整个税制结构中，行为税不是国家的主体税种，而是一类辅助性的税种。它的主要作用在于弥补主体税种在调节社会行为上的不足。我国现行的行为目的税有印花税、城市维护建设税、车辆购置税、土地增值税等税种。一般来说，行为目的税的开征大致有 3 种情况。

1. 出于特定社会目的并有指定用途的税收

如大多数发达国家和一些发展中国家开征的社会保险税，旨在为社会保障事业筹集专项财政资金，促进社会安定，为在社会成员中暂时或永久失去工作能力、失去工作机会或收入不能维持必要生活水平时提供基本的生活保障。目前我国普遍征收的城市维护建设税和教育费附加就属于这类税收，主要是将税收筹集的资金用于城市建设基金和教育基金。

2. 出于特定经济目的而课征的税收

这类税收的立法意图在于运用税收政策调节经济，发挥政府的宏观调控作用，如国外的赌博税，我国曾经开征的奖金税、固定资产投资方向调节税等。这类税收一般含有制约或限制某些特定经济行为的目的。

3. 出于特别的财政目的而课征的税收

这类税收的开征，主要是为国家筹集财政资金，如世界各国普遍征收的印花税。

二、行为目的税的特点

1. 政策性强，具有特定的目的

行为目的税一般具有特定的经济目的、社会目的或财政目的，因而征税的目的性强，在调控对象上有着其他税种难以代替的作用。由于行为目的税的这一特征，才使大多数国家的税制具有多税种、多层次、多环节征收的复合税制的特点。但是，过多的税种，容易给人们造成"税负过重"的感觉，因此，行为目的税的开征，要谨慎。

2. 税种多，税源分散，征管难度较大

基于各种目的而开征的行为目的税，大都选择某些特定的征税对象或者在特定的调节范围，并通过单设税种的方法来达到特定目的，因而造成税种名目繁多的情况。另外，行为税的征收面比较分散，征收标准也较难掌握，这就给征收管理带来较大的难度。行为目的税一般作为地方财政的主要税源。

3. 税负转嫁难

行为目的税一般都由纳税人缴纳，纳税人和负税人一般是同一主体，税负很难转嫁。这一特征也使得行为目的税起到特殊的调节作用。

4. 税种稳定性差

由于大多数行为目的税的开征是基于政府的特定政策意图，因此当客观社会政治经济条件发生变化时，就可能根据新的情况对税种进行修改，实行缓征或停征，也可能新设税种。因而行为目的税在整个税收法律体系中的稳定性较差。

三、行为目的税的沿革

1624 年，荷兰政府为解决财政支出问题，最早开征了印花税。随后，欧美各国竞相效仿，它在不长的时间内就成为世界上普遍采用的一个税种。行为目的税的名目繁多，俄国彼得一世时期征收的胡须税、德国和日本等国的登记税、美国的赌博税、瑞典的彩票税，以及其他一些国家征收的狩猎税、养狗税等，均属行为目的税。

中国对特定的行为征税历史悠久，早在战国时期，楚国等就对牲畜交易行为征税。此后历代对行为征税的税种于工商税收和各类杂税中，如三国两晋南北朝时期对交易行为征收的"估税"，唐代的"除陌钱"，宋代商税中的"住税"、"印契税"，清朝的"落地税"等。"中华民国"成立后，北洋政府把推行印花税作为重要的聚财之举，于

1912 年 10 月公布了《印花税法》，并于次年正式实施。从此，印花税一直被民国政府视为重要财源。1913 年首先在北京开征，以后陆续推行至各省。南京国民政府于 1928 年、1934 年、1941 年先后三次改革与调整税制，其统一后的工商税制，在中央税中属于行为目的税的有印花税，在地方税中属于行为目的税的则有屠宰税、筵席税等。

我国的特定目的税是在经济体制改革过程中，根据宏观经济调控的需要而陆续设立的。1979 年开始经济体制改革后，国民经济的各个方面都发生了深刻变化，得到了很大的发展。同时出现了基本建设规模过大，消费基金增长过快，国民收入分配不合理等问题。为了更好地发展国民经济，协调经济体制改革的各个方面，国家在采取各项措施的同时，开征若干特定目的的税，以便运用税收工具，强化宏观调控。例如，为了合理使用能源，促进企业节约用油，并加速以煤炭代替石油的进程，开征了烧油特别税；为调节奖金和工资的分配，开征了奖金税和工资调节税。为了集中必要资金，保证国家重点建设，加强基本建设管理，控制固定资产投资规模，对以自筹基本建设投资和更新改造措施项目中的建筑工程投资开征了建筑税。1991 年 4 月 16 日，国务院在总结经验的基础上制定并发布了《中华人民共和国固定资产投资方向调节税暂行条例》，以之取代建筑税。为了加强城市的维护和建设，扩大和稳定城市维护建设资金的来源，1985 年 2 月 8 日，国务院发布了《中华人民共和国城市维护建设税暂行条例》。为了规范土地、房地产市场交易秩序，合理调节土地增值收益，维护国家权益，1993 年 12 月 13 日国务院发布了《中华人民共和国土地增值税暂行条例》。这样，就建立了中国的特定目的的税系列。目前的特定目的的税主要有：固定资产投资方向调节税（已经停征）和城市维护建设税、土地增值税等。

第二节　印　花　税

一、印花税

印花税是对经济活动和经济交往中书立、使用、领受具有法律效力的凭证的单位和个人征收的一种税。印花税因其采用在应税凭证上粘贴印花票税的方法缴纳税款而得名。

印花税法是指国家制定的调整印花税征收与缴纳之间权利与义务关系的法律规范。它的基本法律依据是 1988 年 8 月国务院发布的《中华人民共和国印花税暂行条例》和 1988 年 9 月财政部制定的《中华人民共和国印花税暂行条例实施细则》等。

（一）印花税的历史

印花税是一个古老的税种，1624 年创始于荷兰，新中国成立之前也曾开征印花税。1950 年 12 月政务院发布了《印花税暂行条例》，在全国开征了印花税，以后随着经济的发展变化，对印花税税率进行了多次调整。1958 年税制改革时，将印花税并入工商统一税。党的十一届三中全会以来，经济活动中依法书立和领受各种凭证已成为普遍现象，为了有利于建立社会主义经济新秩序，保护凭证的法律效力，1988 年 8 月国务院颁布了《中华人民共和国印花税暂行条例》，并决定于同年 10 月 1 日起施行。

（二）印花税的特点

（1）税源广泛，征收普遍。印花税规定的征税范围广泛，凡税法列举的合同或具有合同性质的凭证，产权转移书据，营业账簿及权利、许可证照等，都必须依法纳税。印花税的应税凭证共有 5 大类、13 个税目，涉及经济活动的各个领域和各个环节，充分体现了税源的广泛性和征收的普遍性。

（2）税率极低，税负从轻。印花税采用从价定率和从量定额进行征收，比例税率最高税率为 1‰、最低税率为 0.05‰，按定额税率征税每件只有 5 元。采用自行贴花、汇贴或汇缴和委托代征三种纳税办法。印花税与其他税种相比税负极低，计算方便，易为征纳双方所接受。

（3）自行完税，征收简便。纳税人在书立、使用、领受应税凭证时，先按凭证所载计税金额和适用税率，自行计算其应纳税额；再由纳税人自行购买印花税票，并一次足额粘贴在应税凭证上；最后由纳税人按规定对已粘贴的印花税票自行注销或划销。而对于其他税种，则一般先由纳税人申报纳税，再由税务机关审核确定其纳税额，然后由纳税人办理纳税缴款手续。

（三）印花税的作用

主要表现在：① 有利于增加财政收入。印花税（证券交易印花税除外）属于地方税，其收入归地方政府所有。证券交易印花税属于共享税，当前其收入的 97% 归中央，3% 归地方所有。② 有利于配合和加强经济合同的监督管理，各种合同贴花以后，不论是否兑现，都已负担了税款，可以促进经济往来各方信守合同，减少由于盲目签约而造成的经济损失和纠纷，提高合同的兑现率。③ 有利于培养公民的纳税意识。印花税实行自行贴花纳税的方法，有助于培养纳税人自觉纳税的意识；同时印花税又具有轻税重罚的特点，有利于增强纳税人的税收法制观念。④ 有利于配合对其他应纳税种的监督管理。印花税的应税凭证反映着纳税人的生产、经营活动情况，税务机关对纳税人各种应税凭证的贴花和检查，客观上又可以及时掌握纳税人经济活动中涉及应纳其他各税的相关情况，有利于配合加强对其他应纳税种的监督管理。

二、印花税的征税范围与纳税人

（一）印花税的征税范围

印花税对列举的凭证征收，未列举的不征收。其具体征收范围分为以下 5 大类：

（1）经济合同，包括购销、加工承揽、建设工程承包、财产租赁、货物运输、仓储保管、借款、财产保险、技术等合同或具有合同性质的凭证。

（2）产权转移书据，包括财产所有权、版权、商标专用权、专利权、专有技术使用权等转移书据。

（3）营业账簿，包括单位和个人从事生产经营活动所设立的各种账册，即记载资金的账簿和其他账簿。

（4）权利、许可证照，包括房屋产权证、工商营业执照、商标注册证、专利证、土地使用证。

（5）财政部确定征收的其他凭证。

同一性质的凭证名称各异、不统一，但不论以任何形式或名称书立，只要其性质属于税法中列举征税范围的，均应照章征税。有些业务部门将货物运输、仓储保管、银行借款和财产保险等单据作为合同使用的，应按合同凭证纳税。纳税人以电子形式签订的各类应税凭证，按规定征收印花税。

（二）印花税的纳税人

印花税以在中国境内书立、使用、领受应税凭证的单位和个人为纳税人。单位和个人是指国内各类企业、事业单位、机关、团体、部队以及中外合资企业、合作企业、外资企业、外国公司和其他经济组织及其在华机构等单位和个人。上述单位和个人，按照书立、使用、领受应税凭证的不同，可以分别确定为立合同人、立据人、立账簿人、领受人和使用人。

（1）立合同人是指合同的当事人。当事人是指对凭证有直接权利义务关系的单位和个人，但不包括合同的担保人、证人和鉴定人。各类合同的纳税人是立合同人，包括立合同的各方。

（2）产权转移书据的纳税人是立据人。对买卖、继承、赠予所书立的 A 股、B 股股权转让书据的出让方按 1‰ 的税率征收证券（股票）交易印花税，对受让方不征税。

（3）营业账簿的纳税人是立账簿人，即指设立并使用营业账簿的单位和个人。

（4）权利、许可证照纳税人是领受人，即领取或接受并持有该凭证的单位和个人。

（5）在国外书立、领受，但在国内使用的应税凭证，其纳税人是使用人。

对应税凭证，凡由两方或两方以上当事人共同书立的，其当事人各方都是印花税的纳税人，应就其所持凭证的计税金额各自履行纳税义务。

三、印花税的税目与税率

（一）印花税的税目

印花税的税目采取正列举法，即列入税目的征税，未列入税目的不征税。印花税包括以下 13 个税目：

（1）购销合同，包括供应、预购、采购、购销合同和协作、调剂、补偿、贸易等合同，以及出版单位与发行单位之间订阅的图书、报纸、期刊和音像制品的应税凭证（如订购单、订数单等）。

（2）加工承揽合同，包括加工、定作、修缮、修理、印刷、广告、测绘、测试等合同。

（3）建设工程勘察设计合同，包括勘察、设计合同。

（4）建筑安装工程承包合同，包括建筑、安装工程承包含同，其中承包合同包括总承包含同、分包含同和转包含同。

（5）财产租赁合同，包括租赁房屋、飞机、机动车辆、机械、器具、设备等及企业、个人出租门店、柜台等签订的合同。

（6）货物运输合同，包括民用航空、铁路运输、海上运输、公路运输和联运合同；以及作为合同使用的单据。

（7）仓储保管合同，包括仓储、保管合同，以及作为合同使用的仓单、栈单等。

（8）借款合同。银行及其他金融组织与借款人（不包括银行同业拆借）所签订的合同（包括融资租赁合同），以及只填开借据并作为合同使用、取得银行借款的借据。

（9）财产保险合同，包括财产、责任、保证、信用保险合同，以及作为合同使用的单据。其中，财产保险合同分为企业财产保险、机动车辆保险、货物运输保险、家庭财产保险（家庭财产两全保险）和农牧业保险。

（10）技术合同，包括技术开发、转让、咨询、服务等合同，以及作为合同使用的单据。

（11）产权转移书据。产权转移书据是指单位和个人产权的买卖、继承、赠予、交换、分割等所立的书据，包括财产所有权和版权、商标专用权、专利权、专有技术使用权等转移书据。其征税范围是指经政府管理机关登记注册的动产、不动产的所有权转移所立的书据，以及企业股权转让所立的书据。

（12）营业账簿。营业账簿是指单位或个人记载生产经营活动的财务会计核算账簿。按其反映内容的不同，可分为记载资金的账簿和其他账簿。记载资金的账簿是指反映生产经营单位资本金数额增减变化的账簿；其他账簿是指除上述账簿以外的有关其他生产经营活动内容的账簿，包括日记账簿和各明细分类账簿。但对金融系统的营业账簿应结合金融系统财务会计核算的实际情况进行具体分析。

（13）权利、许可证照，包括政府部门发给的房屋产权证、工商营业执照、商标注册证、专利证和土地使用证。

（二）印花税的税率

印花税税率设计遵循"税负从轻、共同负担"原则，设有比例税率和定额税率两种形式。

（1）比例税率。在印花税的 13 个税目中各类合同和具有合同性质的凭证、产权转移书据、营业账簿中记载资金的账簿适用比例税率，共 4 个档次，分别为 0.05‰、0.3‰、0.5‰和 1‰。

（2）定额税率。在印花税的 13 个税目中权利、许可证照和营业账簿税目中的其他账簿，适用按件贴花，税额为 5 元。

印花税的具体税率，见表 10 - 1。

表 10 - 1 　　　　　　　　　印花税税目税率表

税目	范围	税率	纳税人	说明
1. 购销合同	包括供应、预购、采购、购销结合及协作、调剂、补偿、易货等合同	按购销金额的 0.3‰ 贴花	立合同人	
2. 加工承揽合同	包括加工、定做、修缮、修理、印刷、广告、测绘、测试等合同	按加工或承揽收入的 0.5‰ 贴花	立合同人	
3. 建设工程勘察设计合同	包括勘察、设计合同	按收取费用的 0.5‰ 贴花	立合同人	
4. 建筑安装工程承包合同	包括建筑、安装工程承包合同	按承包金额的 0.3‰ 贴花	立合同人	
5. 财产租赁合同	包括租赁房屋、船舶、飞机、机动车辆、机械、器具、设备等合同	按租赁金额的 1‰ 贴花。税额不足 1 元按 1 元贴花	立合同人	
6. 货物运输合同	包括民用航空运输、铁路运输、海上运输、内河运输、公路运输和联运合同	按运输收取的费用的 0.5‰ 贴花	立合同人	单据作为合同使用的，按合同贴花
7. 仓储保管合同	包括仓储、保管合同	按仓储收取的保管费用的 1‰ 贴花	立合同人	仓单或栈单作为合同使用的，按合同贴花
8. 借款合同	银行及其他金融组织和借款人（不包括银行同业拆借）所签订的借款合同	按借款金额的 0.05‰ 贴花	立合同人	单据作为合同使用的，按合同贴花
9. 财产保险合同	包括财产、责任、保证、信用等保险合同	接收取的保险费收入的 1‰ 贴花	立合同人	单据作为合同使用的，按合同贴花
10. 技术合同	包括技术开发、转让、咨询、服务等合同	按所记载金额的 0.3‰ 贴花	立合同人	
11. 产权转移书据	包括财产所有权和版权、商标专用权、专利权、专有技术使用权等转移书据、土地使用权出让合同、土地使用权转让合同、商品房销售合同	按所记载金额的 0.5‰ 贴花	立据人	

税目	范围	税率	纳税人	说明
12. 营业账簿	生产、经营用账册	记载资金的账簿。按实收资本和资本公积的合计金额的 0.5‰ 贴花。其他账簿按件贴花 5 元	立账簿人	
13. 权利许可证照	包括政府部门发给的房屋产权证、工商营业执照、商标注册证、专利证、土地使用证	按件贴花 5 元	领受人	

四、印花税的计税依据

（一）计税依据的基本规定

主要内容包括：

（1）购销合同为购销金额。

（2）加工承揽合同为加工或承揽收入额。所谓加工或承揽收入额是指合同受托方的加工费收入和提供的辅助材料金额之和。

（3）建设工程勘察设计合同为收取的费用。

（4）建筑安装工程承包含同为承包金额。

（5）财产租赁合同为租赁金额。经计算税额不足 1 元的，按 1 元贴花。

（6）货物运输合同为运输费用，但不包括装卸费用。

（7）仓储保管合同为仓储保管费用。

（8）借款合同为借款金额。

（9）财产保险合同为保险费收入。

（10）技术合同为合同所载价款、报酬或使用费。

（11）产权转移书据为所载金额。

（12）营业账簿税目中记载资金账簿的，为"实收资本"与"资本公积"两项的合计金额。其中，实收资本包括现金、实物、无形资产和材料物资；资本公积包括接受捐赠、法定财产重估增值、资本折算差额、资本溢价等。

（13）营业账簿中的其他账簿和权利、许可证照的计税依据，为应税凭证件数。

（二）计税依据的补充规定

主要内容包括：

（1）上述凭证以"金额"、"收入"、"费用"作为计税依据的，应当全额计税，不得作任何扣除。

（2）同一凭证，载有两个或两个以上经济事项而适用不同税目税率，如分别记载金额的，应分别计算应纳税额，相加后按合计税额贴花；如未分别记载金额的，按税率高的计税贴花。

（3）按金额比例贴花的应税凭证，未标明金额的，应按照凭证所载数量及国家牌价计算的金额作为计税依据；没有国家牌价的，按市场价格计算的金额作为计税依据。

（4）应税凭证为外国货币并未标明金额的，应按照凭证所载数量及国家外汇牌价计算的金额作为计税依据；没有国家外汇牌价的，按市场价格计算的金额作为计税依据。

（5）下列情况下，由地方税务机关核定其计税依据：未建立应税凭证登记簿，或未如实登记和完整保存应税凭证的；拒不提交应税凭证或不如实提供应税凭证致使计税依据明显偏低的；采用汇总缴纳办法但未及时报送汇总缴纳情况报告，经责令仍无效的。

（6）合同在签订时无法确定计税金额的，可在签订时先按定额 5 元贴花，以后结算时再按实际金额计算补缴印花税。

（7）应税合同在签订时不论合同是否兑现或是否按期兑现，均应贴花完税。对已履行并贴花的合同，所载金额与合同履行后实际结算金额不一致的，只要双方未修改合同金额，一般不再办理完税手续。

（8）对有经营收入的事业单位，凡属由国家财政拨付事业经费，实行差额预算管理的单位，其记载经营业务的账簿按每件 5 元征税。

（9）商品购销活动中，采用以货换货方式进行商品交易签订的合同，应按合同所载的购、销合计金额计税贴花。

（10）施工单位将自己承包的建设项目，分包或转包给其他施工单位所签订的分包合同或转包含同，应按新的分包或转包合同所载金额计算缴纳印花税。

（11）对股票交易征收印花税均按书立时证券市场当日实际成交价格计算金额，由立据双方当事人分别按 1‰ 的税率缴纳印花税（现行为单边征收）。

（12）对国内各种形式的货物联运，凡在起运地统一结算全程运费的，应以全程运费作为计税依据，由起运地运费结算双方缴纳印花税；凡分程结算运费的，应以分程的运费作为计税依据，分别由办理运费结算的各方缴纳印花税。对国际货运凡由我国运输企业运输的，不论在我国境内、境外起运或中转分程运输，我国运输企业所持的一份运费结算凭证，均按本程运费计算缴纳印花税。

五、印花税的优惠政策

（一）印花税的免税优惠

主要内容包括：
（1）对已缴纳印花税的凭证的副本或抄本。
（2）对财产所有人将财产赠予政府、社会福利单位、学校所立的书据。
（3）对国家指定的收购部门与村民委员会、农民个人书立的农副产品收购合同。
（4）对无息、贴息贷款合同。

（5）对外国政府或国际金融组织向我国政府及国家金融机构提供优惠贷款所书立的合同。

（6）对房地产管理部门与个人签订的用于生活居住的租赁合同。

（7）对农牧业保险合同。

（8）对特殊货运合同。

（9）2011 年 11 月 1 日至 2014 年 10 月 31 日对金融机构与小微企业签订的借款合同免征印花税。

（二）印花税的补充免税

主要内容包括：

（1）对财产所有人将财产（物品）直接捐赠或通过公益性社会团体、县级以上人民政府及其部门捐赠给"5·12"地震受灾地区或受灾居民所书立的产权转移书据，免征印花税。

（2）对个人销售或购买住房，暂免征收印花税；对个人出租、承租住房签订的租赁合同免征印花税。

（3）对期货保障基金公司新设立的资金账簿、期货保障基金参加被处置期货公司的财产清算而签订的产权转移书据，以及期货保障基金以自有财产和接受的受偿资产与保险公司签订的财产保险合同等免征印花税。但对上述应税合同和产权转移书据的其他当事人，照章征收印花税。

（4）对企业集团内具有平等法律地位的主体之间自愿订立、明确双方购销关系、据以供货和结算、具有合同性质的凭证，应按规定征收印花税。对企业集团内部执行计划使用的、不具有合同性质的凭证，不征收印花税。

（5）对商品储备管理公司及其直属库资金账簿免征印花税，对其承担商品储备业务过程中书立的购销合同免征印花税，对合同其他各方当事人应缴纳的印花税照章征收。

（6）对廉租住房、经济适用住房经营管理单位与廉租住房、经济适用住房相关的印花税，以及廉租住房承租人、经济适用住房购买人涉及的印花税予以免征。

（7）由外国运输企业运输进出口货物的，外国运输企业所持的一份运费结算凭证免印花税。

六、印花税的税额计算

（一）印花税应纳税额的计算

印花税纳税人的应纳税额，根据应纳税凭证的计税金额或件数，采取从价定率或从量定额方法进行计算。其计算公式为：

应纳税额 = 应税凭证计税金额（或件数）× 适用税率（或单位税额）

印花税应纳税额不足 1 角的免予征收；1 角以上的，其税额尾数不满 5 分的不计，满 5 分的按 1 角计算。

【例 10 - 1】滨海市某外贸公司于 2013 年 5 月 18 日开业，领受工商营业执照、房产证、商标注册证各一件；注册资本 480 万元，实收资本 300 万无，除记载资金的账簿外，还建有 7 本营业账簿；开业当月签订财产保险合同一份，投保金额 123 万元，收取保险费 2.5 万元；向银行借款签订合同一份，借款金额 50 万元（利率 8%）；签订购销合同两份，其中一份为外销合同，所载全额 185 万元，另一份为内销合同，所载金额 150 万无；6 月该企业与某公司签订技术转让合同一份，全额为 30 万元；与货运公司签订运输合同下份，支付运输费 7 万元，装卸费 0.4 万元；营业账簿册数未变，只是记载资金的实收资本数额增加到 380 万元。该企业 2013 年 5 月和 6 月应纳的印花税为：

1. 公司 5 月应纳的印花税为：

（1）领受权利、许可证照应纳税额 = $3 \times 5 = 15$（元）

（2）资金账簿应纳税额 = $3\,000\,000 \times 0.5‰ = 150$（元）

（3）其他营业账簿应纳税额 = $7 \times 5 = 35$（元）

（4）财产保险合同应纳税额 = $25\,000 \times 1‰ = 25$（元）

（5）借款合同应纳税额 = $500\,000 \times 0.5‰ = 25$（元）

（6）购销合同应纳税额 = $(1\,850\,000 + 1\,500\,000) \times 0.3‰ = 1\,005$（元）

（7）5 月应纳印花税合计 = $15 + 150 + 35 + 25 + 25 + 1\,005 = 1\,255$（元）

2. 公司 6 月应纳的印花税为：

（1）技术转让合同应纳税额 = $300\,000 \times 0.3‰ = 90$（元）

（2）货物运输合同应纳税额 = $70\,000 \times 0.5‰ = 35$（元）

（3）资金账簿应纳税额 = $(3\,800\,000 - 3\,000\,000) \times 0.5‰ = 400$（元）

（4）6 月应纳印花税合计 = $90 + 35 + 400 = 525$（元）

（二）印花税税票的种类

印花税票是印花税法定的完税凭证，也是一种有价证券。其票面全额以人民币为单位，分为 1 角、2 角、5 角、1 元、2 元、5 元、10 元、50 元和 100 元共 9 种。

七、印花税的征收管理

（一）印花税的纳税地点

印花税一般实行就地纳税。对全国性商品物资订货会（包括展销会、交易会等）上所签订合同应纳的印花税，由纳税人回其所在地后及时办理贴花完税手续；对地方主办、不涉及省际关系的订货会、展销会上所签合同的印花税，其纳税地点由各省、自治区、直辖市人民政府自行确定。

（二）印花税的纳税办法

印花税根据税额的大小、贴花次数及税收征管的需要，分别采用以下三种纳税办法：

（1）自行贴花办法。纳税人书立、领受或使用印花税法列举的应税凭证，应根据应纳税凭证的性质和税率，自行计算应纳税额、自行购买印花税票、自行一次贴足印花税票并加以注销或划销。该办法一般适用于应税凭证较少或贴花次数较少的纳税人。

对已贴花的凭证，修改后所载金额增加的，其增加部分应当补贴印花税票。凡多贴印花税票者，不得申请退税或抵用。

（2）汇贴或汇缴办法。对于一份凭证应纳税额超过 500 元的，应向当地税务机关申请填写缴款书或完税证，将其中一联粘贴在凭证上或由税务机关在凭证上加注完税标记代替贴花，即"汇贴"。

同一种类应纳税凭证，需频繁贴花的，应向当地税务机关申请按期汇总缴纳印花税。获准汇总缴纳印花税的纳税人，应持有税务机关发给的汇缴许可证。汇总缴纳的限期限额由当地税务机关确定，但最长期限不得超过 1 个月。

印花税按期汇总缴纳的单位，对征税凭证和免税凭证汇总时，凡分别汇总的，按本期征税凭证的汇总金额计算缴纳印花税；凡确属不能分别汇总的，应按本期全部凭证的实际汇总金额计算缴纳印花税。汇总缴纳印花税的凭证，应加注税务机关指定的汇缴戳记、编号并装订成册后，将已贴印花或缴款书的一联粘附册后，盖章注销，保存备查。

（3）委托代征办法。委托代征主要是通过税务机关的委托，经由发放或办理应纳税凭证的单位代为征收印花税税款。工商行政管理机关核发各类营业执照和商标注册证的同时，负责代售印花税票，征收印花税额，并监督领受单位或个人负责贴花。税务机关委托工商行政管理机关代售印花税票，按代售金额 5% 的比例支付代售手续费。

纳税人不论采用哪一种纳税办法，均应对纳税凭证妥善保存。凭证的保存期限，凡国家已有明确规定的，按规定办理；其余凭证均应在履行完毕后保存 1 年。

（三）印花税的纳税申报

纳税人应按照税法的有关规定及时办理纳税申报，并如实填写"印花税纳税申报表"。

（四）印花税的违法处罚

印花税法规定，纳税人有下列行为之一的，由税务机关根据情节轻重处以罚款：

（1）纳税人应税凭证上未贴或少贴印花税票或已粘贴在应税凭证上的印花税票未注明或未划销的，除追缴所欠税款、滞纳金外，并处不缴或少缴税款 50% 以上 5 倍以下的罚款。

（2）纳税人将已贴用税票揭下重用造成未缴或少缴税款的，除追缴所欠税款、滞纳金外，并处不缴或少缴税款 50% 以上 5 倍以下的罚款；构成犯罪的，追究刑事责任。

（3）纳税人伪造印花税票的处以 2 000 元以上 1 万元以下的罚款；情节严重的，处 1 万元以上 5 万元以下的罚款；构成犯罪的，追究刑事责任。

（4）汇总缴纳的纳税人，超过纳税期限未缴或少缴印花税款的，除追缴所欠税款和滞纳金外，并处不缴或少缴税款 50% 以上 5 倍以下的罚款；情节严重的，撤销其汇缴许可证；构成犯罪的，追究刑事责任。

（5）代售户所收税款逾期不缴或挪作他用或违反合同将所领印花税票转托他人代售或转至其他地区销售，或未详细提供领、售印花税票情况的，视其情节轻重给予警告或取消其代售资格的处罚。

第三节 车辆购置税法

一、车辆购置税

车辆购置税是对在中国境内购买应税车辆的单位和个人征收的一种税。

车辆购置税法是指国家制定的调整车辆购置税征收与缴纳之间权利与义务关系的法律规范。它的基本法律依据是 2000 年 10 月国务院发布的《中华人民共和国车辆购置税暂行条例》。

车辆购置税的作用。车辆购置税的前身是 1985 年经国务院批准于在全国范围内征收的专项用于国家公路建设的政府性基金——车辆购置附加费。可以说，车辆购置税是费税改革的产物。将车辆购置附加费改为车辆购置税，要求纳税人依法缴纳税款，有利于理顺政府分配关系，增强政府宏观调控能力。

车辆购置税作为中央财政收入，由中央财政根据交通部提出的、国家计委审批下达的公路建设投资计划，按照"保证重点和向西部地区倾斜"的原则统筹安排，用于国道、省道干线公路建设，这对我国公路建设具有极其重要的现实意义。2012 年车辆购置税收入 2 228.91 亿元，同比增长 9.0%，占全国税收收入（100 614.28 亿元）的 2.2%。

二、车辆购置税的征税范围与纳税人

（一）车辆购置税的征收范围

车辆购置税征收范围包括汽车、摩托车、电车、挂车和农用运输车，其内涵及规定如下：

（1）汽车，包括各类汽车。

（2）摩托车，包括轻便摩托车、二轮摩托车、三轮摩托车 3 种。轻便摩托车是指最高设计时速不大于 50km/h，或发动机气缸总排量不大于 $50cm^3$ 的两个或三个车轮的机动车；二轮摩托车是指最高设计时速大于 50km/h，或发动机气缸总排量大于 $50cm^3$ 的两个车轮的机动车；三轮摩托车是指最高设计时速大于 50km/h，或发动机气缸总排量大于 $50cm^3$，空车质量不大于 400kg 的三个车轮的机动车。

（3）电车，包括无轨电车和有轨电车两种。无轨电车是指以电能为动力，由专用输电电缆线供电的轮式公共车辆；有轨电车是指以电能为动力，在轨道上行驶的公共车辆。

（4）挂车，包括全挂车和半挂车两种。全挂车是指无动力设备，独立承载，由牵引车牵引行驶的车辆；半挂车是指无动力设备，与牵引车共同承载，由牵引车牵引行驶的车辆。

（5）农用运输车，包括三轮和四轮农用运输车两种。三轮农用运输车是指发动机为柴油，功率不大于 7.4kw、载重量不大于 500kg、最高时速不大于 40km/h 的三个车轮的机动车；四轮农用运输车是指发动机为柴油，功率不大于 28kw、载重量不大于 1 500kg、最高时速不大于 50km/h 的四个车轮的机动车。

（二）车辆购置税的纳税人

车辆购置税以在中国境内购买应税车辆的单位和个人为纳税人。其中单位包括国有企业、集体企业、私营企业、股份制企业、外商投资企业、外国企业及其他企业、事业单位、社会团体、国家机关、部队和其他单位；个人包括个体工商户和其他个人。

三、车辆购置税的计税依据与税率

（一）车辆购置税的计税依据

主要内容包括：

（1）纳税人购买自用应税车辆的计税价格的全部价款和价外费用，但不包括增值税税款。

（2）纳税人进口自用的应税车辆，以组成计税价格为计税依据。其计算公式为：

计税价格 = 关税完税价格 + 关税 + 消费税

= 关税完税价格 ×（1 + 关税税率）] ÷（消费税税率）

（3）纳税人购买自用或进口自用应税车辆，申报的计税价格低于同类型应税车辆最低计税价格又无正当理由的，税务机关有权按照最低计税价格计征车辆购置税。国家税务总局参照应税车辆市场平均交易价格，核定发布不同类型应税车辆的最低计税价格。

（4）纳税人自产、受赠、获奖和以其他方式取得并自用的应税车辆的计税价格，由主管国税机关参照国家税务总局规定的最低计税价格核定。

（5）免税条件消失的车辆，自初次办理纳税申报之日起使用年限未满 10 年的，计税依据为最新核发的同类型车辆最低计税价格按每满 1 年扣减 10%，未满 1 年计税依据为最新核发的同类型车辆最低计税价格；使用年限 10 年（含）以上的，计税依据为零。

（二）车辆购置税的税率

现行车辆购置税实行单一比例税率，即 10%。车辆购置税的税率调整，由国务院决定并公布。

四、车辆购置税的优惠政策

（一）车辆购置税的减免优惠

其主要内容包括：

（1）外国驻华使馆、领事馆和国际组织驻华机构及其外交人员自用的车辆免税。

（2）中国人民解放军和中国人民武装警察部队列入军队武器装备订货计划的车辆免税。

（3）设有固定装置的非运输车辆免税。

（4）农用三轮车免税。

（5）回国服务的在外留学人员购买的1辆国产小汽车免税。

（6）长期来华定居的专家进口1辆自用小汽车免税。

（7）利用国债资金购置的1 771辆农村巡回医疗车免税。

（8）防汛部门和森林消防等部门购置的由指定厂家生产的指定型号的用于指挥、检查、调度、防汛（警）、联络的专用车辆免税。申请免税的防汛和森林消防专用车，需经国务院税务主管部门审核后，通知纳税人所在地主管税务机关审核、办理。

（9）国务院规定免税或减税的其他情形，按照规定免税或减税。

（10）2012年1月1日起至2015年12月31日城市公交企业购置的公共汽电车辆免征车辆购置税。

（二）车辆购置税减免税的管理

减免税车辆因转让、改变用途等原因不再属于减免税为纳税人购买应税车辆而支付给销售者范围的，应当在办理车辆过户手续前或办理变更车辆登记注册手续前缴纳车辆购置税。

地方国家税务局每年在3、6、9和12月，将减免税申请表及附列资料报送至国家税务总局。总局分别于申请当期的4、7、10月及次年1月将符合减免税条件的车辆，列入减免税图册。

五、车辆购置税应纳税额的计算

车辆购置税实行从价定率法计算应纳税额。其计算公式为：

应纳税额 = 计税价格 × 税率

【例10-2】某市职工技术协作站，2013年10月购买国产汽车一辆，购进价格为198 000元。另向来华定居专家购进免税进口小汽车1辆（已使用2年），该车最新同类型车辆最低价格为234 000元（1年扣减10%）。则该站应纳的车辆购置税为：

应纳税额 = 198 000 × 10% + 234 000 × (1 - 20%) × 10% = 38 520（元）

六、车辆购置税的征收管理

1. 车辆购置税的纳税期限

纳税人购买的应税车辆，应当自购买之日起60日内申报纳税；进口自用应税车辆

的，应当自进口之日起 60 日内申报纳税；自产、受赠、获奖和以其他方式取得并自用应税车辆的，在投入使用前 60 日内申报纳税。

2. 车辆购置税的纳税地点

车辆购置税由各地国家税务局负责征收。需要办理车辆登记注册手续的纳税人，向车辆登记注册地的主管税务机关办理纳税申报；不需要办理车辆登记注册手续的纳税人，向所在地征收车辆购置税的主管税务机关办理纳税申报。

3. 车辆购置税的纳税申报

车辆购置税实行一次课征制，并实行一车一申报制度。纳税人办理纳税申报时，应填写"车辆购置税纳税申报表"，并同时提供车主身份证明、车辆价格证明、车辆合格证明和税务机关要求提供的其他资料。纳税人办理纳税申报时，税务人员应实地验车。税务机关经审批后，核发"车辆购置税完税证明"，并在完税证明相应栏中加盖征税专用章。

4. 车辆购置税的退税管理

纳税人申请退税时，需提供退车证明和退车发票、完税证明正本和副本等资料，对已作过车辆登记注册的，还需提供注销车辆号牌证明。符合免税条件但已征税的设有固定装置的非运输车辆，应依据《设有固定装置免税车辆图册》办理退税。因质量原因车辆被退回的，自纳税申报之日起，按已缴税款每满 1 年扣减 10% 计算退税额；对不予办理车辆登记注册手续的车辆，退还全部已缴税款。

第四节　城市维护建设税法

一、城市维护建设税

城市维护建设税简称"城建税"，是对缴纳增值税、消费税和营业税的单位和个人，按其增值税、消费税、营业税（简称"三税"）实缴税额为计税依据而征收的一种税。

城市维护建设税法是指国家制定的调整城市维护建设税征收与缴纳之间权利与义务关系的法律规范。其基本依据是 1985 年 1 月国务院发布实施的《中华人民共和国城市维护建设税暂行条例》。

近年来城建税收入稳定增长，2012 年城市维护建设税收入 3 125.63 亿元，同比增长 12.5%，占全国税收收入（100 614.28 亿元）的 3.1%。

（一）城市维护建设税特点

现行城建税按照"三税"税额计征，是国家为加强城市的维护建设，扩大和稳定城市维护建设资金的来源而采取的一项税收措施，属于特定目的税。具有以下两个特点：

1. 具有附加税性质。城建税以纳税人实际缴纳的"三税"税额为计税依据，附加于"三税"税额,本身并没有特定的、独立的征税对象。

2. 具有特定的目的。城建税规定专门用途,其税款主要用于城市的公用事业和公共设施的维护建设。

(二)城市维护建设税作用

其主要表现在以下几个方面:

(1)扩大城乡建设资金来源。城市维护建设税的全部收入专项用于城乡公用事业和公共设施的维护建设,使城市维护建设资金有了比较稳定、可靠的资金来源,同时还可以随着工农业生产和市场经济的不断发展而逐步增长。

(2)加速改变城乡面貌。城市维护建设税的范围,不仅包括全国大、中城市,而且包括小城市、县城、乡镇和广大农村。征收面之大,是为了在筹集改善大中型城市建设所需资金的同时,也为乡镇的建设和开发、改变乡镇企业的生产环境广开资金来源。

(3)调动地方加强城市维护建设的积极性。城市维护建设税收入由地方政府安排,用于城市公用事业和公共设施的维护建设。将其收入与当地的城乡建设直接挂钩,促使地方各级政府更多地关心城市维护建设税的征收管理,并争取多收税、多建设。

(4)有利于地方税体系的建立。城市维护建设税收入,在地方税中规模较大,是整个地方税体系中的骨干税种。因此,开征城市维护建设税是扩大地方财政收入的重要手段,对建立和完善地方税体系,更好地实行分税制等具有重要的作用。

二、城市维护建设税的基本法律

(一)城建税的纳税人

城建税以负有缴纳"三税"义务的单位和个人为纳税人,包括国有企业、集体企业、私营企业、股份制企业、其他企业和行政单位、事业单位、军事单位、社会团体和其他单位,以及个体工商户及其他个人,但不包括外商投资企业和外国企业,以及外籍人员、华侨和港澳台同胞。

(二)城建税的征税范围

其征税范围不仅包括城市和县城、镇,还包括城市和县城、镇以外的地区。或说,只要缴纳增值税、消费税和营业税的,通常都要缴纳城建税。

(三)城建税的计税依据

城建税以纳税人实际缴纳的"三税"税额为计税依据。纳税人违反"三税"有关税法而加收的滞纳金和罚款,是税务机关对纳税人违法行为的经济制裁,不作城建税的计税依据。但纳税人在被查补"三税"和被处以罚款时,应同时对其偷逃的城建税进行补税和罚款。

城建税以"三税"税额为计税依据并同时征收,如减免"三税",也就要同时减

免城建税，但对出口产品退还增值税、消费税的，不退还已缴纳的城建税。

（四）城建税的适用税率

城建税按纳税人所在地的不同，设置 3 档差别比例税率，即纳税人所在地为市区的，税率为 7%；纳税人所在地为县城、镇的，税率为 5%；纳税人所在地不在市区、县城或镇的，税率为 1%。

城建税的适用税率，应当按纳税人所在地的规定税率执行。但对下列两种情况，可按缴纳"三税"所在地的规定税率就地缴纳城建税：一是由受托方代征代扣"三税"的单位和个人，其代征代扣的城建税按受托方所在地适用税率；二是流动经营等无固定纳税地点的单位和个人，在经营地缴纳"三税"的，其城建税的缴纳按经营地适用税率。

（五）城建税的优惠政策

城建税原则上不单独减免，但因城建税具有附加税性质，当主税发生减免时，势必要影响城建税而相应发生税收减免。现行税收优惠政策包括：

（1）海关对进口货物代征的增值税和消费税，不征城建税。

（2）对"三税"实行先征后返、先征后退、即征即退办法的，除另有规定外，对随"三税"附征的城建税，一律不予退（返）还。

（3）对个别缴纳城建税确有困难的企业和个人，由市县人民政府审批，酌情给予减免税照顾。

三、城市维护建设税应纳税额的计算

城建税的应纳税额是由纳税人实际缴纳的"三税"税额决定的。其计算公式为

应纳税额 = 纳税人实缴的增值税、消费税、营业税税额 × 适用税率

某市区 A 企业 2013 年 10 月缴纳增值税 18 万元、消费税 2 万元。则该企业应纳的城建税为：

应纳城建税 = （18 + 2）× 7% = 1.4（万元）

四、城市维护建设税的征收管理

（一）城建税的纳税期限

由于城建税是由纳税人在缴纳"三税"的同时缴纳的，所以其纳税期限与"三税"的纳税期限一致。增值税、消费税、营业税的纳税人的具体纳税期限，由主管税务机关根据税法规定和纳税人应纳税额的大小分别核定；不能按照固定期限纳税的，可以按次纳税。

（二）城建税的纳税申报

城建税的纳税人应按规定期限及时办理纳税申报手续，并如实填写"城市维护建

设税纳税申报表"。

（三）城建税的纳税地点

城建税以纳税人实际缴纳的"三税"税额为计税依据，与"三税"同时缴纳，因此纳税人缴纳"三税"的地点即为缴纳城建税的地点，但下列情况除外：

（1）代征代扣"三税"的单位和个人，其城建税的纳税地点在代扣代征地。

（2）跨省开采的油田，下属生产单位与核算单位不在一个省内的，各油井应纳的城建税，应由核算单位计算，随同增值税一并汇拨油井所在地，由油井在缴纳增值税的同时，一并缴纳城建税。

（3）对管道局输油部分的收入，由取得收入的各管道局于所在地缴纳营业税时一并缴纳城建税。

（4）对流动经营等无固定缴纳税地点的单位和个人，应随同"三税"在经营地缴纳城建税。

第五节　烟叶税法

一、烟叶税

烟叶税是指对在中国境内从事烟叶收购的单位，按其收购金额计算征收的一种税。它是在 2004 年取消除烟叶外农业特产农业税而保留下来的，并于 2006 年单独设立的对农产品征收的特别税种。

烟叶税法是指用以调整国家与烟叶税征收与缴纳之间权利与义务关系的法律规范。它的基本法律依据是 2006 年 4 月国务院发布的《中华人民共和国烟叶税暂行条例》和同年 5 月财政部、国家税务总局印发的《关于烟叶税若干具体问题的规定》。

（一）烟叶税的演变

1958 年我国统一实施《中华人民共和国农业税条例》（简称《农业税条例》），1983 年以《农业税条例》为依据，对特定农业产品征收农林特产农业税，但烟叶另外征收产品税或工商统一税。1994 年 1 月国务院发布了《关于对农业特产收入征收农业税的规定》，将原农林特产农业税与原产品税和工商统一税中的农林牧水产品税目合并，改为统一征收农业特产农业税，烟叶在收购环节征收，税率为 31%，1999 年税率下调为 20%。

2004 年 6 月财政部、国家税务总局制定了《关于取消除烟叶外的农业特产农业税有关问题的通知》，规定从 2004 年起除对烟叶暂保留征收农业特产农业税外，取消对其他农业特产品征收的农业特产农业税。2005 年 12 月第十届全国人大常委会第 19 次会议决定，2006 年 1 月起废止《农业税条例》，使烟叶征收农业特产农业税失去了法律依据。为加强对烟叶征税管理，2006 年 4 月 28 日国务院公布了《中华人民共和国烟叶税暂行条例》，并自公布之日起施行，从而提升了烟叶税的法律地位而使其成为一个独立的税种。

（二）烟叶税的意义

按照国家农村税费改革和税制建设的总体要求，通过征收烟叶税取代原烟叶征收农业特产农业税，有利于实现烟叶税制的转变，完善烟草税制体系，保证地方财政收入稳定，引导烟叶种植和烟草行业健康发展。2012 年烟叶税收入 131.78 亿元，同比增长 44.2%，占全国税收收入（100 614.28 亿元）的 0.13%。

二、烟叶税的基本法律

（一）烟叶税的征税对象

烟叶税的征税对象是晾晒烟叶、烤烟叶。晾晒烟叶包括列入名晾晒烟名录的晾晒烟叶和未列入名晾晒烟名录的其他晾晒烟叶。

（二）烟叶税的纳税人

在中国境内收购烟叶的单位为烟叶税的纳税人。所谓收购烟叶的单位是指依照《中华人民共和国烟草专卖法》的规定，有权收购烟叶的烟草公司或受其委托收购烟叶的单位。

（三）烟叶税的税率

烟叶税实行 20% 的比例税率。烟叶税税率的调整，由国务院决定。

（四）烟叶税的计税依据

烟叶税以纳税人收购烟叶的收购金额为计税依据。所谓收购金额包括纳税人支付给烟叶销售者的烟叶收购价款和价外补贴。按照简化手续、方便征收的原则，对价外补贴国家统一暂按烟叶收购价款的 10% 计入收购金额征税。其计算公式为：

收购金额 = 收购价款 × (1 + 10%)

依照《中华人民共和国烟草专卖法》查处没收的违法收购的烟叶，由收购罚没烟叶的单位按照购买金额计算缴纳烟叶税。

三、烟叶税的计税管理

（一）烟叶税的应纳税额

烟叶税的应纳税额按照纳税人收购烟叶的收购金额和规定的税率计算。其计算公式为：

应纳税额 = 烟叶收购金额 × 税率

【例 10 - 3】某烟草公司为增值税一般纳税人，2013 年 7 月收购烟叶 20 000 斤，其收购价格为 3.5 元/斤，总计 70 000 元，货款已全部支付。则该公司应纳的烟叶税为：

应纳税额 = 70 000 × (1 + 10%) × 20% = 15 400 (元)

（二）烟叶税的征收管理

烟叶税的纳税义务发生时间为纳税人收购烟叶的当天。纳税人应当自纳税义务发生之日起 30 日内申报纳税，具体纳税期限由主管税务机关核定。

烟叶税由地方税务机关征收。纳税人收购烟叶，应当向烟叶收购地的主管税务机关申报纳税，即烟叶收购地的县级地方税务局或其所指定的税务分局、所。

第六节　教育费附加与地方教育附加的有关规定

一、教育费附加

教育费附加是对缴纳增值税、消费税、营业税的单位和个人，计算依据征收的一种附加费。

为加快发展地方教育事业，扩大地方教育经费的资金来源，1984 年国务院颁布了《关于筹措农村学校办学经费的通知》，开征了农村教育事业经费附加。1985 年中共中央做出了《关于教育体制改革的决定》，决定中指出：必须在国家增拨教育基本建设投资和教育经费的同时，开辟多种渠道筹措经费。为此，国务院于 1986 年 4 月颁布了《征收教育费附加的暂行规定》，决定从同年 7 月 1 日开始在全国范围内征收教育费附加。

二、教育费附加的基本制度

（一）教育费附加的计征办法

教育费附加对缴纳增值税、消费税和营业税的单位和个人征收，以其实际缴纳的增值税、消费税和营业税为计征依据，分别与增值税、消费税和营业税同时缴纳。

（二）教育费附加的计征比率

教育费附加计征比率曾几经变化，1986 年规定为 1%；1990 年 5 月国务院《关于修改〈征收教育费附加的暂行规定〉的决定》中规定为 2%。

按照 1994 年 2 月国务院《关于教育费附加征收问题的紧急通知》的规定，现行教育费附加征收比率为 3%，但对生产卷烟和烟叶的单位减半征收教育费附加。

为贯彻落实《国家中长期教育改革和发展规划纲要（2010—2020 年）》，2010 年 11 月财政部制定实施了《关于统一地方教育附加政策有关问题的通知》，地方教育附加征收比率确定为 2%。

（三）教育费附加的减免规定

主要内容包括：对海关进口的产品征收的增值税、消费税，不征收教育费附加；对由于减免增值税、消费税和营业税而发生退税的，可同时退还已征收的教育费附加。但对出口产品退还增值税、消费税的，不退还已征的教育费附加；对"三税"实行先征后返、先征后退、即征即退办法的，除另有规定外，对随"三税"附征的教育费附加，一律不予退（返）还。

三、教育费附加的计算

教育费附加的基本计算公式为：

应纳教育费附加＝实纳增值税、消费税、营业税税额×征收比率

【例 10-4】某市税务稽查局于 2013 年 10 月 21 日对 A 企业进行税务检查时发现下列问题：该企业 2013 年 1 月应纳增值税 52 万元，但未按规定缴纳城建税和教育费附加；为他人代开增值税专用发票 5 份，价款 20 万元。

稽查局根据上述情况做出处罚决定：依法按规定补缴增值税、城建税和教育费附加并加征滞纳全；按代开专用发票应纳增值税处以 2 倍罚款。其计算过程及结果如下：

（1）按应纳增值税 52 万元补缴城建税和教育费附加

补缴城建税＝520 000×7%＝36 400（元）

补缴教育费附加＝520 000×3%＝15 600（元）

（2）按代开专用发票 20 万元补缴各税

应补缴增值税＝200 000×17%＝34 000（元）

补缴城建税＝34 000×7%＝2 380（元）

补缴教育费附加＝34 000×3%＝1 020（元）

（3）按上述补缴各税加征滞纳全

应缴各税滞纳金＝（36 400＋15 600＋34 000＋2 380＋1 020）×0.5‰×294＝13 141.80（元）

（4）按代开专用发票 20 万元补缴增值税处以罚款

增值税罚款＝34 000×2＝68 000（元）

【本章小结】

印花税是对经济活动和经济交往中书立、使用、领受具有法律效力的凭证的单位和个人征收的一种税。印花税具体征收范围分力 5 类、13 个税目，分别采用从价定率和从量定额进行征收。根据税额的大小、贴花次数及征管需要，分别采用自行贴花、汇贴或汇缴、委托代征三种纳税办法。

车辆购置税是对在中国境内购买应税车辆的单位和个人征收的一种税。其征收范围包括汽车、摩托车、电车、挂车、农用运输车。以车辆购置价格为计税依据，按 10% 的单一比例税率计算征收。车辆购置税实行一次课征制，即购置已征车辆购置税

的车辆不再征税。

城市维护建设税是对缴纳增值税、消费税和营业税的单位和个人，按其增值税、消费税、营业税实缴税额为计税依据而征收的一种税。其税率按纳税人所在地的不同，设置了3档（7%、3%和1%）差别比例税率。

烟叶税是指对在中目境内从事烟叶收购的单位，按其收购金额计算征收的一种税。以晾晒烟叶、烤烟叶为征税对象，以收购烟叶的单位为纳税人，按照纳税人收购烟叶的收购全额和20%的税率计算缴纳烟叶税。

【思考题】

1. 如何掌握行为目的税的计算与征收管理？
2. 印花税的特点是什么？它对股市有何影响？
3. 城建税与流转税"三税"有何联系？
4. 烟叶税有何现实意义？其应纳税额如何计算？

【课后练习题】

一、单项选择题

1. 印花税的比例税率中不包括（   ）。

   A. 0.05‰   B. 0.3‰   C. 0.5‰   D. 0.1‰

2. 在国际货运中，凡由我国企业运输的对我国运输企业所持的一份运费结算凭证，均按本程运费计算纳税；对托运方所持的运费结算凭证，按（   ）计税贴花。

   A. 全程运费   B. 本程运费   C. 分程运费   D. 双方商定

3. 下列关于印花税计税依据的表述中，符合印花税条例规定的是（   ）。

   A. 对采用易货方式进行商品交易签订的合同，应以易货差价为计税依据

   B. 货物运输合同的计税依据是运输费用总额，含装卸费和保险费

   C. 建筑安装工程承包含同的计税依据是承包愿额

   D. 对于由委托方提供辅助材料的加工合同，无论加工费和辅助材料金额是否分开记载，均以其合计数为计税依据

4. 下列各项中，不属于印花税征税范围的是（   ）。

   A. 酒厂销售货物签订的销售货物贷款合同

   B. 发电厂与国家电网之间签订的电力购售合同

   C. 财产所有人将财产赠予社会福利单位的书据

   D. 银行因内部管理需要设置的现金收付登记簿

5. 下列企业免征印花税的是（   ）。

   A. 以分程结算方式从事国内货物联运业务的企业

   B. 以统一结算全程运费方式从事国内货物联运业务的企业

   C. 从事国际货物联运的中国运输企业

   D. 从事国际货物联运的外国运输企业

6. 某汽车贸易公司进口 11 辆小轿车,海关审定的关税完税价格为 25 万元/辆,当月销售 8 辆,取得含税销售收入 240 万元;2 辆企业自用,1 辆用于抵偿债务。合同约定的含税价格为 30 万元。该公司应纳车辆购置税 (   ) 万元。(小轿车关税税率为 28% ,消费税税率为 9%)

    A. 7. 03   B. 5. 00   C. 7. 50   D. 10. 55

7. 车辆购置税的纳税期限为纳税义务发生之日起的 (   ) 日内。

    A. 10   B. 30   C. 45   D. 60

8. 下列各项中符合城市维护建设税纳税地点规定的是 (   )。

    A. 取得输油收入的管道局,为管道局所在地

    B. 流动经营无固定地点的单位,为单位注册地

    C. 流动经营无固定地点的个人,为居住所在地

    D. 代征代扣 "三税" 的单位和个人,为被代征人所在地

9. 纳税人在发生下列行为时,应于缴纳相关税种的同时,缴纳城建税的是 (   )。

    A. 取得利息收入   B. 购买自行车

    C. 提供运输劳务   D. 为本单位提供加工劳务

10. 对个别缴纳城建税确有困难的企业和个人,可由 (   ) 审批,酌情给予减免。

    A. 省国税局   B. 省地税局

    C. 省人民政府   D. 市 (县) 人民政府

11. 某城市纳税人本月应纳增值税 2 万元,应减征增值税 1 万元,补缴上月漏缴增值税 0.5 万元,则本月应纳城建税为 (   ) 万元。

    A. 0. 14   B. 0. 07   C. 0. 175   D. 0. 105

12. 某市内资企业某月实际缴纳 "三税" 总计 20 万元,后经查,当期应免征营业税 3 万元,并予以退税,则当月应纳城建税为 (   ) 万元。

    A. 1. 19   B. 1. 61   C. 1. 4   D. 0. 85

13. 教育费附加计征比率几经变化,1986 年征收时规定为 1% ,现行规定为 (   )。

    A. 2%   B. 3%   C. 5%   D. 7%

二、多项选择题

1. 下列证照应当缴纳印花税的有 (   )。

    A. 房屋产权证   B. 工商营业执照

    C. 商标注册证   D. 土地使用证

2. 下列关于印花税税率表述正确的有 (   )。

    A. 印花税税率有比例税率和定额税率两种形式

    B. 税率设计遵循税负从轻、共同负担的原则

    C. 印花税规定的比例税率共分为 4 档

    D. 印花税中 "权利许可证照" 适用定额税率

3. 印花税应纳税凭证应于 (   ) 贝贴花。

    A. 合同签订时   B. 书据立据时   C. 账簿更换的年末   D. 证照领受时

4. 采用自行贴花方法缴纳印花税的,纳税人应 (   )。

    A. 自行申报应税行为　　　　　　　　B. 自行计算应纳税额

    C. 自行购买印花税票　　　　　　　　D. 自行一次贴足税票并注销

5. 下列项目中符合印花税相关规定的有（　　）。

    A. 加工承揽合同的计税依据为加工货物的同类售价金额

    B. 财产租赁合同的计税依据为租赁金额

    C. 仓储保管合同的计税依据为所保管货物的金额

    D. 建设工程勘察设计合同的计税依据为收取的费用

6. 某机关 2013 年 10 月购买一辆车，随购车款支付的下列款项中，应并入计税依据征收车辆购置税的有（　　）。

    A. 控购费　　　B. 增值税税款　　　C. 零部件价款　　　D. 车辆装饰费

7. 关于车辆购置税的计算，下列说法正确的有（　　）。

    A. 购买自用应税车辆时，支付的车辆装饰费不并入计税依据中计税

    B. 购买者购买应税车辆时，支付的控购费应并入计税价格计征车辆购置税

    C. 汽车销售公司使用本公司发票的代收款项并入计税价格计征车辆购置税

    D. 进口自用的应税小汽车，其计税价格 = 关税完税价格 + 关税 + 消费税

8. 某经贸有限公司在上海转让位于上海市区的一处房产，购进价格为 52 万元，转让价格为 65 万元，则下列说法中正确的有（　　）。

    A. 城建税应在上海缴纳　　　　　　　B. 城建税应在北京缴纳

    C. 城建税的计算适用 7% 的税率　　　D. 城建税为 0.032 5 万元

9. 下列各项中符合城市维护建设税规定的有（　　）。

    A. 对国家重大水利工程建设基金可以免予征收城市维护建设税

    B. 因减免税而需进行"三税"退库可同时退还城市维护建设税

    C. 对出口产品退还增值税、消费税的，不退还城市维护建设税

    D. 海关对进口产品代征增值税、消费税不征收城市维护建设税

10. 烟叶税的征税范围包括（　　）。

    A. 采摘烟叶　　　B. 晾晒烟叶　　　C. 烤烟　　　D. 烟丝

11. 征收教育费附加主要是扩大地方教育经费的资金来源，其计征依据是（　　）。

    A. 增值税　　　B. 资源税　　　C. 营业税　　　D. 消费税

三、判断题

1. 甲公司与乙公司签订一份加工合同，甲公司提供价值 30 万元的辅助材料并收取加工费 25 万元，乙公司提供价值 100 万元的原材料。甲公司应纳印花税 275 元。（　　）

2. 对应税凭证，凡由两方或两方以上当事人共同书立的，其当事人各方都是印花税的纳税人，应各就其所持凭证的计税金额履行纳税义务。（　　）

3. 同一种类应纳税凭证，需频繁贴花的，纳税人可以根据实际情况自行决定是否采用按期汇总缴纳印花税的方式，汇总缴纳的期限为 3 个月。（　　）

4. 印花税的税率中加工承揽合同适用比例税率，税率为 0.5‰，营业账簿适用定额税率的，税额为每件 5 元。（　　）

5. 对已贴花合同，修改后所载金额增加的，其增加部分应补贴印花，凡多贴的印花可

申请退税或抵用。 （ ）

6. 实行汇贴办法缴纳印花税的单位，凡分别汇总应税凭证和免税凭证的，应按本期应税凭证汇总金额计税；不能分别汇总的，应按全部凭证的实际汇总金额计算缴纳印花税。 （ ）

7. 对回国服务的留学人员用现汇购买的1辆自用国产小汽车免征车辆购。 （ ）

8. 纳税人购进车辆用于出售的，应于出售时缴纳增值税和车辆购置税。 （ ）

9. 纳税人缴纳车辆购置税时，应由代征机构填制"车辆购置税审核记录表"，完税凭证。 （ ）

10. 某企业本月接受其他企业委托，加工一批应税消费品，代扣消费税100元的同时，应按委托方所在地适用税率代扣城建税。 （ ）

11. 经国家税务总局正式审核批准的当期免抵的增值税税额应纳入城市维护建设税的计征范围。 （ ）

12. 教育费附加是对缴纳增值税、消费税、营业税的单位和个人，就其应当缴纳税额为计算依据征收的一种附加费。 （ ）

四、计算题

1. 某新开张的企业启用3本账簿，一本是记载银行存款收支的日记账，另一本是记载现金收支的现金日记账，还有一本是记载其他业务的总账。该企业年终银行存款结余数为30 000元，现金结余5 000元，注册资本50万元，实收资本40万元，资本公积5万元。

   要求：请根据上述资料，计算该企业当年应纳的印花税。

2. 某地下列纳税人发生如下业务：

   （1）甲签订运输合同1份，总金额100万元（合装卸费5万元），进行货物国际联运。

   （2）乙出租居住用房一间给某单位，月租金5（14）元，租期不定。

   （3）丙签订销售合同，数量5 000件，无金额，当期市价50元/件。

   （4）房管部门与个人签订租房合同，其中一部分出租，月租金600元/月，租期2年。

   （5）企业与他人签订一份仓储合同，保管费50 000元，但未履行，企业将贴用的印花税票揭下留用。

   要求：请根据上述资料，计算各纳税人应纳的印花税，并说明是否有违章行为，如有应如何处理。

3. 某汽车贸易公司2013年12月进口11辆小轿车，海关审定的关税完税价格为25万元/辆，当月销售8辆，取得含税销售收入240万元；2辆企业自用，1辆用于抵偿债务。合同约定的含税价格为30万元。（小轿车关税税率为28%，消费税税率为9%）

   要求：请根据上述资料，计算该公司应纳的车辆购置税。

4. 位于某市的甲地板厂为外商投资企业，2013年8月购进一批木材，取得增值税发票注明不含税价格为800 000元，当月委托位于县城的乙工厂加工成实木地板，支付不合税加工费 150 000 元。乙工厂 11 月交付 50% 实本地板，12 月完工交付剩余部分。已知实木地板消费税税率为 5%

要求：请根据上述资料，计算乙工厂 12 月应代收代缴的城市维护建设税。

5. 某烟草公司系增值税一般纳税人，2013 年 11 月收购烟叶 100 000 千克，购价格 9 元/千克，货款已全部支付。

要求：请根据上述资料，计算该公司本月应纳的烟叶税。

【案例与分析】

2013 年 1 月，高科公司发生了如下业务：

（1）2013 年 1 月 1 日，高科公司与租赁公司签订了融资租赁合同，合同金额为 500 万元，年利率为 5%。

（2）2013 年 1 月 10 日，高科公司与英飞公司正式签订了一份以物易物合同，高科公司的货物价值为 480 万元，英飞公司的货物价值为 500 万元。

（3）2013 年 1 月 21 日，高科公司与润宇公司签订加工承揽合同，委托润宇公司定做公司宣传产品，原材料由润宇公司提供，在加工合同中分别规定了原材料费用为 80 000 元，加工费费用为 120 000 元。

（4）2013 年 1 月 23 日，高科公司通过招投标获得了一块国有土地的土地使用权，并与招标方签订了土地使用权转移书据，注明金额 800 万元。

（5）2013 年 1 月 27 日，高科公司从当地的土地管理局领取了"国有土地使用权证"。

（6）2013 年 1 月 28 日，高科公司与安瑞公司签订技术转让合同，规定按未来 3 年实现利润的 50% 支付转让收入。

（7）2013 年 1 月 30 日，高科公司与铁路部门签订运输货物合同，货物金额为 300 万元，载明运输费及保管费共计 30 万元。

分析：高科公司在各项业务中印花税的纳税环节和应缴纳的印花税税额。

第十一章　税收征收管理法

学习目标

➡ 1. 掌握税务登记的种类、范围及要求
➡ 2. 理解账证管理、发票管理的基本要求
➡ 3. 熟悉纳税申报、税款征收的内容和方式
➡ 4. 掌握纳税评估的指标与方法
➡ 5. 了解税务检查的权利与责任
➡ 6. 理解税务违法的内涵及处理依据

第一节　税收征收管理法概述

一、税收征收管理法的立法目的

《征管法》第一条规定："为了加强税收征收管理，规范税收征收和缴纳行为，保障国家税收收入，保护纳税人的合法权益，促进经济和社会发展，制定本法。"此条规定对《征管法》的立法目的做了高度概括。

（一）加强税收征收管理

税收征收管理是国家征税机关依据国家税收法律、行政法规的规定，按照统一的标准，通过一定的程序，对纳税人应纳税额组织入库的一种行政活动，是国家将税收政策贯彻实施到每个纳税人，有效地组织纳税收入及时、足额入库的一系列活动的总称。税收征管工作的好坏，直接关系到税收职能作用能否很好地发挥。加强税收征收管理，成为《征管法》立法的首要目的。

（二）规范税收征收和缴纳行为

《征管法》既要为纳税机关、纳税人员依法行政提供标准和规范，纳税机关、纳税人员必须依照该法的规定进行税收征收，其一切行为都要依法进行，违者要承担法律责任；同时也要为纳税人缴纳税款提供标准和规范，纳税人只有按照法律规定的程序和办法缴纳税款，才能更好地保障自身的权益。因此，在该法中加入"规范税收征收和缴纳行为"的目的，是对依法治国、依法治税思想的深刻理解和运用，为《征管法》其他条款的修订指明了方向。

（三）保障国家税收收入

税收收入是国家财政的主要来源，组织税收收入是税收的基本职能之一。《征管法》是税收征收管理的标准和规范，其根本目的是保证税收收入的及时、足额入库，这也是任何一部《征管法》都具有的目的。

（四）保护纳税人的合法权益

税收征收管理作为国家的行政行为，一方面要维护国家的利益，另一方面要保护纳税人的合法权益不受侵犯。纳税人按照国家税收法律、行政法规的规定缴纳税款之外的任何其他款项，都是对纳税人合法权益的侵害。保护纳税人的合法权益一直是《征管法》的立法目的。

（五）促进经济发展和社会进步

税收是国家宏观调控的重要杠杆，《征管法》是市场经济的重要法律规范，这就要求税收征收管理的措施，如税务登记、纳税申报、税款征收、税收检查以及税收政策等以促进经济发展和社会进步为目标，方便纳税人，保护纳税人。因此，在该法中加入"促进经济和社会发展"的目的，表明了税收征收管理的历史使命和前进方向。

二、税收征收管理法的适用范围

《征管法》第二条规定："凡依法由税务机关征收的各种税收的征收管理，均适用本法。"这就明确界定了《征管法》的适用范围。

我国税收的征收机关有税务、海关、财政等部门，税务机关征收各种工商税收，海关征收关税。《征管法》只适用于由税务机关征收的各种税收的征收管理。

农税征收机关负责征收的耕地占用税、契税的征收管理，由国务院另行规定；海关征收的关税及代征的增值税、消费税，适用其他法律、法规的规定。

值得注意的是，目前还有一部分费由税务机关征收，如教育费附加。这些费不适用《征管法》，不能采取《征管法》规定的措施，其具体管理办法由各种费的条例和规章决定。

三、税收征收管理法的遵守主体

（一）税务行政主体——税务机关

《征管法》第五条规定："国务院税务主管部门主管全国税收征收管理工作。各地国家税务局和地方税务局应当按照国务院规定的税收征收管理范围分别进行征收管理。"《征管法》和《细则》规定："税务机关是指各级税务局、税务分局、税务所和省以下税务局的稽查局。稽查局专司偷税、逃避追缴欠税、骗税、抗税案件的查处。国家税务总局应明确划分税务局和稽查局的职责，避免职责交叉。"上述规定既明确了税收征收管理的行政主体（即执法主体），也明确了《征管法》的遵守主体。

（二）税务行政管理相对人——纳税人、扣缴义务人和其他有关单位

《征管法》第四条规定："法律、行政法规规定负有纳税义务的单位和个人为纳税人。法律、行政法规规定负有代扣代缴、代收代缴税款义务的单位和个人为扣缴义务人。纳税人、扣缴义务人必须依照法律、行政法规的规定缴纳税款、代扣代缴、代收代缴税款。"第六条第二款规定："纳税人、扣缴义务人和其他有关单位应当按照国家有关规定如实向税务机关提供与纳税和代扣代缴、代收代缴税款有关的信息。"根据上述规定，纳税人、扣缴义务人和其他有关单位是税务行政管理的相对人，是《征管法》的遵守主体，必须按照《征管法》的有关规定接受税务管理，享受合法权益。

（三）有关单位和部门

《征管法》第五条规定："地方各级人民政府应当依法加强对本行政区域内税收管理工作的领导或者协调，支持税务机关依法执行职务，依照法定税率计算税额，依法征收税款。各有关部门和单位应当支持、协助税务机关依法执行职务。"这说明包括地方各级人民政府在内的有关单位和部门同样是《征管法》的遵守主体，必须遵守《征管法》的有关规定。

第二节　税　务　管　理

税务管理是税务机关在税收征收管理中对征纳过程实施的基础性的管理制度和管理行为，包括税务登记、账证管理、发票管理和纳税申报等内容。它是整个税收征管工作的基础环节，是作好税款征收和税务检查的前提工作。

一、税务登记管理

（一）税务登记

1. 税务登记

是税务机关对纳税人的生产、经营活动进行登记管理的一系列法定制度。税务登

记是税务管理工作的首要环节和基础工作，是征纳双方法律关系成立的依据和证明，也是纳税人必须依法履行的义务。

2. 税务登记种类

主要包括税务登记分为开业登记、变更登记、注销登记、停业与复业登记四种。

（1）开业税务登记。开业税务登记是指新开业户在正式生产经营之前，在办理工商登记领取营业执照后向税务机关办理的登记。

（2）变更税务登记。变更税务登记是指纳税人在办理了开业登记后，其登记内容发生变化（如生产经营项目、单位名称等改变），在办理变更工商登记后重新向税务机关办理的登记。

（3）注销税务登记。注销税务登记是指纳税人办理税务登记后发生解散、破产、兼并及撤销等行为时，依法向税务机关办理的登记。

（4）停业与复业税务登记。停业与复业税务登记是指纳税人在办理税务登记后，在生产经营停业期间及停业期满恢复营业时，依法向税务机关办理的登记。

（二）税务登记的范围

根据《征管法》等有关规定，企业、企业在外地设立的分支机构和从事生产经营的场所、个体工商业户，以及从事生产经营的机关、团体、部队、学校和其他事业单位，均应自领取营业执照之日起30日内办理税务登记。需要注意的是：企业在外地设立的分支机构和从事生产经营的场所，其税务登记由总机构统一办理，但该分支机构应办理注册税务登记。

此外，对不从事生产经营活动，但依照法律、法规的规定负有纳税义务的单位和个人，除临时取得应税收入或发生应税行为以及只缴纳车船税以外，也应按规定向税务机关办理税务登记。个人所得税的纳税人办理税务登记的办法，由国务院另行规定。

（三）税务登记的内容

税务登记的内容必须全面、真实地反映纳税人的生产经营情况和其他与纳税相关的事项，主要是填写"税务登记表"。其登记表的内容主要包括：纳税人名称，住所，经营地点，法定代表人或业主姓名及居民身份证、护照或其他合法证件的号码；登记注册类型及所属主管部门；核算方式；行业、经济性质、经营范围、经营方式；注册资金（资本）、投资总额、开户银行及账号；经营期限、从业人数、营业执照号码及其发照日期；财务负责人、办税人员、记账本位币、结算方式、会计年度及税务机关要求填写的其他有关事项。

企业在外地设立的分支机构或从事生产经营的场所，还应当登记总机构的名称、地址、法定代表人、主要业务范围、财务负责人。对外商投资企业和在中国境内设立机构的外国企业，还应当登记结算方式和会计年度，以及境外机构的名称、地址、业务范围及其他事项。对纳税人税务登记的内容，凡属具有保密性质的或纳税人要求保密的，税务机关应负责保密。

（四）税务登记的程序

按照《征管法》及其实施细则的规定，纳税人办理税务登记（开业登记）分为申请、审核、发证三个步骤：

第一步：申请。纳税人按规定的期限向税务机关提出申请登记报告，如实填写"税务登记表"，并相应提供有关证件和资料。证件和资料包括：营业执照或其他核准执业证件及工商登记表，或其他核准执业登记表复印件；有关机关、部门批准设立的文件；有关合同、章程、协议书；银行账号证明；法定代表人和董事会成员名单；法定代表人（负责人）或业主居民身份证、护照或其他合法证件；组织机构统一代码证书；住所或经营场所证明；委托代理协议书复印件；享受税收优惠政策的企业，需要提供的相应证明和资料；税务机关要求提供的其他有关证件和资料。

第二步：审核。税务机关对纳税人填报的"税务登记表"及提供的证件与资料，应在收到之日起 30 日内审核完毕，符合规定的予以受理；不符合规定的不予登记，并在 30 日内予以答复。

第三步：发证。主管税务机关对受理登记的纳税人，凡符合税务登记条件的，必须予以登记，并发给税务登记证件。税务登记证件一律要有县（市）级以上税务机关填制的全国统一的税务登记编码，并加盖公章后有效。其证件主要有税务登记证及其副本、注册税务登记证及其副本和专项税务登记证件。对增值税一般纳税人的登记，还应在登记证副本首页上方加盖"增值税一般纳税人"确认专用章。

（五）税务登记的管理

1. 税务登记证管理。其内容主要包括：

（1）税务登记证的使用。税务登记证的正本、副本具有同样的法律效力，正本由纳税人保存，副本供纳税人办理有关税务事宜时使用。纳税人保管和使用税务登记证，应符合以下要求：纳税人领购税务登记证应向税务机关支付工本管理费；税务登记证只限于纳税人自己使用，不得涂改、转借或转让、损毁、买卖或伪造；税务登记证应悬挂在营业场所，亮证经营，并接受税务机关的查验；纳税人遗失税务登记证后，应当及时向当地税务机关写出书面报告，说明原因，提供有关证据，申请换发；纳税人在申请减免税和退税、领购发票、办理外出经营活动税收管理证明，以及增值税一般纳税人认定及其他有关税务事项时，必须持税务登记证；纳税人遗失税务登记证件的，应在 15 日内书面报告主管税务机关，并登报声明作废等。

（2）税务登记证的检验和更换。为保证税务登记证的合法使用，税务机关对税务登记证实行定期验证和换证制度。验证时间一般为 1 年 1 次，税务机关验证后须在税务登记证（副本）及登记表中注明验证时间，加盖验讫印章。此外，税务机关定期更换税务登记证，一般 3~5 年进行 1 次，具体时间由国家税务总局统一规定。

2. 外出经营登记管理。其内容主要包括：

（1）申请外管证。纳税人到外县（市）临时从事生产经营活动的，应在外出生产经营以前填写"外出经营活动税收管理证明申请审批表"，并持税务登记证向主管税务机关申请开具"外出经营活动税收管理证明"（简称外管证）。

（2）颁发外管证。税务机关应按照"一地一证"的管理原则，颁发外管证。外管证的有效期限一般为 30 日，最长不得超过 180 天。

（3）进行报验登记。纳税人应当在外管证注明地进行生产经营前，向当地税务机关进行报验登记，提交税务登记证件副本和外管证等资料，如实填写"外出经营货物报验单"并申报查验货物。

（4）填报申报表。纳税人外出经营活动结束后，应向经营地税务机关填报"外出经营活动情况申报表"（简称申报表），并结清税款和缴销发票。

（5）外管证缴销。纳税人应当在外管证有效期届满后 10 日内，持外管证回原税务登记地税务机关办理外管证缴销手续。

3. 变更税务登记管理。当纳税人的名称、法定代表人、经济性质（或经济类型）、隶属关系、住所或经营地点（不涉及主管税务机关变化的）、生产经营范围和经营方式、生产经营期限和权属等发生改变，或增设、撤销分支机构和改变增减银行账号以及其他税务登记内容发生变化的，应在办理工商变更登记后或情形发生变更后 30 日内，持有关证件向原税务登记机关申报办理变更税务登记。

办理变更税务登记需由纳税人向税务机关填报"申请税务登记报告书"，经主管税务机关审核后，在"税务登记表"的"变更或注销"栏中填写变更事项，同时登记"税务登记底册"。涉及变更税务登记证所载内容的，要重新换发税务登记证。

4. 停业与复业税务登记管理。纳税人在生产经营期间需要停业的，应依法向税务机关办理停业登记；纳税人停业期间发生纳税义务，应当及时向主管税务机关依法申报补缴其应纳税款。

纳税人应当于恢复生产经营之前，向税务机关依法提出复业登记；停业期满不能及时恢复生产经营的，应在期满前提出延长停业登记；纳税人停业期满未按期复业又不申请延长停业的，税务机关应视为已恢复营业进行税款征收管理。

5. 注销税务登记管理。纳税人发生终止纳税义务的，应于有关机关（部门）批准或宣告之日起 15 日内，持有关证件向原登记税务机关申报办理注销税务登记手续。但在办理前，应向主管税务机关结清依法应缴纳的税款、滞纳金、罚款，并缴销发票和其他有关税务证件。

注销税务登记的适用范围主要包括：纳税人因经营期限届满而自动解散；企业由于改组、分立、合并等原因而被撤销；企业资不抵债而破产；纳税人住所、经营地址迁移而脱离原主管税务机关的管辖区；纳税人被工商行政管理部门吊销营业执照，以及纳税人依法终止履行纳税义务的其他情况。

需要说明的是：变更税务登记和注销税务登记的法律意义是不同的，前者是一些非本质性的要素发生变化，不影响纳税人的法律地位；后者是本质上的变化，意味着纳税人作为纳税主体在法律意义上的消失或死亡。

6. 税务登记的相关性要求。其主要内容包括以下几个方面：

（1）对工商行政管理机关的基本要求。工商行政管理机关应当将办理登记注册、核发营业执照的情况，定期向税务机关通报。发生变化的，应自变化之日起 15 日内，向主管税务机关书面报告。

（2）对纳税人的基本要求。从事生产经营的纳税人应当按照国家有关规定，持税务登记证件，在银行或其他金融机构开立基本存款账户和其他存款账户，并将其全部账号向税务机关报告。

（3）对金融机构的基本要求。银行和其他金融机构应当在从事生产经营的纳税人账户中登录税务登记证件号码，并在税务登记证件中登录从事生产经营的纳税人的账户账号；税务机关依法查询从事生产经营的纳税人开立账户的情况时，有关银行和金融机构应当予以协助。

二、账证管理

账证管理是指税务机关对纳税单位的账簿和凭证进行监督管理的一项法律制度。为保证纳税人真实记录其生产经营活动，客观反映有关纳税的信息资料，防止纳税人伪造、变造、隐匿、擅自销毁账簿和记账凭证，《征管法》及其实施细则等对账簿和凭证的管理作了严格、明确的规定。

（一）账证管理

账证是账簿、凭证的简称，账簿是指以会计凭证为依据，对单位的经济业务而进行全面、系统、连续、分类的记录和核算的账册或簿籍，由具有一定格式、相互连缀的账页所组成；凭证是纳税人用来记录经济业务发生和完成情况，明确经济责任，作为记账依据的书面证明。

《征管法》中要求纳税人、扣缴义务人应当依照法律设置账簿，根据合法、有效凭证记账，并进行会计核算。

（二）账簿设置的范围

根据《征管法》及其实施细则的有关规定，从事生产经营的纳税人、扣缴义务人应按照有关法律、行政法规和国务院财政、税务主管部门（即财政部、国家税务总局）的规定设置账簿，根据合法有效凭证记账核算。

纳税人应当自领取营业执照之日起15日内设置账簿，包括总账、明细账、日记账和其他辅助性账簿；扣缴义务人应自扣缴义务发生之日起10日内设置代扣代缴、代收代缴税款账簿。

按现行规定，我国国有企事业单位和涉外企业的财务、会计制度由财政部主管；城镇集体企业和私营企业财务、会计制度由国家税务总局主管；个体工商户的财务处理规定及会计制度由各省、直辖市、自治区税务机关具体确定。

（三）账证管理的内容

1. 计算机记账管理。纳税人和扣缴义务人采用计算机记账的，应当在使用前将其记账软件、程序和使用说明书及有关资料报送主管税务机关备案。

对会计制度健全，能够通过计算机正确、完整计算其收入或所得的，其计算机储存和输出的会计记录，可视同会计账簿，但应打印成书面记录并完整保存；否则，应建立总账及与纳税或代扣代缴、代收代缴税款有关的其他账簿。

2. 个体户建账要求。对于个体工商户确实不能设置账簿的，经税务机关核准，可不设置账簿，但应聘请注册会计师或经税务机关认可的财会人员代为建账和办理账务；聘请注册会计师或经税务机关认可的财会人员有实际困难的，报经县以上税务机关批准，可按照税务机关的规定建立收支凭证粘贴簿、进货销货登记等账簿。

3. 会计管理的备案。从事生产经营的纳税人，应自领取税务登记证件之日起15日内，将其财务会计制度或财务会计处理办法和会计核算软件报送税务机关备案。

纳税人、扣缴义务人的财务会计制度或财务会计处理办法与国务院或其财政、税务主管部门有关税收规定相抵触的，按照国务院或其财政、税务主管部门有关税收的规定计算应纳税款、代扣代缴和代收代缴税款。

4. 税控装置的使用。税控装置是由国家的法定机关依法指定企业生产、安装、维修，依法实施监管，具有税收监控功能和严格的物理、电子保护的计税装置，如电子收款机、电子计程表、税控加油机等。国家根据税收征收管理的需要，积极推广使用税控装置。纳税人应当按照规定安装、使用税控装置，不得损毁或擅自改动税控装置。

5. 账证资料的保管。税务机关应当指导纳税单位的财会人员按照国家有关会计档案管理的规定，对本单位的各种会计凭证、账簿和报表等会计资料，进行定期收集、审查核对、整理立卷、编制目录、装订成册、妥善保管，防止丢失损坏。账簿、记账凭证、完税证和其他有关资料，不得伪造、变造或擅自损毁。会计档案和有关纳税资料，除法律法规另有规定者外，应当保存10年。对保管期满的会计档案，要经税务机关批准后进行处理。

三、发票管理

（一）发票管理

发票是指在购销商品、提供或接受劳务以及其他经营活动中，开具、收取的收付款凭证。发票是确定经济收支行为发生的证明文件，是财务收支的法定凭证和会计核算的原始凭证，也是税务稽查的重要依据。

1993年12月经国务院批准，财政部根据《征管法》的规定，制定了《中华人民共和国发票管理办法》，同年同月国家税务总局制定了《中华人民共和国发票管理办法实施细则》。为加强发票管理和财务监督，保障国家税收收入，维护经济秩序，2010年12月国务院修改通过了《中华人民共和国发票管理办法》（简称《发票办法》），于2011年2月起施行；2011年1月国家税务总局重新公布了《中华人民共和国发票管理办法实施细则》（简称《发票细则》），于2011年2月起施行。

为强化发票管理的重要性，《征管法》申明确规定：税务机关是发票主管机关，负责发票印制、领购、开具、取得、保管、缴销的管理和监督。单位和个人应当按照规定开具、使用发票。根据《发票办法》和《发票细则》规定，国家税务总局统一负责全国发票管理工作，省、自治区、直辖市国家税务局和地方税务局（以下简称省税务机关）依据各自的职责共同做好本行政区域内的发票管理工作；财政、审计、工商行政管理、公安等有关部门在各自的职责范围内，配合税务机关做好发票管理工作。

1. 发票的种类

发票按其使用对象及其重要性，可分为普通发票、专用发票和其他发票。

（1）普通发票。普通发票是指只开具交易的数量、金额等内容，不开具税金的商业凭证。按行业发票可分为制造业发票、商品流通业发票、交通运输业发票等，有三联式、四联式和七联式发票。

（2）专用发票。专用发票即增值税专用发票，是指实行价款和税金分栏填写，由销货方开具给购货方并据此收取货款和增值税款的专用票据。它不仅是增值税一般纳税人重要的商业凭证，也是兼记销货方纳税义务和购货方进项税额的合法证明，对增值税应纳税额的计算起着决定性作用。

专用发票限于增值税一般纳税人依法使用和税务机关为小规模纳税人代开时使用。

（3）其他发票。其他发票包括定额发票、非营业性收据和特殊发票。定额发票指在票面上直接标有一定数额的发票，如现行使用的饮食业和旅店业发票等；非营业性收据指由财政机关监制供非营业性单位收取费用或款项时使用的发票；特殊发票指具有发票性质而作为专门用途的票据，如车票和机票等。

2. 发票的内容

在全国范围内统一式样的发票，由国家税务总局确定。在省、自治区、直辖市范围内统一式样的发票，由省以上税务机关确定。

发票的基本联次为存根联、发票联、记账联，增值税专用发票还包括抵扣联。存根联由收款方或开票方留存备查；发票联由付款方或受票方作为付款原始凭证；记账联由收款方或开票方作为记账原始凭证。省以上税务机关可根据发票管理情况及纳税人经营业务需要，增减除发票联以外的其他联次，并确定其用途。

发票的基本内容包括：发票的名称、发票代码和号码、联次及用途、客户名称、开户银行及账号、商品名称或经营项目、计量单位、数量、单价、大小写金额、开票人、开票日期、开票单位（个人）名称（章）等。省以上税务机关可根据经济活动以及发票管理需要，确定发票的具体内容。

（二）发票管理内容

根据《征管法》及其实施细则、《发票办法》和《发票细则》的规定，发票管理内容主要包括发票印制、发票领购、发票开具、发票保管、发票检查和发票处罚等。

1. 发票印制

专用发票由国家税务总局指定的企业印制，其他发票由省税务机关确定的企业印制，禁止私自印制、伪造、变造发票；有固定经营场所、财务和发票管理制度健全的纳税人，发票使用量较大或统一发票式样不能满足经营活动需要的，可向省以上税务机关申请印有本单位名称的发票。

印制发票应使用国家税务总局确定的全国统一的发票防伪专用品，发票套印由国家税务总局确定式样的全国统一发票监制章，由省税务机关制作。发票使用中文印制，民族自治地方的发票，可加印当地一种通用的民族文字。有实际需要的，也可同时使用中外两种文字印制。

发票实行不定期的换版制度，全国范围内发票换版由国家税务总局确定，省、自治区、直辖市范围内发票换版由省税务机关确定。

2. 发票领购

依法办理了税务登记的单位和个人申请领购发票时，应持税务登记证件、经办人身份证明、按照国家税务总局规定式样制作的发票专用章的印模，向主管税务机关办理发票领购手续。主管税务机关根据领购单位和个人的经营范围和规模，确认领购发票的种类、数量及领购方式（批量供应、交旧购新或验旧购新等），在5个工作日内发给发票领购簿。单位和个人领购发票时，应按照税务机关的规定报告发票使用情况，税务机关应当按照规定进行查验。

需要临时使用发票的单位和个人，可凭购销商品、提供或接受服务，以及从事其他经营活动的书面证明、经办人身份证明，填写"代开发票申请表"，直接向经营地税务机关申请代开发票。依照税收法律法规规定应缴纳税款的，税务机关应先征收税款，再开具发票。税务机关根据发票管理的需要，可按照国家税务总局的规定委托其他单位代开发票，禁止非法代开发票。

3. 发票开具

销售商品、提供服务及从事其他经营活动的单位和个人，对外发生经营业务收取款项，收款方应当向付款方开具发票；特殊情况下，由付款方向收款方开具发票，即指收购单位和扣缴义务人支付个人款项时，以及国家税务总局认为其他需要由付款方向收款方开具发票的。所有单位和从事生产经营活动的个人在购买商品、接受服务及从事其他经营活动支付款项时，应向收款方取得发票；取得发票时不得要求变更品名和金额；不符合规定的发票，不得作为财务报销凭证，任何单位和个人有权拒收。

开具发票应当按照规定的时限、顺序、栏目，全部联次一次性如实开具，并加盖发票专用章，任何单位和个人不得有虚开发票行为。安装税控装置的单位和个人应按规定使用税控装置开具发票，并按期向主管税务机关报送开具发票的数据；使用非税控电子器具开具发票，应将非税控电子器具使用的软件程序说明资料报主管税务机关备案，并按照规定保存、报送开具发票的数据。

除国家税务总局规定的特殊情形外，发票限于领购单位和个人在本省、自治区、直辖市内开具。任何单位和个人不得跨规定的使用区域携带、邮寄、运输空白发票，禁止携带、邮寄或运输空白发票出入境。省税务机关可规定跨市、县开具发票的办法。

4. 发票保管

严格加强空白发票管理，税务机关应视具体条件全面实行发票集中保管制度；企业领回的空白发票，应设立专柜进行保管；税务机关、用票单位和个人都应指定专人保管空白发票，并严格发票领购手续。开具发票的单位和个人应建立发票使用登记制度，设置发票登记簿，并定期向主管税务机关报告发票使用情况。

开具发票的单位和个人应按照税务机关规定存放和保管发票，不得擅自损毁。发生发票丢失情形时，应当于发现丢失当日书面报告税务机关，并登报声明作废。已经开具的发票存根联和发票登记簿，应当保存 5 年，保存期满报经税务机关查验后销毁。使用发票的单位和个人应当妥善保管发票。

5. 发票检查

税务机关在发票管理中的检查权限主要包括：检查印制、领购、开具、取得、保管和缴销发票情况；调出发票查验；查阅、复制与发票有关的凭证及资料；向当事各方询问与发票有关的问题和情况；在查处发票案件时对与案件有关的情况和资料，可记录、录音、录像、照相和复制。印制、使用发票的单位和个人必须接受税务机关的依法检查，如实反映情况，提供有关资料，不得拒绝、隐瞒。税务人员进行检查时，应当出示税务检查证。

税务机关需要将已开具的发票调出查验时，应当向被查验的单位和个人开具发票换票证。发票换票证与所调出查验的发票有同等的效力。被调出查验发票的单位和个人不得拒绝接受。税务机关需要将空白发票调出查验时，应当开具收据；经查无问题的，应当及时返还。

6. 发票处罚

其内容主要包括：

（1）违反规定有下列情形之一的，由税务机关责令改正，可处 1 万元以下罚款，有违法所得予以没收：一是应开具而未开具发票或未按规定的时限、顺序和栏目全部联次一次性开具发票，或未加盖发票专用章的；二是使用税控装置开具发票，未按规定报送开具发票数据的；三是使用非税控电子器具开具发票，未将非税控电子器具使用软件程序说明报送备案，或未按规定保存、报送开具发票数据的；四是拆本使用发票的；五是扩大发票使用范围的；六是以其他凭证代替发票使用的；七是跨规定区域开具发票的；八是未按规定缴销发票的；九是未按规定存放和保管发票的。

（2）跨规定使用区域携带、邮寄、运输空白发票，以及携带、邮寄或运输空白发票出入境的，由税务机关责令改正，可处 1 万元以下的罚款；情节严重的，可处 1 万元至 3 万元罚款；有违法所得的予以没收。丢失发票或擅自损毁发票的，比照办理。

（3）违反规定虚开发票的，由税务机关没收违法所得；虚开金额 1 万元以下的，并处 5 万元以下的罚款；虚开金额超过 1 万元的，并处 5 万元至 50 万元的罚款；构成犯罪的，依法追究刑事责任。非法代开发票的，比照办理。

（4）私自印制、伪造、变造发票，非法制造发票防伪专用品，以及伪造发票监制章的，由税务机关没收违法所得，没收、销毁作案工具和非法物品，并处 1 万元至 5 万元的罚款；情节严重的，并处 5 万元至 50 万元的罚款；对印制发票的企业，并处吊销发票准印证；构成犯罪的，依法追究刑事责任。《征管法》有规定的，依照其规定执行。

（5）有下列情形之一的，由税务机关处 1 万元至 5 万元罚款；情节严重的，处 5 万元至 50 万元罚款；有违法所得的予以没收：一是转借、转让、介绍他人转让发票、发票监制章和发票防伪专用品的；二是知道或应当知道是私自印制、伪造、变造、非法取得或废止的发票而受让、开具、存放、携带、邮寄、运输的。

（6）对违反发票管理规定 2 次以上或情节严重的单位和个人，税务机关可向社会公告。公告是指税务机关应当在办税场所或广播、电视、报纸、期刊、网络等新闻媒体上公告纳税人发票违法的情况。公告内容包括纳税人名称、纳税人识别号、经营地点及违反发票管理法规的具体情况。

（7）违反发票管理法规，导致其他单位或个人未缴、少缴或骗取税款的，由税务机关没收违法所得，可并处未缴、少缴或骗取的税款 1 倍以下的罚款。

（8）税务人员利用职权之便，故意刁难印制、使用发票的单位和个人，或有违反发票管理法规行为的，依照国家有关规定给予处分；构成犯罪的，依法追究刑事责任。

四、纳税申报管理

纳税申报是指纳税人、扣缴义务人在发生纳税义务后按照税法或税务机关规定的期限和内容，向主管税务机关提交有关纳税和扣缴税款书面报告的法律行为。它既是纳税人履行纳税义务的法定程序，又是税务机关核定应征税款和填写纳税凭证的主要依据。

通过纳税申报有利于纳税人正确计算应纳税款，防止错缴、漏缴税款，便于税务机关依法征收税款，查处税务违法行为，降低税收成本，这对于强化依法治税、监控经济税源、加强征收管理、保证税款及时足额征收入库等方面，都具有十分重要的作用。

（一）纳税申报的对象

根据《征管法》规定，纳税人、扣缴义务人必须依照法律、行政法规规定或税务机关依照法律、行政法规的规定确定的申报期限、申报内容，如实办理纳税申报。有纳税义务、代扣代收税款义务的单位和个人，无论本期有无应纳、应缴税款，都应按规定的期限如实向主管税务机关办理纳税申报。

享受减免税的纳税人，也应按规定期限申报，并按照税务机关规定，报送减免税金统计报告；对取得临时应税收入或发生应税行为的纳税人，在发生纳税义务之后，即向经营地税务机关办理纳税申报和缴纳税款。

（二）纳税申报的内容

按照《征管法实施细则》的规定，纳税申报的内容主要包括纳税申报表、代扣代收税款报告表、财务会计报表和其他有关纳税资料。

（1）纳税申报表。纳税申报表是指由税务机关统一印制的，纳税人进行纳税申报的书面报告。其申报表的内容主要包括纳税人名称、税种、税款所属期限、应税项目、计税金额、适用税率、进项税额、应纳税额、缴库日期以及其他应申报的项目。

（2）代扣代收税款报告表。代扣代收税款报告表是指由税务机关统一规定的，扣缴义务人进行纳税申报的书面报告。其主要内容包括扣缴义务人名称、被代扣代收税款的纳税人名称、税种、税目、税率、计税依据、代扣代收税额及税务机关规定应当申报的其他项目。

（3）财务会计报表。财务会计报表是指根据账簿记录及其他有关资料，按规定的指标体系和格式编制的报告文件。按时间有月报、季报、年报等。其种类主要包括资产负债表、利润表、现金流量表、财务状况变动表及财务情况说明书等。

（4）其他有关纳税资料。其他有关纳税资料主要包括：税务机关认为有必要申报的关于纳税申报表、财务会计报表的说明资料；与纳税有关的合同及协议书及凭证；税控装置的电子报税资料；外出经营活动税收管理证明和异地完税凭证；境内、境外公证机构出具的有关证明文件；税务机关规定应当报送的其他有关证件和资料。

（三）纳税申报的方式

根据《征管法》规定，纳税人、扣缴义务人可直接办理纳税申报或报送代扣代缴和代收代缴税款报告表，也可按照规定采取邮寄、数据电文或其他方式办理纳税申报。总体上，可以分为直接申报、电文申报和特殊申报三大类：

1. 直接申报

直接申报是指纳税人、扣缴义务人直接到主管税务机关办理的纳税申报，主要包括以表申报、IC卡申报和微机录入卡申报。

（1）以表申报。纳税人、扣缴义务人发生纳税义务后，向所在地主管税务机关以纳税申报表等报表为主所办理的纳税申报。实行以表申报，需按照税务机关规定的各种纳税申报表，按户分税种、一税一表（按流转税计征的税、费除外）办理全额纳税申报。本期末发生纳税或扣缴义务的，要以"零"表示的"空"表进行申报。

（2）IC卡申报。纳税人将应税收入、应纳税额等数据资料输入IC卡报税器，税务微机员将IC卡中数据输入微机并与税票中数据核对，核对无误盖章后报税结束。

（3）微机录入卡申报。纳税人将应税收入、应纳税款输入微机录入卡，缴纳税款后向税务机关提交纳税申报表、微机录入卡和完税凭证等资料，税务微机员将其数据输入微机，审核无误后报税结束。

2. 电文申报

电文申报是指纳税人、扣缴义务人采用电话语音、电子数据交换和网络传输等电子方式向税务机关办理的纳税申报。所谓数据电文是指经电子、光学手段或类似手段生成、储存或传递的信息，包括但不限于电子数据交换（EDI）、电子邮件、电报、电传或传真。

3. 特殊申报

纳税人、扣缴义务人除直接办理纳税申报外，情况特殊或经批准，可以采取下列申报方式：

（1）延期申报。是指纳税人、扣缴义务人不能按规定的期限办理申报手续，经税务机关核准延期进行的纳税申报。纳税人和扣缴义务人因不可抗力原因或财务处理上的特殊原因（当期货币资金在扣除应付职工工资、社会保险费后不足以缴纳税款的），造成的不能按期办理纳税或扣缴税款申报的，经省级国税局、地税局批准可延期申报，但最长不得超过3个月。其税款应按上期或税务机关核定的税额预缴，并在核准的延期内办理税款结算。

（2）邮寄申报。是指纳税人、扣缴义务人采用通过邮局寄送的方法向主管税务机关办理的纳税申报。原则上纳税人、扣缴义务人应当直接到税务机关办理纳税申报，但若纳税人、扣缴义务人直接申报有困难的，经税务机关批准，也可采取邮寄方式申报。采用该方式申报纳税的，应当使用统一的纳税申报专用信封，并以邮政部门收据作为申报凭证。邮寄申报以寄出地的邮戳日期，为实际申报日期。凡实行查账征收的纳税人，经主管税务机关批准，可以采取邮寄纳税申报的办法。

（3）其他申报。除上述方式外，实行定期定额缴纳税款的纳税人，可实行简易申报和简并征期等申报纳税方式。简易申报是指实行定期定额缴纳税款的纳税人在法律、行政法规规定的期限内或税务机关依据法规的规定确定的期限内缴纳税款的，税务机关可以视同申报；简并征期是指实行定期定额缴纳税款的纳税人，经税务机关批准，可以采取将纳税期限合并为按季、半年、年的方式缴纳税款。

（四）纳税申报的其他要求

纳税人和扣缴义务人的纳税申报期限和缴纳税款期限的最后一天，如遇国家规定的公休假日可以顺延。

纳税人和扣缴义务人发生纳税或扣缴义务，未按规定的期限办理纳税申报，经税务机关责令限期申报，逾期仍不申报的纳税人，税务机关有权规定其应纳税额。

纳税人和扣缴义务人要按照申报表规定的内容填写，并加盖单位公章，做到表内整洁、指标齐全、数字准确。税务人员收到纳税申报后，要及时审核、正确计算税款，并督促其办理税款缴库手续。

第三节　税　款　征　收

一、税款征收

税款征收是指国家税务机关依照税收法律、行政法规规定将纳税人应缴纳的税款组织征收入库的一系列活动的总称。它既是纳税人依法履行纳税义务的重要体现，也是税收征管工作的目的和归宿。一是税务机关是税款征收的主要主体，除税务机关、税务人员及税务机关依照法律、行政法规委托的单位和人员外，任何单位和个人不得进行税款征收活动；二是税务机关征税必须依照法律、行政法规的规定征收税款，不得违反法律、行政法规的规定开征、停征、多征、少征、提前征收或摊派税款。

税款征收入库的过程，一般是由纳税人直接向国库经收处（设在银行）缴纳。国库经收处将入库的税款随同缴款书划转资金库后，即为办完税款征收入库手续。税务机关征收税款时，必须开具完税凭证，包括各种完税证、缴款书及其他完税证明（其式样由国家税务总局统一制定），以作为税务机关收取税款时的专用凭证和纳税人履行纳税义务的合法证明。

（一）税款征收的方式

税款征收方式是指税务机关依照税法规定和纳税人生产经营、财务管理情况，以及方便纳税人、降低成本和保证国家税款及时足额入库的原则，而采取的具体组织税款入库的方法。根据《征管法》及其实施细则的规定，税款征收方式主要有以下五种：

1. 查账征收

查账征收是指税务机关按照纳税人提供的账表所反映的经营情况，依照适用税率计算缴纳税款的征收方法。

查账征收方式适用于账簿、凭证、会计等核算制度比较健全，能够据以如实核算生产经营情况，正确计算应纳税款的纳税人。

2. 核定征收

核定征收是指税务机关对不能完整、准确提供纳税资料的纳税人采用特定方法确定其应纳税收入或应纳税额，纳税人据以缴纳税款的征收方法，具体包括：

（1）查定征收。查定征收是指由税务机关根据纳税人的从业人员、生产设备、采用原材料等因素，在正常生产经营条件下，对其产制的应税产品查实核定产量、销售额并据以征收税款的一种征收方法。它适用于生产规模较小、账册不健全、产品零星、税源分散的小型厂矿和作坊。

（2）查验征收。查验征收是指税务机关对纳税人应税商品，通过查验数量，按市场一般销售单价计算其销售收入并据以征税的一种征收方法。它适用于城乡集贸市场的临时经营和机场、码头等场外经销商品的征税。实行查验征收由征收人员依照完税证，按日编制"报（查）验征收税款日报表"。

（3）定期定额。定期定额是指对一些营业额、所得额不能准确计算的小型工商户经自报评议，由税务机关核定一定时期的营业额和所得税附征率，实行多税种合并征收的一种征收方法。核定期内的应纳税额一般不作变动，但纳税人的实际营业额高于原定定额的20%时，纳税人应及时申报，税务机关应及时核实调整税款的定额。

3. 代理征收

代理征收即代扣代缴、代收代缴征收。代扣代缴是指单位和个人从持有的纳税人收入中扣缴其应纳税款并向税务机关解缴的行为；代收代缴是指与纳税人有经济往来关系的单位和个人借助经济往来关系向纳税人收取其应纳税款并向税务机关解缴的行为。代理征收方式适用于税源零星分散、不易控管纳税人的税款征收。

4. 委托代征

委托代征是指税务机关根据有利于税收控管和方便纳税的原则，按照国家有关规定委托有关单位及人员代征零星分散和异地缴纳的税款的征收方法。

受托单位和人员按照代征证书的要求，以税务机关的名义依法征收税款，纳税人不得拒绝；纳税人拒绝的，受托代征单位和人员应当及时报告税务机关。

5. 汇算清缴

汇算清缴是指对纳税期限较长的纳税人实行按期预缴、到期计算、多退少补应纳税额的征收方法。

汇算清缴方式适用于基本建设项目期限较长的企业的营业税和企业所得税等税的应纳税额的计算征收。如我国企业所得税法规定，纳税人缴纳企业所得税实行按年计算、分期（月或季）预缴、年终汇算清缴、多退少补的办法计算征收。

二、税款征收的措施

强化行政执法是税务机关进行税款征收和纳税人依法纳税的重要保证，对维护税收法纪和保障税款及时足额入库等具有重要的作用。《征管法》等法律制度对税款征收中的行政措施和程序，主要作了如下规定：

（一）加收滞纳金

纳税人和扣缴义务人未按法律规定或税务机关的规定期限缴纳、解缴税款的，税务机关除责令限期缴纳外，从滞纳税款之日起按日加收滞纳税款5‰的滞纳金，相当于年息的18.25%。加收滞纳金起止时间的计算，从应缴税款期限届满之日的次日起到实际缴纳或解缴税款的当天。此外，纳税人和扣缴义务人偷税或抗税的，也属未按规定期限纳税，应依法加收滞纳金。

（二）核定税额

纳税人有下列情形之一的，税务机关有权核定其应纳税额：依照法律、行政法规的规定可以不设置账簿的；依照法律、行政法规的规定应当设置但未设置账簿的；擅自销毁账簿或拒不提供纳税资料的；虽设置账簿，但账目混乱或成本资料、收入凭证、费用凭证残缺不全，难以查账的；发生纳税义务，未按照规定的期限办理纳税申报；经税务机关责令限期申报，逾期仍不申报的；纳税人申报的计税依据明显偏低，又无正当理由的。税务机关核定应纳税额的具体程序和方法由国家税务总局规定。

（三）纳税调整

1. 关联企业的界定

关联企业指有下列关系之一的公司、企业和其他经济组织：一是在资金、经营、购销等方面存在直接或间接的拥有或控制关系；二是直接或间接地同为第三者所拥有或控制；三是在利益上具有相关联的其他关系。

2. 纳税调整的情形

纳税人与其关联企业之间的业务往来有下列情形之一的，税务机关可以调整其应纳税额：一是购销业务未按照独立企业之间业务往来作价；二是融通资金所支付或收取的利息超过或低于没有关联关系的企业之间所能同意的数额，或利率超过或低于同类业务的正常利率；三是提供劳务未按照独立企业之间业务往来收取或支付劳务费用；四是转让财产、提供财产使用权等业务往来，未按照独立企业之间业务往来作价或收取、支付费用；五是未按照独立企业之间业务往来作价的其他情形。

3. 纳税调整的方法

纳税人有上述所列情形之一的，税务机关可按照下列方法调整计税收入额或所得额：一是按照独立企业之间进行相同或类似业务活动的价格；二是按照再销售给无关联关系的第三者的价格所应取得的收入和利润水平；三是按照成本加合理的费用和利润；四是按照其他合理的方法。

（四）纳税担保

纳税担保是指经税务机关同意或确认，纳税人或其他自然人、法人和经济组织，以保证、抵押和质押的方式为纳税人应纳的税款及滞纳金提供担保的行为。

2005 年 5 月国家税务总局根据《征管法》及其实施细则和其他法律法规的规定，制定《纳税担保试行办法》（以下简称《办法》），并决定从 2005 年 7 月 1 日开始试行。

1. 纳税担保的条件

主要包括：税务机关有根据认为从事生产经营的纳税人有逃避纳税义务行为，在规定的纳税期之前责令其限期缴纳应纳税款，在限期内发现纳税人有明显的转移、隐匿其应纳税的商品、货物和其他财产或应纳税收入的迹象，责成纳税人提供纳税担保的；欠缴税款、滞纳金的纳税人或其法定代表人需要出境的；纳税人同税务机关发生纳税争议而未缴清税款，需要申请行政复议的；税收法律法规规定可提供纳税担保的其他情形。

2. 纳税担保的范围

主要包括税款和滞纳金，以及抵押、质押登记费用，质押保管费用，保管、拍卖、变卖担保财产等费用支出。

3. 纳税担保的方式

其规定主要包括：

（1）纳税保证。纳税保证是指纳税保证人向税务机关保证，当纳税人未按照税收法律法规规定或税务机关确定的期限缴清税款、滞纳金时，由纳税保证人按照约定履行缴纳税款及滞纳金的行为。

纳税保证人是指在中国境内具有纳税担保能力的自然人、法人或其他经济组织，但国家机关、学校、幼儿园、医院等事业单位、社会团体，企业法人的职能部门和有欠税行为等情况的单位，不得作为纳税保证人。

（2）纳税抵押。纳税抵押是指纳税人或纳税担保人不转移规定所列财产的占有，将该财产作为税款及滞纳金的担保。其纳税人或纳税担保人为抵押人，税务机关为抵押权人，提供担保的财产为抵押物。

纳税人逾期未缴清税款及滞纳金的，税务机关有权依法处置该财产以抵缴税款及滞纳金。纳税人提供抵押担保的，应当填写纳税担保书和纳税担保财产清单，同时须经纳税人签字盖章并经税务机关确认。

（3）纳税质押。纳税质押是指经税务机关同意，纳税人或纳税担保人将其动产或权利凭证移交税务机关占有，将该动产或权利凭证作为税款及滞纳金的担保。纳税质押主要分为动产质押和权利质押：前者包括现金和其他除不动产以外的财产提供的质押；后者包括汇票、支票、本票、债券、存款单等权利凭证。纳税人提供质押担保的，应当填写纳税担保书和纳税担保财产清单并签字盖章。

（五）税收保全

税收保全是指税务机关为防范税款流失而对纳税人采取冻结存款、扣押财产等行政行为的一种控制管理措施。它是国家为防止对税法执行的干扰、保证税法的顺利实施而采取的特殊处理办法，属于体现税收强制性的一种特别规定。

1. 税收保全的程序

税务机关有根据认为从事生产经营的纳税人，有逃避纳税义务行为的，应按规定顺序采取相应的措施：一是责令限期缴纳，即税务机关可在规定的纳税期限之前，责令纳税人在限期内缴纳应纳税款；二是提供纳税担保，即在限期内发现纳税人有明显的转移、隐匿其应纳税的商品、货物和其他财产或应税收入迹象的，税务机关可责成纳税人提供纳税担保；三是采取税收保全措施，即如果纳税人不能提供纳税担保的，经县以上税务局（分局）局长批准，税务机关可采取税收保全措施。

2. 税收保全的方式

保全方式包括两种：一是冻结存款，即书面通知纳税人开户银行或其他金融机构冻结纳税人的金额相当于应纳税款的存款，但在冻结存款期间不停止支付其应缴纳的税款、滞纳金和罚款；二是扣押财产，即扣押、查封纳税人的商品、货物或其他财产，其价值以相当于纳税人应纳税款、滞纳金和扣押、查封、保管、拍卖、变卖所发生的费用为原则。

3. 税收保全的范围

保全范围为除下列以外的财产：一是个人及其所抚养家属维持生活必需的住房和用品，但机动车辆、金银饰品、古玩字画和豪华住宅或一处以外的住房除外；二是单价在 5 000 元以下的其他生活用品。

4. 税收保全执行

税务机关执行扣押、查封商品、货物或其他财产时，应当由 2 名以上税务人员执行，并通知被执行人；被执行人是自然人的，应通知被执行人本人或其成年家属到场，被执行人是法人或其他组织的，应通知其法定代表人或主要负责人到场；被执行人拒不到场的，不影响其执行。税务机关扣押商品、货物或其他财产时必须开付收据，查封商品、货物或其他财产时必须开付清单。

5. 税收保全的解除

纳税人在税务机关采取税收保全后，按照税务机关规定的期限缴纳税款的，税务机关应当自收到税款或银行转回的完税凭证之日起 1 日内解除税收保全措施；纳税人在限期内已缴纳税款，税务机关未立即解除税收保全措施，因税务机关的责任，使纳税人、扣缴义务人或纳税担保人的合法利益遭受的直接损失，税务机关应当承担赔偿责任。

（六）强制执行

税收强制执行是指纳税人、扣缴义务人和纳税担保人在规定的期限内未履行法定义务，税务机关采取法定的强制手段强迫其履行纳税义务的行为。

1. 强制执行的程序

从事生产经营的纳税人、扣缴义务人未按照规定的期限缴纳或解缴税款，纳税担保人未按照规定的期限缴纳所担保的税款，税务机关可按照规定的顺序采取措施：一是责令限期缴纳，即由税务机关责令限期缴纳或解缴税款，最长期限不得超过 15 日；二是强制执行措施，即逾期仍未缴纳的，经县以上税务局（分局）局长批准，税务机关可采取强制执行措施。

2. 强制执行的方式

强制执行包括两种方式：一是扣缴税款，即书面通知其开户银行或其他金融机构从其存款中扣缴税款和滞纳金；二是拍卖抵税，即扣押、查封、依法拍卖或变卖其价值相当于应纳税款的商品、货物或其他财产，以拍卖或变卖所得抵缴税款和滞纳金，以及扣押、查封、保管、拍卖、变卖所发生的费用。

3. 强制执行的范围

其范围为除下列以外的财产：一是个人及其所抚养家属维持生活必需的住房和用品，但机动车辆、金银饰品、古玩字画和豪华住宅或一处以外的住房除外；二是单价在 5 000 元以下的其他生活用品。

4. 强制执行的要求

实施强制执行措施，不得由法定的税务机关以外的单位和个人行使；税务机关滥用职权违法采取强制执行措施，或采取强制执行措施不当，使纳税人及扣缴义务人或纳税担保人的合法权益遭受损失的，应当依法承担赔偿责任。

（七）其他措施

1. 税款入库

各级税务机关应当将各种税收的税款、滞纳金、罚款，按照国家规定的预算科目和预算级次及时缴入国库，不得占压、挪用、截留，不得缴入国库以外或国家规定的税款账户以外的任何账户。已缴入国库的税款、滞纳金和罚款，任何单位和个人不得擅自变更预算科目和预算级次。

对审计机关、财政机关依法查出的税收违法行为，税务机关应根据有关机关的决定或意见书，依法将应收的税款、滞纳金按照税款入库预算级次缴入国库，并将结果及时回复有关机关。有关机关不得将其履行职责过程中发现的税款、滞纳金自行征收入库或以其他款项的名义自行处理、占压。

2. 减免税款

纳税人申请减免税须经法定的审查批准机关审批，地方各级人民政府及其主管部门、单位和个人违反规定擅自做出的减免税决定无效。

按照税收法律法规规定或经法定审批机关批准减免税的纳税人，应持有关文件到主管税务机关办理减免税手续，减免税期满应当自期满次日起恢复纳税；纳税人减免税条件发生变化时应在其变化之日起 15 日内向税务机关报告，不再符合减免税条件的应依法纳税，未依法纳税的税务机关应当予以追缴。

3. 出境清税

欠缴税款的纳税人或其他的法定代表人需要出境的，应在出境前向主管税务机关结清应纳的税款、滞纳金或提供纳税担保；未结清税款、滞纳金，又不提供纳税担保的，主管税务机关可通知出境管理机关阻止其出境。

为保证离境清税办法的实施，税务机关必须加强与公安、边防、海关等出境管理机关的联系配合，通过制定必要的阻止出境具体办法（包括联系、操作手段和规模等）予以保证。阻止出境的具体办法，由国家税务总局会同公安部制定。

4. 变更缴清

纳税人有合并、分立情形的，应向税务机关报告并依法缴清税款。纳税人合并时未缴清税款的，应当由合并后的纳税人继续履行未履行的纳税义务；纳税人分立时未缴清税款的，分立后的纳税人对未履行的纳税义务应当承担连带责任。

纳税人有解散、撤销、破产情形的，在清算前应当向其主管税务机关报告，未结清的税款由其主管税务机关参加清算。

5. 税收优先

税务机关在税款征收过程中有优先征税的权利，即税务机关征收税款除法律另有规定外，税收应优先于无担保债权；纳税人欠缴的税款发生在纳税人以其财产设定抵押、质押或纳税人的财产被留置之前的，税收应先于抵押权、质押权、留置权执行；纳税人欠缴税款同时又被行政机关决定处以罚款、没收违法所得的，税收优先于罚款及没收违法所得执行。

6. 欠税管理

税务机关对纳税人欠缴税款行为，应按照以下规定进行办理：

（1）县级以上各级税务机关应当将纳税人的欠税情况，在办税场所或广播、电视、报纸、期刊、网络等新闻媒体上定期公告。定期公告的办法，由国家税务总局制定。

（2）纳税人有欠税情形而以其财产设定抵押、质押的，应当向抵押权人和质押权人说明其欠税情况，抵押权人和质押权人可请求税务机关提供有关的欠税情况。

（3）欠缴税款5万元以上的纳税人，在处分其不动产或大额资产之前，应当向税务机关报告。

（4）欠缴税款的纳税人因怠于行使到期债权或放弃到期债权，或无偿转让财产，或以明显不合理的低价转让财产而受让人知道该情形，对国家税收造成损害的，税务机关可依照合同法规定行使代位权、撤销权，且不免除欠缴税款的纳税人尚未履行的纳税义务和应承担的法律责任。

7. 税款追征

因税务机关或因纳税人及扣缴义务人的责任而少缴的税款，税务机关均有追征的权利，具体规定为：

（1）因税务机关适用税收法律法规不当或执法行为违法等责任，致使纳税人或扣缴义务人未缴或少缴税款的，税务机关在3年内可要求纳税人或扣缴义务人补缴税款，但不加收滞纳金。

（2）因纳税人、扣缴义务人非主观故意的计算公式运用错误以及明显笔误等而未缴或少缴税款的，税务机关在3年内可追征税款、滞纳金；纳税人或扣缴义务人因计算错误而未缴或少缴、未扣或少扣、未收或少收税款累计数额在10万元以上的，追征期可延长到 5 年。

（3）对偷税、抗税、骗税的，税务机关追征其未缴或少缴的税款、滞纳金或所骗取的税款，不受规定期限的限制。

（4）补缴和追征税款、滞纳金的期限，自纳税人、扣缴义务人应缴未缴或少缴税款之日起计算。

8. 税款退还

纳税人多缴的税款有申请退还的权利，具体包括以下几个方面：

（1）纳税人超过应纳税额缴纳的税款，税务机关应当自发现之日起 10 日内办理退还手续；纳税人发现多缴税款要求退还的，税务机关应当自接到纳税人退还申请之日起 30 日内查实并办理退还手续。

（2）纳税人自结算缴纳税款之日起 3 年内发现的，可向税务机关要求退还多缴的税款并加算银行同期存款利息，税务机关及时查实后应当立即退还。加算多缴税款退税的银行同期存款利息，按照税务机关办理退税手续当天中国人民银行规定的活期存款利率计算，但不包括依法预缴税款形成的结算退税、出口退税和各种减免退税。

（3）涉及从国库中退还税款的，依照法律法规有关国库管理的规定退还。

（4）如果纳税人既有应退税款又有欠缴税款的，税务机关可将应退税款和利息先抵扣欠缴税款；抵扣欠缴税款后有余额的，退还纳税人。

第四节 税务检查

一、税务检查

税务检查是指税务机关根据税收法律、行政法规的规定对纳税人履行纳税义务情况进行监督、审查和处理的总称。

通过税务检查可检验、考核税收征收管理质量，查明和惩治各种税务违法行为，强化征管控制。对纳税人而言，可通过税务检查来检验其纳税的错漏或问题，避免税务违法尤其是犯罪行为的发生；对税务机关而言，可通过税务检查为依法处理税收违法行为提供可靠的事实依据。没有税务检查，税收征收管理就难以实现有效控制。

二、税务检查的内容、种类与形式

（一）税务检查的内容

税务检查的内容主要包括两个方面：一方面是检查纳税人履行纳税义务情况，具体包括检查纳税人和扣缴义务人执行国家税收政策法令的情况；检查纳税人和扣缴义务人与纳税有关的生产经营和经济核算情况，另一方面是检查税务机关和税务人员执行税收征管法律制度的情况。

（二）税务检查的种类

税务检查按其检查的目的、检查对象的来源和检查内容的范围，可分重点检查、专项检查、分类检查、集中检查和临时检查。

（1）重点检查。重点检查是指对公民举报、上级机关交办或有关部门转来的有偷税行为或偷税嫌疑的、纳税申报与实际生产经营情况有明显不符的纳税人及有普遍逃税行为的行业的检查。

（2）专项检查。专项检查是指税务机关根据税收工作实际，对某一税种或税收征收管理某一环节进行的检查。比如增值税一般纳税专项检查、漏征漏管户专项检查等。

（3）分类检查。分类检查是指根据纳税人历来纳税情况、纳税人的纳税规模及税务检查间隔时间的长短等综合因素，按事先确定的纳税人分类、计划检查时间及检查频率而进行的检查。

（4）集中检查。集中检查是指税务机关在一定时间、一定范围内，统一安排、统一组织的税务检查，这种检查一般规模比较大，如以前年度的全国范围内的税收、财务大检查就属于这类检查。

（5）临时检查。临时检查是指由各级税务机关根据不同的经济形势、偷逃税趋势、税收任务完成情况等综合因素，在正常的检查计划之外安排的检查，如行业性解剖、典型调查性的检查等。

（三）税务检查的形式

有效的税务检查，必须采取适当的组织形式。目前我国税务检查的形式，包括纳税人自查、税务机关专业检查和有关部门联合检查等，其中最重要、最经常的税务检查是专业检查，并以日常检查、专项检查和专案检查为主。

日常检查是指税务机关对纳税人申报纳税和扣缴义务人扣缴税款等情况进行的常规检查；专项检查是指税务机关针对特定行业或某类纳税人进行的重点检查，如对高收入行业从业人员、演艺界、体育明星进行的检查；专案检查是指税务机关根据举报或在前两种检查中发现的重大涉嫌税收违法问题进行的个案检查。

三、税务检查的权利与义务

（一）税务机关在检查中的权利与义务

1. 税务机关的税务检查权

税务检查权是税务机关在税务检查活动中依法所享有的权利。根据《征管法》等规定，税务检查的权利主要包括：

（1）账证检查权。税务机关有权检查纳税人的账簿、记账凭证、报表和有关资料以及扣缴义务人的代扣代收税款账簿、记账凭证和有关资料。税务机关行使该项职权在必要时，经县以上税务局（分局）局长批准，可以将纳税人和扣缴义务人以前会计年度的账簿、记账凭证、会计报表和其他有关资料调回税务机关检查。

（2）场地检查权。税务机关有权到纳税人生产经营场所和货物存放地检查纳税人应纳税的商品、货物或其他财产，以及扣缴义务人与代扣代收税款有关的经营情况等。所称生产经营场所包括生产场所、加工单位和场所、商品买卖经营场所。

（3）责成提供资料权。税务机关有权责成纳税人、扣缴义务人提供与纳税或代扣代收税款有关的文件、证明材料和有关资料。

（4）询问权。税务机关有权查询、访问纳税人、扣缴义务人与纳税或代扣代收税款有关的问题和情况。

（5）交通邮政检查权。税务机关有权到车站、码头、机场、邮政企业及其分支机构检查纳税人托运、邮寄应纳税商品、货物或其他财产的有关单据、凭证和有关资料。

（6）存款账户检查权。经县以上税务局（分局）局长批准，凭全国统一格式的检查存款账户许可证明，税务人员有权查询从事生产经营的纳税人、扣缴义务人在银行或其他金融机构的存款账户。税务机关在调查税收违法案件时，经设区的市、自治州以上税务局（分局）局长批准，可以查询案件涉嫌人员的储蓄存款。

2. 税务机关检查权的约束

约束税务检查权可有效地防止税务人员滥用职权，以便更好地贯彻国家税收政策法令，维护纳税人的合法权益，主要表现在行使税务检查权的约束性和实施税务检查过程的相关性要求。

税务机关检查权约束性要求，主要表现在：在实施账证检查权时需调回账证的，须向纳税人开付清单，并在3个月内归还；在行使询问权时，必须与纳税有关；在查核存款账户时，必须持检查存款账户许可证明等。

税务机关检查权相关性要求，主要表现在：税务机关派出税务人员进行检查时，应当在两人以上；税务检查人员与被检查人有亲属、利害关系情形时，应当回避；税务机关查询所获得的资料，不得用于税收以外的用途；税务机关应建立科学的检查制度，严格控制对纳税人、扣缴义务人的检查次数等。

（二）相对人在检查中的权利与义务

税务检查中的相对人是指除税务机关以外的一切有关单位和个人，包括被检查对象和协助查处人两类：一是被检查对象，如纳税人和扣缴义务人；二是协助查处人，如在车站、码头、机场等的有关单位和个人，以及邮政、金融、公安、审计等部门。

1. 相对人的权利

根据《征管法》等规定，相对人的权利主要包括：有权拒绝未出示税务检查证和税务检查通知书的检查；有权拒绝税务机关超出法定范围或违反法定程序的检查；维护其合法权益的权利，如纳税人将生产经营场所和货物存放地与生活住宅合用的，可以拒绝税务机关对其住宅的检查。

2. 相对人的义务

相对人在税务检查中的义务是与税务检查权相对应的，以保证税务机关全面、有效地履行检查职责为前提。其核心是不得拒绝和隐瞒税务机关依法进行的税务检查，主要包括：纳税人和扣缴义务人必须接受税务机关依法进行的检查，有关单位和个人必须予以配合、支持、协助；向税务机关如实反映情况；据实提供有关资料和证明材料。

四、税务检查的特殊手段

《征管法》规定：税务机关检查税务违法案件时，对与案件有关的情况和资料，可以记录、录音、录像、照相和复制。但应注意的是，上述5种取证手段只能在检查税务违法案件时使用，不是对所有的税务检查对象都适用。

此外，税务机关对从事生产经营的纳税人依法进行税务检查时，发现纳税人有逃避纳税义务行为，并有明显的转移、隐匿其应纳税的商品、货物和其他财产或应纳税的收入的迹象的，可以按照《征管法》规定的批准权限采取税收保全措施或强制执行措施。

第五节 税收法律责任

税收法律责任是国家及其有关部门对征纳双方违反税法等法律制度时所应承担的法律后果。它是维护国家税法尊严的重要手段，是税收强制性的具体体现。

一、纳税人的税务违法处理

（一）税务违法行政处理

纳税人的税务违法行政处理是指税务机关对纳税人和扣缴义务人违反税收法律制度而又达不到司法机关立案标准的行为所给予的处罚。根据《征管法》等法律制度规定，税务机关对纳税人税务违法行为的行政处理主要有以下几个方面：

1. 对违反税务管理行为的处理。其内容主要包括：

（1）纳税人有下列行为之一的，由税务机关责令限期改正，可处2 000元以下的罚款，情节严重处2 000～10 000元的罚款：未按规定的期限申报办理税务登记、变更或注销登记及证件验证或换证手续的，未按规定设置、保管账簿或保管记账凭证和有关资料的，未按规定将财务、会计制度或财务会计处理办法和会计核算软件报送税务机关备查的，未按照规定将其全部银行账号向税务机关报告的，以及未按规定安装、使用税控装置或损毁或擅自改动税控装置的。

（2）纳税人不办理税务登记的，由税务机关责令限期改正；逾期不改正的，经税务机关提请，由工商行政管理部门吊销其营业执照；纳税人未按照规定使用税务登记证件或转借、涂改、损毁、买卖、伪造税务登记证件的，可处2 000～10 000元的罚款；情节严重的，处10 000～50 000元的罚款。

（3）扣缴义务人未按规定设置、保管代扣代缴税款账簿或保管代扣代缴、代收代缴税款记账凭证及有关资料的，由税务机关责令限期改正，可处2 000元以下的罚款；

情节严重的，处 2 000 ~ 5 000 元的罚款。

（4）纳税人未按规定的期限办理纳税申报和报税资料的，或扣缴义务人未按规定的期限报送代扣代缴、代收代缴税款报告表和有关资料的，由税务机关责令限期改正，可处 2 000 元以下罚款；情节严重的，可处 2 000 ~ 10 000 元的罚款。

（5）非法印制、转借、倒卖、变造或伪造完税凭证的，由税务机关责令改正，可处 2 000 ~ 10 000 元的罚款；情节严重的，可处 10 000 ~ 50 000 元的罚款；构成犯罪的，依法追究刑事责任。

（6）银行和其他金融机构未依照《征管法》规定，在从事生产经营纳税人的账户中登录税务登记证件号码，或未按规定在税务登记证件中登录从事生产经营的纳税人的账户账号的，由税务机关责令其限期改正，可处 2 000 ~ 20 000 元的罚款；情节严重的，可处 20 000 ~ 50 000 元的罚款。

2. 对欠税行为的处理。欠税是指纳税人应纳税款逾期未缴纳的行为。税务机关对欠税者除令限期补缴欠税款外，还应从滞纳税款之日起按日加收滞纳税款 5‰的滞纳金。

纳税人欠缴税款采取转移或隐匿财产手段，妨碍税务机关追缴欠税税款的，由税务机关追缴欠缴的税款、滞纳金，并处欠缴税款 0.5 ~ 5 倍的罚款；构成犯罪的，依法追究刑事责任。

3. 对偷税行为的处理。偷税是指纳税人采取伪造、变造、隐匿、擅自销毁账簿和记账凭证，或在账簿上多列支出或不列、少列收入，或经税务机关通知申报而拒不申报或进行虚假的纳税申报，不缴或少缴应纳税款的行为。

对纳税人偷税的，由税务机关依法追缴偷税款、滞纳金，并处以偷税数额 0.5 ~ 5 倍的罚款，其具体的罚款数额由税务机关根据纳税人偷税数额大小、次数多少、影响如何等具体确定；构成犯罪的，依法追究刑事责任。

扣缴义务人采取上述的手段，不缴或少缴已扣、已收税款，由税务机关追缴其不缴或少缴的税款、滞纳金，并处以不缴或少缴税款 0.5 ~ 5 倍的罚款；构成犯罪的，依法追究刑事责任。

4. 对骗税行为的处理。骗税是指企业事业单位采取对所生产或经营的商品假报出口或其他欺骗手段，骗取国家出口退税款的行为。

对骗取国家出口退税款的，由税务机关追缴其骗取的退税款，并处骗取税款 1 ~ 5 倍的罚款，具体罚款倍数及数额由行政执法机关根据情节确定；构成犯罪的，依法追究刑事责任。对骗取国家出口退税款的，税务机关可在规定期间内停止为其办理出口退税。

5. 对抗税行为的处理。抗税是指纳税人、扣缴义务人以暴力、威胁方法拒不缴纳税款的行为。

对纳税人抗税的，除由税务机关追缴其拒缴的税款、滞纳金外，由司法机关追究刑事责任；情节轻微，未构成犯罪的，由税务机关追缴其拒缴的税款、滞纳金，并处拒缴税款 1 ~ 5 倍的罚款，具体数额由行政执法机关，依据其行为的情节轻重、影响恶劣程度等确定。

6. 对其他税务违法行为的处理。其内容主要包括：

（1）纳税人、扣缴义务人编造虚假计税依据的，由税务机关责令限期改正，并处5万元以下的罚款，具体罚款数额由税务机关根据违法情节确定；纳税人不进行纳税申报或不缴或少缴应纳税款的，由税务机关追缴其不缴或少缴的税款、滞纳金，并处不缴或少缴税款0.5~5倍的罚款，具体罚款的比例和倍数由行政执法机关根据违法行为情节的轻重来确定。

（2）纳税人、扣缴义务人在规定期限内不缴或少缴应纳或应缴的税款，经税务机关责令限期缴纳，逾期仍未缴纳的，税务机关除可采取强制执行措施追缴其不缴或少缴的税款外，可以处以不缴或少缴税款0.5~5倍的罚款，具体数额由行政执法机关根据违法行为情节的轻重等来确定。

（3）扣缴义务人应扣未扣、应收不收税款的，由税务机关向纳税人追缴税款，对扣缴义务人处以应扣未扣、应收未收税款0.5~3倍的罚款，具体罚款数额由行政执法机关根据违法情节确定，但扣缴义务人已将纳税人拒绝代收代扣情况报告税务机关的除外。

（4）纳税人、扣缴义务人逃避、拒绝或以其他方式阻挠税务机关检查的，由税务机关责令改正，可处1万元以下的罚款；情节严重的，可处1万~5万元的罚款。

（5）违反《征管法》规定非法印制发票的，由税务机关销毁非法印制的发票，没收违法所得和作案工具，并处1万~5万元的罚款；构成犯罪的，依法追究刑事责任。

（6）从事生产经营的纳税人、扣缴义务人有《征管法》规定的税收违法行为，拒不接受税务机关处理的，税务机关可收缴其发票或停止向其出售发票。

（7）纳税人、扣缴义务人的开户银行或其他金融机构，拒绝接受税务机关依法检查纳税人、扣缴义务人的存款账户，或拒绝执行税务机关已做出的冻结存款或扣缴税款的决定，或在接到税务机关的书面通知后帮助纳税人、扣缴义务人转移存款，造成税款流失的，由税务机关处10万~50万元的罚款，对直接负责的主管人员和其他直接责任人员处1000~1万元的罚款。

（8）为纳税人、扣缴义务人非法提供银行账户、发票、证明或其他方便而导致的未缴、少缴税款或骗取国家出口退税款的，税务机关除没收其违法所得外，可处未缴、少缴或骗取的税款1倍以下的罚款。

（9）税务机关依法到车站、码头、机场、邮政企业以及其分支机构检查纳税人有关情况时，有关单位拒绝的，由税务机关责令改正，可处1万元以下的罚款；情节严重的，可处1万~5万元的罚款。

（10）税务代理人违反税收法律、行政法规，造成纳税人未缴或少缴税款的，除由纳税人缴纳或补缴应纳税款、滞纳金外，对税务代理人处纳税人未缴或少缴税款0.5~3倍的罚款。

（二）税务违法司法处理

纳税人的税务违法司法处理是指司法机关对纳税人和扣缴义务人违反税收法律及有关法律达到其立案标准的行为所给予的刑事制裁。目前，在我国一般由各级人民法院经济法庭代为受理，并行使税务司法职能。根据《征管法》、《刑法》等法律规定，纳税人税务违法的司法处理主要有以下几个方面：

1. 直接妨害税款征收的犯罪

其内容主要包括：

（1）偷税罪。偷税罪是指纳税人采取伪造、变造、隐匿、擅自销毁账簿和记账凭证，在账簿上多列支出或不列、少列收入，经税务机关通知申报而拒不申报，或进行虚假纳税申报的手段，不缴或少缴应纳税款、偷税情节严重的行为。扣缴义务人采取上述手段不缴或少缴已扣、已收代缴税款数额占应缴税额的10%以上且超过1万元的，依照偷税罪处理。

依据《刑法》第201条规定：犯偷税罪的，偷税数额占应缴税额的10%～30%且偷税数额在1万～10万元，或因偷税被税务机关给予过两次行政处罚又偷税的，可处3年以下有期徒刑或拘役，并处偷税数额1～5倍罚金；偷税数额占应缴税额30%以上且超过10万元的，可处3～7年有期徒刑，并处偷税数额1～5倍的罚金。单位犯偷税罪的，对单位判处罚金，并对其直接负责的主管人员和其他直接责任人依照自然人犯偷税罪处理。

（2）抗税罪。抗税罪是指以暴力、威胁方法拒不缴纳税款的行为。所谓暴力、威胁已指对税务工作人员人身进行打击、强制或对税务工作人员施以精神上的压力，如殴打、围攻、捆绑、恐吓、要挟税务工作人员等。

根据《刑法》第202条规定：犯抗税罪的，可处3年以下有期徒刑或拘役，并处拒缴税款1～5倍罚金；情节严重的（一般指抗税数额较大、多次抗税、抗税造成税务工作人员伤亡的，造成较为恶劣影响等），可处3～7年有期徒刑，并处拒缴税款1～5倍的罚金。

（3）逃税罪。逃税罪是指纳税人欠缴应纳税款，采取转移或隐匿财产的手段，致使税务机关无法追缴欠缴税款数额较大的行为。

根据《刑法》第203条规定：犯逃税罪的，其税款数额在1万～10万元的，可处3年以下有期徒刑或拘役，并处或单处欠缴税款1～5倍的罚金；数额在10万元以上的，可处3～7年有期徒刑，并处欠缴税款1～5倍的罚金。单位犯逃税罪的，对单位判处罚金，其直接负责的主管人员和其他直接责任人员依照自然人犯逃避追缴欠税罪处理。

（4）骗税罪。骗税罪是指采取假报出口或其他欺骗手段，骗取国家出口退税款数额的行为。

根据《刑法》第204条规定：犯骗税罪的，可处5年以下有期徒刑或拘役，并处骗款1～5倍的罚金；骗取国家出口退税数额巨大或有其他严重情节的，可处5～10年徒刑，并处骗取税款1～5倍罚金；数额特别巨大或有其他特别严重情节的，可处10上有期徒刑或无期徒刑，并处骗取税款1～5倍罚金或没收财产。

单位犯骗取出口退税罪的，对单位判处罚金，并对其直接负责的主管人员和其他直接人员依照自然人犯骗取出口退税罪处理。

2. 妨害发票管理的犯罪

其内容主要包括：

（1）虚开专用发票罪。虚开专用发票罪是指违反税收法规虚开增值税专用发票或用于骗取出口退税、抵扣税款的其他专用发票的行为。所谓虚开既包括在没有任何货物交易的情况下凭空填写，也包括在有一定货物交易的情况下填写不实。

根据《刑法》第 205 条规定：犯虚开专用发票罪的，可处 3 年以下有期徒刑或拘役，2 万 ~ 20 万元罚金；虚开税款数额较大或有其他严重情节的，可处 3 ~ 10 年有期徒刑，并处 5 万 ~ 50 万元罚金；虚开税款数额巨大或有其他特别严重情节的，可处 10 年以上有期徒刑或无期徒刑，并处 5 万 ~ 50 万元罚金或没收财产；骗取国家税款数额特别巨大，情节特别严重，给国家利益造成特别重大损失的，可处无期徒刑或死刑并处没收财产。

单位犯虚开专用发票罪的，对单位判处罚金，并对其直接负责的主管人员和其他直接责任人员处 3 年以下有期徒刑或拘役；虚开的税款数额较大或有其他严重情节的，可处 3 ~ 10 年有期徒刑；虚开的税款数额巨大或有其他特别严重情节的，可处 10 年以上有期徒刑。

（2）伪造、出售伪造专用发票罪。伪造、出售伪造专用发票罪是指非法印制或出售非法印制的增值税专用发票的行为。除国家税务总局统一印制的增值税专用发票，其他单位或个人私自印制的，即构成伪造，也包括变造增值税专用发票的行为。

依据《刑法》第 206 条规定：犯伪造、出售伪造的增值税专用发票罪的，可处 3 年以下有期徒刑、拘役或管制，并处 2 万 ~ 20 万元罚金；数量较大或有其他严重情节的，可处 3 ~ 10 年有期徒刑，并处 5 万 ~ 50 万元罚金；数量巨大或有其他特别严重情节的，可处 10 年以上有期徒刑或无期徒刑，并处 5 万 ~ 50 万元罚金或没收财产；数量特别巨大、情节特别严重、严重破坏经济秩序的，处无期徒刑或死刑，并处没收财产。

单位犯伪造、出售伪造专用发票罪的，对单位判处罚金，并对其直接的主管人员和其他直接责任人员，可处 3 年以下有期徒刑、拘役或管制；数量较大或有其他严重情节的，可处 3 ~ 10 年有期徒刑；数量巨大或有其他特别严重情节的，可处 10 年以上有期徒刑或无期徒刑。

（3）非法出售专用发票罪。非法出售专用发票罪是指无权发售增值税专用发票的单位或个人违反国家发票管理法规，将增值税专用发票出售的行为。

依据《刑法》第 207 条规定：犯非法出售专用发票罪的，可处 3 年以下有期徒刑、拘役或管制，并处 2 万 ~ 20 万元罚金；数量较大的，处 3 ~ 10 年有期徒刑，并处 5 万 ~ 50 万罚金；数量巨大的，可处 10 年以上有期徒刑或无期徒刑，并处 5 万 ~ 50 万元罚金或没收财产。

单位犯非法出售专用发票罪的，对单位判处罚金，并对其直接负责的主管人员和其他直接责任人员依照自然人犯非法出售增值税专用发票罪处理。

（4）非法购买伪造专用发票罪。非法购买伪造专用发票罪是指通过非法方式购买增值税专用发票或明知是伪造的增值税专用发票而购买的行为。

依据《刑法》第 208 条规定：犯非法购买伪造专用发票罪的，可处 5 年以下有期徒刑或拘役，并处或单处 2 万 ~ 10 万元罚金。

单位犯非法购买伪造专用发票罪的，对单位判处罚金，并对其直接负责的主管人员和其他直接责任人员依照自然人犯非法购买伪造专用发票罪处理。

（5）非法制造、出售非法制造其他专用发票罪。非法制造、出售非法制造其他专用发票罪是指伪造、擅自制造或出售伪造、擅自制造的，除增值税专用发票以外的，可用于骗取出口退税、抵扣税款的其他专用发票的行为。

依据《刑法》第 209 条规定：犯非法制造、出售非法制造其他专用发票罪的，可处 3 年以下有期徒刑、拘役或管制，并处 2 万～20 万元的罚金；数量巨大的，可处 3～7 年有期徒刑，并处 5 万～50 万元的罚金；数量特别巨大的，可处 7 年以上有期徒刑，并处 5 万～50 万元的罚金或没收财产。

单位犯非法制造、出售非法制造其他专用发票罪的，对单位判处罚金，并对其直接负责的主管人员和其他直接责任人员依照自然人犯非法制造、出售非法制造其他专用发票罪处理。

（6）非法制造、出售非法制造普通发票罪。非法制造、出售非法制造普通发票罪是指伪造、擅自制造或出售伪造、擅自制造的，可以用于骗取出口退税、抵扣税款以外的其他普通发票的行为。

依据《刑法》第 209 条规定：犯非法制造、出售非法制造普通发票罪的，可处 2 年以下有期徒刑、拘役或管制，并处或单处 1 万～5 万元罚金；情节严重的，可处 2～7 年有期徒刑，并处 5 万～50 万元罚金。

单位犯非法制造、出售非法制造普通发票罪的，对单位判处罚金，并对其直接负责的主管人员和其他直接责任人员按自然人犯非法制造、出售非法制造普通发票罪处理。

（7）非法出售其他专用发票罪。非法出售其他专用发票罪是指非法出售除增值税专用发票以外的，可以用于骗取出口退税、抵扣税款的其他专用发票的行为。

依据《刑法》第 209 条规定：犯非法出售其他专用发票罪的，可处 3 年以下有期徒刑、拘役或管制，并处 2 万～20 万元罚金；数量巨大的，可处 3～7 年有期徒刑，并处 5 万～50 万元罚金；数量特别巨大的，可处 7 年以上有期徒刑，并处 5 万～50 万元罚金或没收财产。

单位犯非法出售其他专用发票罪的，对单位判处罚金，并对其直接负责的主管人员和其他直接责任人员依照自然人犯非法出售其他专用发票罪处理。

（8）非法出售发票罪。非法出售发票罪是指非法出售不能用于骗取出口退税、抵扣税款的普通发票的行为。

依据《刑法》第 209 条规定：犯非法出售发票罪的，可处 2 年以下有期徒刑、拘役或管制，并处或单处 1 万～5 万元的罚金；情节严重的，可处 2～7 年有期徒刑，并处 5 万～50 万元的罚金。

单位犯非法出售发票罪的，对单位判处罚金，并对其直接负责的主管人员和其他直接责任人员依照自然人犯非法出售发票罪处罚。

3. 其他税务违法犯罪

其内容主要包括：

（1）伪造或倒卖伪造的完税凭证，可处 2 年以下有期徒刑、拘役或管制，并处或单处凭证金额的 1~5 倍罚金；数额巨大的，可处 2~7 年有期徒刑，并处凭证金额 1~5 倍的罚金。

（2）以暴力、威胁方法阻碍税务工作人员依法执行公务的，可处 3 年以下有期徒刑、拘役、管制或罚金。

（3）对冒充税务工作人员招摇行骗的，可处 3 年以下有期徒刑、拘役、管制或政治权利；情节严重的，可处 3~10 年有期徒刑。

二、税务人员的税务违法处理

（一）税务人员税务违法的行政处理

对税务人员税务违法行为，由税务机关的监察部门按其税务违纪违法的情节轻重及其影响大小，可分别给予警告、记过、记大过、降级、降职、撤职、留用察看、开除等纪律处分；也可以采用经济处罚，如停发奖金、一次性罚款、减发工资等。党员税务干部，还应包括党纪处分。

对立案侦察的税务人员违法案件，若触犯刑律的，税务机关应移送司法机关处理；同时在移送前，应给予开除处分。

（二）税务人员税务违法的司法处理

1. 依据《征管法》的司法处理

其内容主要包括：

（1）税务人员与纳税人、扣缴义务人勾结，唆使或协助其偷逃税和骗税的，按犯罪论处。

（2）税务人员私分扣押、查封的商品、货物或其他财产，情节严重、构成犯罪依法追究刑事责任。

（3）税务人员徇私舞弊，对依法应移交司法机关追究刑事责任的不移交、情节严重的，依法追究刑事责任。

（4）税务人员徇私舞弊或玩忽职守，不征或少征应征税款，致使国家税收遭受损失、构成犯罪的，依法追究刑事责任。

（5）税务人员对控告、检举税收违法行为的纳税人、扣缴义务人和其他检举人进行打击报复、构成犯罪的，依法追究刑事责任。

2. 依据《刑法》的司法处理

其内容主要包括：

（1）依据《刑法》第 385 条规定：税务人员利用职务上的便利，索取或非法收受纳税人、扣缴义务人财物的，按受贿罪论处；索贿的，从重予以处罚。

（2）依据《刑法》第 404 条规定：税务人员徇私舞弊，不征或少征税款，致使税收遭受重大损失的，处 5 年以下有期徒刑或拘役；造成特别重大损失的，可处 5 年以上有期徒刑。

（3）依据《刑法》第405条规定：税务人员违反法律、行政法规的规定，在办理发票、抵扣税款、出口退税工作中，徇私舞弊，致使国家利益遭受重大损失的，可处5年以下有期徒刑或拘役；致使国家利益遭受特别重大损失的，可处5年以上有期徒刑。

第六节 纳 税 评 估

一、纳税评估机构及内容

纳税评估是指税务机关运用数据信息对比分析的方法，对纳税人和扣缴义务人纳税申报情况的真实性和准确性做出定性和定量的判断，并采取进一步征管措施的管理行为。它的基本法律依据是2005年3月国家税务总局制定的《纳税评估管理办法（试行)》。

一般而言，纳税评估是税务检查的基础。做好纳税评估工作，可使税务检查工作更有针对性，也有利于提高税务检查工作的质量与效率。

（一）纳税评估的机构

纳税评估工作应遵循"强化管理、优化服务，分类实施、因地制宜，人机结合、简便易行"的原则。该项工作主要由基层税务机关的税源管理部门及税收管理员负责，重点税源和重大事项的纳税评估也可由上级税务机关负责。基层税务机关是指直接面向纳税人负责税收征收管理的税务机关；税源管理部门是指基层税务机关所属的税务分局、税务所或内设的税源管理科（股）。

（二）纳税评估的内容

开展纳税评估工作原则上在纳税申报到期之后进行，评估的期限以纳税申报的税款所属当期为主，特殊情况可延伸到往期或以往年度。其纳税评估的内容主要包括：根据宏观税收分析和行业税负监控结果以及相关数据设立评估指标及其预警值；综合运用各类对比分析方法筛选评估对象；对所筛选出的异常情况进行深入分析并做出定性和定量的判断；对评估分析中发现的问题分别采取税务约谈、调查核实、处理处罚、提出管理建议、移交稽查部门查处等方法进行处理；维护更新税源管理数据，为税收宏观分析和行业税负监控提供基础信息等。

二、纳税评估指标

纳税评估指标是税务机关筛选评估对象、进行重点分析时所选用的主要指标，可分为通用分析指标和特定分析指标两大类，使用时可结合评估工作实际不断细化和完善。

（一）通用分析指标的种类及功能

1. 收入类评估分析指标

其计算公式为：主营业务收入变动率＝（本期主营业务收入－基期主营业务收入）÷基期主营业务收入×100%。

如主营业务收入变动率超出预警值范围，可能存在少计收入和多列成本等问题，可运用其他指标进一步分析。

2. 成本类评估分析指标

其计算公式及功能：

（1）单位产成品原材料耗用率＝本期投入原材料÷本期产成品成本×100%

分析企业产品当期耗用原材料与当期产出的产成品成本比率，判断企业是否有账外销售问题，是否错误使用存货计价方法，是否人为调整产成品成本或应纳税所得额等问题。

（2）主营业务成本变动率＝（本期主营业务成本－基期主营业务成本）÷基期主营业务成本×100%，

其中主营业务成本率＝主营业务成本÷主营业务收入×100%。

主营业务成本变动率超出预警值范围，可能有销售未计收入、多列成本费用、扩大税前扣除范围等问题。

3. 费用类评估分析指标

其计算公式及功能：

（1）主营业务费用变动率＝（本期主营业务费用－基期主营业务费用）÷基期主营业务费用×100%

其中主营业务费用率＝（主营业务费用÷主营业务收入）×100%。

与预警值相比，如相差较大，可能有多列费用等问题。

（2）营业（管理、财务）费用变动率＝［本期营业（管理、财务）费用－基期营业（管理、财务）费用］÷基期营业（管理、财务）费用×100%。

如果营业（管理、财务）费用变动率与前期相差较大，可能有税前多列支营业（管理、财务）费用等问题。

（3）成本费用率＝（本期营业费用＋本期管理费用＋本期财务费用）÷本期主营业务成本×100%。

分析纳税人期间费用与销售成本之间关系，与预警值相比较如相差较大，企业可能有多列期间费用等问题。

（4）成本费用利润率＝利润总额÷成本费用总额×100%

其中成本费用总额＝主营业务成本总额＋费用总额。

与预警值比较，如果企业本期成本费用利润率异常，可能有多列成本、费用等问题。

税前列支费用评估分析指标，如工资扣除限额、"三费"（包括职工福利费、工会经费和职工教育经费）扣除限额和交际应酬费列支额等。

（5）如果申报扣除（摊销）额超过允许扣除（摊销）标准，可能有未按规定进行纳税调整,擅自扩大扣除(摊销)基数等问题。

4. 利润类评估分析指标

其计算公式及功能:

(1) 主营业务利润变动率=(本期主营业务利润-基期主营业务利润)÷基期主营业务利润×100%

其中其他业务利润变动率=(本期其他业务利润-基期其他业务利润)÷基期其他业务利润×100%。

上述指标若与预警值相比相差较大,可能有多结转成本或不计少计收入等问题。

(2) 税前弥补亏损扣除限额。按税法规定审核分析允许弥补的亏损数额。如申报弥补亏损额大于税前弥补亏损扣除限额,可能有未按规定申报税前弥补等问题。

(3) 营业外收支增减额。营业外收入增减额与基期相比减少较多,可能有隐瞒营业外收入问题。营业外支出增减额与基期相比支出增加较多,可能有将不符合规定支出列入等问题。

5. 资产类评估分析指标

其计算公式及功能:

(1) 净资产收益率=净利润÷平均净资产×100%。

分析纳税人资产综合利用情况。如指标与预警值相差较大,可能有隐瞒收入或闲置未用资产计提折旧等问题。

(2) 总资产周转率=(利润总额+利息支出)÷平均总资产×100%

存货周转率=主营业务成本÷[(期初存货成本+期末存货成本)÷2]×100%。

运用两项指标分析总资产和存货周转情况,推测销售能力。如总资产或存货周转率加快,而应纳税额减少,可能有隐瞒收入、虚增成本等问题。

(3) 应收(付)账款变动率=(期末应收(付)账款-期初应收(付)账款)÷期初应收(付)账款×100%。

分析纳税人应收(付)账款增减变动情况,判断其销售实现和

可能发生坏账情况。如应收(付)账款增长率增高而销售收入减少,可能有隐瞒收入和虚增成本等问题。

(4) 固定资产综合折旧率=基期固定资产折旧总额÷基期固定资产原值总额×100%。

固定资产综合折旧率高于基期标准值,可能有税前多列支固定资产折旧额问题,可要求企业提供各类固定资产的折旧计算情况,分析固定资产综合折旧率变化的原因。

(5) 资产负债率=负债总额÷资产总额×100%

其中:负债总额=流动负债+长期负债

是扣除累计折旧后的净额。

分析纳税人经营活力,判断其偿债能力。如果资产负债率与预警值相差较大,则企业偿债能力有问题,要考虑由此对税收收入产生的影响。

(二) 通用分析指标的配比分析

1. 主营业务收入变动率与主营业务利润变动率配比分析。正常情况下,二者基本

同步增长。当比值 <1 且相差较大、二者都为负数时，可能有企业多列成本费用和扩大税前扣除范围问题；当比值 >1 且相差较大、二者都为正数时，可能有企业多列成本费用和扩大税前扣除范围等问题；当比值为负数且前者为正数后者为负数时，可能有企业多列成本费用和扩大税前扣除范围等问题。

对产生疑点的纳税人进行分析：结合"主营业务利润率"指标进行分析，了解企业历年主营业务利润率的变动情况；对"主营业务利润率"指标也异常的企业，应通过年度申报表及附表分析企业收入构成情况，以判断是否有少计收入问题；结合"资产负债表"中应付账款、预收款项和其他应付款等科目的期初、期末数进行分析，如出现应付账款和其他应付账款红字和预收款项期末大幅度增长等情况，应判断有无少计收入的问题。

2. 主营业务收入变动率与主营业务成本变动率配比分析。正常情况下二者基本同步增长，比值接近 1。当比值 <1 且相差较大、二者都为负数时，可能有企业多列成本费用和扩大税前扣除范围等问题；当比值 >1 且相差较大、二者都为正数时，可能有企业多列成本费用、扩大税前扣除范围等问题；当比值为负数且前者为正数后者为负数时，可能有企业多列成本费用、扩大税前扣除范围等问题。

对产生本疑点的纳税人进行分析：结合"主营业务收入变动率"指标，对企业主营业务收入情况进行分析，通过分析企业年度申报表及附表"营业收入表"，了解企业收入的构成情况，判断是否有少计收入的情况；结合"资产负债表"中应付账款、预收款项和其他应付账款等科目的期初、期末数额进行分析，如应付账款和其他应付账款出现红字和预收款项期末大幅度增长情况，应判断有少计收入问题；结合主营业务成本率对年度申报表及附表进行分析，了解企业成本的结转情况，分析是否有改变成本结转方法、少计存货（含产成品、在产品和材料）等问题。

3. 主营业务收入变动率与主营业务费用变动率配比分析。正常情况下，二者基本同步增长。当比值 <1 且相差较大、二者都为负时，可能有企业多列成本费用和扩大税前扣除范围等问题；当比值 >1 且相差较大、二者都为正时，可能企业有多列成本费用和扩大税前扣除范围等问题；当比值为负数，且前者为正后者为负时，可能有企业多列成本费用和扩大税前扣除范围等问题。

对产生疑点的纳税人进行分析：结合"资产负债表"中应付账款、预收款项和其他应付账款等科目的期初、期末数进行分析。如应付账款和其他应付账款科目出现红字和预收款项期末大幅度增长等情况，应判断有少计收入问题；结合主营业务成本，通过年度申报表及附表分析企业成本时结转情况，以判断是否有改变成本结转方法、少计存货（含产成品、在产品和材料）等问题；结合"主营业务费用率"、"主营业务费用变动率"两项指标进行分析，与同行业的水平比较；通过"利润表"对营业费用、财务费用、管理费用的若干年度数据分析三项费用中增长较多的费用项目，对财务费用增长较多的，结合"资产负债表"中短期借款、长期借款的期初、期末数进行分析，以判断财务费用增长是否合理，是否有基建贷款利息列入当期财务费用等问题。

4. 主营业务成本变动率与主营业务利润变动率配比分析。当两者比值大于 1，都为正数时，可能有多列成本的问题；前者为正数后者为负数时，视为异常，可能有多列成本和扩大税前扣除范围等问题。

5. 资产利润率、总资产周转率和销售利润率配比分析。综合分析本期资产利润率与上年同期资产利润率，本期销售利润率与上年同期销售利润率，本期总资产周转率与上年同期总资产周转率。如本期总资产周转率－上年同期总资产周转率＞0，本期销售利润率－上年同期销售利润率≤0，而本期资产利润率－上年同期资产利润率≤0时，说明本期的资产使用效率提高，但收益不足以抵补销售利润率下降造成的损失，可能有隐匿销售收入和多列成本费用等问题。如本期总资产周转率－上年同期总资产周转率≤0，本期销售利润率－上年同期销售利润率＞0，而本期资产利润率－上年同期资产利润率≤0时，说明资产使用效率降低，导致资产利润率降低，可能有隐匿销售收入等问题。

6. 存货变动率、资产利润率和总资产周转率配比分析。比较分析本期资产利润率与上年同期资产利润率、本期总资产周转率与上年同期总资产周转率。若本期存货增加不大，即存货变动率≤0，本期总资产周转率－上年同期总资产周转率≤0，可能有隐匿销售收入等问题。

（三）特定分析指标的基本内容

1. 增值税评估分析指标。其分析指标包括增值税税收负担率、工商业增加值分析指标（应纳税额与工商业增加值弹性分析、工商业增加值税负分析）、进项税金控制额和投入产出评估分析指标。其增值税负担率＝（本期应纳税额÷本期应税主营业务收入）×100%，该指标与销售额变动率等指标配合使用，将销售额变动率和税负率与相应的正常峰值进行比较，销售额变动率高于正常峰值、税负率低于正常峰值的，销售额变动率低于正常峰值、税负率低于正常峰值的和销售额变动率及税负率均高于正常峰值的均可列入疑点范围。

2. 内资企业所得税评估分析指标。其分析指标包括所得税负担率、主营业务利润税收负担率、应纳税所得额变动率、所得税贡献率、所得税贡献变动率、所得税负担变动率。其所得税负担率＝应纳所得税额÷利润总额×100%，该指标与当地同行业同期和本企业基期所得税负担率相比，低于标准值可能存在不计或少计销售（营业）收入、多列成本费用、扩大税前扣除范围等问题，运用其他相关指标深入评估分析。

3. 外商投资和外国企业所得税评估分析指标。其分析指标包括所得税负担率、应纳税所得额变动率、资本金到位额、境外应补所得税发生额、生产性企业兼营生产性和非生产性经营收入划分额、借款利，出口销售毛利率、资产（财产）转让利润率、关联出口销售比例、关联采购比率、无形资产关联交易额、融通资金关联交易额、关联劳务交易额、关联销售比率、关联采购变动率、关联销售变动率。

4. 印花税评估分析指标。印花税评估分析指标包括印花税税负变动系数和印花税同步增长系数。印花税税负变动系数＝本期印花税负担率÷上年同期印花税负担率，其中印花税负担率＝（应纳税额÷计税收入）×100%，用于分析可比口径下印花税额占计税收入的比例及其变化情况；印花税同步增长系数＝应纳税额增长率÷主营业务收入增长率，用于分析印花税应纳税额增长率与主营业务收入增长率，评估纳税人申报

（贴花）纳税情况的真实性。

5. 资源税评估分析指标。资源税评估分析指标包括资源税税负变动系数和资源税同步增长系数。其基本原理与印花税评估分析指标的基本原理相同。

（四）评估指标预警值的具体运用

纳税评估分析时应综合运用各类指标，并参照评估指标预警值进行配比分析。测算预警值时应综合考虑地区、规模、类型、生产经营季节及税种等因素，考虑同行业、同规模与同类型纳税人各类相关指标的若干年度的平均水平，以使预警值更加真实、准确和具有可比性。

纳税评估指标预警值是税务机关根据宏观税收分析、行业税负监控、纳税人生产经营和财务会计核算情况，以及内外部相关信息，运用数学方法测算出的算术、加权平均值及其合理变动范围。该项预警值由各地税务机关根据实际情况自行确定。

三、纳税评估对象与方法

（一）纳税评估对象

1. 纳税评估对象的筛选。纳税评估的对象为主管税务机关负责管理的所有纳税人及其应纳所有税种。可采用计算机自动筛选、人工分析筛选和重点抽样筛选等方法。筛选纳税评估对象可依据税收宏观分析、行业税负监控结果等数据，结合各项评估指标和预警值，以及税收管理员掌握的纳税人实际情况，参照纳税人所属行业、经济类型、经营规模和信用等级等因素进行全面、综合的审核对比分析。

2. 纳税评估的重点对象。税务机关在综合审核对比分析中发现有问题或疑点的纳税人，应作为重点评估对象；对重点税源户和特殊行业的重点企业，税负异常变化、长时间零税负和负税负申报、纳税信用等级低下，以及日常管理和税务检查中发现较多问题的纳税人，应列为纳税评估的重点对象。

（二）纳税评估方法

1. 纳税评估的主要依据。税务机关应根据国家税收法律、法规、规章和其他相关经济法规的规定，按照属地管理原则和管户责任开展纳税评估工作；对同一纳税人申报缴纳各税种的纳税评估，应相互结合、统一进行，避免多头重复评估。其主要依据及数据来源包括：

（1）"一户式"存储的纳税人各类纳税信息资料。主要包括：纳税人税务登记的基本情况，各项核定、认定、减免缓抵退税审批事项的结果，增值税交叉稽核系统各类票证比对结果，纳税人申报的纳税资料、财务会计报表，以及税务机关要求纳税人提供的其他相关资料等。

（2）税收管理员通过日常管理所掌握的纳税人生产经营实际情况。主要包括：生产经营规模、产销量、工艺流程、成本、费用、能耗、物耗情况等各类与税收相关的数据信息等。

（3）纳税评估工作其他方面的资料来源。主要包括：上级税务机关发布的宏观税收分析数据，行业税负的监控数据，各类评估指标的预警值；本地区的主要经济指标、产业和行业的相关指标数据，外部交换信息，以及与纳税人申报纳税相关的其他信息。

2. 纳税评估的分析方法。纳税评估可根据所辖税源和纳税人的不同情况，采取灵活多样的评估分析方法。其方法主要包括：

（1）对纳税人申报纳税资料进行案头的初步审核比对，以确定进一步评估分析的方向和重点。

（2）通过各项指标与相关数据的测算，设置相应的预警值，将纳税人的申报数据与预警值相比较。

（3）将纳税人申报数据与财务会计报表数据进行比较，与同行业相关数据或类似行业同期相关数据进行横向比较。

（4）将纳税人申报数据与历史同期相关数据进行纵向比较。

（5）根据不同税种之间的关联性和勾稽关系，参照相关预警值进行税种之间的关联性分析，分析纳税人应纳相关税种的异常变化。

（6）根据税收管理员日常管理中所掌握的情况和积累的经验，将纳税人申报情况与其生产经营实际情况相对照，分析其合理性，以确定纳税人申报纳税中存在的问题及其原因。

（7）通过对纳税人生产经营结构，主要产品能耗、物耗等生产经营要素的当期数据、历史平均数据和同行业平均数据，以及其他相关经济指标进行比较，推测纳税人实际纳税能力。

3. 纳税评估的审核内容。税务机关对纳税人申报纳税资料进行审核分析时，其重点内容包括：

（1）纳税人是否按照税法规定的程序、手续和时限履行申报纳税义务，各项纳税申报附送的各类抵扣、列支凭证是否合法、真实、完整。

（2）纳税申报主表、附表及项目、数字之间的逻辑关系是否正确，适用的税目、税率及各项数字计算是否准确，申报数据与税务机关所掌握的相关数据是否相符。

（3）收入、费用、利润及其他有关项目的调整是否符合税法规定，申请减、免、缓、抵、退税，亏损结转、获利年度的确定是否符合税法规定并正确履行相关手续。

（4）与上期和同期申报纳税情况有无较大差异。

（5）税务机关和税收管理员认为应进行审核分析的其他内容。

此外，对实行定期定额（定率）征收税款的纳税人，以及未达起征点的个体工商户，可参照其生产经营情况，利用相关评估指标定期进行分析，以判断定额（定率）的合理性及是否已经达到起征点并恢复征税。

（三）纳税评估处理与管理

1. 纳税评估处理

（1）纳税评估的问题改正。对纳税评估中发现的计算和填写错误、政策和程序理解偏差等一般性问题，或存在的疑点问题经约谈、举证、调查核实等程序认定事实清楚，不具有偷税等违法嫌疑，无须立案查处的，可提请纳税人自行改正。需要纳税人自行补充的纳税资料，以及需要纳税人自行补正申报、补缴税款、调整账目的，税务机关应督促纳税人按照税法规定逐项落实。

（2）纳税评估的税务约谈。对纳税评估中发现的需要提请纳税人进行陈述说明、补充提供举证资料等问题，应由主管税务机关约谈纳税人。税务约谈的对象主要是企业财务会计人员。纳税人因特殊困难不能按时接受税务约谈的，可向税务机关说明情况，经批准后延期进行。纳税人可以委托具有执业资格的税务代理人进行税务约谈，但其代理人应向税务机关提交纳税人委托代理合法证明。

（3）纳税评估的违规处理。在纳税评估工作中发现纳税人有偷税、逃税、欠税、骗取出口退税、抗税或其他需要立案查处的税收违法行为嫌疑的，应移交税务稽查部门依法处理。对税源管理部门移交稽查部门处理的案件，税务稽查部门要将处理结果定期向税源管理部门反馈。发现外商投资企业和外国企业与其关联企业不按照独立企业业务往来核算需要调查、核实的，应移交上级税务机关国际税收管理部门（或有关部门）处理。

（4）纳税评估的分析报告。对纳税评估工作中发现的问题应做出评估分析报告，提出进一步加强征管工作的建议，并将评估工作内容、过程、证据、依据和结论等记入纳税评估工作底稿。纳税评估分析报告和纳税评估工作底稿是税务机关内部资料，不发送给纳税人，不作为行政复议和诉讼依据。

2. 评估工作的管理

（1）制订评估工作计划。基层税务机关及其税源管理部门要根据所辖税源的规模、管户的数量等工作的实际情况，结合自身纳税评估的工作能力，制订评估工作计划，合理确定纳税评估工作量，对重点税源户，要保证每年至少重点评估分析一次。

（2）加强评估工作监管。基层税务机关及其税源管理部门要充分利用现代化信息手段积累各类涉税信息，不断提高评估工作水平；对评估结果进行分析研究，提出加强征管工作的建议；本着"简便、实用"的原则，建立纳税评估档案，妥善保管纳税人报送的各类资料，并注重保护纳税人的商业秘密和个人隐私；建立、健全纳税评估工作岗位责任制、岗位轮换制、评估复查制和责任追究制等各项制度，加强对纳税评估工作的日常检查与考核；加强纳税评估工作人员培训，不断提高其综合素质和评估能力。

（3）管理部门各行其职。各级税务机关的征管部门负责纳税评估工作的组织协调工作，制定纳税评估工作业务规程，指导基层税务机关开展纳税评估工作；计划统计部门负责对税收完成情况、总体税源和税负增减变化等情况进行分析，为基层税务机关开展纳税评估指导；专业管理部门（包括各税种、国际税收等业务部门）负责行业税负监控、建立各税种纳税评估指标体系、测算指标预警值、制定分税种的具体评估方法，为基层税务机关开展纳税评估工作提供指导。

（4）严格纳税评估处罚。从事纳税评估的工作人员，在纳税评估工作中徇私舞弊或滥用职权，或为有涉嫌税收违法行为的纳税人通风报信致使其逃避查处的，或瞒报评估真实结果、应移交案件不移交的，或致使纳税评估结果失真、给纳税人造成损失的，不构成犯罪的，由税务机关按照有关规定给予行政处分；构成犯罪的，依法追究刑事责任。

此外，各级国家税务局、地方税务局要加强纳税评估工作的协作，提高相关数据信息的共享程度，简化评估工作程序，提高评估工作实效，最大限度地方便纳税人。

【本章小结】

税收征收管理是国家税务机关依据税收法律、行政法规的规定，按照统一的标准，通过法定的程序，对纳税人应纳税额组织入库的一种行政行为。《征管法》是税收征管中征纳双方所依据的最主要的法律，其遵守主体是税务机关、纳税人、扣缴义务人和其他有关单位及部门。

税务管理是整个税收征管工作的基础环节，是税款征收的前提，主要包括税务登记、账证管理、发票管理和纳税申报等。

税款征收是税收征收管理工作的中心环节，主要有查账征收、查定征收、查验征收、定期定额、汇缴征收、扣缴征收等方式。《征管法》中对税款征收的措施的规定，对维护税收法纪和保障税款及时足额入库具有重要作用。

税务检查可有效控制税收征收管理工作。税务检查可分为重点检查、专项检查、分类检查、集中检查和临时检查。税务机关和纳税人在税务检查中，都具有各自的权利与义务。

税务法律责任是对征纳双方违反税法等法律制度时给予的惩处。如果未达到司法机关的立法标准，应给予违法的税务机关或纳税人以行政处理；如果达到司法机关的立法标准，则应追究刑事责任。

纳税评估是指税务机关运用数据信息对比分析的方法，对纳税人和扣缴义务人纳税申报情况的真实性和准确性做出定性和定量的判断，并采取进一步征管措施的管理行为。它的基本法律依据是2005年3月国家税务总局制定的《纳税评估管理办法（试行）》，其中主要规定了纳税评估的机构、指标、内容、对象、方法、处理与管理等。

【思考题】

1. 什么是税务管理？如何加强税务管理工作？
2. 发票的种类有哪些？普通发票与专用发票有何区别？
3. 纳税申报及税款征收的方式有哪些？
4. 如何理解纳税评估指标的功能及其方法？
5. 税务违法的行政处理与司法处理有哪些异同？

【课后练习题】

一、单项选择题

1. 凡从事生产经营的纳税人，实行独立的经济核算，并经工商行政管理机关批准开业和发给营业执照的，应自领取营业执照之日起（　　）内，向当地税务机关申请办理税登记。

    A. 10 日   B. 15 日   C. 30 日   D. 60 日

2. 纳税人被工商行政管理机关吊销营业执照的，应当自营业执照被吊销之日起（   ）内，向原税务登记机关申报办理注销税务登记。

    A. 60 日   B. 30 日   C. 15 日   D. 10 日

3. 根据《税收征管法》的规定，从事生产经营的纳税人应当自领取税务登记证之日起（   ）内，将其财务、会计制度或者财务、会计处理办法和会计核算软件报送税务机关备案。

    A. 5 日   B. 10 日   C. 15 日   D. 30 日

4. 如果由于不可抗力或财务会计处理上的特殊情况等原因，纳税人不能按期进行纳税申报的，经税务机关核准，可以延期申报，但最长不得超过（   ）。

    A. 1 个月   B. 3 个月   C. 半年   D. 1 年

5.《税收征管法》及其实施细则规定，除法律、行政法规另有规定的以外，会计账簿、会计凭证、会计报表、完税凭证及其他有关资料应当保存（   ）。

    A. 3 年   B. 5 年   C. 10 年   D. 20 年

6. 纳税人超过应纳税额缴纳的税款，税务机关发现后应立即退还纳税人；纳税人自结算缴纳税款之日起（   ）内发现的，可向税务机关要求退还多缴的税款并加算银行同期存款利息。

    A. 1 年   B. 3 年   C. 5 年   D. 10 年

7. 根据《税收征管法》的规定，致使纳税人未按规定的期限缴纳或者解缴税款的，税务机关除责令限期缴纳外，还应当从滞纳税款之日起，按日加收滞纳税款（   ）的滞纳金。

    A. 1‰   B. 2‰   C. 3‰   D. 5‰

8. 根据《税收征管法》的规定，扣缴义务人应扣未扣、应收未收税款的，由税务机关向纳税人追缴税款，并对扣缴义务人处一定数额的罚款。其罚款限额是（   ）。

    A. 2 000 元以下

    B. 2 000 元以上 5 000 元以下

    C. 应扣未扣、应收未收税款 50%以上 3 倍以下

    D. 应扣未扣、应收未收税款 50%以上 5 倍以下

9. 下列有关纳税申报的表述中，正确的是（   ）。

    A. 纳税人只能采取直接纳税方式   B. 享受免税的企业不必申报纳税

    C. 享受减税的企业应按时申报纳税   D. 扣缴义务人无须进行纳税申报

10. 下列各项财产中，能够作为纳税抵押的是（   ）。

    A. 抵押人所有的房屋和其他地上定着物

    B. 土地所有权

    C. 依法定程序确认为违法、违章的建筑物

    D. 学校的教育设施

11. 下列单位或个人可以成为纳税保证人的是（   ）。

A. 与纳税人存在担保关联关系的

B. 在主管税务机关所在地的市没有住所的自然人

C. 纳税信誉等级被评为 B 级

D. 有欠税行为的

12. 下列关于税款追征表述不正确的是（　　）。

A. 因税务机关责任，致使纳税人、扣缴义务人未缴或者少缴税款的，税务机关在 3 年内可要求纳税人、扣缴义务人补缴税款，但是不得加收滞纳金

B. 纳税人、扣缴义务人因计算错误等失误，未缴或少缴税款的，税务机关在 3 年内可追征税款、滞纳金；有特殊情况的，追征期可延长到 5 年

C. 追征的特殊情况是指纳税人或扣缴义务人因计算错误等失误，未缴或少缴、未扣或少扣、未收或少收税款，累计数额在 5 万元以上

D. 对偷税、抗税、骗税的，税务机关追征其未缴或少缴的税款、滞纳金或所骗取的税款，不受规定期限的限制

13. 对于会计账簿、凭证、核算制度等比较健全，能够据以如实核算生产经营情况、正确计算应纳税款的纳税人，可采取的税款征收方式是（　　）。

A. 查账征收　　 B. 查定征收　　　 C. 查验征收　　　 D. 定期定额征收

14. 同一纳税人应纳的同一个税种的税款，符合延期纳税法定条件的，在一个纳税年度内只能申请延期一次；需要再次延期缴纳的，须逐级报经（　　）批准。

A. 国家税务总局局长　　　　　　 B. 省级税务局局长

C. 地市级税务局局长　　　　　　 D. 县级税务局局长

15. 税务代理违反税收法律、行政法规，造成纳税人未缴或者少缴税款的，除由纳税人缴纳或者补缴应纳税款、滞纳金外，对税务代理人处以（　　）。

A. 5 000 元以上 10 000 元以下的罚款

B. 10 000 元以上 50 000 元以下的罚款

C. 未缴或少缴税款 50% 以上 3 倍以下的罚款

D. 未缴或少缴税款 50% 以上 5 倍以下的罚款

二、多项选择题

1. 下列各项中，属于法定税务登记事项的有（　　）。

A. 开业税务登记　　　　　　　　 B. 注销税务登记

C. 停业税务登记　　　　　　　　 D. 临时经营税务登记

2. 纳税人在办理注销税务登记前，应当向税务机关（　　）

A. 结清应纳税款、滞纳金、罚款

B. 缴纳不超过 10 000 元的保证金

C. 提供清缴欠税的纳税担保

D. 缴销发票和其他税务证件

3. 如果委托加工的应税消费品，受托方没有履行代收代缴义务，则（　　）。

A. 委托方补缴消费税

B. 受托方补缴消费税

C. 对受托方处以应代收代缴税款 50% 以上 3 倍以下的罚款

D. 对受托方处以应代收代缴税款 50% 以上 5 倍以下的罚款

4. 经税务机关批准，纳税人可以采取（   ）等特殊申报方式进行纳税申报。

A. 邮寄申报　　　B. 延期申报　　　C. 直接申报　　　D. 数据电文申报

5. 根据《税收征管法》的规定，下列各项中税务机关有权核定其应纳税额的有（   ）。

A. 纳税企业擅自销毁账簿或拒不提供纳税资料的

B. 依照法律、行政法规的规定可以不设置账簿的

C. 依照法律、行政法规规定应设置但未设置账簿的

D. 发生纳税义务未按照规定的期限办理纳税申报的

6. 《税收征管法》规定税务机关可以采取的强制执行措施主要有（   ）。

A. 书面通知纳税人开户银行冻结支付纳税人的金额相当于应纳税款的存款

B. 书面通知纳税人开户银行从其存款中扣缴税款

C. 扣押、查封纳税人的价值相当于应纳税款的商品、货物或者其他财产

D. 扣押、查封、拍卖纳税人的价值相当于应纳税款的商品、货物或其他财产，以拍卖所得抵缴税款

7. 未办理税务登记和临时经营的纳税人，税务机关可依法采取的税款征收措施主要有（   ）。

A. 核定其应纳税额　　　　　　　B. 责令限期缴纳

C. 税收保全措施　　　　　　　　D. 强制执行措施

8. 根据《税收征管法》的有关规定，纳税人因自身原因未缴或少缴税款，税务机关可采取的措施有（   ）。

A. 非故意数额在 10 万元以上的 5 年内追征

B. 非故意数额在 10 万元以上的 10 年内追征

C. 因计算错误 3 年内追征

D. 造成偷税的无限期追征

9. 纳税人在下列情形下须办理注销税务登记（   ）。

A. 纳税人发生解散、破产、撤销的

B. 纳税人因住所、经营地点或产权关系变更不涉及改变主管税务机关的

C. 纳税人被工商行政管理机关吊销营业执照的

D. 纳税人发生的其他应办理注销税务登记情况的

10. 纳税人、扣缴义务人在规定的期限内不缴或少缴应纳或解缴的税款，税务机关可根据其情节依法采取的措施和处罚主要有（   ）。

A. 责令限期缴纳　　　　　　　　B. 处以 0.5 ~ 3 倍罚款

C. 处以 0.5 ~ 5 倍的罚款　　　　D. 处以 5 倍以下罚款

11. 以下可以作为抵押的财产包括（   ）。

A. 土地所有权

B. 抵押人所有的机器、交通运输工具和其他财产

C. 抵押人依法有权处分的国有的房屋和其他地上定着物

D. 依法被查封、扣押、监管的财产

12. 以下对纳税质押的理解正确的有（　　　）。

    A. 纳税质押是指经税务机关同意，纳税人或纳税担保人将其动产或权利凭证移交税务机关占有，将该动产或权利凭证作为税款及滞纳金的担保

    B. 动产质押包括现金以及不动产的财产提供的质押

    C. 权利质押包括汇票、支票、本票、债券、存款单等权利凭证提供的质押

    D. 税务机关自担保人缴清税款及滞纳金之日起 3 日内返还质押物、解除质押关系

三、判断题

1. 扣缴义务人应自领取营业执照之日起 30 日内，向所在地税务机关申报办理扣缴税款登记，并领取代扣代缴、代收代缴税款凭证。（　　　）

2. 纳税人、扣缴义务人对税务机关所做出的决定，享有陈述权、申辩权，依法享有申请行政复议、提起行政诉讼、请求国家赔偿等权利。（　　　）

3. 纳税人因住所、经营地点变动而脱离原主管税务机关管辖区的，应向原税务机关申报办理注销税务登记，并向迁达地主管税务机关办理税务登记。（　　　）

4. 从事生产经营的纳税人到外县（市）从事生产经营活动的，必须持所在地税务机关填发的外出经营活动税收管理证明，向营业地税务机关报验登记，接受税务管理。（　　　）

5. 从事生产、经营的纳税人应当自领取营业执照或发生纳税义务之日起 30 日内设置账簿。（　　　）

6. 依据《税收征管法》的规定，财政机关和税务机关是发票主管机关，但增值税专用发票必须由主管税务机关进行监督管理。（　　　）

7. 纳税人欠缴税款，同时又被税务机关决定处以罚款、没收非法所得的，税收优先于罚款、没收非法所得。（　　　）

8. 纳税人可根据其自身情况选定纳税申报方式，但延期申报、邮寄申报和数据电文申报方式必须经主管税务机关批准。（　　　）

9. 对纳税人、扣缴人的欠税、偷税和抗税行为，税务机关可依法对于其未缴或应缴未缴、少缴的税款加收滞纳金。（　　　）

10. 可以采取税收保全措施的纳税人包括从事或非从事生产经营的纳税人，以及扣缴义务人和纳税担保人。（　　　）

11. 只要税务机关有根据认为纳税人有明显的转移、隐匿其应纳税的商品、货物以及其他财产或应纳税收入等行为或迹象的，就可以对纳税人采取税收保全措施。（　　　）

12. 对纳税人、扣缴义务人违法行为不缴或少缴税款的，经税务机关批准，可依法采取提供纳税担保或税收保全、强制执行等措施。（　　　）

13. 依据《税收征管法》的规定，税务机关征收的税款一律优先于纳税人的无担保债权。（　　　）

14. 经县以上税务局（分局）局长批准，税务机关有权查询从事生产、经营的纳税人，扣缴义务人在银行或其他金融机构的存款账户。（　　　）

15. 税务机关采取税收强制执行措施时，执行对象不包括纳税人、扣缴义务人、纳税担保人未缴纳的滞纳金。 （　　）

四、综合题

1. 2012年1月1日，魏某与市食品有限公司签订了一项承包经营公司下属红太阳大酒店的合同。合同规定，承包期3年，魏某每年上交承包费4万元。2013年1月8日，酒店财会人员到区地方税务局办理纳税申报。申报材料如下：2012年酒店营业收入100万元，成本费用90万元（其中包括魏某每月领取的工资1500元），营业税5万元，城市维护建设税、教育费附加5000元，亏损4000元。但据区地税局了解，该酒店自魏某承包经营后，生意一直很红火。因此，地税局决定对该酒店2012年的纳税情况进行检查。经检查发现如下问题：

(1) 市食品有限公司在红太阳大酒店发生的招待费8万元，采取签字记账的方式，直接抵减魏某上交的承包费，该8万元未计入营业收入。

(2) 魏某采取多报服务人员的办法增加费用支出，共多报10人，每人每月工资1500元。

(3) 经检查结果确认，红太阳大酒店及魏某有未缴或少缴营业税、城市维护建设税、教育费附加、企业所得税、个人所得税等问题，须予以处理（城市维护建设税税率为7%、教育费附加为3%）。

要求：请依法计算红太阳大酒店和魏某应补交的各项税款（暂不考虑印花税），并依据《税收征管法》具体分析魏某未缴个人所得税问题属于什么行为？应如何处理？

【案例与分析】

某个体工商户甲在某集贸市场从事服装经营。2014年1月，甲以生意清淡经营亏损为由，没有在规定的期限办理纳税申报，预准地税务所责令其限期申报，但甲逾期仍不申报。随后，税务所核定其应缴纳税款1000元，限其于15日内缴清税款。甲在限期内未缴纳税款，并对核定的税款提出异议，税务所不听其申辩，直接扣押了其价值1500元的一批服装。扣押后甲仍未缴纳税款，税务所遂将服装以1000元的价格委托某商店销售，用以抵缴税款。

分析：纳税人和税务机关的上述行为是否符合《税收征管法》的要求？

第十二章　税务行政法

学习目标

➡ 1. 理解和掌握税务行政处罚的设定、管辖和基本程序的相关规定
➡ 2. 了解税务行政复议和税务行政诉讼的特点、管辖和基本程序等的基本规定

第一节　税务行政处罚

一、税务行政处罚概述

（一）税务行政处罚的概念

税务行政处罚是指公民、法人或者其他组织有违反税收征收管理秩序的违法行为，尚未构成犯罪，依法应当承担行政责任的，由税务机关给予的行政处罚。这包含了四层意思：第一，行为违反了税务行政管理的法律、法规，侵犯了税务行政管理法律秩序，应当承担税务行政责任；第二，主观方面不区分是否具有故意或过失的主观因素，只要有税务违法行为，并有法定依据给予税务行政处罚的，就要承担税务行政责任；第三，没有构成犯罪，依法给予税务行政处罚的是税务行政机关的职权；第四，实施行政处罚的主体是税务行政机关，这也是行政处罚与刑事处罚、民事责任不同的一个特点。

国家权力因其天生所具备的侵略性和扩张性，可能会对个人权利造成危害，税务行政权力属于国家权力的一类，如果不通过法律对其加以限制和规范，就可能会借助其国家强制力的后盾，侵犯公民、法人或者其他组织的合法权益。为了防止税务行政权力的过度扩张，规范行政机关的行政处罚，保障和监督行政机关有效实施行政管理，维护公共利益和社会秩序，我国于 1996 年 3 月 17 日第八届全国人民代表大会第四次会

议通过《中华人民共和国行政处罚法》（以下简称《行政处罚法》）。为了更好地贯彻实施《行政处罚法》，规范税务行政处罚的实施，保护纳税人和其他税务当事人的合法权益，1996 年 9 月 28 日国家税务总局发布了《税务案件调查取证与处罚决定分开制度实施办法（试行）》和《税务行政听证程序实施办法（试行）》，并于 1996 年 10 月 1 日施行。

（二）税务行政处罚的原则

1. 依法处罚原则

税务机关对公民和组织实施税务行政处罚的实体内容和程序内容都必须依据法律规定，实体法定的内容核心在于"法无明文规定不得处罚"；程序法定的内容核心在于"税务行政处罚必须由法定的国家机关在其职权范围内设定，并按照法定程序实施"。

2. 公正公开原则

"公正"要求税务机关在进行税务处罚时，必须要查明事实，做到事实清楚、证据确凿，以事实为依据，以法律为准绳，处罚结果做到与违法行为的事实、性质、情节及社会危害程度相当。同时，税务机关有责任告知当事人其违法行为的性质，给当事人了解违法事实和申辩的机会，具体体现为实行听证制度、税务调查取证部门与做出处罚决定部门分立等。"公开"原则体现在实体和程序两方面：实体方面是指对违法行为给予行政处罚的规定必须公布，未经公布的不得作为行政处罚的依据；程序方面是指处罚的程序要公开，如表明身份、出示依据、说明理由、告知权力、听证公开等。

3. 制约监督原则

为了保证税务机关执法的公正性，保障税务当事人的合法权益，在税务行政处罚中要坚持制约监督原则，如对涉税违法行为的调查与做出处罚决定分开，决定罚款部门与收缴罚款部门分立等。通过这些措施的实施，来保障税务机关内部机构之间的独立性并实现相互制约。另外，如果税务当事人对税务机关做出的具体行政行为不服，通过行政复议和行政诉讼保障自身权益，这一过程也是对税务行政行为的监督。

二、税务行政处罚的设定和种类

（三）税务行政处罚的设定

税务行政处罚的设定是指由特定的国家机关通过一定形式首次独立规定公民、法人或者其他组织的行为规范，并规定违反该行为规范的行政制裁措施。现行我国税务行政处罚的设定规定为。

（1）全国人民代表大会及其常务委员会可以通过法律的形式设定各种税务行政处罚。

（2）国务院可以通过行政法规的形式设定除限制人身自由以外的税务行政处罚。

（3）国家税务总局可以通过规章的形式设定警告和罚款。税务行政规章对非经营活动中的违法行为设定罚款不得超过 1 000 元。对经营活动中的违法行为，有违法所得的设定罚款不得超过违法所得的 3 倍，且最高不得超过 30 000 元；没有违法所得的，

设定罚款不得超过 10 000 元；超过限额的，应当报国务院批准。

（二）税务行政处罚的种类

根据税法的规定，现行的税务行政处罚种类包括罚款、没收非法所得、停止出口退税权、收缴发票和暂停供应发票及税收法律法规等规定的其他行政处罚。

三、税务行政处罚的主体和管辖

（一）税务行政处罚的主体

根据《征管法》和《行政处罚法》的规定，税务行政处罚由县级以上的税务机关执行。各级税务机关的内设机构、派出机构不具备处罚主体资格，不能以自己的名义实施税务行政处罚。但税务所可以实施罚款额在 2 000 元以下的税务行政处罚。

（二）税务行政处罚的管辖

根据《征管法》和《行政处罚法》的规定，税务行政处罚由当事人违法行为发生地的县（市、旗）以上税务机关管辖。法律、行政法规另有规定的除外。

四、税务行政处罚的程序

（一）税务行政处罚的简易程序

税务行政处罚的简易程序是指对于违法事实确凿并有法定依据，对公民处以 50 元以下、对法人或者其他组织处以 1 000 元以下罚款或者警告的行政处罚的，可以当场作出行政处罚决定。

税务行政执法人员当场做出税务行政处罚决定应当按照下列程序进行：

（1）向当事人出示税务行政执法身份证件。

（2）告知当事人受到税务行政处罚的违法事实、依据和陈述申辩权。

（3）听取当事人陈述申辩意见。

（4）填写具有预定格式、编有号码的税务行政处罚决定书，并当场交付当事人。行政处罚决定书应当载明当事人的违法行为、税务行政处罚依据、罚款数额、时间、地点及税务机关名称，并由执法人员签名或者盖章。

（5）执行。做出罚款决定的行政机关应当与收缴罚款的机构分离。除法律规定的特定情况下应当场收缴罚款外，作出行政处罚决定的行政机关及其执法人员不得自行收缴罚款。当事人应当自收到行政处罚决定书之日起 15 日内，到指定的银行缴纳罚款。银行应当收受罚款，并将罚款直接上缴国库。有下列情形之一的，执法人员可以当场收缴罚款：

① 依法给予 20 元以下的罚款的。

② 不当场收缴事后难以执行的。

③ 在边远、交通不便地区，行政机关及其执法人员依照法律规定现场做出罚款决

定后，当事人向指定的银行缴纳罚款确有困难，经当事人提出，行政机关及其执法人员可以当场收缴罚款。

税务机关及其执法人员当场收缴罚款的，必须向当事人出具省、自治区、直辖市财政部门统一制发的罚款收据；不出具财政部门统一制发的罚款收据的，当事人有权拒绝缴纳罚款。税务执法人员当场收缴的罚款，应当自收缴罚款之日起 2 日内，交至行政机关；在水上当场收缴的罚款，应当自抵岸之日起 2 日内交至行政机关；行政机关应当在 2 日内将罚款缴付指定的银行。

（6）备案。执法人员当场做出的行政处罚决定，必须报所属行政机关备案。

（二）税务行政处罚的一般程序

除依法规定可以当场做出的税务行政处罚外，税务机关发现公民、法人或者其他组织有依法应当给予税务行政处罚的行为的，必须全面、客观、公正地调查，收集有关证据；必要时，依照法律、法规的规定可以进行检查。

1. 立案调查

税务机关在调查或者进行检查时，执法人员不得少于两人，并应当向当事人或者有关人员出示证件。当事人或者有关人员应当如实回答询问并协助调查或者检查，不得阻挠。询问或者检查应当制作笔录。税务机关执法人员与当事人有直接利害关系的，应当回避。

2. 审查

调查终结，行政机关负责人应当对调查结果进行审查，审查机构应对案件下列事项进行审查。

（1）调查机构认定的事实、证据和处罚建议适用的处罚种类、依据是否正确。

（2）调查取证是否符合法定程序。

（3）当事人陈述申辩的事实、证据是否成立。

（4）听证人、当事人听证申辩的事实、证据是否成立。

审查机构应在自收到调查机构移交案卷之日起 10 日内审查终结，制作审查报告，并连同案卷材料报送税务机关负责人审批。

根据不同情况，税务机关分别做出如下决定。

① 确有应受行政处罚的违法行为的，根据情节轻重及具体情况，作出行政处罚决定。

② 违法行为轻微，依法可以不予行政处罚的，不予行政处罚。

③ 违法事实不能成立的，不得给予行政处罚。

④ 违法行为已构成犯罪的，移送司法机关。

对情节复杂或者重大违法行为给予较重的行政处罚，行政机关的负责人应当集体讨论决定。

3. 告知

税务机关在做出税务行政处罚决定之前，应当告知当事人做出税务行政处罚决定的事实、理由及依据，并告知当事人依法享有的权利。当事人有权进行陈述和申辩。

行政机关必须充分听取当事人的意见,对当事人提出的事实、理由和证据,应当进行复核;当事人提出的事实、理由或者证据成立的,行政机关应当采纳。

税务机关对公民做出 2 000 元以上罚款或者对法人或者其他组织做出 10 000 元以上罚款的行政处罚之前,应当向当事人送达《税务行政处罚事项告知书》,告知当事人已经查明的违法事实、证据、行政处罚的法律依据和拟将给予的行政处罚,并告知有要求举行听证的权利。

4. 听证

听证是指税务机关在对当事人某些违法行为做出处罚决定之前,按照一定形式听取调查人员和当事人意见的程序。符合上述听证条件的,当事人要求听证的,税务机关应当组织听证。

5. 处罚决定

税务机关应当制作税务行政处罚决定书。税务行政处罚决定书应当载明下列事项。

（1）当事人的姓名或者名称、地址。

（2）违反法律、法规或者规章的事实和证据。

（3）税务行政处罚的种类和依据。

（4）税务行政处罚的履行方式和期限。

（5）不服税务行政处罚决定,申请行政复议或者提起行政诉讼的途径和期限。

（6）做出税务行政处罚决定的税务机关名称和做出决定的日期。税务行政处罚决定书必须盖有做出税务行政处罚决定的税务机关的印章。

6. 送达

税务行政处罚决定书应当在宣告后当场交付当事人,当事人不在场的,税务机关应当在 7 日内依照民事诉讼法的有关规定,将税务行政处罚决定书送达当事人。

7. 执行

依法做出税务行政处罚决定后,当事人应当在税务行政处罚决定的期限内,予以履行。

当事人对税务行政处罚决定不服申请税务行政复议或者提起税务行政诉讼的,行政处罚不停止执行,法律另有规定的除外。

做出罚款决定的税务机关应当与收缴罚款的机构分离。除法律规定当场收缴的罚款外,作出行政处罚决定的税务机关及其执法人员不得自行收缴罚款。当事人应当自收到税务行政处罚决定书之日起 15 日内,到指定的银行缴纳罚款。银行应当收受罚款,并将罚款直接上缴国库。

当事人逾期不履行行政处罚决定的,作出行政处罚决定的税务机关可以采取下列措施。

（1）到期不缴纳罚款的,每日按罚款数额的3%加处罚款。

（2）根据法律规定,将查封、扣押的财物拍卖或者将冻结的存款划拨抵缴罚款。

（3）申请人民法院强制执行。

当事人确有经济困难,需要延期或者分期缴纳罚款的,经当事人申请和税务机关批准,可以暂缓或者分期缴纳。

第二节　税务行政复议

一、税务行政复议概述

税务行政复议又称税收行政复议，是指当事人（纳税人、扣缴义务人、纳税担保人及其他税务当事人）认为征税机关的具体行政行为侵犯其合法权益时，依法向上一级税务机关（复议机关）提出复查该税务具体行政行为的申请，由复议机关对该税务具体行政行为的合法性和适当性进行审查并做出裁决的制度和活动。

我国的税务行政复议具有以下特点。

1. 税务行政复议的前提性

税务行政复议以税务当事人不服税务机关所做出的具体行政行为为前提条件。也就是说，如果税务机关与税务当事人之间没有税收争议，当事人没有认为征税机关的征税行为侵犯了其合法权益时，也就不存在税收行政复议。

2. 税务行政复议的法定性

税务行政复议遵循"不告不理"的原则，即没有税收当事人提出的行政复议的申请，则没有税务行政复议。提起复议申请应注意以下几点。

（1）提出行政复议的人，必须是认为行政机关行使职权的行为侵犯其合法权益的公民、法人和其他组织。

（2）税务行政复议申请人的复议申请，应针对税务机关已经做出的具体税务行政行为而提起。

（3）复议申请一般向作为具体行政行为的税务机关的上一级税务机关提起。

3. 税务行政复议的前置性

当税务当事人与税务机关发生税收争议时，税收当事人可以选择行政复议程序或者行政诉讼程序。但是根据《征管法》的规定，纳税人、扣缴义务人、纳税担保人同税务机关在纳税上发生争议时，必须先依照税务机关的纳税决定缴纳或者解缴税款及滞纳金或者提供相应的担保，然后可以依法申请行政复议；对行政复议决定不服的，可以依法向人民法院起诉。当事人对税务机关的处罚决定、强制执行措施或者税收保全措施不服的，可以依法申请行政复议，也可以依法向人民法院起诉。所以，对因征税问题引起的争议，税务行政复议是税收行政诉讼的必经前量程序，而对于因处罚、保全措施、强制执行等引起的争议，税务行政复议则是税收行政诉讼的可选择的前置程序。

我国现行的税务行政复议适用的法律规范主要包括《征管法》和1999年4月29日全国人大常委会通过的《中华人民共和国行政复议法》（以下简称《行政复议法》）及2010年2月10日国家税务、总局根据《行政复议法》、《征管法》和其他有关规定制定的《税务行政复议规则（暂行）》（以下简称《规则》）。

二、税务行政复议的受案范围

根据《征管法》、《行政复议法》和《规则》的规定，税务行政复议的受案范围仅限于税务机关做出的税务具体行政行为。税务具体行政行为是指税务机关及其工作人员在税务行政管理活动中行使行政职权，针对特定的公民、法人或者其他组织，就特定的具体事项，做出的有关该公民、法人或者其他组织权利、义务的单方行为。主要包括以下内容：

（1）征税行为，包括确认纳税主体、征税对象、征税范围、减税、免税、退税、抵扣税款、适用税率、计税依据、纳税环节、纳税期限、纳税地和税款征收方式等具体行政行为，征收税款、加收滞纳金，扣缴义务人、受税务机关委托的单位和个人做出代扣代缴、代收代缴、代征行为等。

（2）行政许可、行政审批行为。

（3）发票管理行为，包括发售、收缴、代开发票等。

（4）税收保全措施、强制执行措施。

（5）行政处罚行为。

（6）不依法履行下列职责的行为：

① 颁发税务登记；

② 开具、出具完税凭证、外出经营活动税收管理证明；

③ 行政赔偿；

④ 行政奖励；

⑤ 其他不依法履行职责的行为。

（7）资格认定行为；

（8）不依法确认纳税担保行为。

（9）政府信息公开工作中的具体行政行为。

（10）纳税信用等级评定行为。

（11）通知出入境管理机关阻止出境行为。

（12）其他具体行政行为。

根据此项内容，不管现行税法有无规定，只要是税务机关做出的具体行政行为，今后纳税人均可以申请税务行政复议，这也是行政复议法实施后，有关税务行政复议的一个新的规定。

另外，《规则》还规定，纳税人可以对税务机关做出的具体行政行为所依据的规定提出行政复议申请。具体规定如下：纳税人可和其他税务当事人认为税务机关的具体行政行为所依据的下列规定不合法，在对具体行政行为申请行政复议时，可一并向复议机关提出对该规定的审查申请。

（1）国家税务总局和国务院其他部门的规定；

（2）其他各级税务机关的规定；

（3）地方各级人民政府的规定；

（4）地方人民政府工作部门的规定。

但是值得注意的是，此处的规定不含国家税务总局制定的规章及国务院各部、委和地方人民政府制定的规章。

三、税务行政复议管辖

根据《行政复议法》和《规则》的相关规定，我国税务行政复议管辖的基本制度原则上是实行由上一级税务机关管辖下一级税务机关的复议制度。具体内容如下。

（一）一般管辖

1. 对各级国家税务局的具体行政行为不服的，向其上一级国家税务局申请行政复议。
2. 对各级地方税务局的具体行政行为不服的，可以选择向其上一级地方税务局或者该税务局的本级人民政府申请行政复议。
3. 省、自治区、直辖市人民代表大会及其常务委员会、人民政府对地方税务局的行政复议管辖另有规定的，从其规定。
4. 对国家税务总局的具体行政行为不服的，向国家税务总局申请行政复议。对行政复议决定不服，申请人可以向人民法院提起行政诉讼，也可以向国务院申请裁决。国务院的裁决为最终裁决。

（二）特殊管辖

1. 对计划单列市税务局的具体行政行为不服的，向省税务局申请行政复议。
2. 对税务所（分局）、各级税务局的稽查局的具体行政行为不服的，向其所属税务局申请行政复议。
3. 对两个以上税务机关共同做出的具体行政行为不服的，向共同上一级税务机关申请行政复议；对税务机关与其他行政机关共同做出的具体行政行为不服的，向其共同上一级行政机关申请行政复议。
4. 对被撤销的税务机关在撤销以前所做出的具体行政行为不服的，向继续行使其职权的税务机关的上一级税务机关申请行政复议。
5. 对税务机关做出逾期不缴纳罚款加处罚款的决定不服的，向作出行政处罚决定的税务机关申请行政复议。但是对已处罚款和加处罚款都不服的，一并向作出行政处罚决定的税务机关的上一级税务机关申请行政复议。

有前述2、3、4、5项所列情形之一的，申请人也可以向具体行政行为发生地的县级地方人民政府提交行政复议申请，由接受申请的县级地方人民政府依法转送。

四、税务行政复议的程序

（一）税务行政复议的申请

1. 申请人与被申请人。依法提起行政复议的纳税人及其他当事人为税务行政复议申请人，具体是指纳税人、扣缴义务人、纳税担保人和其他当事人。纳税人及其他当事人对税务机关的具体行政行为不服申请行政复议的，做出具体行政行为的税务机关是被申请人。

2. 申请的期限。申请人可以在知道税务机关做出具体行政行为之日起 60 日内提出行政复议申请。因不可抗力或者被申请人设置障碍等其他正当理由耽误法定申请期限的，申请期限自障碍消除之日起继续计算。

3. 申请复议的法定要求。申请人按照前款规定申请行政复议的，必须依照税务机关根据法律、法规确定的税额、期限，先行缴纳或者解缴税款和滞纳金，或者提供相应的担保，才可以在缴清税款和滞纳金以后或者所提供的担保得到做出具体行政行为的税务机关确认之日起 60 日内提出行政复议申请。

申请人提供担保的方式包括保证、抵押和质押。做出具体行政行为的税务机关应当对保证人的资格、资信进行审查，对不具备法律规定资格或者没有能力保证的，有权拒绝。做出具体行政行为的税务机关应当对抵押人、出质人提供的抵押担保、质押担保进行审查，对不符合法律规定的抵押担保、质押担保，不予确认。

纳税人或者其他当事人与税务机关发生其他税务行政争议的，即申请人对税务机关做出的征税行为以外的其他税务具体行政行为不服的，可以申请行政复议，也可以直接向人民法院提起行政诉讼。

（二）税务行政复议的受理

1. 审查的期限及受理的条件。行政复议机关收到行政复议申请以后，应当在 5 日内审查，决定是否受理。对不符合本规则规定的行政复议申请，决定不予受理，并书面告知申请人。行政复议申请符合下列规定的，行政复议机关应当受理：

（1）属于本规则规定的行政复议范围；
（2）在法定申请期限内提出；
（3）有明确的申请人和符合规定的被申请人；
（4）申请人与具体行政行为有利害关系；
（5）有具体的行政复议请求和理由；
（6）属于收到行政复议申请的行政复议机关的职责范围；
（7）其他行政复议机关尚未受理同一行政复议申请，人民法院尚未受理同一主体就同一事实提起的行政诉讼。

此外，对于应当先向复议机关申请行政复议，对行政复议决定不服再向人民法院提起行政诉讼的具体行政行为，复议机关决定不予受理或者受理后超过复议期限不作答复的，纳税人及其他当事人可以自收到不予受理决定书之日起或者行政复议期满之日起 15 日内，依法向人民法院提起行政诉讼。

2. 受理的期限。对符合规定的行政复议申请，自复议机关法制工作机构收到之日起即为受理；受理行政复议申请应当书面告知申请人。

（三）税务行政复议决定

税务行政复议机关应当对被申请人做出的税务具体行政行为所依据的事实证据、法律程序、法律依据及设定的权利义务内容之合法性、适当性进行全面审查。复议机关法制工作机构应当自受理行政复议申请之日起 7 日内，将行政复议申请书副本或者行政复议申请笔录复印件发送被申请人。被申请人应当自收到申请书副本或者申请笔录复印件之日起 10 日内提出书面答复，并提交当初做出具体行政行为的证据、依据和其他有关材料。

法制工作机构应当对被申请人做出的具体行政行为进行合法性与适当性审查，提出意见，经复议机关负责人同意，按照下列规定做出行政复议决定。

（1）具体行政行为认定事实清楚、证据确凿、适用依据正确、程序合法，内容适当的，决定维持。

（2）被申请人不履行法定职责的，决定其在一定期限内履行。

（3）具体行政行为有下列情形之一的，决定撤销、变更或者确认该具体行政行为违法；决定撤销或者确认该具体行政行为违法的，可以责令被申请人在一定期限内重新做出具体行政行为。

① 主要事实不清、证据不足的；

② 适用依据错误的；

③ 违反法定程序的；

④ 超越或者滥用职权的；

⑤ 具体行政行为明显不当的。

税务行政复议机关应当自受理申请之日起 60 日内做出税务行政复议决定。情况复杂，不能在规定期限内做出税务行政复议决定的，经税务行政复议机关负责人批准，可以适当延长，并告知申请人和被申请人；但延长期限最多不超过 30 日。税务行政复议机关做出税务行政复议决定，应当制作税务行政复议决定书，并加盖印章。税务行政复议决定书一经送达，即发生法律效力。

第三节　税务行政诉讼

一、税务行政诉讼概述

税务行政诉讼是指税务当事人（纳税人、扣缴义务人、纳税担保人及其他税务当事人）认为征税机关的具体行政行为侵犯其合法权益时，依法向人民法院提起行政诉讼，由人民法院对具体行政行为的合法性进行审理并做出裁决的司法活动。它包括税务当事人直接向人民法院的诉讼，也包括税务当事人对征税行为提起行政复议后，对复议结果不服向法院提起的诉讼。我国现行的税务行政诉讼适用的主要法律规范是《征管法》和 1989 年 4 月 4 日全国人大第二次会议通过的《中华人民共和国行政诉讼法》（以下简称《行政诉讼法》）。我国现行的税务行政诉讼与税务行政复议及其他行政诉讼相比，具有以下特征。

（一）税务行政诉讼的前提性

税务行政诉讼以税务当事人不服税务机关所做出的具体行政行为为前提条件。也就是说，如果税务机关与税务当事人之间没有税收争议，当事人没有认为征税机关的征税行为侵犯了其合法权益时，也就不存在收行政诉讼。

（二）税务行政诉讼是由人民法院主持进行的司法活动

税务行政诉讼是由人民法院进行审理并做出裁决的一种诉讼活动。这是税务行政诉讼与税务行政复议的根本区别。

（三）税务行政诉讼主体的恒定性

税务行政诉讼的一方当事人是作为税务行政相对人的公民、法人或其他组织，而另一方当事人则必须是税务机关，或经法律、法规授权的行使税务行政管理权的组织。作为主体一方的国家税务机关享有征收管理和给予税务相对人行政处罚的权利，从而决定了只有受到税务处理或行政处罚的税务当事人当其权利受到侵害时，有权作为原告请求给予行政赔偿，而税务机关始终只能作为被告应诉。原告和被告的身份和位置是恒定的。

（四）税务行政诉讼内容的限定性

税务行政诉讼的内容仅限于解决税务争议事项。人民法院主要针对税务机关做出的具体行政行为是否合法做出裁决。一般情况下，不对税务机关做出的具体行政行为的适当性进行审理。而税务行政复议则要对税务机关做出的具体行政行为的合法性和适当性进行评价。

二、税务行政诉讼的受案范围

目前我国并没有专门的法律规定税务行政诉讼的受案范围，根据《行政诉讼法》、《征管法》和《行政复议法》等法律法规的相关规定，税务行政诉讼的受案范围可概括为以下几个方面：

（1）税务机关做出的征税行为，包括征收税款、加收滞纳金等行为。需要注意的是，这类征税行为，必须经过税务复议之后才能向法院提起诉讼。

（2）税务机关做出的其他保障性措施，如税收保全措施和税收强制执行措施、通知出境管理机关阻止出境行为等。

（3）税务机关的不予依法办理或者答复的行为，如不予审批减免税或者出口退税；抵扣税款；不予退还税款等。需要注意的是，对于税务机关做出的不予审批减免税或者出口退税、不予抵扣税款、不予退还税款的行为，必须经过税务复议之后才能向法院提起诉讼。

（4）税务机关做出的税务处罚行为，包括罚款、没收违法所得、停止出口退税权、取消增值税一般纳税人资格、收缴发票、停止发售发票等行为。

（5）其他行为。税务行政相对人认为税务机关的具体行政行为侵犯了其人身权、财产权的，也可向人民法院提起诉讼。

三、税务行政诉讼的管辖

行政诉讼管辖是指上下级人民法院之间和同级人民法院之间受理第一审行政案件的分工和权限。根据《行政诉讼法》的规定，税务行政诉讼的管辖可分为级别管辖、地域管辖、移送管辖、指定管辖 4 类。

（一）级别管辖

级别管辖是指人民法院上下级之间受理行政诉讼的分工和权限。《行政诉讼法》就审理第一审行政案件的权限范围作了明确规定。

1. 一般而言，基层人民法院管辖第一审行政案件

2. 中级人民法院管辖下列第一审行政案件

（1）确认发明专利权的案件、海关处理的案件；

（2）对国务院各部门或者省、自治区、直辖市人民政府所作的具体行政行为提起诉讼的案件；

（3）本辖区内重大、复杂的案件。

3. 高级人民法院管辖本辖区内重大、复杂的第一审行政案件

4. 最高人民法院管辖全国范围内重大、复杂的第一审行政案件

（二）地域管辖

地域管辖是指同级人民法院之间受理第一审行政案件的分工和权限，分为一般地域管辖、特殊地域管辖和共同地域管辖 3 种。

1. 一般地域管辖

一般地域管辖是指以最初做出具体行政行为的行政机关所在地来确定人民法院对行政案件的管辖，适用于一般行政案件。根据《行政诉讼法》的规定，行政案件由最初做出具体行政行为的行政机关所在地人民法院管辖。经复议的案件，复议机关改变原具体行政行为的，也可以由复议机关所在地人民法院管辖。

2. 特殊地域管辖

特殊地域管辖是指以诉讼当事人或诉讼标的所在地来确定人民法院对行政案件的管辖。根据《行政诉讼法》的规定，对限制人身自由的行政强制措施不服提起的诉讼，由被告所在地或者原告所在地人民法院管辖；如在税收行政诉讼案件中，因不动产提起的行政诉讼，由不动产所在地人民法院管辖。

3. 共同地域管辖

共同地域管辖是指两个以上人民法院都有管辖权的案件，原告可以选择其中一个人民法院提起诉讼。原告向两个以上有管辖权的人民法院提起诉讼的，由最先收到起诉状的人民法院管辖。

（三）裁定管辖

裁定管辖是指由人民法院做出裁定或决定来确定行政案件的管辖，包括移送管辖、

指定管辖、管辖权的转移 3 种。

1. 移送管辖

移送管辖是指人民法院发现受理的案件不属于自己管辖时，应当移送有管辖权的人民法院，受移送的人民法院不得自行移送。

2. 指定管辖

指定管辖是指有管辖权的人民法院由于特殊原因不能行使管辖权的，由上级人民法院指定管辖。人民法院对管辖权发生争议，由争议双方协商解决。协商不成的，报它们的共同上级人民法院指定管辖。

3. 管辖权的转移

管辖权的转移是指上级人民法院有权审判下级人民法院管辖的第一审行政案件，也可以把自己管辖的第一审行政案件移交下级人民法院审判。下级人民法院对其管辖的第一审行政案件，认为需要由上级人民法院审判的，可以报请上级人民法院决定。

四、税务行政诉讼的程序

税务行政诉讼主要包括起诉、受理、审理、判决和执行等程序。

（一）税务行政诉讼的起诉

1. 起诉的期限

纳税人、扣缴义务人及纳税担保人对税务机关做出的征税行为不服或者对税务机关做庄的不予审批减免税或者出口退税、不予抵扣税款、不予退还税款等行为不服的，应当先向复议机关申请行政复议，对行政复议决定不服的，可以在收到复议决定书之日起 15 日内向人民法院提起诉讼。复议机关逾期不做决定的，申请人可以在复议期满之日起 15 日内向人民法院提起诉讼。法律另有规定的除外。

税务当事人直接向人民法院提起诉讼的，应当在知道做出具体税务行政行为之日起 3 月内提出。法律另有规定的除外。

2. 起诉的条件

税务当事人提起诉讼应当符合下列条件：

（1）原告是认为具体税务行政行为侵犯其合法权益的公民、法人或者其他组织；

（2）有明确的被告；

（3）有具体的诉讼请求和事实根据；

（4）属于人民法院受案范围和受诉人民法院管辖。

3. 税务行政诉讼的受理

人民法院在接到原告的起诉状后，应当组成合议庭对原告的起诉进行审查。根据审查结果在 7 日内做出受理或不予受理的裁定。原告对不予受理的裁定不服的，可在接到裁定书之日起 10 日内向上一级人民法院提出上诉，上一级人民法院的裁定为终局裁定。7 日内不能决定是否受理的，应当先予受理；受理后经审查不符合起诉条件的，可以裁定驳回起诉。

4. 税务行政诉讼的审理

人民法院审理行政案件实行合议、回避、公开审判和两审终审的审判制度。审理的核心是审查税务被诉具体行政行为是否合法。人民法院审理税务行政诉讼案件，不适用调解。

根据《行政诉讼法》的规定，人民法院审查税务机关做出的具体行政行为是否合法依据法律、行政法规和地方性法规（民族自治地方的自治条例和单行条例）；参照部门规章和地方性规章。

5. 税务行政诉讼的判决

人民法院对受理的税务行政案件经过审理之后，分别做出如下判决。

（1）维持判决。适用于具体行政行为证据确凿，适用法律、法规正确，符合法定程序的案件。

（2）撤销判决。被诉的具体行政行为主要证据不足，适用法律、法规错误，违反法定程序，或者超越职权、滥用职权，人民法院应判决撤销或部分撤销，同时可判决税务机关日新做出具体行政行为。

（3）履行判决。税务机关不履行或拖延履行法定职责的，判决其在一定期限内履行。

（4）变更判决。税务行政处罚显失公正的，可以判决变更。

对一审人民法院的判决不服，当事人可以上诉。对发生法律效力的判决，当事人必须执行，否则人民法院有权依对方当事人的申请予以强制执行。

6. 税务行政诉讼的执行

税务当事人必须履行人民法院发生法律效力的判决、裁定。税务当事人拒绝履行判决、裁定的，另一方当事人可以向第一审人民法院申请强制执行，或者依法强制执行。

【本章小结】

税务行政处罚是指公民、法人或者其他组织有违反税收征收管理秩序的违法行为，尚未构成犯罪，依法应当承担行政责任的，由税务机关给予的行政处罚，主要包括税务行政处罚设定和种类、主体、管辖、程序等法律规定。

税务行政法包括税务行政处罚、税务行政复议、税务行政诉讼。税务行政复议是指当事人认为征税机关的具体行政行为侵犯其合法权益时，依法向上一级税务机关提出复查该税务具体行政行为的申请，由复议机关对该税务具体行政行为的合法性和适当性进行审查并做出裁决的制度和活动，具体包括受案、管辖、申请、受理、决定和执行等规定。税务行政诉讼是指当事人认为征税机关的具体行政行为侵犯其合法权益时，依法向人民法院提起行政诉讼，由人民法院对具体行政行为的合法性进行审理做出裁决的司法活动。具体包括税务行政诉讼的受案、管辖、起诉、受理、审理、判决和执行等规定。

【课后练习题】

一、单项选择题

1. 经国务院的授权，财政部和国家税务总局的税收立法权是（　　）。
   A. 制定地方税法规　　　　　　　　B. 税法解释权
   C. 税收条例解释权　　　　　　　　D. 税目调整权

2. 下列税务行政复议受理案件中，必须经复议程序的是（　　）。
   A. 因税务机关作出行政处罚引起争议的案件
   B. 因不予代开发票引起争议的案件
   C. 因停止出口退税权引起争议的案件
   D. 因不予审批减免税或者出口退税引起争议的案件

3. 对税务行政复议相关规定表述不正确的是（　　）
   A. 因征税问题引起的争议，税务行政复议是税务行政诉讼的必经前置程序，未经复议不能向法院起诉，经复议仍不服的才能起诉
   B. 税务行政复议的受案范围仅限于税务机关做出的税务具体行政行为
   C. 有权申请行政复议的法人或其他组织发生合并、分立或终止的，承受其权利义务的法人或者其他组织可以申请行政复议
   D. 申请人、第三人、被申请人可以委托代理人代为参加行政复议

4. 税务所可以实施罚款额在（　　）元以下的税务行政处罚。
   A. 200　　　　　　B. 2 000　　　　　　C. 500　　　　　　D. 1 000

5. 对税务行政复议决定不服的，可在接到复议决定书之日起（　　）日内向人民法院起诉。人民法院接到诉状，经过审查，应在（　　）日内立案或做出裁定不予受理。
   A. 15，15　　　　B. 7，15　　　　C. 15，7　　　　D. 30，7

6. 我国对公民和法人的违法案件实行税务行政处罚简易程序中的标准分别为（　　）。
   A. 50 元以下，1 000 元以下　　　　　B. 50 元以下，5 000 元以下
   C. 100 元以下，1 000 元以下　　　　D. 100 元以下，5 000 元以下

7. 要求听证的当事人，应当在收到"税务行政处罚事项告知书"后（　　）内向税务机关书面提出听证要求，逾期不提出的，视为放弃听证权利。
   A. 3 日　　　　　　B. 5 日　　　　　　C. 7 日　　　　　　D. 10 日

8. 税务机关对当事人做出罚款处罚决定的，当事人应当在收到行政处罚决定书之日起 15 日内缴纳罚款，到期不缴纳的，税务机关可以对当事人每日按罚款数额的（　　）加处罚款。
   A. 5%　　　　　　B. 0.05%　　　　　C. 3%　　　　　D. 0.03%

9. 在税务行政复议受理的案件中，（　　）必须先经复议，对复议结果不服时才可提起税务行政诉讼。
   A. 税款征收问题　　　　　　　　B. 审批出口退税
   C. 税务行政处罚　　　　　　　　D. 提供纳税担保

10. 税务复议机关决定不予受理或者受理后超过复议期限不做答复的，纳税人和其他税务当事人可以自收到不予受理决定书之日起或者行政复议期满之日起（　　）内，依法向人民法院提起行政诉讼。

    A. 10 日　　　　　　B. 15 日　　　　　　C. 30 日　　　　　　D. 60 日

11. 税务行政诉讼的（　　）是指同级人民法院之间受理第一审行政案件的分工和权限。

    A. 级别管辖　　　　B. 地域管辖　　　　C. 裁定管辖　　　　D. 管辖权的转移

12. 根据法律规定，人民法院接到税务行政诉状，应在（　　）内立案或做出不予受理裁定。

    A. 7 日　　　　　　B. 10 日　　　　　　C. 15 日　　　　　　D. 30 日

13. 下列关于税务行政处罚权的表述中，正确的是（　　）。

    A. 省地方税务局可通过规范性文件的形式设定警告

    B. 国家税务总局可通过规章的形式设定一定限额的罚款

    C. 省以下国家税务局的稽查局不具有税务行政处罚主体资格

    D. 作为税务机关派出机构的税务所不具有税务行政处罚主体资格

14. 税务行政赔偿请求人在法定期限内提出赔偿请求后，负有赔偿义务的税务机关应当自收到申请之日起（　　）内依照法定的赔偿方式和计算标准给予赔偿。

    A. 30 日　　　　　　B. 2 个月　　　　　　C. 3 个月　　　　　　D. 6 个月

15. 下列项目中不属于税务行政赔偿的是税务机关（　　）。

    A. 向税务当事人乱摊派　　　　　　　B. 非法拘禁当事人

    C. 税务人员殴打纳税人　　　　　　　D. 因个人恩怨对他人造成损害

二、多项选择题

1. 全国人大及其常委会的税收立法权主要包括（　　）。

    A. 中央税税法制定　　　　　　　　　B. 税种开征停征权

    C. 税目税率调整权　　　　　　　　　D. 税收法律解释权

2. 下列属于税务行政诉讼特有原则的有（　　）。

    A. 人民法院特定主管原则　　　　　　B. 合法性审查原则

    C. 由税务机关赔偿的原则　　　　　　D. 起诉不停止执行的原则

3. 由地方税务局系统负责征收管理的税种主要有（　　）。

    A. 增值税与营业税　　　　　　　　　B. 房产税与印花税

    C. 车船税与契税　　　　　　　　　　D. 城镇土地使用税

4. 税务行政处罚的设定机关有（　　）

    A. 全国人大及其常委会　　　　　　　B. 国务院

    C. 地方人大及其常委会　　　　　　　D. 国家税务总局

5. 国家税务总局制定的税务行政处罚规章中，对非经营活动中的违法行为设定的处罚为（　　）。

    A. 违法行为设定罚款不得超过 1 000 元

    B. 违法行为设定罚款不得超过 10 000 元

C. 有违法所得的, 设定罚款最高不得超过 30 000 元

D. 没有违法所得的, 设定罚款不得超过 10 000 元

6. 下列各项中, 符合税务行政复议相关规定的有 ( )。

A. 对国务院的行政复议裁决不服的, 可以向人民法院提出行政诉讼

B. 对国家税务总局做出的具体行政行为不服的, 向国家税务总局申请行政复议

C. 对税务机关做出逾期不缴纳罚款加处罚款的决定不服的, 向作出行政处罚决定的税务机关申请行政复议

D. 对被撤销的税务机关在撤销以前所做出的具体行政行为不服的, 向继续行使其职权的税务机关申请行政复议

7. 属于税务行政处罚听证范围的有: 对 ( ) 以上罚款的案件。

A. 公民做出 1 000 元

B. 公民做出 2 000 元

C. 法人做出 5 000 元

D. 法人做出 10 000 元

8. 对侵犯纳税当事人合法权益的特定税务行政诉讼受案范围包括 ( )。

A. 税务机关通知银行冻结其存款的行为

B. 税务机关对其所缴的税款没有上交国库的行为

C. 税务机关逾期未对其复议申请作出答复的行为

D. 税务机关制定的规范性文件损害纳税人合法权益的行为

9. 属于税务行政复议受案范围的, 主要有税务机关 ( )。

A. 制定规范性文件的行为

B. 做出的税收保全措施

C. 做出的征税行为

D. 做出的行政处罚行为

10. 下列各项符合税务行政复议管辖规定的有 ( )。

A. 对省级地方税务局做出的具体行政行为不服的, 向国家税务总局或省级人民政府申请行政复议

B. 对国家税务总局做出的具体行政行为不服的, 向国家税务总局申请行政复议

C. 对扣缴义务人做出的扣缴税款行为不服的, 向主管该扣缴义务人的税务机关申请行政复议

D. 对受税务机关委托的单位做出的代征税款行为不服的, 向委托税务机关的上一级税务机关申请行政复议

11. 税务行政机关对复议申请经过审理, 发现具体行政行为 ( ), 应决定撤销、变更, 并可以责令被申请人重新做出具体行政行为。

A. 主要事实不清的

B. 程序不足的

C. 明显不当的

D. 超越或者滥用职权的

12. 税务申请人对税务机关做出的 ( ) 不服的, 应当先向税务机关申请复议, 对复议决定不服的, 才能向人民法院起诉。

A. 征收税款   B. 受托代扣代缴   C. 罚款   D. 没收违法所得

13. 以下各选项属于税务行政复议的受案范围的有 ( )。

A. 税务机关做出的征税行为

B. 税务机关做出的责令纳税人提供纳税担保行为

    C. 税务机做出的取消增值税一般纳税人资格的行为

    D. 税务机关做出的税务行政处罚行为

14. 税务行政赔偿的范围主要有（   ）。

    A. 侵犯人身权   B. 税务人员非职权行为侵害

    C. 侵犯财产权   D. 纳税人自身行为发生损害

15. 税务行政赔偿的构成要件主要有（   ）

    A. 税务人员的职务违法行为

    B. 职务违法与损害事实有因果关系

    C. 存在对纳税人合法权益造成损害的事实

    D. 存在对纳税人非法权益造成损害的事实

三、判断题

1. 我国的税收立法权是按照税法构成要素和税收执法级次来划分的。   （   ）

2. 经全国人大及其常委会的授权，国务院可以以"条例"或"暂行条例"的形式发布实行全国性税种。   （   ）

3. 涉及税收政策的调整权集中在全国人大及其常委会和国务院，各地一律不得自行制定涉外税收的优惠措施。   （   ）

4. 除税收实体法中规定的以外，各地均不得擅自停征全国性地方税种。   （   ）

5. 税务机关具有多重性质和功能，它是代表国家行使税务行政管理、执行税收法令和组织税收收入的职能机关。   （   ）

6. 税务所是县级税务局的派出机构，一般是按照行政区划或行业来设置的。   （   ）

7. 全国性税种的立法权，即包括全部中央税、中央与地方共享税和在全国范围内征收的地方税税法的制定、公布和税种的开征、停征权，属于全国人民代表大会及其常务委员会。   （   ）

8. 现行税收管理体制规定，国内的增值税、关税和海关代征的增值税、消费税收入是中央的固定收入。   （   ）

9. 国家税务局系统负责征收和管理的税种包括增值税、消费税和营业税。   （   ）

10. 税收立法权主要集中在中央，地方有适当的立法权，因此地方性法规和规章可以设定税务行政处罚。   （   ）

11. 国家税务总局可以通过规章的形式设定警告和罚款，但罚款有最高数额限制，超过限额的应报国院批准。   （   ）

12. 对个体工商户及未取得营业执照从事生产经营的单位、个人罚款在 2000 元以下的，税务所有权进行处罚。   （   ）

13. 海关系统负责征收和管理的项目有关税、行李和邮递物品进口税，但进口环节的增值税和消费税由税务机关负责征收和管理。   （   ）

14. 税务当事人对税务机关做出的罚款行政处罚，可以在收到"税务行政处罚事项告知书"后的有效期限内提出听证要求，税务机关不得拒绝。   （   ）

15. 税务行政处罚实行罚款决定和罚款收缴分离的办法，由国家税务总局具体确定。   （   ）

16. 税务行政复议是税务行政诉讼的必需前置程序，未经复议不得向人民法院起诉，人民法院也不得受理。 （　　）

17. 纳税人对税务机关做出的取消增值税一般纳税人资格的行为不服的，必须先向上级税务机关申请行政复议，而不能直接进行诉讼。 （　　）

18. 申请人向税务复议机关申请行政复议的，复议机关已经受理的，不得再向人民法院起诉；申请人向人民法院提起行政诉讼的，人民法院已经受理的，不得申请行政复议。 （　　）

19. 税务当事人对国家税务总局做出的处理决定不服的，可以向国务院申请行政复议。 （　　）

20. 税务行政复议的申请人、第三人和被申请人，可以委托代理人代为参加税务行政复议。 （　　）

21. 税务行政复议机关改变原税务处理决定的，做出原税务处理决定的税务机关仍是税务行政的被告。 （　　）

22. 税务行政诉讼不适用调解的原则，即人民法院不能对存在争议的征纳双方当事人进行调解。 （　　）

23. 税务当事人对税务机关的复议决定不服的，可以在接到复议决定书之日起 30 日内向人民法院起诉。 （　　）

24. 税务行政赔偿的必备要件是税务机关及其工作人员的职务违法行为。 （　　）

25. 国务院可通过行政法规的形式设定除限制人身自由以外的税务行政处罚，国家税务总局可以通过规章的形式设定警告和罚款。 （　　）

26. 税务机关依法进行税务行政赔偿后，对存在故意或重大过失的税务工作人员，可以追究全部赔偿费用。 （　　）

27. 税务行政赔偿以支付赔偿金为主要方式，但赔偿义务机关也可以通过返还财产或恢复原状的方式实施赔偿。 （　　）

四、综合题

某百货商场（增值税一般纳税人）2013 年 10 月购销业务如下：

（1）代销服装一批，从零售总额中按 10% 提取的代销手续费为 3.6 万元。

（2）购入副食一批，货款已付，但尚未验收入库，取得的专用发票上注明价、税款分别为 64 万元和 10.88 万元，专用发票已通过认证。

（3）购入百货类商品一批，货款已付，取得专用发票注明税款 3.26 万无；购入化妆品一批，取得的专用发票上注明价、税款分别为 60 万元和 10.2 万元，已支付货款 50%。后由于未能与厂家就最终付款方式达成一致，在当地主管税务机关已承诺开具进货退出证明单的情况下，将进货的一半退回厂家，并已取得厂家开具的红字专用发票。

（4）采取分期付款方式购入钢琴两台，已取得专用发票，注明价、税款分别为 6 万元和 1.02 万元，当月已经付款 40%，余额再分 6 个月付清。

（5）采取以旧换新方式销售冰箱 136 台，每台冰箱零售价 3 000 元，对以旧换新者以每台 2 700 元的价格出售，不再支付旧冰箱收购款。

（6）采取分期收款方式销售本月购进的钢琴两台，每台零售价 4。68 万元，合同规定当月收款 50%，余款再分 5 个月收回。

（7）除以上各项业务外，该百货商场本月其他商品零售总额为 168 万元。申报期内该百货商场计算并申报的本月应纳增值税情况如下：

销项税额 $= 3.6 \times 17\% + 0.27 \times 136 \times 17\% + 4.68 \div 2 \times 2 \times 17\% + 168 \times 17\%$
$= 36.21$（万元）

进项税额 $= 3.26 + 10.2 + 1.02 = 14.48$（万元）

应纳税额 $= 36.21 - 14.48 = 21.73$（万元）

经主管税务机关审核，该百货商场被认为进行了虚假申报，税务机关据此做出了相应的补税税务处理决定。

要求：请根据上述资料，具体分析和回答下列问题。

（1）该百货商场计算的当月应纳的增值税税款是否正确？如有错误，请指出错在何处，并正确计算当月应纳增值税税款。

（2）构成偷税罪的具体标准时多少？该百货商场是否构成偷税罪？

（3）对于主管税务机关的处理决定，该百货商场拟提出税务行政复议申请和行政诉讼，就此案例说明：应向何处提出复议申请？被申请人是谁？复议机关应在多少日内做出复议决定？可否不经复议程序直接向法院提起行政诉讼？为什么？

【案例与分析】

某食品厂税务行政处罚复议案

税务行政复议申请人美味食品公司从事生产、加工、销售方便面的企业，属于增值税一般纳税人。2008 年 11 月，被申请人某市国家税务局接到群众举报，对申请人美味食品公司进行立案稽查，发现美味食品公司在 2007 年 8 月曾接受牛肉方便面厂的委托，为其代销 5 000 千克方便面，2008 年 3 月又从牛肉方便面厂购进 27 000 千克方便面用于销售。对于上述经营行为，申请人在公司财务中均未及时进行如实反映，也未向税务机关申报纳税，隐匿销售收入 83 000 元，偷逃增值税 235 860 元。针对此稽查结果，被申请人于 2008 年 11 月对申请人发出《税务行政处罚事项告知书》，对美味食品公司的偷税行为拟处以罚款 30 000 元，同时告知其有听证的权利。2008 年 12 月申请人以其不存在偷税事实为由向被申请人提交了书面申辩，要求听证，同时提出要求听证的理由主要是罚款过重，造成申请人资金周转困难，无法正常生产，请求减免部分罚款。被申请人接到申辩后未举行听证，只是于 2009 年 1 月对申请人做出罚款 18 000 元的处罚，申请人对此不服，于 2009 年 2 月向上级税务机关申请复议。

分析：被申请人所做的处罚在程序上有无问题？复议机关应做出何种裁决？

参 考 文 献

［1］中国注册会计师协会. 税法［M］. 北京：经济科学出版社，2014.

［2］王曙光. 税法［M］. 大连：东北财经大学出版社，2014.

［3］李晓红. 税法［M］. 北京：北京交通大学出版社，2014.

［4］中国注册会计师协会. 税法［M］. 北京：经济科学出版社，2013.

［5］全国注册税务师职业资格考试教材编写组，税法［M］. 北京：中国税务出版社，2013.

［6］王曙光，李兰. 税法学［M］. 大连：东北财经大学出版社，2013.

［7］陈立，彭启发. 税法［M］，北京：清华大学出版社，2013.

［8］李晓红. 税法［M］. 北京：北京交通大学出版社，2013.

［9］王曙光. 税法［M］. 大连：东北财经大学出版社，2012.

［10］高丽萍，马克和. 税法［M］. 北京：中国财政经济出版社，2012.

［11］蒙丽珍. 国家税收［M］. 大连：东北财经大学出版社，2012.

［12］王红云. 税法［M］. 北京：中国人民大学出版社，2012.

［13］徐孟洲. 税法［M］. 北京：中国人民大学出版社，2012.

［14］左卫青. 税法［M］. 北京：高等教育出版社，2012.

［15］王曙光. 企业纳税会计［M］. 大连：东北财经大学出版社，2011.

［16］刘剑文. 税法学［M］. 北京：北京大学出版社，2010.

［17］杨萍. 税法学原理［M］. 北京：中国政法大学出版社，2008.

［18］张松. 税法原理［M］. 北京：中国税务出版社，2008.

［19］个人所得税法释义编写组. 中华人民共和国个人所得税法释义［M］. 北京：中国法制出版社，2005.

［20］北野弘久. 税法学原论［M］. 陈刚，杨建广译. 北京：中国检察出版社，2001.